抗日战争专题研究

张宪文 朱庆葆 | 主编

第六辑
战时经济与社会

战时日本对华货币战

王萌 著

江苏人民出版社

图书在版编目(CIP)数据

战时日本对华货币战 / 王萌著. 一 南京：江苏人民出版社, 2021.11(2025.7重印)
(中国抗日战争专题研究 / 张宪文, 朱庆葆主编)
ISBN 978-7-214-26145-8

Ⅰ.①战… Ⅱ.①王… Ⅲ.①货币史—研究—中国—1931—1945 Ⅳ.①F822.9

中国版本图书馆 CIP 数据核字(2021)第 077824 号

书　　　名	战时日本对华货币战
著　　　者	王　萌
责 任 编 辑	陈　茜　王　旭
装 帧 设 计	刘葶葶
责 任 监 制	陈晓明
出 版 发 行	江苏人民出版社
地　　　址	南京市湖南路 1 号 A 楼,邮编:210009
照　　　排	江苏凤凰制版有限公司
印　　　刷	南京爱德印刷有限公司
开　　　本	652 毫米×960 毫米　1/16
印　　　张	27　插页 4
字　　　数	310 千字
版　　　次	2021 年 11 月第 1 版
印　　　次	2025 年 7 月第 2 次印刷
标 准 书 号	ISBN 978-7-214-26145-8
定　　　价	98.00 元

(江苏人民出版社图书凡印装错误可向承印厂调换)

教育部哲学社会科学研究重大委托项目
2021年度国家出版基金资助项目
南京大学"双一流"建设卓越计划项目
"十四五"国家重点出版物出版专项规划项目

合作单位

南京大学　北京大学　南开大学　武汉大学
复旦大学　浙江大学　山东大学
台湾中国近代史学会

学术顾问

金冲及　章开沅　魏宏运　张玉法　张海鹏
姜义华　杨冬权　胡德坤　吕芳上　王建朗

编纂委员会

主　　编　张宪文　朱庆葆

副 主 编　吴景平　陈红民　臧运祜　江　沛　宋志勇　王月清
　　　　　　　张　生　马振犊　彭敦文　赵兴胜　陈立文　林桶法

常 务 编 委　洪小夏　张燕萍　刘　颖　吕　晶　张晓薇

审稿委员会

　　主　任　马　敏　陈谦平

　　副主任　叶美兰　张连红　戚如高　王保顶　王卫星　姜良芹

　　委　员　关　捷　郑会欣　何友良　田　玄　刘金田　朱汉国　程兆奇
　　　　　　　黄正林　李继锋　马俊亚　李　玉　曹大臣　徐　畅　齐春风

总　序

张宪文　朱庆葆

日本侵华与中国抗日战争是近代中国最重大的历史事件。中国人民经过14年艰苦卓绝的英勇奋战，付出惨重的生命和财产的代价，终于取得伟大的胜利。

自1945年抗日战争结束至2015年，度过了漫长的70年。对这一影响中国和世界历史进程的重大事件，国内外历史学界已经做过大量的学术研究，出版了许多论著。2015年7月30日，在抗日战争胜利70周年前夕，中共中央政治局就中国人民抗日战争的回顾和思考进行集体学习，习近平总书记发表重要讲话，指示学术界应该广为搜集整理历史资料，大力加强对抗日战争历史的研究。半个月后，中共中央宣传部迅速制定抗日战争研究的专项规划。8月下旬，时任中共中央宣传部部长刘奇葆召开中央各有关部委、国家科研机构和部分高校代表出席的专题会议，动员全面贯彻习总书记的讲话精神，武汉大学和南京大学的代表出席该会。

在这一形势下，教育部部领导和社会科学司决定推动全国高校积极投入抗战历史研究，积极支持南京大学联合有关高校建立抗战研究协同创新中心，并于南京中央饭店召开了由数十所高校的百余位教授、学者参加的抗战历史研讨会。台湾也有吕芳上、陈立文等十多位教授出席会议，共同协商在新时代深入开展抗战历史研究的具体方案。台湾著名资深教授蒋永敬在会议上发表了热情洋溢的讲话。经过几个月的酝酿和准备，南京大学决定牵头联合我国在抗战历史研究方面有深厚学术基础的北京大学、南开大学、武汉大学、复旦大学、浙江大学、山东大学及台湾学者共同组建编纂委员会，深入开展抗日战争专题研究。中央档案馆和中国第二历史档案馆也积极支持。在南京中央饭店学术会议基础上，编纂委员会初步筛选出130个备选课题。

南京大学多次举行党政联席会议和校学术委员会会议，专门研究支持这一重大学术工程。学校两届领导班子均提出具体措施支持本项工作，还派出时任校党委副书记朱庆葆教授直接领导，校社科处也做了大量工作。南京大学将本项目纳入学校"双一流"建设卓越计划，并陆续提供大量经费支持。

江苏省委、省政府以及江苏省委宣传部，均曾批示支持抗战历史研究项目。国家教育部社科司将本项研究列为哲学社会科学研究重大委托项目，并要求项目完成和出版后，努力成为高等学校代表性、标志性的优秀成果。

本项目编纂委员会考察了抗战历史研究的学术史和已有的成果状况，坚持把学术创新放在第一位，坚持填补以往学术研究的空白，不做重复性、整体性的发展史研究，以此推动抗战历史研究在已有基础上不断向前发展。

本项目坚持学术创新，扩大研究方向和范围。从以往十分关注的九一八事变向前延伸至日本国内，研究日本为什么发动侵华战争，日本在早期做了哪些战争准备，其中包括思想、政治、物质、军事、人力等方面的准备。而在战争进入中国南方之后，日本开始逐步将战争引出中国国境，即引向广大亚太地区，对东南亚各国及东南亚地区的西方盟国势力发动残酷战争。研究亚太地区的抗日战争,有利于进一步揭露日本妄图占领中国、侵占亚洲、独霸世界的阴谋。

本项目以民族战争、全民抗战、敌后和正面战场相互支持相互依靠的抗战整体,来分析和认识中国抗日战争全局。课题以国共两党合作为基础,运用大量史实,明确两党在抗日战争中的地位和作用,正确认识各民族、各阶级对抗日战争的贡献。本项目内容涉及中日双方战争准备、战时军事斗争、战时政治外交、战时经济文化、战时社会变迁、中共抗战、敌后根据地建设以及日本在华统治和暴行等方面,从不同视角和不同层面,深入阐明抗日战争的曲折艰难历程,以深刻说明中国抗日战争的重大意义,进一步促进中华民族的伟大复兴。

对于学界已经研究得甚为完善的课题,本项目进一步开拓新的研究角度和深化研究内容。如对山西抗战的研究更加侧重于国共合作抗战;对武汉会战的研究将进一步厘清武汉会战前后中国政治、经济、社会的变迁及国共之间新的友好关系。抗战前期国民党军队丢失大片国土,而中国共产党在十分艰难的状况下,在敌后逐步收复失地,建立抗日根据地。本项目要求对各根据地相关研究课题,应在以往学界成果基础上,着力考察根据地在社会改造、经济、政治、人才培养等方面,如何探索和积累经验,为1949年后的新中国建设提供有益的借鉴。抗战时期文学艺术界以其特有的文化功能,在揭露日军罪行、动员广大民众投入抗战方面,发挥了重要作用。我们尝试与艺术界合作,动员南京艺术学院的教授撰写了与抗日战争相关的电影、美术、音乐等方面的著作。

本项目编纂委员会坚持鼓励各位作者努力挖掘、搜集第一手历史资料,为建立创新性的学术观点打下坚实基础。编纂委员会要求全体作者坚决贯彻严谨的治学作风,坚持严肃的学术道德,恪守学术规范,不得出现任何抄袭行为。对此,编纂委员会对全部书稿进行了两次"查重",以争取各个研究课题达到较高的学术水平,减少学术差错。同时,还聘请了数十位资深专家,对每部书稿从不同角度进行了五轮审稿。

本项目自2015年酝酿、启动,至2021年开始编辑出版,是一项巨大的学术工程,它是教育部重点研究基地南京大学中华民国史研究中心一直坚持的重大学术方向。百余位学者、教授,六年时间里付出了艰辛的劳动,对抗战历史研究做出了重要贡献!编纂委员会向全体作者,向教育部、江苏省委省政府以及各学术合作院校,向江苏凤凰出版传媒集团暨江苏人民出版社,向全体编辑人员,表示最崇高的敬意和诚挚的感谢!

目　录

导论 ……… *001*
 一、中国学界既有成果概述 ……… *002*
 二、日本学界相关研究概述 ……… *008*
 三、既有研究的价值、问题与启示 ……… *016*

第一章　战时日圆金融圈的确立、扩张与解体 ……… *022*
 一、东北币制本位问题与日圆金融圈的初步确立 ……… *023*
 二、"冀东券""蒙疆券"与日圆金融圈向华北的扩张 ……… *032*
 三、"联银券"的流通与战时日本对华北的金融统制 ……… *037*
 四、军票工作与日本对华中华南的金融渗透 ……… *044*
 五、日本对华中伪币"华兴券""中储券"的利用 ……… *057*
 六、东南亚货币工作与日圆金融圈的解体 ……… *070*

第二章　日本对华北的货币战
   ——基于区域与微观视野的再考察 ……… *081*
 一、作为货币武器的"联银券" ……… *082*
 二、察冀沦陷区内的货币战 ……… *087*

三、山西沦陷区内的货币战 102

四、山东沦陷区内的货币战 123

五、河南沦陷区内的货币战 127

六、与华中交界地带的货币战 131

七、中共边区对货币战的应对 136

第三章　华北国策会社集团与日本对华北货币政策 150

一、华北国策会社集团的形成 151

二、"联银券"的第一次危机与日本军政当局的应对 160

三、"联银券"的第二次危机与日本军政当局的应对 168

四、华北国策会社集团与当地银行的债务关系 173

第四章　华中国策会社集团与日本对华中货币政策 182

一、华中国策会社集团的形成 183

二、法币需给调节基金的设立与运作 187

三、日本军政当局对华中国策会社集团的指令 192

四、国策会社集团内部货币使用情况 198

第五章　上海日商纱厂集团与日本在华中的军票工作 210

一、上海日商纱厂集团与军票工作的结合 212

二、"伊资金"的启动 219

三、"K资金"的设立 224

四、"C资金"的出台 228

五、日军"军票经济圈"的推行与日商纱厂集团的困境 233

第六章 日本在华企业对战时日本对华货币政策的因应
　　——以企业为视角的考察 247
　　一、"联银券"经济体系下华北日企的因应 248
　　二、"法币—军票—'中储券'"经济体系下华中日企的因应
　　　　 274

结　语 303

附　录 309

参考文献 398

名词索引 410

导　论

　　维持所发行货币的价值与地位,是一国经济实力的象征。全面抗日战争时期,法币维持其汇兑价值并于民间广泛流通,是国民政府具有抗战力的体现,也是其对手——日本军国主义竭力设法打击、削弱、瓦解的目标。战时环境下的日本对华货币政策,其实质就是日本对华货币战。一般认为,和平时期国家间的货币战,主要通过操控汇率等手段从贸易中获取利益;而战争时期的货币战,则以货币金融政策配合军事行动,通过掠夺敌国物资、摧毁敌国币制乃至金融体系,最终瓦解敌国赖以抵抗的经济基础。战时中日两国围绕各自所发行货币的汇兑价值与流通区域展开激烈角逐,这场"战中之战"波澜壮阔而又波诡云谲。自战争时代起,中日学界就围绕战时日本对华货币政策展开了大量调查与研究。① 对其成果予以梳理并客观评述,将有利于我们了解日本在华企业是如

---

① 除中日学界之外,西方学界对于两国战时货币战的研究成果尚较少见,且多关注战时中国的财政问题而非货币战争问题。例如 Sun-Hsin Chou: *The Chinese Inflation*, *1937 - 1949*. New York: Columbia University Press, 1963; Arthur N. Young: *China's Wartime Finance and Inflation*, *1937 - 1949*. Cambridge: Massachusetts, 1965.

何介入这场货币战争并在其中发挥作用的。

一、中国学界既有成果概述

早在全面抗战时期,我国学界已密切关注中日两国在货币金融战场上的角逐。至迟于1939年间,"货币战"这一概念已广为当时学界所接受。国民出版社所编《中日货币战》与马寅初等著《中日货币战》,两书同名,内容相似,均对日伪当局在沦陷区发行伪币、掠取物资的行径有所揭露,对国民政府设立中英平准基金、维持法币价值的重要意义有所申论,也都强调了法币能否于沦陷区内流通关乎中国抗战之命运。① 太平洋战争爆发前后,有学者还探讨了日本军政当局利用军票与伪蒙疆银行券(简称"蒙疆券")、伪中国联合准备银行券(简称"联银券")、华兴商业银行券(简称"华兴券")、中央储备银行券(简称"中储券")等日系货币、伪币于沦陷区内对法币的包围与驱逐政策以及国民政府的应对措施,指出"货币战实为敌我经济战中主力战"。② 战时,我国学界对中日货币战的观察与研究完全基于抗战的现实意义。因时间仓促与写作条件的局限,在数据收集、资料运用上存在诸多不足之处。

战后,尤其是改革开放以来,随着抗日战争史研究的深入,我国学界从史学意义上对全面抗战时期的中日货币战进行了再研究。陈建智分析了战时国民政府的货币金融政策,认为国民政府除了使法币免于崩溃、货币金融体系得以维持外,其货币金融战政

---

① 国民出版社编:《中日货币战》,金华:国民出版社,1939年;马寅初:《中日货币战》,重庆:独立出版社,1939年。
② 华而实:《五年来的中日货币战争》,叶县:三一出版社,1942年。

策可谓基本失败,给之以消极的评价。① 赵学禹则对抗战时期日本对华货币政策的轨迹进行了考察,明确提出学界应注意研究日本在经济领域实行货币侵略的侧面。② 至20世纪90年代中期,这一选题引起学界的关注,陆续发表了若干篇考察中日货币战的论文。③ 值得注意的是,戴建兵的专著对抗战时期中日货币战的诸种形态进行了较全面的考察,基本勾勒出了战时不同阶段日本对华货币政策的演变。④

经过一个阶段的研究,战时日本对华货币政策的来龙去脉变得更为清晰。进入21世纪后,这一选题的研究成果迭出。梁晨将日本发动对华货币战的时间上限界定为第一次世界大战日本取得德国在山东的特权之后,并指出,日本在占领我国东北之后,其对华货币战之手段已臻成熟。⑤ 燕红忠则考察了日俄战争之后日本金融资本进入中国东北的详细过程,他还注意到清政府设立奉天官银号、铸造和发行小洋为主的铸币与小洋票等史实,以及由此引发中日双方围绕争夺东北货币发行权的内幕。⑥ 付丽颖、孙汉杰则将伪满货币制度的建立置于日本殖民货币体系中并加以考察,着

---

① 陈建智:《抗日战争时期国民贞夫对日伪的货币金融战》,《近代史研究》1987年第2期。
② 赵学禹:《抗日战争时期日寇的货币侵略》,《武汉大学学报》(社会科学版)1989年第2期。
③ 如石磊:《抗战初期的中日货币战》,《档案与史学》1995年第4期;郭静洲:《华北、华中地区的中日货币战》,《东南文化》1995年第3期;冯都、王家红:《抗战时期中日的金融争夺战》,《江西社会科学》1996年第2期等。
④ 戴建兵:《金钱与抗日战争:抗战时期的货币》,桂林:广西师范大学出版社,1995年。作者修订版为《金钱与抗日战争:隐藏在硝烟背后的货币之战》,北京:人民文学出版社,2017年。
⑤ 梁晨:《日本侵华战争中的货币战》,《东岳论丛》2004年第6期。
⑥ 燕红忠:《外国金融资本与地方金融势力的兴起——以奉天官银号的设立为中心》,《中国经济史研究》2018年第3期。

重分析了横滨正金银行与朝鲜银行关于日本在东北发行货币的本位之争。① 刘凤华则注意到了全面抗战初期日本军政当局利用朝鲜银行与河北省银行共同承担其侵华经费的活动,将之视为日本对华北货币政策的暂时过渡性措施。② 曲振涛、张新知对近代以来日本在华银行及傀儡政权银行发行货币的时间、种类、面值、流通领域进行了较为细致的考察。③

关于日本对华货币战的形式,学界的研究亦有深入。姚会元将之分为"扩大日伪货币流通区域"、"套取中国外汇"、"抢夺中国金银"、"制造假币"、"实行通货膨胀"等五种形式。④ 此外,戴建兵还考察了日伪公债及日本控制下的国策会社的社债发行情况,指出这些债券与伪币的有机结合,是日本实现"以战养战"战略、进行对华货币战的重要手段。⑤

学者们普遍认为,利用日系银行与傀儡政权银行对沦陷区内的金融加以统制,是日本军政当局对华开展货币战的主要策略。郑海呐以伪中国联合准备银行为考察对象,归纳了该行对华北金融施行统制的方式。⑥ 刘凤华则考察了战时横滨正金银行的融资情况,指出该行的融资对象主要是那些能够为日本培育战力的国

---

① 付丽颖、孙汉杰:《日圆扩张与伪满货币制度的建立》,《外国问题研究》2012年第3期。
② 刘凤华:《全面抗战初期日本的华北货币政策——以京津地区为中心》,《兰州学刊》2011年第2期。
③ 曲振涛、张新知:《外国货币侵华与掠夺史论 1845—1949》,北京:中国财政经济出版社,2007年,第101—248页。
④ 姚会元:《探研日本侵华战争中的货币战》,《福建论坛》(人文社科版)2015年第9期。
⑤ 戴建兵、申玉山:《日本对华经济战中被忽视的一面——日本在华公债政策研究(1931—1945)》,《抗日战争研究》2009年第2期。
⑥ 郑海呐:《抗战时期"中国联合准备银行"对华北的金融统制》,《历史教学》2004年第3期。

策会社、统制机构与团体,她还进一步考察了战时横滨正金银行性质的变化,认为该行倾斜性的融资政策导致其逐渐脱离贸易金融机构的角色,而不断向殖民地银行的角色转变。① 宋佩玉指出太平洋战争爆发后,以横滨正金银行为代表的在华日资银行的殖民地银行性质大大加强。这些银行采取垄断的方式控制华中沦陷区内的金融市场,尽可能地为日军掠夺当地物资提供资金支持。② 朱佩禧、董爱龄、郭思齐等学者对汪伪中央储备银行的成立原因与运营状况及其协助日本对华货币战的傀儡性进行了剖析。③ 张根福则对战时体制下汪伪政权金融统制的效果进行了分析,认为该政权虽然加强了伪中央储备银行的职能,某种程度上实现了汪伪统治区内币制的"统一",但这并没有摆脱日本对其之操控,其金融统制政策反使自身统治区内的财政趋于混乱,由此出现抗战后期物价飙涨的恶象。④

军票是日本对华货币战的利器,其动向颇为学界所关注。黎霞、曹大臣、林晓光、孙辉、王万光、刘俊、陈正卿等学者对军票在沦

---

① 刘凤华:《战时日本在华银行特殊会社和团体的融资——以横滨正金银行北京支行为例》,《东北亚学刊》2014 年第 4 期。
② 宋佩玉:《清理与统制:太平洋战争爆发后上海日资银行功能的转向》,《晋阳学刊》2018 年第 2 期。
③ 朱佩禧:《寄生与共生:汪伪中央储备银行研究》,上海:复旦大学出版社,2009 年;董爱玲:《汪伪中央储备银行成立原因探析——兼论日本占领华中初期的通货政策》,《求索》2012 年第 8 期;郭思齐:《伪中央储备银行货币发行述论》,《中北大学学报》(社会科学版)2017 年第 5 期。
④ 张根福:《汪伪战时体制下的金融统制》,《山东大学学报》(哲学社会科学版)2003 年第 3 期。

陷区内的发行、流通状况及其影响进行了详致的考察。① 王翔通过解读《海南岛三省联络会议决议事项抄录》这一稀见日方档案,考察了日本侵占海南岛期间强制推行军票的过程、手段与实质。② 陆伟则利用战时日本兴亚院《秋元顺朝文书》这一重要史料,揭示了日本在华中沦陷区内所推行的货币金融政策的背后,存在兴亚院与军部的诸多矛盾。陆伟还指出,"中储券"出台的真实原因,系在伪华兴商业银行方案实际破产之后,兴亚院的"华中振兴会社法币利用"论与当地日军的"军票使用"论相持不下,最终由汪伪政府顾问青木一男所提出的伪中央储备银行方案为各方所妥协接受的结果。③ 陆伟还对日本维持军票价值的重要物资统制机构——华中军票交换用物资配给组合(简称"军配组合")的运作机制、性质、特点、主要活动进行了披露。④

观察战时法币动向的学者亦不在少数。齐春风注意到,全面抗战时期国统区与沦陷区之间存在大规模的非正常法币流动现象,指出这是中日货币战所导致的结果。通过分析大量当时国民政府的档案与报刊,齐春风认为,在太平洋战争爆发之前,日本通过向国统区倾销物资的方式获取法币,进而套汇;在太平洋战争爆发之后,日本则利用多种形式吸聚法币,进而抢购国统区的物资。

---

① 黎霞:《抗战期间日军在华推行军票史》,《上海金融》1996年第1期;曹大臣:《论日本侵华时期的军票政策》,《江海学刊》2001年第6期;林晓光、孙辉:《日本军票史考略》,《抗日战争研究》2005年第4期;王万光、刘俊:《战时日本军票的发行、流通及其影响》,《贵州社会科学》2017年第8期;另陈正卿:《日伪对华中沦陷区金融的掠夺与统制》,黄美真主编:《日伪对华中沦陷区经济的掠夺与统制》,北京:社会科学文献出版社,2005年。
② 王翔:《日本侵占海南期间推行"军票"的过程及其后果》,《抗日战争研究》2007年第1期。
③ 陆伟:《日本在上海和华中地区的货币金融侵略政策》,《党史研究与教学》1998年第4期。
④ 陆伟:《"军配组合"与战时日本在华中的物资统制》,《党史研究与教学》1999年第4期。

齐春风将物资争夺战与货币战结合起来考察,使我们得以更为深刻地理解货币战的本质,其研究可谓别开生面。① 然而,是否以太平洋战争爆发这一事件为分界点,似可作进一步考虑。此外,"联银券"、军票、"华兴券"对法币汇兑价值的削弱、流通区域的压缩,以及日本军政当局内部围绕是否利用法币展开的利益博弈,作者也并未详述。

台湾学者林美莉的《抗战时期的货币战争》是系统研究全面抗战时期中日货币战的重要专著。作者梳理了两岸学界已出版的关于抗战时期货币问题的相关史料与成果,将战时纷繁复杂的货币战现象分为国民政府法币与地方货币、沦陷区日系货币(日圆、鲜银券、台银券及军票)与傀儡政权货币("联银券""中储券"等)、中共边区各类边币与抗币三大问题加以讨论。她以法币势力的消长为中心,以历史阶段为脉络,对战时国、共、日伪三角货币战作了较为全面的概述。应该说,对货币战中"三角"关系的考察,是以往我国学界不太关注的领域,作者通过解读大量当时国共报纸杂志关于货币问题的评论,在这一领域作出了相当的努力。然而,作者得出中共抗币对日伪政权货币的竞争,"其实即是法币对日伪政权货币竞争战线的延长"这一结论,值得商榷。② 显然,这一结论来自作者以法币势力消长为主线索的研究取向。另一方面,作者对于日方资料的利用也较为薄弱,故而无法精确呈现日本军政当局利用

---

① 齐春风:《抗战时期大后方与沦陷区间的法币流动》,《近代史研究》2003 年第 5 期;此外,齐春风还对中日经济战与货币战的概念作了梳理,他指出中日经济战是一种敌对的双边的互动的经济活动,包括物资战与货币战两个方面。太平洋战争之前,中日货币战占主导地位。太平洋战争爆发后,物资战成了经济战的中心,参见该氏:《抗战时期大后方与沦陷区间的经济关系》,《中国经济史研究》2008 年第 4 期。
② 林美莉:《抗战时期的货币战争》,台北:台湾师范大学历史研究所,1996 年,第 286 页。

"联银券"、军票、"中储券"对法币发动攻势的决策过程与真实效果。

二、日本学界相关研究概述

关于日本全面侵华战争时期的货币战,日本学界已有相当丰富的研究。在战争时代,即有不少关于此问题的专著面世,如今村忠男《中国新通货工作论》①、斋藤荣三郎《大东亚共荣圈的通货工作》②与宫下忠雄《中国战时通货问题一斑》③等。这些著作是战时日本学界尤其是经济学界观"战"的产物,其得以公开发行,从侧面说明研究并总结对华货币战的经验与"成果"颇为当时日本学界所重视。

然而,这些学者与战时中国学者的观点可谓南辕北辙。日本学者将中日战争的全面爆发,归咎于1935年国民政府所推行的币制改革,宫下忠雄称,"币制改革是事变爆发的一个重大原因"。④ 斋藤荣三郎则更是完全站在军国主义的立场,将战时日本发动货币战的责任推卸于国民政府,"中国事变的导火索在于由法币引起的币制改革,由此中国采取彻底蔑视日本,转而依赖英国的态度,并对自己的力量过于自信"。⑤ 斋藤还看到战时日本对华货币政策对其建设"大东亚共荣圈"的意义,为其"步步前进"高唱赞歌:

---

① 今村忠男『支那新通貨工作論』、東京:商工行政社、1939年。
② 斎藤栄三郎『大東亜共栄圏の通貨工作』、東京:光文堂、1942年。
③ 宮下忠雄『支那戦時通貨問題一斑』、東京:日本評論社、1943年。
④ 宮下忠雄『支那戦時通貨問題一斑』、第42頁。
⑤ 斎藤栄三郎『大東亜共栄圏の通貨工作』、第1頁。

大东亚共荣圈的建设运动,从 1931 年满洲事变以来即不断具体化,步步前进。在满洲国的珍贵经验,成为华北、蒙疆工作的最好教材,在华北、蒙疆的经验则又成为华中工作的珍贵基础。1941 年 12 月 8 日大东亚战争爆发以来,南方通货工作成为必须直面的最大课题,满洲、华北、蒙疆、华中的通货工作值得参考。过去所饱尝的苦涩经验,化为了取得明日胜利的良药。由此就需要我们再次冷静地检讨过去的通货工作。①

斋藤在其著作中详细叙述了日本在伪满推行的币制改革、在日本操纵下华北伪中国联合储备银行的成立、日本对蒙疆货币政策的出台、华中军票工作与伪中央储备银行的运作、南方开发金库经营中的诸多内幕,较为系统地介绍了自九一八事变以来日本逐步构建"日圆经济圈"的历史脉络。但另一方面,齐藤也注意到了日本对华货币政策对其在华企业与商社造成了一些负面影响,隐晦地表达了日本也为货币战付出了沉重的代价。

在日本军政当局的操纵下,1938 年 2 月,华北傀儡政权成立伪中国联合准备银行。作为战时日本军政当局的重要经济智库——日本东亚研究所,在其所编《华北通货·金融之调查》中,较为细致地考察了战时"联银券"通过汇兑集中制等手段对华北沦陷区内法币施行"驱逐"的战术。编者们站在日本军国主义的立场上,对日伪当局利用"联银券"统一华北货币的金融工作给予高度评价。然而,他们也注意到了日伪所施行的这一汇兑集中制对于日本在华贸易商社造成不利影响,坦言道:"日本商人方面在华北上海间的汇兑结算,由于汇兑管理(集中制)完全变得不可能了……因此,日

---

① 斋藤荣三郎『大東亜共栄圏の通貨工作』、序言。

本方面商人向华北的出口也近乎杜绝"。①

对于军票在华中沦陷区内的流通情况,当时的日本学者给予了高度关注。1937年11月,日军柳川部队于杭州湾登陆以后,日本军票于华中沦陷区内逐渐流通。今村忠男认为,中日甲午战争后,军票作为日军的"征发"货币,对于获取中国战地物资具有重要的经济价值。他还强调军票在战地流通的合理性,为日本在华中、华南沦陷区内滥发军票寻求理论依据。②此外,与今村观点相同的还有除野信道的《中国事变军票论》③等著作。其中,清水善俊的《中国事变军票史》④对于后人研究战时日本在华发行军票的实态具有重要的史料价值。清水作为日军的"嘱托"(即特派工作人员),从军票工作参与者的角度披露了战时日本在华中、华南沦陷区内发行军票的全过程。他在著作中提供了大量日本军政当局维持军票价值的内部文件,使我们得以从中捕捉到日本运作货币战的诸多线索。然而,清水的著作很少涉及军配组合的情况,读者无法从中了解日本在华企业所生产的物资何以能够支撑军票流通的真实原因。宫下忠男在其著作中揭露了日本在华企业参与军票工作的隐秘联系,如华中沦陷区内的国策会社为了维持军票价值与流通,将"军方所供给的盐、米等其他必需品,铁路运费等其他公共事业费用等,要求仅限于军票支付",而日本商社(洋行)则"为了确保并促进军票流通成立了物资配给组织,大丸、白木屋等百货商店

---

① 東亜研究所『北支ニ於ケル通貨・金融ノ調査』(1939年上半期)、東京:東亜研究所、1939年、第36—37頁。
② 今村忠男『軍票論』、東京:商工行政社、1941年。
③ 除野信道『支那事変軍票論』、東京:日本評論社、1945年。
④ 清水善俊『支那事変軍票史』、『日本金融史資料・昭和篇』第29巻、東京:大蔵省印刷局、1971年。

的分店进入华中被占领的各都市,军方在当地成立物资交换所,通过军票将日用杂货卖出"等,①使我们得以了解军票工作中的诸多细节。

另一方面,战时日本学界对中国金融市场及"敌性"货币——法币的研究,也投入了相当的心力。小岛昌太郎考察了上海等地钱庄通过票据汇划来维持行业信用的惯习,指出中国金融存在"非近代"的特性。② 对于全面侵华战争爆发前夜华北各种货币的流通以及列强在当地金融系统的经营损益情况,南满洲铁道株式会社进行了详尽的调查。该会社的调查部尤其关注 1935 年币制改革对于华北金融之影响,以及 1937 年抗战全面爆发后天津等地汇市的变动情况。③ 吉田政治则考察了战时国民政府的法币政策在日美等国对华关系中的位相,分析了国民政府法币价值维持工作背后的国际因素,承认国民政府在抑制法币的发行量、扩大其流通、汇划制的创设上确实作出了一系列的努力。④

战后,日本学界关于战时日本对华货币战的研究更为深入、全面、细致。日本大藏省编著的《昭和财政史Ⅳ:临时军事费》是战后日本第一部研究战时日本对殖民地金融政策的通史性著作,该书较为系统地考察了日本对台湾、朝鲜、伪满、华北、华中沦陷区财政、货币金融政策的变迁及其与当地日军军费筹办之间的联系,然而在研究视角上偏重于政策层面,该书对货币在民间的流通情况

---

① 宫下忠雄『支那戦時通貨問題一斑』、東京:日本評論社、1943 年、第 244—247 頁。
② 小岛昌太郎『支那に於ける特殊通貨の研究——匯劃制度の研究』、東京:千倉書房、1940 年。
③ 南満州鉄道株式会社調査部、『北支那通貨金融調査資料(金融事情)』、大連:南満州鉄道株式会社 1937 年。
④ 吉田政治『最近の支那通貨事情』、東京:東洋経済出版部、1939 年。

则较少关注。①

桑野仁的《战时通货工作史论》是战后日本学界系统考察战时日本对华货币政策的一部重要著作。桑野不仅考察了日本军政当局的华北"联银券"工作与华中军票工作的来龙去脉，分析了两者的成效与失败原因，还深入地批判了这两种货币的掠夺性。值得称道的是，桑野还具体考察了抗日根据地所发行的边币与"联银券"之间的货币战，强调了中共抗日政权在金融建设上作出的努力与取得的成绩。②

原朗考察了日本对"大东亚共荣圈"中不同区域货币政策的特点，分析了华北与华中沦陷区内中日货币战的差异性。③ 大竹慎一的研究则侧重于通过计量学的方法考察战时环境下傀儡货币"联银券"、"中储券"的通货膨胀问题，以此捕捉日本对华北、华中沦陷区内施行金融统制在民间的影响。④

多田井喜生所编的《占领地通货工作》⑤搜集了战时日本对华货币金融工作的重要史料，其中包括兴亚院编《中国联合准备银行设立关系文书》、《主管重要决定事项》、横滨正金银行上海分店编《军票价值维持对策与法币的崩溃》、大藏省驻上海财务官相马敏夫的回忆录《华中通货工作之回顾》、汪伪财政顾问青木一男编《华中通货方针案》等稀见日方公私文献，具有较高的史料价值。然

---

① 大蔵省『昭和財政史Ⅳ　臨時軍事費』、東京：東洋経済新報社、1955年。
② 桑野仁『戦時通貨工作史論』、東京：法政大学出版局、1965年。
③ 原朗「「大東亜共栄圏」の形成と崩壊」、『土地制度史学』第71号、1976年4月。
④ 大竹慎一「上海悪性インフレと物資流通」、『アジア研究』第26巻第1号、1979年4月；另见大竹慎一『日中通貨戦史：旧植民地通貨金融研究』、東京：フォレスト出版、2000年。
⑤ 多田井喜生編『続・現代史資料11　占領地通貨工作』、東京：みすず書房、1983年。

而,编者并未收入当时公开出版的日本经济类报纸杂志、日本在华商工会议所所报,以及日本在华企业文书等相关资料,故而仅能从上层政策或汇市变动的角度去揭示货币战的表象,而无法从微观层面捕捉日本对华货币战对日本在华经济团体或个体产生的影响。此外,在编写体例上,编者按时间线索对资料进行剪裁、编辑,这虽然有利于考察不同历史阶段日本对华货币政策的出台、运作之效果,然而编者并未兼顾日本对华金融政策的区域性,故而在区域划分上较为混乱,给人以庞杂之感。

岛崎久弥将日圆视为日本对外扩张的经济武器,对近代日本"円"的汇兑本位制及其演变进行了较为全面的考察。以1878年日本第一银行进入朝鲜为肇始,直至太平洋战争期间"日圆金融圈"的形成,作者详细考证了日本对殖民地、占领地所发行日圆(或与日圆联系的其他货币)的情况,指出日本军政当局不仅将日圆的发行作为确保日本对当地市场强势出口的补助手段,也将之视为获取当地各种权利及加强自身国防经济建设的策略。岛崎还指出,日圆最终伴随日军的武力侵略,又转化为掠夺当地资源的工具。①

小林英夫是日本学界中较早将货币与物资联系起来考察日本对华货币战的学者,他特别提到了日本军政当局利用大量日商手中的物资以维持军票价值的内幕。②《战时华中的物资动员与军票》是迄今日本学界考察军票工作较为全面的一部著作,中村政则、高村直助、小林英夫、儿岛俊郎、久保亨、古厩忠夫等学者围绕

---

① 岛崎久弥『円の侵略史』、東京:日本経済評論社、1989年、序言。
② 小林英夫『日本軍政下のアジア—「大東亜共栄圏」と軍票—』、東京:岩波書店、1993年、第51—54頁。

日本军政当局在华中沦陷区内的军票工作，利用一桥大学所藏军配组合档案，详尽地考察了这一商品统制机构内部的组织结构与运作情况，以及各种秘密账户对于日本军政当局维持军票价值所起的作用。①

岩武照彦对近代中国各主要货币的发行史作了宏观全面的考察。自九一八事变以后，依附于各政权的货币相互展开激烈竞争，中国的币制最终随着中华人民共和国的成立而归于统一。② 岩武的著作试图探索中国经济因货币增发、物资供给不足而导致通货膨胀背后的规律，体现了他将货币金融史与经济史相结合，在方法论上的追求与突破。作者特别侧重分析中日货币战的构造，并从日方视角提出了货币战争的类型，主要包括利用货币直接攻击或防御（如傀儡政权货币的发行、禁止敌方货币的流通、回收及对之驱逐、禁止统制区域内金银的运出、外汇的获取等）、货币价值的维持、货币交换比价与汇率上的竞争等。然而，因该著考察的领域相当宽泛，其缺陷也正如作者所述，"在篇章构成的年次方面，并不太精确"，一些时段的划分不甚妥当。例如，对于伪满洲中央银行的成立及"满银券"的发行情况，多集中于 20 世纪 30 年代的考察，而未深入分析该行成立与日俄战争以来日本关于东北货币金银本位制之争的联系，故而不能充分反映日伪政权发行傀儡货币的历史渊源与利益诉求。

柴田善雅以政策史与企业史相结合的双重研究视角，对日本企业在沦陷区内的经营活动进行了考察。值得注意的是，柴田对

---

① 中村政则等『戦時華中の物資動員と軍票』、東京：多賀出版、1994 年。
② 岩武照彦『近代中国通貨統一史——十五年戦争期における通貨闘争』、東京：みすず書房、1990 年。

企业的性质进行了较为细致的分类,注意到了国策会社、日商纱厂、商社与在经营旨趣上的差异性,特别考察了华北开发株式会社与华中振兴株式会社这两大国策会社的融资情况,着重分析了战时日本对华投资政策对这两家国策会社及相关子会社经营状况的影响。①柴田还对日本军政当局在中国沦陷区内推行的货币金融政策进行了综合考察。②他的研究较为关注日本军政当局与财界内部的竞争与矛盾,例如重点考察九一八事变前朝鲜银行与横滨正金银行在东北货币发行权上的竞争,大连重要物产交易所货币本位制问题的演变,将九一八事变后日本对东北货币的金融统制视为日本对华货币战的起点等。然而,柴田的研究对于中日货币战,尤其是日系货币对东北官银号发行之杂币、国民政府发行之法币、中共抗日根据地发行之边币的打击与驱逐等内容则较少涉及。此外,柴田仅从日方视角考察了近代日本对华货币金融政策的变迁与区域性影响,不甚关注中方的回应与英美对之的观察与判断。

近年来,关于中日货币战的一些细节研究,如酒井晃对于日本侵华期间登户研究所法币伪造秘密工作的揭露等,③也值得我们关注。

---

① 柴田善雅『中国占領地日系企業の活動』、東京:日本経済評論社、2008年。
② 柴田善雅『占領地通貨金融政策の展開』、東京:日本経済評論社、1999年。柴田关于中日货币战的部分研究成果,较早地被介绍至中国学界。参见柴田善雅著、单冠初译:《日本帝国主义在中国占领地的金融活动》,《党史研究与教学》1989年第2期。
③ 酒井晃『日中戦争における法幣偽造工作の形成と崩壊——登戸研究所第三科を中心に』、『駿台史學』、第141号、2011年3月。

三、既有研究的价值、问题与启示

中国的对日抗战何以能够持久？日本的侵华战争又何以能够"以战养战"？货币战作为全面抗战时期两国经济对抗的主要形式，通过研究，我们不难从中发现诸多线索。抗战时期中日两国的货币战，实为两国政府经济智库的竞争，可谓武力战争中的"人谋"之战。战争末期，华北、华中沦陷区如同脱缰野马般的恶性通货膨胀，已完全超出了日本军政当局与傀儡政权对之操控的可能性。这场"战中之战"所带来的多元性、延续性影响，至今仍在中日学界的研究中回响。

迄今中国学界与日本学界关于战时日本对华货币战的调查与研究，均形成了丰富的成果，充分说明这一领域的研究对于两国学界深化中日战争史研究乃至近代中日关系史研究、日本资本主义发展史所具有的重要意义。

从成果出版或发表形式来看，我国学者以论文见长，而日本学者则以专著胜出，似乎说明我国学者对某些专题研究颇为着力，而日本学界则更注重体系化的研究。从研究取向来看，我国学界的成果较为强调货币战对于区域经济体系造成的负面影响，侧重于揭露军票、"联银券"、"华兴券"、"中储券"作为日本"征发"货币的傀儡性与工具性；而日本学界的成果则注重考察货币战对于日圆金融圈、"大东亚金融圈"、日本物资动员计划的综合性影响，侧重于研究军票、伪币、法币的价值与流通问题及其对战时中日贸易的实质性影响。在研究的技术方法上，两国学界均充分利用各种公私文献来解读货币战对于中日战争进程造成的影响。而一些日本学者倚靠经济学理论与模型，对沦陷区内恶性通货膨胀等问题深入分析,其跨学科的研究视野值得我们借鉴。

在肯定两国研究价值的同时,我们也应看到,这一研究领域仍留有相当的空间,对中日货币战的追根溯源仍有充分的必要。在问题意识上,大致可归结为两大问题:

其一,货币战所依托的以日圆为中心的金融体系是如何形成的?中日学界似乎并未作专题性的考察。众所周知,近代以来,伴随日本对外侵略扩张的步伐,日系通货及由日本军政当局扶植的傀儡货币广泛流通于日军占领区之内,这些货币与日圆维持着怎样的特殊关系?这些货币在沦陷区又是如何维持其流通、保持其价值的?又遭到怎样的抵抗?这些问题不仅需要我们从全局与宏观的视角去综合考察,也需要我们从区域与微观的视角去进行个案分析。

其二,中日甲午战争以来,日本在中国沿海沿江口岸办厂兴业,迄抗战全面爆发之际,两国经济关系已"你中有我、我中有你",密不可分。日本军政当局在华推行的重大经济政策,由此具有双刃剑的性质。日本对华货币战究竟对其本国在华企业有何影响?这些日本在华企业在面对货币战时遭受何种损失?值得我们深入研究。这些日本在华企业面对货币战时又是如何抉择与应对的?亦不甚明了。通过解读战时日本在华企业内部档案,如经营文书等,似可发现一些端倪。

基于对学术前史的考察与总结,本书围绕以上两大问题而展开。我们希望了解货币战所依托的日圆金融圈形成的历史过程,以及通过考察一些具有代表性的个案来分析其所独具的特征。此外,我们也关心日本在华企业与战时日本对华货币战之间的联系,希望从企业的视角去解析日本对华货币战的内部构造与运作机制。

除明确史实之外，本书作为一项基础研究，或许还具有一些其他意义，如通过实证研究，使我们对现代战争中的货币战形式与原理有较深入的体认；又如课题对未刊日本企业或经济组织内部档案的译介，或对学界研究近代中日关系史、抗日战争史、外国企业在华扩张史有所助益。

然而，战时日圆金融圈确立、扩张、解体的历史过程极为复杂。我们应以区域货币之间的联动关系作为考察重点，才能更精准地理解这一庞大金融体系的实质；另一方面，日本在华企业从事的行业十分广泛，经营性质多元化、经营业务庞杂。在把握近代以来日本在华企业扩张史特质的基础上，我们将本书的研究对象集中于华北国策会社集团、华中国策会社集团、上海日商纱厂集团，以及不同产业具有代表性的若干日商企业这四类，拟开展研究的具体内容如下：

从宏观、综观角度考察近代以来日圆金融圈确立、扩张与解体的历史过程。战时日本对华货币战所依托的载体，即近代以来伴随日本对外侵略扩张而形成的日圆金融圈。日圆金融圈的确立、扩张与解体的历史过程，实质就是日圆的对外侵略史，而这一金融圈最主要的渗透对象，就是中国市场。日圆金融圈对中国市场的渗透，以日俄战争之后东北币制统一问题为开端，经抗战时期日本对东北、蒙疆、华北、华中与东南亚沦陷区的经济侵略而形成，最终以日本的战败、诸色傀儡银行被接收宣告解体。本书第一章的重点，在于分区域、分阶段地考察日本军政当局是如何将中国沦陷区的市场纳入日圆金融圈之内，从而使沦陷区的货币金融体系彻底从属并依附于日本的日圆金融体系的。作为一个系统、全面的考察，太平洋战争时期日本对东南亚沦陷区开展的货币工作，也适当纳入本章研究范围。

从区域、微观视角对战时日本对华北的货币战进行再考察。"联银券"作为日本在华北沦陷区内驱逐法币、抵抗边币的货币武器，是日圆金融圈中极具代表性的傀儡货币。以往学界的讨论多集中于"联银券"的汇兑集中制度、与日圆的等值联系等问题，不太关注"联银券"在华北沦陷区不同区域流通的张力及受到的阻力，尤其是来自中共抗日边区所发行的边币对其多形式的抵抗，从而具有将货币战"简单化"、"线条化"理解的倾向。本书第二章则利用战时日军华北方面军所编写的机密档案《治安工作经验蒐录》与华北沦陷区各地特务机关所编写的调查报告《联银券流通状况调查》，考察太平洋战争之前"联银券"在华北沦陷区不同区域基层流通及所遇阻力的情况。

揭示华北国策会社集团与战时日本对华北货币政策的关系。全面抗战时期，华北沦陷区形成一个资本雄厚、规模庞大的国策会社集团。1938年2月日本军政当局与傀儡政权"中华民国临时政府"开办傀儡银行"中国联合准备银行"。在日本军政当局的推动下，"联银券"成为华北国策会社集团内部投资融资的"血液"。以往学界关于以华北开发株式会社为首的华北国策会社集团与日本军政当局"联银券"价值维持工作之间的联系，鲜有专论。本书第三章希望利用华北开发株式会社内部经营档案等资料，在这一领域有所推进，以揭示这一企业集团在日本对华北货币政策中扮演的角色。本书附录的史料《联银券对策关系缀 住谷悌史资料》，系1940年前后日本军政当局为抑制"联银券"急剧贬值、华北恶性通货膨胀而采取各种对策的秘密文件，其中不仅揭露了日本华北国策会社集团参与华北货币战的诸多内幕，对于我们了解1940年华中沦陷区的经济生态也具有一定史料价值。

揭示华中国策会社集团与战时日本对华中货币政策的关系。

全面抗战爆发以来，与华北沦陷区情况相似，华中沦陷区内亦形成一个资本雄厚、规模庞大的国策会社集团。1938年10月武汉沦陷后，抗战进入相持阶段，中日两国对抗的形式从军事战开始向经济战转换。日本军政当局的对华方针也进入"长期建设"阶段，如何在华中沦陷区内巩固其殖民统治，成为日本军政当局面对的重要课题。货币战作为经济战的重要阵地，以华中振兴株式会社为首的华中国策会社集团自然参与其中。本书第四章利用日本军政当局政经档案与华中振兴株式会社企业内部经营文书等资料，揭示了其中内幕。

考察战时上海日商纱厂集团与日本在华中军票工作之间的互动关系。全面抗战爆发之前，分布于天津、青岛、上海、汉口的日商纱厂，是日本民间对华资本输出的"典范"。自1935年国民政府推行币制改革以来，上海日商纱厂集团首当其冲，内部交易均以法币结算，各会社也以法币缴纳各种税金。全面抗战爆发不久，日本军政当局为谋求最大经济利益，在华中沦陷区内推行军票工作。在此过程中，日本军政当局意识到上海日商纱厂累积大量法币资本，对于当时华中金融市场具有巨大影响力。为了利用日商纱厂的法币资源，日本军政当局先后于横滨正金银行设立"伊资金"等各种秘密账户，暗中操纵法币与军票之间汇率。在第五章中，本书希望利用日本在华棉纺织同业会内部文书及当时日本大藏省驻上海财务官相马敏夫的回忆录《华中通货回顾》，揭示上海日商纱厂集团与日本军政当局之间在货币关系上的隐秘联系。附录的同业会档案对重庆经济封锁与军票经济圈的确立、上海减产问题、○○少佐问题、埃及棉问题、在华纺织企业协助具体方案，是我们了解此层联系的重要史料，其中同业会大阪本部与上海支部往来的电报、信函中包含了日本在华中开展军票工作的诸多信息，对于我们了解

1940年之际华中沦陷区内的经济生态也具有重要的研究价值，故而我们将此宗档案择要译介，以期较真实地反映历史原貌。

考察不同产业代表性企业对战时日本对华货币政策的因应。战时日本军政当局出台的各种对华货币政策，其形式波诡云谲、息变万千。既往学界关注这些政策，主要集中于日本军政当局上层的动向与决策，不太关注其施加于民间的影响。我们希望通过各种企业经营者的视角，考察通货变动对战时日本在华企业经营兴衰的影响。本书第六章将利用三菱经济研究所、神户大学经济经营研究所所藏18所大中小型企业的经营文书，以及日本政府对这些企业的指令文件等资料，考察这些企业所受日本对华货币政策之影响及其对之的因应。

需说明的是，日文中的"会社"在中文中一般译为"公司"，为了明确日商企业的汉字名称，本书一般对之不作转译，如"北支那开発株式会社"，则译作"华北开发株式会社"，而不译作"华北振兴有限公司"；日本货币单位"日圆"的书写为"円"，本书统一为"日圆"等。

第一章　战时日圆金融圈的确立、扩张与解体

所谓"日圆金融圈",指的是采用与日圆价值维系的通货制度,并以日圆而非黄金、美元、英镑等外汇作为跨国贸易结算货币的国际性区域,具有地理区域与金融体系相结合的双重构造。从1878年日本第一银行在朝鲜开设分行至1945年日本战败,日圆金融圈的确立、扩张与解体的历史过程,实质就是一部日圆的对外侵略史,而中国市场则是这一金融圈渗透的最主要对象。日圆金融圈的扩张路径,以日俄战争之后东北币制统一问题为开端,经抗战时期日本对东北、蒙疆、华北、华中的经济侵略,再至太平洋战争爆发后日本对东南亚沦陷区的货币工作,最终以日本战败、傀儡银行被接收而宣告解体。近代日圆金融圈的确立、扩张与解体过程,基本与日本大陆政策、独霸东亚的政策亦步亦趋,乃伴随日本军政当局对外侵略扩张的必然产物。近代日本对华货币金融政策,虽然不同时期各有侧重,内容亦曲折复杂,然以一言概之,即在于分区域、分阶段地将中国市场纳入日圆金融圈之内,从而使中国的货币金融体系彻底从属并依附于日圆金融体系。

一、东北币制本位问题与日圆金融圈的初步确立

19世纪后期,中国东北地区币制统一问题成为日圆金融体系对华渗透的首要目标。1882年,日本银行成为日本国家中央银行,发行银本位制日本银行券及辅助货币。1897年3月,日本改行金本位制,停止发行并制造银本位货币。1899年,日本于台北开办台湾银行,于殖民地台湾发行名义上为金本位制的台湾银行券。1909年,日本于朝鲜开办朝鲜银行,在即将彻底沦为殖民地的朝鲜发行同为金本位制的朝鲜银行券。① 日本银行券、台湾银行券、朝鲜银行券以等价联系的形式,将日本国内的货币金融体系与殖民地货币金融体系牢牢结合在一起,形成一个以日本银行券为本体、台湾银行券、朝鲜银行券为两翼的内国性金融圈。至1931年九一八事变爆发,日本侵占中国东北,成立傀儡政权伪满洲国。伪满政府不久成立"满洲中央银行",发行"满洲中央银行券",并于1935年11月宣布"满银券"与日圆等值联系,中国东北金融体系彻底沦入日本本国及殖民地金融体系之中,由日本军政当局主导的跨国性日圆金融圈自此确立。

自日俄战争至九一八事变爆发,日本对中国东北的经济统治,首先以掌握铁路与金融为出发点,而后者以货币统一工作为基础。日本学者大竹慎一认为,九一八事变之前,日本对中国东北地区的

---

① 当时台湾经济与大陆经济联系紧密,尽管名义上已采取金本位制,但事实上银币银两仍大量流通。所属中国银货圈的台湾,并未吸纳入日本的金币经济圈中;在朝鲜银行的前身第一银行朝鲜分店的货币发行准备制度中,吸收日本银行兑换券为资本,说明朝鲜涉入日本金币圈的程度要超过台湾。参见金子文夫『近代日本における対満州投資の研究』,東京:近藤出版社,1991年,第127—128頁。

货币工作一直在"同化主义"与"适应主义"间摇摆中推进。这一结论可以帮助我们理解日俄战争后日圆金融圈对中国东北市场渗透的曲折性。迄日本战败，中国东北地区流通的货币繁多，币制呈现极为混乱的状态，仅土著货币即有制钱、铜钱、小洋钱、大洋钱、银锭、官帖、帖子等多种，而外来货币则包括日本银圆、正金银行银券、日圆金券（包括日银券、朝鲜银行券、横滨正金银行券等）、俄国卢布等。从货币本位而言，制钱、铜钱、关贴属铜本位制货币；银锭、小洋钱、大洋钱、日本银圆属银本位制货币；日本金券、俄国卢布又属金本位制货币。所谓"制钱"，是官方所制钱币；所谓"关贴"，则为省政府机关银行发行的可兑换纸币，例如吉林省官银钱号发行的吉林省官帖、黑龙江弘信公司发行的黑龙江省官帖等。民国成立后，中国银行、交通银行、边业银行、东三省官银号、奉天兴业总银行、奉天商业银行、黑龙江省官银号等官营银行又各自发行小洋钱票。日俄战争之后，中国东北形成北部铁路沿线为俄国金融机构及其发行货币的势力范围，而南部成为日本金融机构及其发行货币的势力范围，间杂清政府官银号及其发行货币流通的特殊局面。东北金融体系紊乱的焦点在于货币的金银本位制之争，而其背后又存在日本不同利益集团间的博弈竞争。①

日俄战争期间，日军在中国东北地区实行军政统治，发行大量军票，以此"征发"当地物资。1905年7月，伴随战事结束，日本军政当局为回收这些军票并掌握战后东北地区的金融，决定将横滨正金银行作为经营中国东北地区的金融机构，横滨正金银行发行

---

① 金子文夫『近代日本における対満州投資の研究』、東京：近藤出版社、1991年、第162頁。

的特殊的银本位正金银行银券①被赋予与军票同等的法币地位。②
12月,日本政府向横滨正金银行发出指令,要求该行承担东北清政府租税、公金出纳及保管业务;逐步限制中方通货流通,促进日圆银券的流通最终实现日圆银本位币制。③ 日本政府给予横滨正金银行的这一指令,说明当时日方已具有利用日圆银本位统一中国东北币制的意图。日本军政当局要求横滨正金银行,"悄悄变军票为正金钞票,要讲究技巧,巧妙进行,使中国官民在事实上不得不永远承认正金纸币之流通,其他各国亦无提出异议之余地。这样,横滨正金银行分行将成为实际上满洲的中央银行"。④ 中国原本是银本位制国家,作为中国领土的东北,其特产(大豆、豆饼、豆油等)的贩售以银元交易,理所当然。日俄战争后,中国东北经济虽然加深了与世界经济的结合程度,但依然与关内的物资交流、劳动力、资金等存在很强的联系,总体而言仍包含于中国银货圈之中。⑤ 当时大连、长春等地的土产交易所以银本位货币交易,日本商人对于东北特产的采购,必须使用正金银券。然而正金银券的流通受到奉天官银号所发行纸币、小银币的影响,一般使用于在东北侨居的日人之间或"关东州"内。另一方面,日本本国流通的日圆为金本位制,如何兑换成银本位制的正金银券或中国的银两,亦使日商感到烦恼。对此,日商不得不在上海汇市收购正金银券或上海规元(当时称"汇申"),由此承受汇兑上的损失;而横滨正金

---

① 简称"正金银券",民间称"钞票"。
② 朝鮮銀行『満州ノ通貨ニ関スル意見』、ソウル、朝鮮銀行、1918年、第24頁。
③ 朝鮮銀行『金力銀力』、ソウル、朝鮮銀行、1917年、第22頁。
④ 吉林省金融研究所编:《伪满洲中央银行史料》,长春:吉林人民出版社,1984年,第43页。
⑤ 金子文夫『近代日本における対満洲投資の研究』、東京:近藤出版社、1991年、第147頁。

银行也不得不根据其在上海所存有的银资本量来调整正金银券的发行额度。

至1906年末,军票在东北的流通额约为400万圆,而正金银券的发行额则为440万圆。日本军政当局发现,通过正金银券实现东北币制的统一极为困难。① 日本学者安富步认为,最大原因在于此时以官银号为首的清朝金融机构之实力已逐渐壮大,由此与正金银券构成激烈的竞争关系。② 因安奉铁路、鸭绿江大桥的开通,东北地区与朝鲜的经济交流日趋紧密,大批日商日侨来到"关东州"、安东等地,朝鲜银行券(金圆)、日银券逐渐于当地流通。此外,因世界银价持续走低,南满洲铁道株式会社的货物、客旅运费也不得不以金圆结算。1909年横滨正金银行营口分店开设金圆账户,在金融政策上采取金银并轨制,意味着日本政府以横滨正金银行统一中国东北币制的意图在现实中遭遇挫折。

朝鲜银行是1911年日本在殖民地朝鲜首府京城开办的"中央银行",1913年该行于奉天、大连、长春等地开设支行,以后陆续于东北其他各地设立支行。朝鲜银行所发行的朝鲜银行券(简称"鲜银券",民间称"金票"),因为日商在东北投资、支付满铁运费等需要,鲜银券在东北境内大量流通。鲜银券在东北的流通,不仅出于日商金融交易的实际需要,而且也包含日本政府意图以日圆—鲜银券统一东北货币体系,将东北地区进而将中国全土纳入日圆金融圈的企图。1917年11月27日,日本政府以敕令形式规定鲜银券为"关东州"、满铁附属地的法币,在中国东北形成朝鲜银行、横滨正金银行双行均有货币发行权的特殊体制。当时的大藏大臣胜

---

① 島崎久弥『円の侵略史』、東京:日本経済評論社、1989年、第88頁。
② 安富步『「満州国」の金融』、東京:創文社、1997年、第5頁。

田主计主张朝鲜银行不应局限于殖民地中央银行的角色,而应获取"世界性银行"之地位。胜田在机密的《关于整理满洲金融的意见》中提到:

> 试想之。旅客渡过马关海峡,从釜山登陆。就会看到存在与母国不同的别样的朝鲜银行券。若渡过鸭绿江,又看到有另一种银行券的流通。如此则不仅只感到不便。且与帝国的大陆政策并不相容。将满鲜融为一体,成为同一经济区域,乃有识者皆所倡导,当然勿庸论统一满鲜货币实乃必要。①

按胜田的逻辑,"首先以金圆统一满洲,渐渐波及中国全土",②乃是与日本所推行的大陆政策并行而进的金融政策。

1917年日本政府对中国东北货币工作的实质,是希望利用金本位制的鲜银券统一中国东北币制,从而实现日本控制中国东北金融的目的。正如当时寺内内阁阁议所表明的,"鉴于其(朝鲜银行)作为发券银行之本质,顾虑到将来的币制统一,不如将原由横滨正金银行之处理国库金及纸币发行等特别任务,委让于朝鲜银行,此乃自然而然实现满洲币制统一及金融市场调节之最必要且最捷径之手段"。③ 由朝鲜银行推行的"鲜满金融一体化"政策得到军部与日商棉纺织业资本的大力支持。④ 当时寺内正毅内阁已确立使横滨正金银行回归汇兑银行本务,而以朝鲜银行为商业金融中心机构的金融方针。即自1918年1月1日起,日本在中国东北

---

① 山本四郎『寺内正毅関係文書』(首相以前)、東京:同朋舎、1984年、第452—458頁。
② 勝田龍夫『中国借款と勝田主計』、東京:ダイヤモンド社、1972年、第131頁。
③ 朝鮮銀行研究会編『朝鮮銀行史』、東京:東洋経済新報社、1987年、第131頁。
④ 因当时在日本对中国东北贸易出口占大宗者为棉纱布,故而对于日本国内棉纺织业而言,东北货币统一于金本位制,则可减少其在汇兑上的损失。这是日本国内棉纺织业与奉行大陆政策的军部,在东北货币统一问题上态度一致之根本原因。

的国库业务由横滨正金银行转让于朝鲜银行；赋予鲜银券于关东州、满铁附属地强制流通的权力；正金银券虽仍被认可为发行货币，其强制流通力则被剥夺。然而，现实中日本军政当局及朝鲜银行在东北所推行的金本位制遭到了当地华商与部分日商的反对，于是鲜银券名义为关东州、满铁附属地使用的法定货币，但正金银券则仍然被关东厅下属的大连重要物产交易所及大连海关用于交易或缴税，结果金银本位制日系货币共同流通于东北金融市场，由此在东北地区形成一种"跛足的金本位制"。①

1913年，关东都督府一度有意将大连物产交易所交易货币由银券改为金券，遭到中日商人的共同抵制。随着正金银券的强制流通力被剥夺，大连开始出现将采用金本位制的传闻。随着鲜银券在东北的不断扩张，大连物产交易所的交易货币将改为金本位制的风声愈加盛行。1921年4月，关东厅下达来自东京的命令，原以钞票交易的大连物产交易所突然改为以鲜银券、日圆交易，这在市场上引起巨大恐慌。② 各实业团体纷纷向关东厅提交请愿书，称银本位制向金本位制的转换将对大连土产交易与油房业造成严重打击，成为大连经济界生死攸关的问题。当时中国商人利用银本位制的正金银券换取银两、银元，可以减轻汇兑上的损失，从而将大量交易集中于大连一地，由此促动大连经济。而东北地区的大豆交易集中于日商三井物产、三菱商事、铃木商店、日清制油等四家株式会社，本位制的转换也一定程度影响这些日商的利益。另一方面，若推行金本位制，则顺应日本政府在东北普及鲜银券的国策，从而将东北金融与日圆金融圈连接，可避免日本本国与东北直

---

① 柴田善雅『占領地通貨金融政策の展開』、東京：日本経済評論社、1999年、第21頁。
② 篠崎嘉郎『満州財界及金融ノ現状』（下）、大阪：大阪屋号書店、1928年、第370頁。

接贸易导致的汇兑损失。金银本位之争,其实质是关东厅、朝鲜银行、满铁集团与横滨正金银行、日商商社、大连居留民团集团之间的利益之争,乃"两个帝国主义集团之间激烈冲突的结果,充分体现日本的满洲币制统一方针与日本在满洲商业利益的背道而驰"。① 不久,随着关东厅长官山县伊三郎被免职,继任的伊集院彦吉宣布,自1923年11月起大连特产交易所推行金银双本位制,实质上回归银本位制,这场大连市场因货币本位制变动而引起的风波方告平息。这次变动导致失败的原因,正如日本学者波形昭一所论,"无论日本帝国主义如何急切激进,在商品经济最一般的形态领域,也无法突破银币圈的壁垒"。②

九一八事变爆发后,日本军部暴力接收以东三省官银号为首的东北各官银号,其中黑龙江省官银号因黑龙江省政府代主席马占山已取走现银,日本军政当局对其之接收、管理较为滞后。1931年11月,关东军成立统治部;1932年初,统治部开始讨论东北币制问题,经过数月内部讨论与酝酿;2月5日,统治部提出《货币及金融制度方针案》,并以此为基础,于2月11日制定《货币法》、《中央银行法》等伪满金融法规。

如前所述,日本对东北币制及金融政策的基本原则,在于将该区域作为日圆金融圈的侵蚀对象,首先从货币层面实现"日满一体化"。在关东军统治部组织召开的币制及金融咨询会议中,讨论的议题中最为激烈的仍是金、银本位制之争问题。曾任横滨正金银行行长的高桥是清认为,若伪满币制统一于金本位制,中国商人之

---

① 柴田善雅『占領地通貨金融政策の展開』、東京:日本経済評論社、1999年、第29頁。
② 波形昭一『日本植民地金融政策史の研究』、東京:早稲田大学出版部、1985年、第397頁。

间的白银结算就会于上海进行,由此东亚货物的集散地就会集中于上海,由此削弱大连等地的经济地位。担任东三省官银号、边业银行监理官的首藤正寿认为,虽然金本位制度乃伪满金融体系的最终目标,然而并非一朝一夕可达成,不如通过引入银本位制,赋予纸币兑换功能,首先实现东北币制统一。满铁方面则认为,中国东北既已处于日本统治之下,就必须优先考虑日本商人的利益,以日本金融势力如何尽快进入东北为着眼点。可以看到,在伪满经济界,以高桥为代表的银本位论者,大多基于伪满金融现状而考虑,他们认为从长远来看,金本位制的过早导入,对于日本控制中国东北经济并不利。当时金银本位制之争,可分为三派:

即行金本位制一派,其主要观点是:为实现"日朝满一体化",伪满金融体系应采取与日本国内、朝鲜一致的货币本位制度。而中国商人未必执着于银货币的使用,不必过于考虑中国商人的利益。

以金本位为目标、暂行银本位一派,其主要观点是:骤行金本位制,则必将使伪满经济界动荡不安。伪满民众多所期待者,并非变更本位制度,而是统一混乱的币制。

银本位制一派,其主要观点是:当今世界以金银本位制为货币基础的国家,如英国等尚难稳固该制度,贫弱的"满洲"则更难以维持。从中国人使用货币的习惯、思维来看,实行银本位制最为合适、最符合伪满的"国情"。若采用金本制,将在经济上导致伪满与关内的割裂,不利于伪满经济发展等。

不久,满铁内部出现分化。调查部中的一批职员鉴于东北实况,也主张实行银本位制。关东军中参谋板垣征四郎、石原莞尔为了粉饰伪满"独立"与"自主",亦主张实行银本位制方案。在关东军统治部出台的《货币及金融制度方针案》中,伪满币制改革原则上以金本位制度为目标,现行将以银本位制为基础推行。

伴随本位制问题的解决,伪满中央银行的开办即成紧锣密鼓之势。1932年5月,伪满政府向三井、三菱财团各借款1 000万日圆,6月公布《货币法》《满洲中央银行法》,并于7月1日成立"满洲中央银行"(资本3 000万日圆),发行"满洲中央银行券"。"满洲中央银行"成立之后,致力于回收境内流通的各种旧币,至1934年6月末,其回收率达93.1%。① 原由官银号经营的粮店、典当业,则由附属于"满洲中央银行"的大兴公司接收。1935年5月,伪满政府布告禁止大洋交易,大洋标价的借贷、存款等必须转换成"满银券"金额。当时,伪满市场流通的日圆金券大部分为鲜银券,1935年末约占伪满货币流通总量的约40%,由此构成伪满推行金本位制的基础。

1934年,美国政府出台《白银收购法案》,国际市场白银价格高涨。作为银本位制货币"满银券"的价值亦随之提升。此后"满银券"的价值逐步回落,其汇市价值逐渐与日圆接近,至1935年9月基本与日圆等值。1935年10月,日本政府抓住时机,大藏省宣布,"满银券"与日圆等价联系;伪满政府将通过改善经济金融状况、国际借贷关系,乃至强化汇兑管理,逐步实现这一等价关系;此外,日本将加强对伪满的投资、促进伪满的产业开发、奖励关东军及满铁使用"满银券"等。1936年12月大藏省正式宣布从伪满回收鲜银券,"满银券"成为伪满境内唯一的"国币"。由此,"满银券"正式脱离银本位制,而与日圆等价联系,满洲金融体系继台湾、朝鲜之后被吸纳入日圆金融体系中,这意味着跨国性的日圆金融圈初步确立。

---

① 波形昭一等監修、満州中央銀行編『満州中央銀行十年史』、東京:ゆまに書房、2001年、第94頁。

为了实施"满洲"产业开发五年计划,1937年1月,伪满政府设立以为工农业企业提供资金为主要目的的"满洲兴业银行"①,并从"满洲中央银行"、朝鲜银行、伪满政府借入大量资本,通过发行债券集资,投资于以钢铁、满铁为中心的重工业开发。在此过程中,"满洲中央银行"不得不大量增发"满银券"来满足重工业发展所需的资金,由此加剧伪满国内通货膨胀,伴随日本全面侵华战争后对伪满物资的急迫掠取,这一情况愈演愈烈。

二、"冀东券""蒙疆券"与日圆金融圈向华北的扩张

迄国民政府推行币制改革,中国币制坚持采用银本位制,与中国独特的政治经济特点有关。然而银货一般用于贸易与汇兑,而铜钱在民众生活中被广泛使用,由此现实中形成银铜双本位制的货币金融体系。1928年国民革命军取得北伐胜利,形式上完成国家统一的国民政府开始寻求货币统一的途径。在诸多国家以世界经济危机为契机纷纷放弃金本位制而采用管理通货制之际,南京国民政府则于上海成立中央银行,将之作为经济建设的中枢机构,并预备导入金本位制的货币金融体系。1933年3月,国民政府推行"废两改元",揭开币制改革的序幕。1935年11月,在英国经济顾问李滋·罗斯的协助下推行币制改革,将中央、中国、交通三所银行发行的银行券作为法币。国民政府规定,纳税及一切公私债务支付,必须以法币来进行,同时要求民间所有现金银须缴存于中央银行,从而实现白银国有化。将白银掌握于国民政府手中,是维护法币信用与稳定不可或缺的手段,然而此举却遭到日本军政当局的强烈反对,"尔来日本

---

① 资本3 000万日圆,实投1 500万日圆,由伪满政府与朝鲜银行折半出资。

对于本次改革,政府各方面一致明确表示反对之立场。即军部及外务省,无论派出机构还是本部,均屡屡发表声明对之表明排斥态度,对于在华日本金融机构按中国政府交渡白银之要求等,拒绝给予本次改革积极援助"。① 日本军政当局对于国民政府币制改革的抗拒,正如其自述,"新币制的成功在金融上、财政上,进而在政治上将使华北及西南完全抛弃以往之半独立性,且是否支持新币制,很大程度上,系于治外法权下我国国人之态度。而消除今日政治之情势,强化对于南京的隶属关系,将使满洲建国以来日本对华北的政策全面败北,到底难以容忍。所谓以至于必须全力阻止之,因此今日之日本对于英方积极的、有计划的态度,绝不允许坚持自身徒然对之诽谤、拱手旁观其自然之崩溃等消极态度,而要速速决定国策,统一国论,讲求打开局面"。② 战后,原参谋本部军官冈田酋次对此则有深刻的回顾:"这次币制改革成为蒋介石政权战时经济体制的基础,若中日事变之前并无此次改革,则蒋介石政权如何实现政治上的统一,或致力于陆空军的充实,以'焦土抗战'为口号指导开展全面抗战,都颇成问题。这场币制改革,在成为中日战争导火线的同时,也成为中国得以战胜的一大动力"。③

1935年后,由华北驻屯军及关东军所推行的"华北分离工作",在华北制造"防共"、"亲日"、"亲满"之"特殊地带",形成所谓"日满华经济圈"。华北作为其一环,在华北驻屯军的要求下,第二十九军军长宋哲元下令禁止北京各银行将存银南运,天津、河北、山东

---

① 『支那幣制改革ト我国策ノ確立』(1935年12月8日)、多田井喜生編『続・現代史資料11 占領地通貨工作』、東京:みすず書房、1983年、第90頁。
② 『支那幣制改革ト我国策ノ確立』(1935年12月8日)、多田井喜生編『続・現代史資料11 占領地通貨工作』、東京:みすず書房、1983年、第91頁。
③ 冈田酋次『日中戦争裏方記』、東京:東洋経済新報社、1974年、第13—14頁。

等省市亦仿效之。1937年3月,以原横滨正金银行总裁儿玉谦次为首的经济使节团访华,通过与财政部长孔祥熙、中央银行经理席德懋交涉,虽然达成协议,将华中上海等地日方银行白银转让于国民政府,然而声明北京、天津等华北白银的转让问题,则将留待后日解决。① 1935年11月,国民政府推行的币制改革,给予华北驻屯军与关东军强烈刺激,"可以感到华北独立的气氛将以此次币制改革为契机急速激成",在华北驻屯军策划下,伪冀东防共自治政府成立。② 华北驻屯军特别制定《华北自主币制施行计划纲要方案》,意图由中方银行、钱庄出资,成立"华北公库",通过发行纸币,而将华北金融与华中金融分离。为了加快华北金融"自治",1935年7月,华北驻屯军在《何梅协定》签订后聚集一批满铁调查员,组成一个"嘱托班",专门收集华北金融、经济、税制、贸易等方面的重要情报。11月,在该班提交的《从华中独立情况下的华北金融对策方案》中,华北驻屯军提出物色一家"现成"的银行——河北省银行,以之充作华北联省自治下的"中央银行"的计划。③ 可以看到,满铁调查班的这一计划,意图使华北驻屯军仿效九一八事变后关东军对东三省官银号的接收与整理。然而,与东三省官银号总行情况不同的是,因河北省银行的总行设于天津租界内,故而其改组需由该行自发提出,日本并不能采取武力强迫。据日本军政当局的统计,国民政府推行币制改革之后,天津金融界流通货币之近80%乃中央、中国、交通三大银行发行的法币;河北省银行及其他

---

① 儿玉谦次『中國回想錄』,東京:日本週報社,1952年、第183頁。
② 日本防衛省戰史部『戰史叢書 支那事變陸軍作戰(1)』,東京:朝雲新聞社、1975年、第53頁。
③ 南満州鉄道調査部『北支那通貨金融方策』(『支那・立案調査書類』第三編第一卷其一),大連:南満州鉄道調査部、1937年、第29頁。

各行发行的货币并非主流。① 1937年2月，河北省政府制定《河北省银行条例》，赋予其国税征收权，并认可其具有货币发行权，当时该行发行的河北省银行券总额，不过约6 000万元。

1936年6月，华北驻屯军制定《冀东银行设立纲要》，8月，"冀东银行"（资本额500万元）成立，按《纲要》之设想，"冀东银行"乃"将于华北施行自主币制的情况下，与之合流成为确立新币制的一大支柱"。"冀东银行"所发行的"冀东银行券"与法币等值，在日本顾问的监督下，该行不仅从事国库金业务，而且兼营农商金融与平民金融业务。

1938年3月，作为华北傀儡政权中央银行的"华北联合准备银行"成立后，"冀东银行"被取消货币发行权，"冀东银行券"作为"联银券"被逐步回收。"冀东银行"的命运犹如"冀东防共自治政府"，完全沦为华北驻屯军炮制的过渡性金融机构（政权）。当新傀儡机构得到日本军政当局的支持，原傀儡金融机构（政权）也就不得不宣告倒台，然而"冀东防共自治政府的出现，乃是日军对中国本土侵略第一步。冀东银行的设立、通货的发行，乃是此后日方发动货币战争的出发点，故而其重要之意义绝不可忽视"。②

另外，伪满"撤退"后，朝鲜银行的动向值得注意。在朝鲜银行1936年6月提交于日本政府的《关于华北通货金融工作的意见书》中，该行提议将鲜银券作为华北日军军费和日方官厅、傀儡政权财政的支付手段，使其成为事实上华北的"中央银行"。这一提议，赤裸裸地暴露了"朝鲜银行极端自我中心主义，乃欲成为不仅华北乃

---

① 岩武照彦『近代中国通貨統一史——十五年戦争期における通貨闘争』、東京：みすず書房、1990年、第266頁。
② 岩武照彦『近代中国通貨統一史——十五年戦争期における通貨闘争』、東京：みすず書房、1990年、第274頁。

至大东亚金融圈中央银行"的野心。① 抗日战争全面爆发后,朝鲜银行在华北各主要都市开设分行,形成强大的金融网络,战初侵华日军所使用的货币也主要为鲜银券。

为准备对苏联作战及确保伪满的"国防安全",关东军积极策划内蒙"自治"。1936年2月,在关东军的谋划下,以德王为主席的伪蒙古军政府成立。抗战全面爆发后,关东军侵占张家口。1937年11月,"察南自治政府"、"晋北政府"、"蒙古联盟自治政府"等三家傀儡政权组成"蒙疆联合委员会",筹备成立蒙疆地区"中央银行"。是年9月,"察南自治政府"先成立"察南银行",其资本额主要来自该政府对"满洲中央银行"的借款。10月,关东军制定《蒙疆方面政治工作指导纲要》,意图以"察南银行券"作为察南、晋北、绥远三地的统一通货。12月初,在"察南银行"基础上,"蒙疆联合委员会"成立"蒙疆银行"②,由该行接收外绥远平市官钱局及丰业银行的资产。"蒙疆银行"仿效"满洲中央银行",宣布其所发行的"蒙疆银行券"与日圆等值联系,从而蒙疆地区货币金融体系亦被吸纳入日圆金融圈中。"蒙疆银行"成立后,驻蒙日军的军费完全以"蒙疆银行券"支出,而"蒙古联合政府"因其财政基础极为薄弱,只能向"蒙疆银行"大量借款。伴随日本对蒙疆的"经济开发"、特殊国策会社的成立及当地驻屯日军军费的增加,"蒙疆券"的发行量激增;"蒙疆券"虽表面宣传与日圆、"满银券"等价联系,然而现实中无法与日圆金融圈以外的货币发生汇兑关系,"蒙疆券"持有者不得不将之先行兑换成"满银券"或日圆,再至天津汇市兑换成法币,反而形成与法币价值的间接联系,其价值随法币价值涨跌而起落。

---

① 岛崎久弥『円の侵略史』、東京:日本経済評論社、1989年、第161頁。
② 资本1 200万日圆、由三家伪自治政府各出资400万日圆。

因货币在其流通地域中物价水平并不一致,故而必然导致在汇市中,尤其是暗市中货币之间汇兑比率与公定的等价比率存在较大差异。在"满银券"与"联银券"的渗透下,基础薄弱的"蒙疆券"的通货价值亦受到削弱。"蒙疆券"的这一现象反映出"日圆金融圈"的结构性弊病。作为应对之策,日本军政当局仅能通过严禁货币的跨区域流通与打击民间货币投机交易等手段,勉强维持"日圆金融圈"的稳定。

为了维持区域货币的价值、"征发"更多的物资,1940年6月,日本军政当局召开"日满蒙华通货会议",兴亚院与"蒙古联合政府"、伪满政府、"华北政务委员会"签订协议,各傀儡政权明确、严格限制自身发行的货币流入日圆金融圈其他区域。1942年,蒙疆政府公布《通货取缔法》,除与伪满接壤的中间地带外,禁止境内持入"满银券"、"联银券"。尽管如此,战争后期,受华北物价之牵引,蒙疆地区的物价亦随其而涨,"蒙银券"的发行量由1941年末的1.13亿圆上升至1943年末的3.78亿圆,至1945年8月时达36亿圆,[①]"蒙疆政府"的财政收入主要通过向华北等地运出鸦片来维持,并需从华北运入大量生活生产物资,这一关系导致蒙疆的通货膨胀亦受到华北经济的深刻影响,体现日圆金融圈中通货膨胀的涟漪效应。

三、"联银券"的流通与战时日本对华北的金融统制

日本发动全面侵华之前,日本策划成立的"冀东银行"、扶持的河北省银行,均是规模较小的地区性银行,两者因投入资本较小,

---

① 柴田善雅『占領地通貨金融政策の展開』,東京:日本経済評論社,1999年、第266頁。

发行货币量有限,难以满足日本军政当局统一华北货币的要求。此外,全面战争爆发以后,日军还面临在中国战地使用何种货币的问题。1937年11月,日本阁议通过《华北联合银行设立纲要》,该行资本由华北傀儡政权与中方银行共同出资,傀儡政权出资的资本则由日方银行"援助",由此形成华北沦陷区"中央银行"之雏形,该行发行华北唯一的"法币"——"联合银行券",以此回收大量流通于华北的日银券、朝银券等日系货币。在日本军政当局的策划下,1937年12月,"中华民国临时政府"成立。1938年2月,该政府公布《中国联合准备银行条例》,一方面向横滨正金银行、朝鲜银行、日本兴业银行借款;另一方面由华北八家中资银行出资。①1938年3月10日,按日伪之计划,"中国联合准备银行"(下文简称"联银")开业,该行设总行于北京,拥有发行"法币"的特权,内设日本顾问室,业务接受日本顾问"指导"。次日,"中华民国临时政府"即公告"以中国联合准备银行所发行之纸币为国币"、"关于金融扰乱取缔之办法"、"关于中国联合准备银行发行之纸币对外价值与日圆等价等之政府声明",确立以"联银券"为经济武器,回收法币之策略;而"联银券"与日圆等值联系,则"明示华北通货政策之根本方针","此后华北开始作为日圆集团之一员,迄今各种华北通货金融问题,无论良恶,从根本而言,几乎无不与联银券与日圆联系

---

① "中国联合准备银行"的中方资本,原拟以华北中资银行所留存的白银为基础。然而中国银行、交通银行并未将保管的现银移交傀儡政权,金城银行、大陆银行、盐业银行、中南银行亦未出资,实施上仅有日本所控制的河北省银行、"冀东银行"参与出资。参见中国连合准备银行顾问室编:『中国连合准备银行五年史』,北京:中国连合准备银行,1944年,第8—9页。

之政策相关"。① 但与"满银券"情况不同的是,日伪在发行"联银券"后即宣告其与日圆等值,主因在于全面抗战初期汇市上法币与日圆等值,而汇兑关系上"联银券"只有与法币产生等值关系,才能起到回收、驱逐法币之功能,由此自然形成与日圆等值之联系。

在华北沦陷区内,"联银券"通过折价回收的形式削弱法币价值,达到驱逐法币的目的。"中华民国临时政府"以《旧通货整理办法》,规定中国银行与交通银行发行之法币北方券、河北省银行券、"冀东银行券",限于"联银"开业1年内允许流通,期间须与"联银券"等价交换;中国银行与交通银行发行之法币南发券②,仅限于3个月内流通;此后,日伪陆续规定:8月7日以后,强制法币北方券折价9折兑换"联银券";12月31日,强制法币北方券折价7折兑换"联银券";1939年3月11日后,全面禁止法币南北券、河北省银行券、"冀东银行券"流通;1939年12月16日后,强制各币折价6折兑换"联银券";1941年5月1日以后,强制各币折价4折兑换"联银券";同年6月8日以后,各币折价1折兑换"联银券"。③ 战初华北沦陷区内法币的短缺,为"联银券"创造了乘虚而入的机会,且得益于日本军政当局军事和政治上的强推,"联银券"逐渐成为沦陷区内日常交易的主要货币。1938年12月,天津英法租界在日本军政当局的压力下,亦同意接受"联银券"作为向其支付的

---

① 朝日新聞社東亜問題調査会編:『朝日東亜リポート』(第6輯)、東京:朝日新聞社、1939年、第24頁。
② 由南方银行发行之银行券——笔者注。
③ 中国連合準備銀行顧問室編『中国連合準備銀行五年史』、北京:中国連合準備銀行、1944年、第25頁。

手段。①

1938年11月之后,在日本军政当局的策划下,华北沦陷区内形成一个以华北开发株式会社为首的国策会社集团。为加强对这些国策会社掌控的华北矿工业的投资,"联银"向这些企业大举贷款。"联银"由此不断增发"联银券",1938年末,"联银券"发行量为1.62亿圆,1939年末为4.58亿圆,1940年末激升至7.15亿圆,1941年末达9.64亿圆。

日本军政当局为直接获取"联银券","联银"与朝鲜银行、横滨正金银行缔结互存制度。所谓"互存"制度,系战时日本掠取伪币最主要的手段。"联银"在朝鲜银行、横滨正金银行分别开设"联银"账号日圆账户,而朝鲜银行、横滨正金银行则以两行名义在"联银"开设"联银券"账户,因"联银券"与日圆等值联系,且设定彼此存款利息条件相同,故而只要增加"联银"账号中的日圆存款金额,日本军政当局就能相应从朝鲜、横滨正金两行从"联银"的账户中提取"联银券"。由此朝鲜、横滨正金两行中"联银"账户中日圆存款金额名义日益增多,而"联银"中两行账户中"联银券"存款金额实际不断减少,其中产生的差额则被日本军政当局用于临时军事费或对华北国策会社集团的开发融资。

1938年8月以后,伴随华北日军治安工作的开展,"联银券"成为日军的"征发"货币,用以掠夺华北民间物资。"联银券"在流通领域上,如同华北地域有沦陷区、游击区、抗日根据地之分,相应形成"联银券地带"、"准联银券地带"、"非联银券地带"(即日本军政当局所称"匪区地带")。在"准联银券地带",法币在"联银券"的冲

---

① 阿瑟·N·杨格:《抗战外援:1937—1945年的外国援助与中日货币战》,李雯雯译,成都:四川人民出版社,2019年,第73页。

击下避入天津租界或南流；而中共抗日武装力量在边区发行之边币，往往伴随日军治安工作的"强度"而此消彼长，与"联银券"形成拉锯之势；当日军在华北推行所谓治安工作或"宣抚"工作时，"联银券"则被用于强行"征发"物资，其流通势力相应扩大。然而，由于日军的行动与驻屯本身具有点（据点）与线（交通线）的特点，故而"联银券"之流通往往集中于大都市与铁路沿线，这些区域之外则是河北省银行券、法币、边币的流通范围。值得注意的是，中共领导的抗日根据地面对日本所发动的货币战也会采取灵活的应对措施。虽然根据地内严禁"联银券"的流通，但也会吸收"联银券"以向沦陷区采购必需的物资，形成"联银券"的逆向流动。而在华北沦陷区内，尽管日伪宣称"联银券"为统一的货币，然而徐州地区是日军华中派遣军与华北方面军共同作战之区域，"联银券"与军票混杂流通，山西、河北等地也流通一定数额的"蒙疆券"，战时华北多币种混合流通的情况并未改变。

在日本军政当局以"联银券"统一华北通货的工作中，虽然规定其货币价值名义上与"满银券"、"蒙疆券"、日圆等价联系，但是因各种货币在其流通地域中的物价变动情况并不统一，由此造成日圆金融圈内各种货币在实际价值上的差异。尤其是在天津英法租界中，仍有法币大量流通，当地自然形成"联银券"与法币的汇兑行情，导致"联银券"的价值随法币对外汇率的变化而波动。

太平洋战争爆发之前，外汇对于日本军政当局而言显较物资更为重要。全面抗战爆发后，华北沦陷区对日圆金融圈的贸易需经由天津租界汇市法币结算。1938 年 10 月，日伪当局对华北贸易实行严格的"汇兑集中制"，"联银"以"联银券"与日圆等价，即通过"联银券"1 圆＝1 日圆、1 圆＝英镑 1 先令 2 便士之汇率，要求华北中外商人将进出口所需或所得外汇折合成"联银券"，集中于"联银"，以此赋予"联银券"贸易通货地位。中外商人若没有"联银"颁给的出口售汇证明,则不允许出口;日伪当局另采取"进出口关联制",商人在出口中所受汇兑损失,则通过被赋予进口权来"弥补"。在实行"汇兑集中制"的过程中,日伪当局加强对出口物资的统制,1939年3月后,华北主要出口的鸡蛋及其加工品、花生油、烟草、煤炭等12种物资,在出口非日圆金融圈区域时,海关强制商人以1先令2便士之价格将其从出口中获得的外汇卖出。7月以后,该制度扩大至全部出口产品。① 日伪当局强制实行的"汇兑集中制",极力抑制中外商人通过欧美银行贸易结算的欲望,体现了日伪利用"联银"垄断华北对外贸易的意图。然而,因天津英法租界的存在,利用"汇申"市场等形式以法币进行贸易结算的现象并不能根绝,1939年华北沦陷区对华中、华南的物资运出运入总额约1.6亿—1.7亿圆,其中经由"联银"结算的不过为0.8亿圆,其余多由"汇申"形式来结算。② 另一方面,鉴于华北沦陷区对日圆金融圈内各区域的出口并不能获取外汇,而商人却可以货币实际价值的差异从中投机牟利,故而日本军政当局对之出口数量采取严格统制。

　　1939年后,因"联银券"大量增发、粮食等物资大量出口以及灾害连绵,华北沦陷区内物价出现高涨态势。"联银券"与日圆等价联系是否必须坚持成为日本军政当局关注的重要问题。尽管日本经济学家高桥龟吉等人强调,伴随华北物价的节节攀升,华北当地生产的物资因价格高昂,事实上已无法向日圆金融圈其他区域出口或运出;为平抑华北物价,日圆金融圈其他区域还需向当地出口大量物资,导致背上沉重的包袱。鉴于"联银券"与日圆等价脱钩

---

① 中村隆英『戦時日本の華北経済支配』、東京:山川出版社、1983年、第24—25頁。
② 柴田善雅『占領地通貨金融政策の展開』、東京:日本経済評論社、1999年、第297頁。

在政治层面所带来"负面"影响,日本军政当局则对此问题不予讨论。太平洋战争爆发后,日本经济学界多次提出"联银券"与日圆等价脱钩之问题,皆为日本军政当局所搁置。

随着华北沦陷区内物价的膨胀,对日本出口物资的价格亦为之提高,这不仅增加日本本国进口商的负担,而且导致两地物价进一步拉大差距。1940年8月,日本商工省制定对"关东州"、伪满及中国贸易调整办法,成立东亚进出口行会联合会,通过征收"保留费"来对出口价格进行调整。日圆金融圈内各地区的出口商人须支付"保留费",东亚进出口行会联合会将之补偿于相应地区的进口商人,由此形成所谓的"调整费制度"。日本军政当局这一制度的设立在于弥补日圆金融圈内因货币名义价值上"日银券='联银券'=军票"而产生的结构性弊病。从某种程度而言,这是一种平衡日圆金融圈内各地区物价差异的特殊征税制度。然而在现实中,日本出口至华北沦陷区内用以供应华北国策会社集团的生产器材、原料等物资因被加征调整费而致使其进口价格更为高昂,进而导致华北国策会社集团财务失衡、经营困难。1941年5月,兴亚院决定对在华国策会社进口物资免征调整费,如华北交通株式会社、华北电力株式会社、井陉煤矿、中兴煤矿等21家华北国策会社得以通过较低价格获取生产设备,从而保障其利润,体现了日本军政当局对于华北国策会社集团在政策上的照顾。但另一方面,对于普通出口商而言,因出口至华北沦陷区内的生活用物资需被征高额的调整费,其出口欲望受到抑制,由此加剧了华北沦陷区内生活物资的进一步紧缺,导致华北沦陷区物价进一步高涨。

太平洋战争爆发后,"中国联合准备银行"加大对华北沦陷区金融统制的力度。1942年末,该行在华北各地(含东京办事处)已开设26家分行,金融网络延伸至华北主要城市,其规模进一步扩大。为维持"联银券"与日圆的等价联系,1943年3月,"中国联合准备银行"(以下简称"联银")与日本银行缔结2亿日圆之借款协定。华北出现的恶性通货膨胀导致当地对日出口逐渐减少,为将华北对日圆金融圈的贸易彻底纳入"大东亚共荣圈"金融体系,使华北尽可能多地出口物资,日本军政当局还于华北引入"特别日圆制度"。1941年7月,英、美、荷兰等国冻结中日在其资产,"联银"不得不将其所持外汇转售于横滨正金银行,并于该行东京分行开设"特别日圆"账户,原则上"联银"与日本的贸易以该账户结算,然而华北对伪满、对日本的贸易收支原本即可通过货币间的等价联系直接结算,由此华北的"特别日圆"制度形同虚设,并未产生任何效用。战争中后期"联银券"不仅大量充作当地驻屯日军的军费,而且成为日本军政当局对华北沦陷区内棉粮等物资"征发"的货币武器,日本军政当局将自身的经济危机转嫁于"联银",促使其不断增发货币,至1945年日本投降之际,"联银券"的发行量高达1 800亿元,较太平洋战争爆发时激增190倍。

四、军票工作与日本对华中华南的金融渗透

众所周知,"军票"是具有征集物资功能的特殊货币。西南战争时期,西乡隆盛军队发行的"西乡票",是近代以来日军"军票"的雏形。甲午战争期间,日本军政当局虽有意发行军用票,但直至战争结束也未实施。日俄战争后,日军在中国战地多次发行军用手票(简称"军票")作为"征发"当地物资的特殊票据。全面抗战时期亦不例外,据日本学者统计,至太平洋战争末期,包括南方开发金库在内,日本军政当局发现的军票总额高达220亿余圆,日本所发

动的侵略战争被称为"军票泛滥的战争"亦不为过。① 1937年11月,基于日本阁议,登陆杭州湾的日军柳川兵团于华中沦陷区内首次使用军用手票。1937年11月初,柳川兵团携带的军票仅62.5万日圆,作为一种"征发"票据,军票主要为华中日军用于物资采购。随着战事规模的扩大,除"征发"华中沦陷区民间的物资之外,战时日军发行的军票还被赋予回收日本银行券的功能。

全面抗战爆发之前,在上海的日侨约3万人,其生活生产所使用的货币基本为法币,仅有日本海军上海陆战队于公共租界虹口地区内使用日银券,用于采购一些日商生产的日用品,日圆并不作为结算通货而被使用。全面抗战爆发之初,与华北日军使用的货币"朝银券"不同,日军上海派遣军于淞沪战场使用的货币主要为日银券。当时华中日军官兵俸给、薪资、采购物资所需货款皆以日银行支付;而在"征发"中国民众的物资时,日军主要支付军票或小额的法币。不久,日银券伴随日军的侵略大量流入上海等地,从淞沪会战爆发至1938年7月的近一年间内,日银券在上海的流通额已达3 500万日圆,当年年末则至5 000万日圆。② 然而,日银券的流通领域狭小,大多集中于上海虹口地区,几乎未能于租界核心区域或华区流通。沦陷区民众或第三国人即使获取日银券,也会尽快将之通过日本银行、商社回流。日银券作为日本国内的货币,不仅不能达到"征发"物资的目的,而且因为战争初期日圆与法币在汇兑上保持等值的关系(即日圆1圆=法币1元=英镑1先令2便士),1938年3月以来伴随法币价值的下跌,上海汇市日圆的价值

---

① 小林英夫『日本軍政下のアジア—「大東亜共栄圏」と軍票—』、東京:岩波書店、1993年、第4頁。
② 岛崎久弥『円の侵略史』、東京:日本経済評論社、1989年、第190頁。

亦为之牵动,由此导致当地流通的日银券与日本国内的日银券价值上出现差距。中日商人将华北的日本银行券、朝鲜银行券运入华中,于上海汇市低价换购成法币,将之回流华北后等价兑换成"联银券",因华北"联银券"与日圆等值联系,故能从中获得更多朝银券或日银券;此外,中日商人也可利用上海汇市日银券与日本国内日银券存在的价值差,将日本国内的日银券折换成外汇、黄金后走私至上海,再将之兑成上海日银券后带回日本。商人的这一投机操作自然导致日圆金融圈的紊乱,引起日本军政当局的高度关注。作为防止汇市投机活动的应对之策,日本军政当局规定:禁止华北沦陷区内流通法币南发券,限制使用100日圆大额面票券,限制日本银行对外贷款,限制上海地区日银券流入日本国内,禁止向外国银行抛售日圆,鼓励储蓄与购买公债等。因华北、华中沦陷区内货币体系迥异,这些措施不能从根本上解决日圆金融圈内日币价值间实际存在的差异,故而日本军政当局考虑使用一种"新货币"作为日本银行券的替代品。1938年9月,日本军政当局制定《为军票流通及其价值维持之对策》,决定于华中作战区域之内以军票代替日银券而于日常一般流通使用。①

战初,作为"征发"票据的军票,日本军政当局为了避免其影响到日本本国的通货制度,禁止其与日圆金融圈内的其他货币兑换,日本军政当局通过向沦陷区内中国民众出售一些以军票标价的日常生活物资(这些物资被称为"宣抚用品"),以维持军票的价值。军票对于侵华日军乃至日本国家经济的重要意义,正如日本军政当局所认识的:

---

① 清水善俊『支那事変軍票史』、『日本金融史資料・昭和篇』第29巻、東京:大蔵省印刷局、1971年、第119—112頁。

军票乃确保军队行动自由及其生命的经济武器。所谓军队行动之自由,乃通过军票使用,回避由国内运送物资满足军需之不便,与经济上之不利益,军票之功能,在于军队以自由意志,能够调集当地物资;所谓确保生命,乃军票价值的维持,与军队的给养、军需调集密切相关。其价值暴跌,可谓将危及军队的生命。若不使用军票,而待由国内运送当地所需全部物资,则不仅将对作战行动造成极大障碍,且导致经济上的不利益乃至不便。以有限的军事费,在维持作战及驻兵上非常困难。且代替内地物资运送,而将外汇带至当地,通过兑换成法币来调集所要物资,虽为最便捷的做法,然而鉴于我国经济力之现状,哪怕多一分也好,到底无法实行。因此产生以军票充当军费支付、调集军需所必要之策略与使命。①

武汉会战期间,日本军政当局推行所谓"军票一体化"政策,至1938年10月末,军票的流通额达5 000万日圆,在数额上具备替代日本银行券的流通规模。

1938年10月,日本阁议决定进一步在华中沦陷区内推行"军票一体化"政策,规定对于当地日军官兵及军属的薪资皆以军票支付;在一定条件下,军票可与日银券兑换;日本军政当局采取维持军票价值的诸种措施。自11月以后,华中沦陷区除上海地区之外由军票统一各种日系货币。日本军政当局具体规定:

1. 华中日军的经费使用(除上海地区之外),全由军票支办。
2. 除上海外的占领区,不论部队、军人、军属,一般日本人

---

① 東亜研究所編『支那占領地経済の発展』、東京:東亜研究所、1944年、第502頁。

及日人商社所使用的通货,也由军票代替日银券。

3. 日资银行在中国内地的分店及野战邮局的存款、汇兑业务,完全以军票进行。

4. 中国内地物资的采购及其他所需之军票,在上海及内地的日资银行换成日银券之后,再交付使用。

5. 上海所需或前往华中以外地区旅行、汇款等必需的日银券,于一定条件下可换成军票。

6. 上海的日资银行,开始处理军票存款业务。

7. 对军票价值维持、物资交换、资金操作等采取有效合适的方法。①

至1938年12月,华中派遣军内部对军票的使用采取更具体的规定:

1. 上海除派遣军占领地区之外,回收日银券,以使军票流通。

2. 军票流通层面从军人、军属扩大至一般民众。

3. 军票流通之际,坚持与日本通货等值关系,对法币维持有利比价、注意防止对军票的差价交易与投机。

4. 为便于军票与日本通货间的交换,设置军票交换许可所、军票交换处理所。

5. 为促进军票流通,设置物资交换所,对军票实行物资交换。

---

① 清水善俊『支那事変軍票史』、『日本金融史資料・昭和篇』第29巻、東京:大蔵省印刷局、1971年、第131—132頁。

6. 上海以外日资银行、野战邮局的支付业务,除交换情况外,完全以军票进行。

7. 日本人于中国内地交易之际,买卖均使用军票,尤其禁止以法币销售物资。

8. 要逐步实施军票于上海地区的流通。

9. 统制钱庄的军票行情。

10. 关于军票流通,海军、大藏、外物各省当地机构、军特务部、维新政府、有实力的日资银行要提供协助。①

抗战进入相持阶段后,货币战成为中日经济战中的主要形式。华中沦陷区内的货币战首先在汇率战场上打响,1939年5—6月间,上海汇市日圆汇率急剧下跌,引起日本军政当局的恐慌。② 日圆下跌的主要原因,在于日圆金融圈内不同货币之间名义上等值联系而实际价值存在差距,由此导致中日商人从中投机牟利,华北沦陷区内大量的日圆(主要为日本银行券、朝鲜银行券)流入华中沦陷区内。伪满禁止对华中的大豆、豆油出口,导致中日商人手中留存大量的日币。1938年3月,日本军政当局下令限制对日圆金融圈内的日圆汇款,导致大量日币屯留于上海汇市。而另一方面,上海汇市日圆汇率下跌的现象,成为国民政府宣传抗战的好材料,包括《申报》在内的舆论力量对中日货币战的报道引起日本军政当局的高度关注,日圆落败的影响波及日本在华侨民的心理。如在当时的苏州,"不胜遗憾的是,因日币及军票本次大暴

---

① 清水善俊『支那事変軍票史』,『日本金融史資料・昭和篇』第29卷、東京:大藏省印刷局、1971年、第131頁。
② 相馬敏夫《中支那通貨工作の回顧》,多田井喜生編『続・現代史資料11 占領地通貨工作』,第285頁。

跌,我军将士与作为战捷国民的在华日人,在街上购物或与中国人交涉之际,也会有类似屈辱的心情,而对于渐渐服从皇军之威力、熟驯于其宣抚的中国民众也会产生心理作用。如打破圆元等值,即使归之为一时之现象,我军民也必须采取绝对一致之态度对于加以防止"。①

为了维持日圆对法币的汇率,阻止日圆的跌势,日本军政当局采取多种方案,在横滨正金银行等日资金融机构中设置各种秘密账户,在维持日圆价值的同时,扩大军票的流通范围,从而使军票得以彻底代替日本银行券,完成华中沦陷区内日系通货的统一。这些秘密账户的情况,如表1-1所示。

1939年6月为日圆下跌形势最为严峻的时期,日本军政当局于横滨正金银行上海分行开设秘密账户"乙资金",并将该行保管的上海海关存款法币500万元作为这一账户的启动资本,用以在汇市售出法币购入日圆,从而操纵日圆兑法币的汇率。7月,日本军政当局还于上海的钱庄公开军票兑法币行情,加强军票在上海汇市流通的力度;而在上海,日资银行则限制日银券的流出,10月26日以后的提取则必须获得大藏省驻上海财务官的许可。不久,日本军政当局规定日银券在华中沦陷区内停止流通与使用,军票由此确立在华中唯一日系通货之地位。尽管军票流通范围扩大,军票价值提升,然而如同华北"联银券"一般,军票在华中民间的影响力仍有限,在城市乡野形成法币、军票流通与使用的不同领

---

① 『金融事情(第41号)(円価暴落の影響に就て)(蘇州杭州)昭和14年7月17日山田部隊本部経理部』、『金融事情綴　自第41号至第57号　住谷悌史資料』、支那-支那事変全般-507、日本防衛省防衛研究所蔵。

第一章 战时日圆金融圈的确立、扩张与解体　051

表1-1 为维持日圆及军票等货币价值所设秘密账户一览表

账户名	设置时间	关闭时间	资金来源	主要目的	管理方	保管银行
军用手票特别资金	1938年12月	1940年1月6日	由临时军事费预拨款300万日圆	法币交换及日圆买入	华中派遣军经理部	横滨正金银行、台湾银行、朝鲜银行、汉口银行
乙资金（本账户）	1939年6月10日	1941年6月	上海关存款，当初500万元，累计3500万元	为维持军票价值所需的金融操作	兴亚院（财务官）	横滨正金银行
乙资金（B账户）	1940年3月	1940年12月	由日方供给93.75万美元（约400万日圆）	伴随采购华中大米所需军票的价值维持工作	兴亚院（华中派遣军经理部）	横滨正金银行
伊资金	1939年6月23日	1943年3月	上海日商纱厂每月供给法币300万元	与军方相关的法币供给工作	华中派遣军经理部	横滨正金银行
华中振兴株式会社及相关会社法币资金给调整基金	1939年8月	1942年8月	华中振兴株式会社及相关会社提供法币，共价值22万日圆	华中振兴株式会社及相关会社法币资金的调节	华中振兴株式会社（兴亚院）	华兴商业银行

续表

账户名	设置时间	关闭时间	资金来源	主要目的	管理方	保管银行
军用大米采购资金	1939年12月	1941年7月	为了采购军用大米预付于商社的资金	为了采购军用大米所需调集的法币	华中派遣军经理部	横滨正金银行
昌资金	1940年1月	—	作为小卖店资金，由临时军费预拨款（乃军用手票特别资金之延续）	提供中国内地单方交换及与军方相关的法币	华中派遣军经理部	横滨正金银行
昌资金A账户	—	1943年3月	上海账户	—	兴亚院或华中派遣军经理部	横滨正金银行
昌资金B账户	—	—	南京账户	—	兴亚院或华中派遣军经理部	横滨正金银行
昌资金S账户	1940年5月3日	1940年5月13日	由A账户分置，法币300万元	为维持军票价值，进行市场操作所需	兴亚院或华中派遣军经理部	横滨正金银行
汇兑差储备金	1940年4月以后	—	日系物资的汇兑差之调整费或上海与日本国内物价之调整费	为维持军票价值、物价调整的储备金	兴亚院或华中派遣军经理部	横滨正金银行

第一章 战时日圆金融圈的确立、扩张与解体 053

续表

账户名	设置时间	关闭时间	资金来源	主要目的	管理方	保管银行
丙资金	1940年7月5日	1941年10月22日	乙资金B账户所获利润8 490 933日圆	伴随物资运出运人外汇或法币的调整	总军	横滨正金银行
波资金	1940年9月28日	—	伴随物资运出运人，向第三国出口所获利润	为维持军票价值的储备金	华中派遣军经理部	横滨正金银行
T资金	1940年10月25日	1941年7月21日	日本供给之351 562美元与19万英镑	军票价值维持日常所需	华中汇兑援助资金委员会	横滨正金银行
K资金	1940年10月	1943年3月25日	上海日商纱厂的军票货款月额600万圆	获得为采购原棉所需的法币	财务官	横滨正金银行
C资金	1940年12月	1941年3月	上海日商纱厂供给法币月额200万元，累计600万元	加强军票价值维持所需法币资金	财务官	横滨正金银行
军票价值平衡资金	1941年7月21日	—	最初军票1亿圆，法币5 000万元	为维持军票价值之金融操作	财务官	横滨正金银行

注：清水善俊：《支那事变军票史》《日本金融史资料・昭和篇》第29卷，东京：大藏省印刷局，1971年，第71—72页；中村政则、高村直助、小林英夫编：《战时华中の物资动员と军票》，东京：多贺出版，1994年，第102—103页；部分账户的关闭时间，由笔者考订，详见本著各章。

域，以同年8月杭州的情况为例：

> 当地货币流通情况中，因当局命令，协助抑制日币之使用，故而推定其流通额仅数万圆。在采购土产之际，在匪贼出没区域，持有日系通货被视为汉奸，将陷入残虐之命运。如前般，若无法币，则无法进行商业交易，极为遗憾。虽然部队法币军票交换所依然以汇率80圆交换，然并无申请者。按7月19日军方命令，除军方特别指示之情况外，首先停止兑换。市中汇兑商及华商之间在上海以高出一二成之价格兑换，而在店头零售商人间，圆元等价的观念并未变化。然而华商喜好军票的倾向日益浓厚，原因在于日方银行并不处理法币汇款，来自上海的采购货款专门以军票结算后汇款。且本月中旬以后，上海市场日圆行情出现好转，从而加快这一倾向……在采购茶、麻、羊毛等其他农产物等土货之际，农民大众仍旧迷恋法币……当地部队在警备地区内主要城市如杭州、湖州、嘉兴、松江、硖石等地推行军票一体化工作，在军方监督下，物资交换所在军票价值维持及大众宣抚上起到很大贡献。杭州市内的电灯费用、国策会社人工费等仅以军票充当结算。①

货币之所以具有价值，不仅在于其能够于汇市兑换他币，而且可以采购物资。日军于华中沦陷区各地开设军票交换许可所与军票物资交换所，军票交换许可所乃从事军票与日银券、法币等货币兑换业务的机构，军票物资交换所乃将砂糖、肥皂、食盐、食用油、香烟、火柴等生活必需品向中国民众以军票价格销售的机构。军

---

① 『金融事情（第54号）（杭州）（7月分）昭和14年8月26日　山田部隊本部経理部』、『金融事情綴　自第41号至第57号　住谷悌史資料』、支那-支那事変全般-507、日本防衛省防衛研究所蔵。

票交换许可所开设于上海、南京、汉口、苏州、无锡、镇江等日军作为据点的大都市，而在各师团及华中野战货物厂所在的城镇则开设有军票物资交换所。1938年10月武汉沦陷后，日本军政当局于当地成立"汉口宣抚用物资配给组合"，在封锁长江航运的同时，利用日本民间商社的物资征集能力，对武汉地区的物资运入实行严格统制。1939年8月27日，日本军政当局于横滨正金银行上海分行内成立"华中军票交换用物资配给组合"①，将军票价值维持工作与日本对华中沦陷区内的"宣抚"工作结合起来，通过进口大量物资，尤其是日圆金融圈内生产过剩的物资如棉布等，或调集中国民众所急需的粮食，如大米等，以军票价格销售，由此起到维持军票价值之目的。"军配组合"下设棉业部、工业药品部、染料部、纸张部、砂糖部、谷肥部等，并在华中重要城市南京、汉口等地设立分部。太平洋战争爆发之后，原以军票价值维持为目的而设立的"军配组合"，反而成为对日物资供应、当地物资自给的物资蒐集组织。② 1943年3月日本军政当局宣布不再发行新的军票，延至1944年7月，"军配组合"结束其最后的工作。

日本军政当局不仅于华中沦陷区内，而且于华南沦陷区内发行并使用军票。1935年11月，广东、广西两省推行独立于国民政府的币制改革，发行毫券，回收两省白银。抗战全面爆发之后，因当地法币较少流通，毫券成为两广市面上最主要的流通货币。然而，随着毫券大量增发，其价值急剧跌落，汇丰银行、渣打银行发行的港币则因价值较为稳定（汇市港币100元约可兑换日圆200圆）

---

① 简称"军配组合"。
② 中村政则、高村直助、小林英夫编『戦時華中の物資動員と軍票』、東京：多賀出版、1994年、第45頁。

而逐步渗透于当地。1938年7月,日军在广东大亚湾登陆,于当地开始使用军票,当时军票100圆可兑换毫券200元;广州沦陷后,日军规定军票100圆可兑换毫券300元,不久调整至毫券180元。1938年11月,伴随日本军政当局于华中沦陷区内推行军票一体化政策,华南日军亦使用军票代替日圆,起初日军所使用的军票由华南日军经理部从华中运至,不久日本银行于广州等地开设分行,军票不仅成为当地日军支付军事费的货币武器,而且成为当地商民日常交易中主要使用的货币。因华中军票与华南军票在法币兑换上存在价值差,易导致商人投机,1939年3月,日本银行于华南发行军票上印"广东"两字,以示区别,日本军政当局一般将华中军票称为"戊"号军票,华南军票称为"丙"号军票。海南岛于币制改革之后,法币成为当地流通最主要的货币,1939年2月,日军占领海南岛,此后军票于当地大肆流通。①

日本军政当局对于港币之利用与抛弃存在一个过程。太平洋战争爆发后,日军侵占香港,汇丰银行为日本军政当局所接管,港币价值为之暴跌。1941年末,汇市上港币100元约可兑换军票66圆或法币280元,因日军可利用港币于澳门、厦门、汕头等地采购物资,故未禁止港币流通。香港沦陷后不久,日本即设立直属于大本营的总督部,对香港实行军政统治。处于军政统治下的香港成为受害于军票经济的集中区域。1942年7月,香港总督部下令禁止军票与港币以外货币于香港流通,虽规定军票100圆可兑换港币400元,然而香港居民若不使用军票,则无法支付自来水、电等公共设施费用。1943年6月,因汪伪对英美宣战,香港总督部公布

---

① 关于战时日本军政当局于华南沦陷区内发行军票之始末,可参见岛崎久弥『円の侵略史』,東京:日本経済評論社,1989年、第228—230頁。

《香港占领地总督管区内通货规则》,禁止港币流通,横滨正金银行与台湾银行香港分行作为总督部指定的军票交换所,通过4∶1之比率强制民众以港币兑换军票,由此"征发"大量民间财产,港币亦从市面上消迹。不久,虽然"中储券"于华中沦陷区内取代军票,然而华南沦陷区内军票地位并未改变,战争后期,日本军政当局于当地滥发军票,引起恶性通货膨胀。

值得注意的是,日本军政当局并未如华北、华中沦陷区般在华南沦陷区内扶植傀儡银行,发行伪币,而是采取充分利用军票的策略,这不仅因日军在华南实际占领的区域较为狭小,难以成立具有代表性的傀儡政权,而且某种程度上也反映出日本军政当局将对海南岛、香港的通货政策,视其为对华中沦陷区通货政策的延伸。

五、日本对华中伪币"华兴券""中储券"的利用

太平洋战争爆发之前,日本军政当局对于华中沦陷区流通的法币持颇复杂的态度。华中既是日本及欧美列强经济势力集中之地,也是国民政府推行法币政策较为彻底之区域。1938年3月,傀儡政权"中华民国维新政府"成立。鉴于华中沦陷区内法币、军票、日银券共同流通,日本军政当局于当年5月出台《华中通货金融对策》,要求在华军政机关极力回避使用法币,另使"维新政府"成立一家以发行通货为目的的傀儡金融机构。8月,日本军政当局制定《华兴商业银行设立纲要》,规定该行设立目的在于使日伪对进口物资的采购、民生物资的供给更为顺畅。

1938年11月30日,日本御前会议制定"日华新关系调整方针",研究日"满"华三国"互惠合作""善邻友好""共同防共""经济提携"等议题。对于中国沦陷区经济,日本军政当局按日本对当地

控制程度加以区别：其中华北、蒙疆被定义为国防、经济上的"强度结合地带"；长江下游地区被定义为经济上的"强度结合地带"；华南沿岸、特定岛屿则为"特殊地位地带"。为了强化日"满"华经济上的"提携"，鉴于华中不同于伪满、华北、蒙疆经济情况及法币在当地的强势地位，日本军政当局采取扶植傀儡银行，利用其所发行的傀儡货币，意图将华中强行纳入日圆金融圈。

全面抗战进入相持阶段后，日本军政当局意识到，虽然军票与法币在华中沦陷区内展开激烈的货币战，然而法币作为一种与美元、英镑挂钩的贸易通货，军票难以彻底将之驱逐出华中沦陷区。对日本军政当局而言，华中通货问题还牵扯错综复杂之国际关系，"虽然当地拥有长江流域富饶之沃土，然而实情乃既往以来巨额的生活必需品都仰赖外国。通货的对外价值与民众生活密切相关，如此则华中具有受其国际性与贸易性所制约的复杂多样情况"。① 为了"准备长江开发之工作及将来确立对中国通货制度援助与指导基础"，日本军政当局决定成立"华兴商业银行"，由该行发行"华兴券"。日本军政当局规定，"华兴券"在价值上，"进行诸如暂与法币动向同步之操作，俟法币跌落或由该行自身整理内务之时，与法币脱离，以求自主价值的稳定"，而在与日银券、军票的关系上，则"该银行券与日银券与军票之交换，以市场实际行情所及范围内进行，以期能渐渐提高日银券及军票价值"。② 12月29日，日本军政当局制定的《华兴商业银行设立纲要（方案）》中，强调该行的经营

---

① 『華興商業銀行の栞』(1939年8月)、多田井喜生編『続・現代史資料11 占領地通貨工作』，第277頁。
② 『華興商業銀行設立促進要領』(1938年12月6日)、『円対策関係書類綴 住谷悌史資料』，支那-支那事変全般-502、日本防衛省防衛研究所藏。

方针在于"发行与外币自由兑换之银行券而与外国进行贸易金融"。①

1939年4月1日,在日本军政当局的扶持下,傀儡政权"中华民国维新政府"成立"华兴商业银行",发行"华兴券"。三菱银行上海分行行长吉田政治为了扩大"华兴商业银行"之影响,曾邀请上海外资银行入股,除德国与意大利持保留态度之外,英、法、美各国银行均拒绝。最终"华兴商业银行"全额投入资本为5 000万日圆,其中"维新政府"居半,日本兴业银行、朝鲜银行、台湾银行、三井银行、三菱银行、住友银行等五家日资银行居半。"华兴商业银行"开业后,除投入资本外,其资产几乎都来自"维新政府"与横滨正金银行的存款,"华兴券"的发行额仅60.7万元(至12月增至507.5万元),与当时的法币与军票的流通额相比,可谓微不足道。②"华兴商业银行"虽以商业银行自称,但也能够处理国库及国债业务,其功能十分明确：

> 本银行之功能乃从如上所述华中特色中可察知,首先在于意图疏通外国贸易金融,其作用在使出口业者将其票据,金融业者将其外汇,以对价顺畅无碍售于本银行券,只要此功能得以无遗憾地实现,无需先成为中央银行,如今华中除法币之外,军票、日银券也有相当量流通,故背负有迅速对之全面调整整理的任务。然不得不谓诸般条件尚未成熟,故暂以一商业银行之形式开始运营。然而作为其所使用的通货,若仅以法币者,不仅数量上并不充分,而且担心其将来之价值亦附着

---

① 「華興商業銀行設立要綱」(1938年12月29日)、「円対策関係書類綴　住谷悌史資料」、支那-支那事変全般-502、日本防衛省防衛研究所蔵。
② 柴田善雅『占領地通貨金融政策の展開』、東京:日本経済評論社、1999年、第333頁。

之,故而特对本行赋予发行银行券之特权,从单纯缓和金融层面,进而发挥其坚定健全通货制度之基础,其任务实乃东亚新秩序在金融层面最重要之基石。①

可见,"华兴券"不同于"满银券""蒙疆券""联银券""华兴券",并非直接与日圆等值联系,"为了维持一先令二便士之对外价值,就要相当强势地掌握该地区经济权为绝对必要之基本条件。当下在此复杂微妙的华中,强行贸易管理乃至汇兑管理几乎未有意义,相反有阻碍正常健全产业贸易复兴发展之担忧"。② 正因"时机并未成熟",日伪当局仍将"华兴券"与法币汇率等值,而使民众尽快习惯以"华兴券"代替法币使用,而以"华兴券"获取外汇,"必须开拓自身之途"。1939 年 7 月,日本军政当局关于"华兴券"与法币、日圆价值联系问题展开讨论,兴亚院华中联络部不仅要求"使华兴券代替法币且计划逐步回收日本通货,使之成为华中唯一的通货,以确立我方掌握华中金融基础",而且希望"华兴券"与日圆等值联系,最终由"华兴券"统一华中日系通货,然而因华中日军存在"华兴券"尚无取代法币之实力而应以军票统一华中日系通货的意见,故而兴亚院的提议未能成案。③ "华兴券"虽然在性质上亦属日伪当局与法币进行货币战争的货币武器,然而在流通领域必然与军票产生竞争关系。而日本军政当局内部,以华中日军为首的"军票利用派"与以兴亚院为首的"华兴券利用派"之间的矛盾,最后以

---

① 『華興商業銀行の栞』(1939 年 8 月)、多田井喜生編『続・現代史資料 11　占領地通貨工作』、第 277 頁。
② 『華興商業銀行の栞』(1939 年 8 月)、多田井喜生編『続・現代史資料 11　占領地通貨工作』、第 278 頁。
③ 清水善俊『支那事変軍票史』、『日本金融史資料・昭和篇』第 29 巻、東京:大蔵省印刷局、1971 年、第 168 頁。

"军票利用派"的胜利、"华兴券利用派"转为"'中储券'利用派"而告终。

"华兴券"虽然起初与法币保持等值联系,然而随着法币价值的下跌,这一联系很快破裂。1940年6月上旬,原本对英镑汇率为8便士的法币一举跌落至6便士,至7月中旬更跌至5便士。发行量不过百万元、实力薄弱的"华兴券"于7月20日宣告放弃与法币的联系,坚持与英镑汇率维持6便士的水平。虽然"维新政府"的财政收支、上海海关关税收入以"华兴券"为货币单位,而华中蚕丝株式会社等国策会社也通过对"华兴商业银行"的大量贷款维持"华兴券"的价值与流通,①然而其实际价值与名义价值存在很大差距,也不具备独立的流通能力。1940年5月时,"华兴券"发行量不过630万元,在市面上流通的"华兴券"大多经由钱庄交易,很少流入民间市场。汪伪成立"中央储备银行"之后,1941年1月,"华兴商业银行"货币发行权随之取消,成为一家普通商业银行。然而,"华兴券"仍在华人中具有一定市场,根据曾任职于"华兴商业银行"理事冈崎嘉平太的忆述,上海周围所生产的大米为日军用枪炮威胁强制收购,上海民众为筹措资金向日军采购,就不得不向"华兴商业银行"申请贷款,②由此可见,"华兴券"如同军票,民众能够以之采购日军手中的大米等生活必需品,证明该货币在当时上海等区域内也存在一定的流通空间。

1940年3月,汪伪政府成立。如上所述,日本军部将军票视为禁脔,作为现地"征发"的货币武器;而一部分日本文官则出于粉饰

---

① 桑野仁『戦時通貨工作史論』、東京:法政大学出版局、1965年、第114頁。
② "冈崎嘉平太传"刊行会编:《信为经,爱为纬——冈崎嘉平太传》,吕永和等译,北京:中国社会科学出版社,1995年,第95页。

日"华"新关系之考虑,主张放弃使用军票,发行新货币,其中以汪伪政府顾问青木一男一派为代表。① 日本军政当局在通盘考虑华中局势之后,最终采用青木方案。同年9月,兴亚院会议决定《伴随新中央银行设立之华中通货处理之件》,拟使"中央银行"之投入资本额全由汪伪政府出资,该行亦如"联银"招聘日本顾问,并协助军票价值维持工作,该行发行之"中央银行券"与法币等价,在华中与华南沦陷区内具有强制流通力等。汪伪政府成立后,北京的伪"中华民国临时政府",改称"华北政务委员会",名义上虽然成为汪伪政府的下属机构,但仍保持所谓"独立性","联银券"作为华北沦陷区内的法币,其地位并未发生丝毫动摇。在汪伪政府成立"中央储备银行"之前,华北日军就秘密制定《华北对于新中央银行券之态度》:

一、于黄河以北华北日军占领地区,中央银行券(即日后之"中央储备银行券")与法币保持等价兑换关系,然其自由流通,恐动摇华北之通货关系,故而事先讲求禁止流通之措施。为此:1. 在徐海道及皖北,作为与华中接壤之地带,乃是中央银行券进入可能性最大的地区,对于该券绝对有必要讲求禁止流通的措施。即使在皖北地区,虽希望采取同样措施,然而因政治上的理由而难以立即实行,至少(1)以军方为首的日方银行,使用联银券而不使用中央银行券;(2)铁路、公共汽车等的费用,以联银券支付。对于其他各类商人,指导其极力使用联银券;(3)加强管理从该地区的物资运出,且整备日用品其及其他重要物资的配给机构,以此从物资方面促进联银券的流通、加强其价值。2. 指导皖北各县公署,对于中央政府的政务费、补助金等中央银行券,要通过军票兑换成联银券后而

---

① 青木一男『聖山随想』、東京:日本経済新聞社、1959年、第186—187頁。

使用。

二、汇兑上中央银行券之处置。中国联合准备银行及华北所在各银行,目前不从事以中央银行券标价之汇兑交易,因此不设定对于该券的汇兑行情。

三、对于旅行者携带的中央银行券的处置。对于旅行者的通货交换,以军票进行,而不以中央银行券来交换。①

可见,华北日军对于"中央银行券"持排斥态度。1940年12月,汪伪政府公布《中央储备银行法》,规定"中央储备银行"为华中、华南沦陷区内的"中央银行",发行"中储券"。1941年1月,以周佛海为总裁、以木村增太郎为顾问,汪伪政府成立"中央储备银行",该行与华北沦陷区的"中央银行"——"中国联合准备银行"形成南北对立之势,"中储券"与"联银券"之间的兑换则以军票作为中介来完成。"中央储备银行"采取纸币本位的管理通货制度,其兑换等各项规定以1935年国民政府币制改革后实施的法规为基准。需要指出的是,与"满银券""蒙疆券""联银券"等傀儡货币不同,日本军政当局并未将"中储券"与日圆等值联系,而使其与法币等值兑换,如日本学者所指出的,对于当时的日本军政当局而言,在如何利用"中储券"为日本对华中华南沦陷区长远殖民统治而服务的前提下,"适应主义"显然较"同化主义"更符合实际:从以往通货工作的失败教训与华中政治、经济的复杂性来看,日本并没有维持"中储券"与日圆等值联系的实力;另一方面,通过维持"中储券"与法币等值兑换之关系,可以缓和民众对"中储券"的厌恶感,尽量实现以"中储券"回收法币的目的。②

---

① 桑野仁『戦時通貨工作史論』、東京:法政大学出版局、1965年、第123頁。
② 岛崎久弥『円の侵略史』、東京:日本経済評論社、1989年、第219頁。

可以看到，"中储券"与"华兴券"在性质上并无差别，均是日本军政当局用来利用法币、驱逐法币的经济武器。然而与"华兴券"不同的是，"中储券"被赋予"中央银行券"的地位，按照汪伪政府的设想，其流通领域从政府财政的收支与公租赋税的缴纳应渐渐扩大至一般商业交易中，最终成为华中华南沦陷区内的唯一法定货币。① 然而，"中储券"的流通必然"侵蚀"军票的势力范围，而受到日本在华军人的抵制，在华中沦陷区内由此出现公租赋税等财政部门以"中储券"支付，而国策会社控制下的水电费用、铁路运费等由军票支付的双重货币构造。在国际金融与国内汇兑市场上，现实中"中储券"也并不具备与外币的兑换功能，其价值不得不通过与法币等值兑换之关系来体现。

1941 年 7 月，英美等国冻结中日两国在其资产，由此导致汇市恐慌，法币价值为之大跌，民众对于法币价值的疑虑转换成对"中储券"的期待。1941 年 9 月以后，汪伪政府的关税、统税、盐税及其苏浙皖三省、上海及南京两个特别市的公租公课开始以"中储券"支付，"中储券"在华中沦陷区内的影响力大大增加。② 太平洋战争爆发后，"中央储备银行"成为华中沦陷区内的唯一的货币发行银行。1942 年 3 月，面对华中沦陷区内法币仍大量流通的局面，兴亚院制定《伴随大东亚战争开始华中通货金融暂定处理纲要》，其全

---

① 汪伪政府的这一设想，充分体现于周佛海日记之中。"中储券"的法币化，成为汪伪政权谋求自身"合法性"与"独立性"的重要手段，如周佛海赴日期间，即向日方官员强调"对'中储券'之限制，须渐次放款，使其发展"（1941 年 6 月 23 日条）、另周佛海"拟自 (1941 年) 9 月 1 日起，关、盐、统三税，均以新法币征收"（1941 年 7 月 30 日条）等，参见蔡德金编：《周佛海日记》，北京：中国文联出版社，2003 年，第 481、498 页等。
② 『中央儲備銀行券ノ流通促進ニ関スル件』（1941 年 8 月 13 日）、多田井喜生編『続・現代史資料 11　占領地通貨工作』、東京：みすず書房、1983 年、第 523—524 頁。

文如下：

一、鉴于法币本质上为敌性通货，以将之彻底打倒为目标，积极对之采取压迫态势，与此同时为实行新旧法币等价关系之脱离：(1) 应速速加快处理重庆系四大银行，对于中央及中国农民两行，以我方之处置作为敌性银行，公告将之封闭清算；对于中国及交通两行，在中日协议之后为使金融界安定，在断绝其与重庆方面关系等，适当对之改组后，即使承认其延存，也要公告废除其发券权，以此明示法币乃敌性通货，不仅一概放任助长其价值低落，而且放任中央、中国农民两银行券与中国、交通两银行券至今产生之价值差，关于中国及交通两行改组后业务的继承问题，从国民政府把握民心观点上应适当处置；(2) 在留意没收的法币与我方入手的法币不被用于支持其自身的前提下，为了获取物资及满足我方需要，将之积极放出，然其放出要尽可能限于敌方地区或与之接邻地区；(3) 在留意将法币向敌方地区驱逐的前提下，将中储券强制使用的范围按部门、地域逐步扩大，使法币实质上逐步禁止流通。在各领域中储券流通扩大之际，顺应需要应考虑禁止法币流通的相关法制措施。与此同时，关于全部占领区内禁止法币流通之措施，在将来考虑各种情况后再决定；(4) 使中央储备银行立即对法币兑换中储券（含中储券存款吸收法币）行为，采取强力管制。此外，按以上标准，适当留意法币存款向中储券存款转换；(5) 立即使中央储备银行废止新旧法币等价兑换，关于以上(4)之交换，由市场行情或使国民政府声明新旧法币等价脱离，而国民政府或中央储备银行是否公定乃至公表关于两者行情之新比率，根据情况讲求适宜措施；(6) 与(3)与(5)相关，宜尽快就中央地方财政收入完全采用中储券制定措施;(7)将日圆对中储券固定于妥当比价,且按时宜可适当变更,废除其对法币的汇兑行情①;(8)关于抑制中储券物价高涨采取适当措施;(9)关于中储券之因素,不仅维持现状速度进行(大体每月3亿元),还应尽可能促使之。

二、将中央储备银行作为银行之银行,得以指导华中金融,强化其对中方银行及钱庄的统制力。为此:(1)不仅于三角地带,在汉口地区等迅速开设中央储备银行分行;(2)速速实行贸易及汇兑管理,剥夺法币作为贸易通货的功能,除法币向敌方地区流出之外,阻断占领地区与非占领地区之间资金流通,将与南方地域之间的汇兑向中央储备银行集中,加强其作为中央银行的功能;(3)使中方普通银行接受国民政府新发行之公债,而由中央储备银行对之加以指导。

三、尽可能速使中央储备银行成为我方军费及其他必要资金的调办银行,鉴于此,整备扩充顾问制度,以此强化我方掌控力的同时,使该行运营全面同步协助我方之政策。与以上相关,作为我方获取中储券之方法,应更积极使中央储备银行对日方银行存款或贷款,顺应时宜认可日圆存款。

---

① 日圆对中储券行情之决定,按我方大东亚共荣圈内通货换算率决定之根本方针,以我方自主规定为原则,然而决定之际,顾及我方与国民政府之关系,亦参酌国民政府方面意向。另:① 日圆对中储券之行情,暂且适用于日本、满洲、华北及华中之间的贸易结算等以往使用法币之范围,及华中与南方区域之间的贸易结算,以上行情暂不公开发表。最终,即使是在日圆与法币需要联系之情况下,亦不允许日圆与法币之间直接兑换,就日圆对中储券、中储券对法币之关系要讲求措施;② 关于军票与中储券之关系,通过平衡资金适当操作之。

四、关于国债处理,使国民政府此刻不要作出任何积极之声明,而抵押之公债特别是中日事变爆发后发行者,尽可能迅速于市场上处分之。对外债务则暂且作为和平恢复后之问题来处理。

五、关于军票,在情况允许下,应迅速停止新的发行。为此中央与现地在联络后,有必要极其秘密地就迅速实行此项工作预先准备各种对策。

备考:关于广东、厦门等华南(除海南岛)区域中储券流通,应按本纲要开设中央储备银行分行等,迅速讲求适当措施。①

显然,这份复杂的文件透露出日本军政当局对于垄断华中金融的诸多真实想法。为了彻底驱逐"敌性货币"法币,日本军政当局要求加强"中央储备银行"对华中的金融统制力,并以考虑将"中储券"取代军票作为军费与物资"征发"之工具,决意将"中储券"军票化。

不久,汪伪政府正式声明,法币与"中储券"脱离等值联系。1942年5月,兴亚院为了进一步驱逐法币,采取以"中储券"彻底回收法币的政策,汪伪随之出台《整理旧法币条例》,规定自6月8日起,按法币2元兑"中储券"1元之比价全面回收法币,汪伪以"中储券"国债或存款的形式交付。② 作为对"中储券"的支持,6月17日以后,日本在华中的国策会社、日商纱厂、商工会议所下属会社、军

---

① 『大東亜戦争開始ニ伴フ中支通貨金融暫定処理要綱』(1942年3月6日)、多田井喜生編『続・現代史資料11　占領地通貨工作』、東京:みすず書房、1983年、第469—470頁。

② "中央儲備銀行"駐東京弁事處『中央儲備銀行概要』、東京:"中央儲備銀行"駐東京弁事處、1942年、第38—39頁。

管理会社、地产会社、旅馆等,皆拒收法币;6月20日以后,原本由单一军票支付的火车、轮船、公共汽车、煤气、自来水等公共设施费用,均可用军票、"中储券"支付,换算率为"中储券"100元折合军票18圆。① 6月23日,汪伪出台《旧法币使用禁止办法》,规定禁止民间携带使用法币。② 7月28日,日本银行给予"中央储备银行"1亿日圆借款,这笔借款正如大藏大臣贺屋兴宣所云,"如实地体现了大东亚共荣圈金融新体制之构想"、"作为大东亚之发券银行,日本银行要与作为大东亚最重要一环中国之发券银行中央储备银行经常保持紧密联系,相互提携合作,从此角度而言,本次给予借款亦有深刻意义"。③ 8月10日,"中央储备银行"与横滨正金银行签订互存协定,日方所需"中储券"资金,可通过此互存协定来获取。

1943年1月,汪伪政府对英美宣战,日本随之推行"对华新政策"。作为"新政策"之一环,1943年4月,因日本军政当局停止在华中沦陷区内发行军票,日本与汪伪当局对此互存协定进行修订,将互存货币由军票改为日圆,随着军票经济向"中储券"经济转换,"中储券"成为华中沦陷区内统一的通货。为了填补战地日军军费的膨胀,日本军政当局通过互存协定向"中央储备银行"无厌索取,"中储券"被大大增发,由此引起华中沦陷区内严重的通货膨胀。8月,日伪为了抑制"中储券"急剧贬值的势头,通过强制采购市面上的棉纱布,并将之销往内地以实现回收"中储券"之目的。在战争

---

① 『中支ニ於ケル旧法幣全面交換並ニ使用禁止ニ関スル資料』、多田井喜生編『続・現代史資料11　占領地通貨工作』、東京:みすず書房、1983年、第697、699頁。
② "中央儲備銀行"駐東京弁事處『中央儲備銀行概要』、東京:"中央儲備銀行"駐東京弁事處、1942年、第51頁。
③ "中央儲備銀行"駐東京弁事處『中央儲備銀行概要』、東京:"中央儲備銀行"駐東京弁事處、1942年、第67頁。

末期,日本军政当局从国内运来 40 吨黄金,实际将其中 14 吨售卖于"中央储备银行",供汪伪采购物资,极力稳定市价,以达到回收"中储券"、抑制通货膨胀之目的。然而对于当时几近崩溃的"中储券"经济而言,这一举措不过杯水车薪。据日本学者柴田善雅的统计,日伪于上海会场抛售的黄金,共回收"中储券"333.32 亿元,仅为当时"中储券"同期流通增量的约 14%。① 事实上,日伪抛售黄金的操作,导致上海黄金市场掀起投机热潮,反而进一步助推华中沦陷区内的恶性通货膨胀。当时在上海等地的日本工厂企业,日本军政当局并未向其实际支付,而以登记日本国债的方式代替,这些工厂企业由此在日本银行账面上记入金额,以此确保其所有权,日本战败后这些工厂企业的经营者通过日本银行获得兑现,② 从而变相获取了在战时中国积累的财富。具有讽刺意义的是,在日本投降之际,"中储券"已形同废纸,在民间已完全丧失信用,民间交易中甚以秤量支付,相反,日伪所禁止使用的法币则于黑市中大量流通。

如前所述,因华北对日出口物资的当地价格与在日本的价格存在差距,日本军政当局主要采取"调整费制度"与华北"特别日圆"制度来填补这一差距,华中的情况亦与华北相似。如前所述,所谓"特别日圆"制度,其实是日本军政当局将傀儡银行手中的外汇存入横滨正金银行东京分行,而傀儡政权与日圆金融圈内部的贸易则以该行在横滨正金银行的"特别日圆"账户来结算。因日本规定日圆与"中储券"的比价固定于 18 圆兑 100 元,华中高涨的物价与这一比价实质上产生很大背离。在对日物资出口上,日本军

---

① 柴田善雅『占領地通貨金融政策の展開』、東京:日本経済評論社、1999 年、第 483 頁。
② "冈崎嘉平太传"刊行会编《信为经,爱为纬——冈崎嘉平太传》、吕永和等译、北京:中国社会科学出版社、1995 年、第 100 页。

政当局,尤其是日本大藏省驻上海财务官,则按"中储券"与日圆的实际比价来操作,如1943年3月为8—13圆兑100元,至9月则为5圆兑100元等,导致"中储券"的公定价值形同虚设。日本军政当局通过"特别日圆"汇率,在一定程度上促进华中对日圆金融圈各区域的出口,但也导致华中"特别日圆"账户出现恶性透支。

六、东南亚货币工作与日圆金融圈的解体

本书主要考察抗战时期日本对华货币战。太平洋战争爆发后,日本对东南亚沦陷区的货币工作,严格来说并不属于本书的考察范围。然而,作为日圆金融圈最后的扩张阶段,东南亚货币工作与日本对华货币工作存在密不可分的联系,为了剖析日圆金融圈的性质与特征,本章对之略作阐述。

1940年9月,日本为了彻底阻断英美通过法属印度支那、缅甸援助重庆国民政府的渠道,派遣日军侵入法属印度支那北部,由此极大地加剧日本与英、法、美等国之间的矛盾,美国宣布禁止对日出口废铁、钢铁等重要战略物资,使日本的战争经济陷入困境。为了获取急需的战略资源,东南亚等所谓"南方"地区成为日本进一步侵略扩张的对象,如何在"南方"地区实行有利于日本军政统治之货币政策,成为日本军政当局极关心的课题。

为使开战后日本尽快获取当地的"国防资源"并确保日军在当地的"自活",1941年2月,以陆军参谋本部第一部为中心的日本军部官僚制定《南方作战占领地统治纲要方案》,其内容反映当时的日本军政当局已充分研究开战后日本对东南亚各地的财政、金融、货币工作等政策。为了"确立大东亚共荣圈自给自足体制",日本军政当局按东南亚各地政治、经济、文化特色及与日本的关系,将

其划分为"甲地域"与"乙地域",前者包括菲律宾、英属马来亚、英属婆罗洲、荷属印度支那等,而后者包括法属印度支那、泰国等。关于在占领"甲地域"后当地日军开展的通货工作,该《纲要方案》有相当细致的规定:

1. 在通货上,充分利用以往当地通货,活用其信用,采取使其继续流通之方式。为此通过最巧妙方法,于各地接收当地中央银行,致力于获取其尚未发行之银行券与印刷设备。若在不可能获取当地通货的情况下,使用军票并公定其与当地通货之间的兑换行情并使之流通,直至完成新通货准备工作。无论何种情况,都要尽快以当地通货为基础,印铸各种货币,于当地确立新通货制度。

2. 各地皆不以与日本通货价值相联系为原则来确立新通货制度。为此,通过与日本通货另定汇兑关系之行情,而使之得以兑换,绝对禁止诸如使日本通货在当地流通等行为。

3. 各地中央银行设置日方有力顾问或指导者,以助于完全掌握当地通货金融制度。①

可以看到,日本军政当局采取禁止当地通货与日圆等价联系之对策,目的在于充分利用其价值与信用,这一点与其对"中储券"的态度相似,体现出日本军政当局在通货问题上对当地采取的"适应主义"策略。

日本对东南亚沦陷区采取的金融政策,从根本而言,乃是将英、法、美、荷等国数十年以来苦心经营的"东南亚区域交易圈"加以破坏并改造,最终形成以日本为核心的"大东亚经济金融圈",而

---

① 『南方作戦に於ける占領地統治要綱案』(1941年3月)、『南方作戦に於ける占領地統治 要綱案 昭和16.3末日』、南西-軍政-62、日本防衛省防衛研究所藏。

作为其中重要之一环,即在当地推行军票政策。太平洋战争爆发之后,1941年12月25日,香港沦陷,次年1月2日,日军攻陷菲律宾首都马尼拉,此后苏门答腊、爪哇等地相继陷落,日军南方军于这些地区设立军政部,开始实施军政统治,至1942年5月缅甸曼德勒沦陷,日本的"南方作战"告一段落。日军在东南亚各地的军政部成立后,开战后不久日本军政当局所制定的《南方经济对策纲要》立即宣布,日本军政当局所发行的军票与当地原有的通货强制等价流通,"致力于尽快掌握当地的通货发行制度,调整其与军票制度之功能,逐步推进统一,使已发行的军票回收当地的通货";但另一方面,日本军政当局又规定"预算上军票与日圆暂以一对一比率,顺应当地物价之实状,在预算编制及经理上多加考虑,关于预算实行则按各地区区分计划,采取各种措施而不产生龃龉"。①

按《对策纲要》要求,日本军政当局在荷属印度发行标识为"盾"的军票,在英属马来亚、婆罗洲发行标识为"(海峡)元"的军票,在菲律宾则发行标识为"比索"的军票,在缅甸则发行标识为"卢比"的军票。可以看到,日本在东南亚沦陷区各地发行的军票实际价值并不统一,各种军票之间的兑换关系极为复杂。然而日本军政当局在预算编制上采取军票与日圆等值之政策,反映出日本将军票价值固定于日圆价值的真正意图。日本推行这一看似矛盾的通货政策,从本质而言仍是将军票视为日圆的分身,其与当地通货的等价关系,不过对于区域金融体系采取的权宜之策,其目的正如日本军政当局对于以上《对策纲要》之说明,乃"完全避免伴随通货工作我方经济力之负担"、"着眼于极力使重要资源物资的获取顺利

---

① 『南方経済対策要綱』(1941年12月12日),『南方軍政関係資料(陸軍省関係)』、南西-軍政-105、日本防衛省防衛研究所藏。

圆满,故而要尽可能利用掌握当地现存的通货及以上(军票)制度"。①

日本在东南亚沦陷区推行的军票制度,因其内在结构性矛盾,导致各地金融体系出现紊乱,体现日圆金融圈内货币强制性的固定价值联系,具有"超越现实"并不成熟的一面。例如,日军于东南亚沦陷区发行的军票与日圆金融圈形成既统一又矛盾的关系。其统一在于价值上1日圆等于1军票,而实际上各地的军票与当地的殖民地通货等值流通。如在马来亚,英国殖民当局原发行的通货为"(海峡)元",而在苏门答腊则为"盾",日本军政当局在两地发行同一军票,造成当地金融体系的混乱。这一混乱又因新加坡作为马来亚地区重要消费城市的角色以及马来亚与苏门答腊之间的贸易常为入超而加剧,日本军政当局所设想的"日圆1圆与军票1圆或军票1盾等值"汇兑关系因黑市的存在而名存实亡。又如在菲律宾,日本军政当局鉴于美元实际存在较高的价值,故而规定市面上流通的比索与美元维持2∶1的比率,而其所推行的比索军票由此与美元产生挂钩。此外,在日本划为"乙地域"的法属印度支那与泰国,由于日本名义上并没有对当地实行军事占领,军票起初仅在驻军内部使用。在法属印度支那,日本于印度支那银行成立"特别日圆账户",从而获取当地通货越南盾。1945年3月,日军武力占领法属印度支那后,接收印度支那银行,随之大量增发越南盾,伴随日军对当地粮食的大肆"征发",导致战争末期越南民间出现严重饥荒。

日本在东南亚沦陷区推行的军票制度,与其在华中华南沦陷区内推行者存在较大差异。日本在华中华南沦陷区发行的军票,以日圆为标识,曾与国民政府发行的法币进行激烈的货币战。日

---

① 『南方経済対策要綱の説明』(1941年12月16日)、『南方軍政関係資料(陸軍省関係)』、南西-軍政-105、日本防衛省防衛研究所蔵。

本军政当局不得不开展各种价值维持工作,以确保军票之地位;而日本在东南亚沦陷区发行的军票,以当地货币为标识,则主要以"现地自活"为前提,并未成立军配组合等价值维持机构,从某种程度而言,其价值下跌引起的通货膨胀问题更为严峻。①

为了应对亚洲太平洋战局,1942年3月,日本军政当局成立南方开发金库,由原满铁副总裁佐佐木谦一郎出任金库理事长,该金库将总行设于东京,在东南亚沦陷区各地设立分行。除取代军票制度之外,南方开发金库成立之目的,乃"于大东亚战争之际,顺利供给南方地域内重要资源开发及利用所必要的资金,并有助于通货及金融上的调整"。② 按日本军政当局的设想,南方开发金库将日本对东南亚"开发"所需的资金从临时军事费特别会计中支取后,贷款于各资源"开发"国策会社。所谓"临时军事费特别会计",成立于1937年9月,是日本军政当局为了获取巨额军费对沦陷区实施"开发"、"复兴"经费投资的特别军事财政制度,其财源一般来自日本国内的租税与公债。③ 1942年7月,日本军政当局赋予南方开发金库新的定位,即"至南方占领地区内发券银行确立为止,南方开发金库作为各地区的通货调节机构及各地区间的结算机构而灵活运用"。④ 事实上,作为日本银行在当地的代理行,南方开发金库在东南亚各地的分行从事日本国库业务,该金库实质上扮演

---

① 小林英夫『日本軍政下のアジア——「大東亜共栄圏」と軍票——』、東京:岩波書店、1993年、第114—115頁。
② 『南方開発金庫法案理由書』、多田井喜生編『続・現代史資料11　占領地通貨工作』、東京:みすず書房、1983年、第662頁。
③ 柴田善雅『戦時日本の特別会計』、東京:日本経済評論社、2002年、第45—88頁。
④ 『大東亜金融、財政及交易基本政策』(1942年7月23日)、『大東亜建設基本方策(大東亜建設審議会答申)　昭和17年7月』、中央-戦争指導重要国策文書-1338、日本防衛省防衛研究所藏。

了东南亚沦陷区"中央银行"的角色。

1943年3月26日，大藏省发布"南方开发金库券发行要领"，规定自4月1日起发行与军票同一形式、以外币标识的南方开发金库券（略称"南发券"）。日本军政当局寄希望于"南发券"回收东南亚沦陷区内的流通军票，不仅是为了抑制当地军票滥发引起的日益严重的通货膨胀问题，也是为了与当时华中华南沦陷区内实施的以"中储券"取代军票的政策同步，避免其自身陷入华中军票价值维持工作的泥沼之中。"南发券"是军票的继承者，东南亚沦陷区内的各种通货通过与之兑换，由此名义上与日圆等价联系。然而因为当时东南亚沦陷区内各地之间乃至与日本的贸易都以"特别日圆"结算，这一等价联系之关系所具有的意义已大为削弱。

"南发券"在货币性质上与"日圆金融圈"内的军票、"联银券"、"中储券"并无二致，为了填补军政上的财政支出，确保对当地（尤其是对缅甸）物资的有效"征发"，"南发券"与日圆金融圈内的其他日系货币同样步入滥发的境地。1942年12月"南发券"的发行量为4.6亿圆，1943年末为19.5亿圆，1944年末为106.2亿圆，1945年8月则达到194.6亿圆，[1]"南发券"的滥发引起东南亚沦陷区内的恶性通货膨胀，导致日本与当地各民族的关系急剧恶化。在太平洋战争末期的局势下，日本与东南亚沦陷区傀儡政权的关系复杂多变，各地傀儡性质的"中央银行"始终未能开办，南方开发金库作为日本军政统治下的过渡性"中央银行"，其地位并未发生根本的改变，东南亚沦陷区内旧殖民地通货、军票、"南发券"并行流通的局面，一直延续至日本战败。

---

[1] 小林英夫『日本軍政下のアジア—「大東亜共栄圏」と軍票—』、東京：岩波書店、1993年、第159頁。

太平洋战争末期,伴随日圆金融圈内各种傀儡货币的滥发,日圆金融圈受到日益严峻的通货膨胀的冲击。如上所述,各种货币与日圆的等价或固定汇价联系名存实亡。狭义而言,伴随日本的战败,日圆金融圈也宣告解体;从广义而言,至为包括国民政府在内的反法西斯阵营所接收,各沦陷区内伪币、日系货币之流通仍维持了一段时期。1945年8月8日,苏军进攻伪满,日本战败后,"满洲中央银行"的业务维持至8月20日。12月,国民政府中央银行在东北地区发行东北流通券,宣布与"满银券"等价兑换,同时"满洲中央银行"为国民政府所接收,至1948年其资产清算完毕。8月20日"蒙疆银行"停止营业,中央银行出台《收换伪蒙疆银行钞票规则及办法》,归绥、太原、张家口分行开始着手回收工作。当时"蒙疆券"与法币之汇率约为"蒙疆券"1元兑法币0.4元,回收工作于1947年10月前基本完成。日本战败后,为维持华北金融市场的稳定,国民政府仍允许"联银券"流通,11月公布《伪联银钞票收换办法》,规定自1946年1月1日起以法币1元兑"联银券"5元之比价对后者进行回收,回收工作约至1946年6月基本完成。1945年9月12日,国民政府接收"中央储备银行"南京总行,不久后出台《伪中央储备银行钞票交换办法》,以法币1元兑"中储券"200元之比价回收,回收工作至1946年2月基本完成。日本在香港、海南岛发行的军票在日本战败后退出市场流通,其回收工作迄今仍为悬案。日本在东南亚沦陷区内发行的"南发券",随着南方开发金库的倒闭,一部分为英、美等国折价回收,一部分则被当地政府宣布无效,沦为废纸。① 作为对战时日本金融体系的总清算,1945年9月30

---

① 关于日本战败后,反法西斯阵营对沦陷区伪币、日系货币之接收过程,参见柴田善雅『占領地通貨金融政策の展開』、東京:日本経済評論社、1999年、第593—598頁。

日,盟军总司令部宣布关闭日本在沦陷区与殖民地的所有银行,宣告日圆金融圈的正式落幕。

以第一次世界大战后中国东北地区日系货币的本位之争为契机,日本军政当局开始谋划将该地区纳入其本国的金融体系之中。1935年10月,"满银券"采取金本位制并与日圆等值联系,标志着跨国性日圆金融圈的初步确立。为了抵制并破坏国民政府的币制改革,日本军政当局于"华北事变"中扶植的傀儡银行"冀东银行"与"河北省银行"因其资产有限,不成气候。中日全面战争爆发后,日本在蒙疆地区扶植傀儡货币"蒙疆券",并采取与日圆等价联系的策略,意味着日圆金融圈向华北沦陷区的渗透与扩张。不久,日伪在华北沦陷区内成立"中国联合准备银行",发行与日圆等值联系的傀儡货币"联银券",以之作为统一华北金融体系的货币武器,实现驱逐国民政府法币、抵抗中共边币的目的。"联银券"于华北沦陷区内构建的金融体系,将华北沦陷区吸纳入日圆金融圈之中。日本军政当局于华中华南沦陷区内发行军票,日本为维持军票价值投入大量物力财力,军票与法币在华中沦陷区内展开激烈的货币战,并于1939年4—6月间达到高潮。另一方面,日伪开办"华兴商业银行",意图剥夺法币的贸易通货功能,然而在很短的时期内即告失败。当汪伪政权渐行稳固之后,日本军政当局以"中储券"回收法币与军票,于华中华南沦陷区内推行"中储券"一体化工作,在禁止法币流通的同时,将"中储券"与日圆以100∶18之固定汇价联系,从而将华中华南沦陷区纳入日圆金融圈内。太平洋战争爆发后,日本对东南亚沦陷区内军票工作的开展与南方开发金库的设立,除马来亚发行之英镑军票外,殖民地军票与"南发券"均与日圆等值联系,最终形成以日圆为中心的泛亚太区域货币金融圈。战争中后期,日本统治下的亚太地区出现此起彼伏的恶性通货膨胀,日圆金融圈名存实亡,并随着日本战败而退出历史舞台。

通过以上考察,日圆金融圈作为具有鲜明日本特色的殖民地通货体制,从历史的轨迹来看,日本军政当局通过掌握傀儡银行的货币发行权,确立傀儡货币与日圆的价值联系,逐步将沦陷区纳入日圆金融圈内,成为普遍的规律;另一方面,作为货币战的策略,日本军政当局在傀儡银行开办条件尚未成熟、敌方货币势力仍旧强大的情况下,也会通过发行与日圆等值的军票,达到抑制、吸收、驱逐境内敌方货币的目的。

日圆金融圈的根本特征在于日圆与傀儡货币形成固定的价值联系。伴随日圆金融圈确立与扩张而形成的区域货币固定价值联系制度,逐步实施于伪满、华北、华中、华南、东南亚沦陷区。这一制度对于日本而言具有重要的经济意义。一方面,为了在沦陷区内"开发"尽可能多的资源,日本必然输出大量的资本,为了使庞大的资本投资固定于当地,就必须首先要使固定资本的价值维持稳定。设立当地货币与资本输出国货币之价值联系,使区域内货币间的汇兑成本得以大大节约,从而使资本、物资、劳力在地域间的流动更为顺畅,有利于激励日本企业,尤其是国策会社对沦陷区的大举投资,使其尽可能多地获取伪满、华北等地丰富的资源。然而,另一方面,罔顾区域间的经济发展与物价水平原本存在较大的差异,固定价值联系制度在实施中必然也会产生诸多问题。1940年之后,华北沦陷区内出现的恶性通货膨胀导致当地对日出口逐渐减少,为了将华北金融体系彻底纳入日圆金融圈内,使华北尽可能多地对日供应物资,日本军政当局在并不放弃"联银券"与日圆等值联系的前提下,引入"特别日圆制度"。1941年7月,英、美、荷兰等国冻结中日在其之资产,"中国联合准备银行"不得不将所持外汇转售于横滨正金银行,并于该行东京分行开设"特别日圆"账户,原则上,"中国联合银行"与日本的贸易则以该账户结算,然而华北对伪满、日本的贸易收支原本即可通过货币间的等价联系直接结算处理,华北"特别日圆"制度其实形同虚设,由此充分体现日圆金融圈所构建的理想化的货币体系内部存在的矛盾。尽管日本军政当局采取"调整费"制度、"特别日圆账户"等手段,意图在现实中弥补固定价值联系所导致的收支失衡问题,然而"调整费"亦好,"特别日圆账户"也罢,不过是日本军政当局将日圆价值跌落的问题转嫁于傀儡银行的手段,其手法不过是账面上数字的改变,而非实际经济价值的产生。尽管日圆与"满银券""联银券"名义上始终维持等价联系,然而日本通过"互存"制度对这些傀儡银行的无厌索取,体现出货币间实质性的不平等关系。战争中后期日本统治区域内不约而同出现的恶性通货膨胀,不仅因日本在亚洲太平洋战场上的节节失败所导致,从根本而言也是日圆金融圈内部的结构性弊病带来的必然结果。就经济学原理而论,为了避免恶性通货膨胀,将殖民地货币与日圆之间的价值联系脱离,使殖民地货币回归其原有价值,是解决问题最有效的方法。然而日圆金融圈作为"大东亚共荣圈"在金融货币体系上的体现,同样具有"统制一体化"的特点,因货币间价值联系而构建的"日圆金融圈",自然会因这层联系的脱离而解体。

日圆金融圈的另一个重要特征在于其对敌国货币势力,尤其是国民政府法币势力的排斥,对于沦陷区内的金融体系具有极强的垄断性。货币战是伴随日圆金融圈不断扩张的必然产物。货币战的本质既是汇率比价之战,也是物资的争夺战。对日本军政当局而言,若己方货币价值高于敌方货币,则能获取尽可能多的物资,以此满足当地国策会社对资源"开发"投资与各地日军对当地物资"征发"的需要,形成日本对沦陷区长效的金融统制。在战争中后期,伪满、华北、华中、华南、东南亚沦陷区内都出现了急剧的恶性通货膨胀,日本军政当局为此而进行的通货价值维持工作,主要目的是为了减轻日圆负担、避免祸及本国金融,而非纾解民困。然而各区域内通货价值维持工作的失败,最终又导致了民心对日伪统治的背离。

第二章　日本对华北的货币战
——基于区域与微观视野的再考察

"华北事变"后,日本军政当局即筹谋于华北沦陷区内发行并扶植依附于日圆金融体系的傀儡货币。按华北驻屯军的方针,"将华北金融从华中华南分离,新设防止与新政权对立、纸币在财政上滥用的大众金融中枢机构,以此发行货币并统一通货",将傀儡银行的设立视为"华北分离"工作的重要一环。① "卢沟桥事变"爆发后,日本内阁决定在华北沦陷区内设立一家"联合银行",将其经营管理置于日方"强力内部指导之下"。② 1938 年 2 月,"中国联合准备银行"成立,发行与日圆等值联系的傀儡货币"联银券"。日伪当局将"联银券"作为华北沦陷区内唯一的"国币",通过《旧通货整理办法》等法规回收法币与各类杂币,由此揭开华北沦陷区内中日货币战的序幕。以往学界关于"联银券"与法币之争已有相当丰富的研究,然而对于中共抗日边区发行的边币对"联银券"的驱逐与抵

---

① 「北支自主幣制施行計画綱領案」(1935 年 12 月 10 日)、多田井喜生編『続・現代史資料 11　占領地通貨工作』、みすず書房、1983 年、第 108 頁。
② 「華北連合銀行(仮称)設立要綱」(1937 年 11 月 26 日)、多田井喜生編『続・現代史資料 11　占領地通貨工作』、第 141 頁。

抗,尚鲜有涉及。① 本文希望通过考察"联银券"在华北沦陷区内不同区域流通的具体情况,揭示边币在华北中日货币战中扮演的角色。

一、作为货币武器的"联银券"

1935年11月,国民政府推行货币改革,法币可自由兑换美元、英镑等外汇,具有较稳定的对外价值。全面抗战初期,法币在华北的流通额超过3.1亿元,成为商品交易的主要货币,在民间市场具有较强的韧性。"中国联合准备银行"成立后,日伪当局随即赋予其"制造并发行公私一切无限通用力的货币之特权"。② 在日本军部对华北日军的指令中,明确"联银券"作为日本在华北沦陷区内推行货币战的货币武器,"以我方对策之基准,在于使法币崩溃,伴随作战等其他措施,摧毁蒋政权并使其屈服,将迅速解决事变作为政策之目的"。③

按日本军政当局的策略,"联银券"在汇兑市场中不断削弱法币价值,使之逐步失去信用,最终实现日本统一华北通货、摧毁国

---

① 笔者曾系统考察过迄今中日学界关于战时中日货币战的主要研究成果,发现两国学界关于华北沦陷区内的货币战研究,主要集中于对"联银券"法币博弈情况的考察,侧重于研究日本军政当局上层的动向与决策过程,除小林英夫、林美莉等学者外,学界尚不太关注中共抗日根据地发行的边币在基层对"联银券"牵制与驱逐的情况。参见王萌《战中之战:中日学界关于抗战时期中日货币战研究评述》,《日本侵华南京大屠杀研究》2018年第4期。
② "中國聯合準備銀行"顧問室『中國聯合準備銀行五年史』、"中國聯合準備銀行"、1944年、第11頁。
③ 「連銀券法幣交換価値切下に関する件」(1938年8月3日)、『支受大日記(密)其39 昭和13年自8月6日至8月9日』、日本防衛省防衛研究所蔵、陸軍省-陸支密大日記-S13-18-127。

民政府抗战金融基础的目的。1938年3月,"中华民国临时政府"公布《旧通货整理办法》与《经济扰乱行为取缔办法》,规定华北沦陷区内民众所持法币于3个月内与"联银券"等价兑换;同年6月禁止中央、中国、交通等银行南方券于华北沦陷区内流通;至8月强制法币北方券折价9折兑换"联银券";至12月则强制法币北方券折价7折兑换"联银券"。1939年3月后,日伪当局全面禁止法币南北券、河北省银行券、"冀东银行券"在华北的流通;同年12月,强制各币以6折兑换"联银券"。1941年5月日伪当局又强制各币折价4折兑换"联银券",6月规定各币折价1折兑换"联银券"。[①]尽管日伪在法定汇兑层面竭力削弱法币价值,然而因天津英法租界的存在,法币仍得以于当地流通。事实上,"联银券"表面上与日圆等值联系,现实中需通过与法币兑换获得"价值",故其价值为法币行情所牵动。

另一方面,日本军政当局竭力扩张"联银券"在华北沦陷区内的流通范围。"中国联合准备银行"成立后不久,日伪当局即在山海关、塘沽、青岛、徐州等交通要地设立纸币交换所,以此促进"联银券"流通。"联银券"的流通具有阶段性,日本军政当局将华北沦陷区分为"联银券"地带与"匪区"地带。"联银券"地带乃"视为以往联银券工作得以彻底贯彻之地带",1939年3月以后,日本军政当局严禁法币于该地带流通;其他地区暂被视作"匪区"地带,"伴随敌匪肃清工作的进展,在一些地域首先给予二个月预备期,张贴允许法币与联银券兑换的布告,至下一期间则按六折兑换,期满之

---

① 中国連合準備銀行顧問室編『中国連合準備銀行五年史』、第25頁。

后禁止流通"。①

"联银券"具有"军票"性质。正如日本战犯古海忠之供述,所谓"联银券",不过是日本军国主义给予中国民众的"物资征用证"而已。② 按日本军政当局对"联银券"功能的定位,其兼具战争货币与经济货币双重性质。"联银券"既是华北日军部队采购当地物资、实现以战养战的"征发"货币,也充作各种日商企业、国策会社生产所需的"开发"资金。正如日人所揭露的,"联银券"就其本质而言,虽无"军票"之名却具"军票"之实,"(联银券)最初肩负作为军用通货的角色而树立,乃从军费支付方的便宜角度而出发。显然,其中还包藏避免由军票支付的微妙意图。此乃将联银券作为军票的同时,还要将其作为华北开发通货之原因也"。③ 为尽可能多地掠取华北物资,日伪当局滥发"联银券",1938 年末其发行额为 1.62 亿元,1939 年末达 4.58 亿元。④ "联银券"的大量增发引起华北沦陷区内的恶性通货膨胀,导致"联银券"产生价值危机。日本军政当局对此警惕与担忧,"关于华北物价昂贵,乃至联银券对法币的贴水确属实情……该情况不知何时为止,而使一般民众感到十分不安,在通货及宣抚工作角度看来,需急速考虑对策"、⑤"伴随在华日系通货的价值低下,产生各种恶劣影响,不得不直面已处于

---

① 「北支那通貨工作の概要と中国連合準備銀行に就いて」(1940 年 5 月)、多田井喜生編『続・現代史資料 11　占領地通貨工作』、第 211 頁。
② 古海忠之:《以不兑换纸币进行掠夺》,中央档案馆等编:《华北经济掠夺》,北京:中华书局,2004 年,第 889 页。
③ 兵庫県興亜貿易協会『支那の経済事情』、兵庫県興亜貿易協会、1940 年、第 9 頁。
④ "中国連合準備銀行"顧問室『中国連合準備銀行五年史』、第 21 頁。
⑤ 「第五九〇号ノ一」(1939 年 5 月 8 日)、「北支二於ケル物価騰貴及法幣二対スル連銀券打止ノ落調対策関係」、『中国二於ケル貨幣関係雑件　第四巻』、日本外務省外交史料館蔵、E-1-4-0-2_004。

单靠通货工作而无法解决的状态,为贯彻中国事变之目的,应速速讲求根本对策"。①

随着华北物价的急剧攀升,在日伪当局看来,"联银券"的价值必须通过进口大量物资来支撑,"华北通货政策,特别是从军费节约的角度来看,联银券的价值维持实属紧要,其重要性不亚于军票。为了维持1940年度联银券的价值,现实中需要膨大流向华北的物资,要竭尽全力实现之"。② 然而华北沦陷区内"联银券"的价值愈趋下跌,正如国民政府所观察到的,完全在于日本对华北资源与物产无厌的索取,由此导致"物资短缺——通货膨胀——物资短缺"的恶性循环,"物价腾涨之速,为前此所未有……平津及沿铁路各城市,殆可谓已入饥荒状态。此即为日伪方滥发纸币,统制外汇及征发物资之结果。目前成为问题者,一为流通地域不能扩充,所发纸币只能局促于平津各大城市及铁路沿线地带;一为所发货币,均系作物资之征发,发出愈多,则物资愈感缺乏"。③

太平洋战争爆发后,为索掠更多物资,兴亚院华北联络部不得不退求其次,允许"中国联合准备银行"保管的法币可于"联银券"地带以外区域采购谷物、棉花等军需物资,④这其实是事实上默认

---

① 「支那に於ける日系通貨価値維持対策に関する件」(1939年6月12日)、『陸支受大日記(密)第41号 2/2 昭和14年』,日本防衛省防衛研究所蔵,陸軍省-陸支密大日記-S14-64-153。
② 「昭和15年度に於ける聯銀券の放出並び回収額予想の件」(1940年1月24日)、『陸支密大日記 第4号 1/2 昭和15年』,日本防衛省防衛研究所蔵,陸軍省-陸支密大日記-S15-11-106。
③ 《华北最近金融情形》(1940年年5月30日),中央档案馆等编:《华北经济掠夺》,第908—909页。
④ 《华北政务委员会财务总署呈文》(1942年3月31日),中央档案馆等编:《华北经济掠夺》,第867—868页。

法币在华北沦陷区内的流通。据华北日军的调查,1942年6月,华北沦陷区内流通的货币包括"联银券"、"蒙疆券"、法币、晋察冀边区券、冀南券、北海券、西北农民券、河南农工银行券及合作社流通券等,流通总量约为16亿元,其中"联银券"流通额最高,达9.29亿元,法币次之,约5亿元,各种边币约1亿元,大体形成日伪、国、共三个系统货币竞存的局面。①

伴随日本在军事战场上的失败,"联银券"在金融战场上逐步丧失其攻击性。1944年7月,日本军政当局针对华中、华北沦陷区内并发的日益严重的通货膨胀,要求"中国联合准备银行"采取措施,如"立即准备大批五百元券、一千元券,以备联银券价值的崩溃"、"将支撑物资按市场价格销售,最大限度回收联银券"、"万一华中经济陷入混乱,鉴于华北经济在我战力增强上的重要性,将之与华中经济隔离,防止混乱波及,在此情况下不得不停止('中储券'与日圆)十八元无限制汇兑交易"等。② 日伪构建的"联银券"经济,其结构性弊病由此彻底暴露:来自日圆经济圈内的物资供应不足,导致"联银券"购买力受限,"联银券"因此难以获得民众信用;日本军政当局在"开发"与"征发"上对"联银券"的无厌索求又进一步促使华北沦陷区内的恶性通货膨胀。在日本军政当局看来,"联银券"经济陷入难以自拔的泥沼中,"若将其培养起来的信用一举破坏,物价将进一步高涨,就会导致华北经济陷入难以收拾的恶性通货膨胀的漩涡之中。紧接着一而再、再而三地价值下跌,最终导

---

① 「通貨の流通状況及価値」、『北支那方面軍経済封鎖月報 第1巻 昭和17年8月31日』、日本防衛省防衛研究所藏、支那-大東亜戦争北支-4。
② 「北支非常通貨対策要綱」(1944年7月14日)、『対支経済関係書類綴 昭和19年3月—20年7月』、日本防衛省防衛研究所藏、中央-軍事行政経理-327。

致其自身彻底的崩溃"。①

二、察冀沦陷区内的货币战

上文虽然大致展现了日本军政当局将"联银券"作为货币武器的构想与实践，然而其中仍有一些问题有待我们作进一步思考。作为货币武器的"联银券"，逐步走向崩溃的推手是什么？它在华北基层实际是如何流通的？又受到何种阻力？为了回答这些问题，我们需从区域与微观的视角作进一步考察。

1939年4—5月间，日军华北方面军某个军官关于"联银券"在华北流通状况的报告，引起日本军政当局的注意。他发现，虽然1945年3月后日本军政当局严禁法币在华北占领区内的流通，然而"联银券"的价值仍暴跌三四成，"这如实证明若金融工作不能与治安工作并举，则绝不会成功"。他对此分析道：

> 现状乃联银券的流通，仅限于都市地区与铁路沿线我军所占领的地区，若进一步进入内地，联银券则完全不能流通，仅能通过法币进行物资交易。在此治安现状之下，坚决禁止法币流通，其结果必然导致联银券地带与法币地带之间出现通货断绝。作为物资生产地区的敌匪地带与作为消费地区的都会之间，在通货上形成断绝关系，若无原本应禁止流通的法币，就无法采购物资。出现与目的相反的现象，由此导致物价腾贵。②

这个军官揭露了当时"联银券"流通区域仅限于日军控制下的

---

① 兵庫県興亜貿易協会『支那の経済事情』、第29頁。
② 東亜研究所編『支那占領地経済の発展』、東亜研究所、1944年、第488頁。

都市与铁路沿线的实情。他的"点""线"论在战后经常为学界所引用,用以说明日本对华北通货工作乃至殖民统治必然走向失败的本质。不过,若考察这一报告的语境,似可发现,其更侧重强调日军"治安"工作对于"联银券"流通的重要性。

研究发现,一些日军部队对于促使"联银券"流通采取了诸多策略,这些策略作为日军治安工作中的"重要经验",被保留于华北派遣军所编写的《治安工作经验蒐录》中。我们首先考察1938年3月至1939年6月间察哈尔、河北两省内的货币战情况。这一阶段,中共晋察冀边区政府尚未发行边币,当地的货币战主要围绕"联银券"与法币及地方杂币展开;而解读1939—1940年日本各地特务机关收集、编写的《联银券流通状况调查》,则有利于我们了解这一时期"联银券"在华北沦陷区内不同区域流通的实相。

在日军莲沼兵团所驻屯的察哈尔省大同市灵丘地区,日军主要通过物资交易推广"蒙疆券"等日系货币,从而将该地区纳入日圆金融体系,"该地区在地形上与其他地区不同,直至事变前,与南方保定方面的交通联系密切。若中止与此方面的交通,则会出现物资困难。通过敌匪地区进行物资交易,蒙疆券与彼等的货币价值为二对一。因此政府要形成商队,直接采购物品并将之廉价卖出,以此保持日圆的价值,形成日圆经济圈"。①

在河北晋县地区,日军篠塚兵团在采购当地重要物产棉花时,向民众强制推行"联银券","以产业开发为目的,购入本地主要物产棉花(将之作为火药及被服原料,我军对其其运出极为重视),为了将经济战引向胜利,我军用联银券支付,使住民以联银券作为购

---

① 「蓮沼兵団 靈邱地区の工作」、『治安工作経験蒐録 昭和14年6月 中旬』(第五辑)、日本防衛省防衛研究所藏、支那-支那事变全般-197。

买力,采购缺乏的物资,以此讲求联银券普及与价值提升,致力于把握民心"。① 在此过程中,日军遭遇不小阻力,主要在于当地金融机构的缺乏,"事变发生以来,因并无银行机构,在经济工作顺利开展之今日,在商品交易、物价抑制、货币兑换乃至宣抚工作方面,自然有诸多不便之处。故而痛切感到设立(银行机构)之急务"。②

在同一兵团控制下的冀县,当地日军部队已意识到,"经济工作的前提必须从货币工作开始",故将"联银券"的普及工作置于治安工作的重心。从报告中可见,当地日军部队采用诸多方法,工作可谓细致:如军队及棉花交易必须以"联银券"支付;合作社交易完全通过"联银券"进行;设置法币收购处;宣传"讨伐"地区的老票可延期采购;为使民众明了"联银券"为何种货币,发布"联银券乃华北民众的救世主"之类的传单;颁布金融扰乱管理办法;禁止流通老票,一经发现即对之处罚等。报告中所摘录的"老票",应是指原察哈尔省财政厅发行的某种地方货币。值得注意的是,递发传单是日军向当地民众宣传"联银券"的主要策略,如上文所提到的以冀县伪县长名义发布的传单,其中强调"华北的通货与日本的通货同一基准"、"联银券的价值亦坚持与日圆等价关系"、"旧法币伴随国民党战败,其价值日益暴跌,若以联银券整理统一旧法币,在减轻对华北民众的打击上,乃是愈发紧要之事务"、"应速将旧法币与联银券兑换"等,③着重在于宣传"联银券"与日圆的等价关系。

---

① 「篠塚兵団　晉縣方面の工作」、『治安工作経験蒐録　昭和 14 年 6 月　中旬』(第一輯)、日本防衛省防衛研究所藏、支那-支那事変全般-197。
② 「篠塚兵団　晉縣方面の工作」、『治安工作経験蒐録　昭和 14 年 6 月　中旬』(第一輯)、日本防衛省防衛研究所藏、支那-支那事変全般-197。
③ 「篠塚兵団　篠塚兵団　冀縣の工作」、『治安工作経験蒐録　昭和 14 年 6 月　中旬』(第一輯)、日本防衛省防衛研究所藏、支那-支那事変全般-197。

在日军野津部队控制下的无极县,当地日军鼓励以"联银券"采购物资,并使伪县公署及其他亲日团体广为宣传。当地日军对抗日武装采取严密的经济封锁工作,"虽然取得相当效果,但也增加村民的困苦,从而导致治安工作出现障碍"。① 在深县,须藤部队则发现"联银券"在县域层面难以流通的一些原因,其报告颇具代表性:

> 事变发生以来,本地遭到中国军队及土匪掠夺,经济上已相当疲弊,特别是处于物资缺乏尤甚的状态。因此个人将粮食及其他物资散藏于地方,不愿将之售出。由此物资日益难以流通,在没有交通工具的本地,其状态更为严重。即使有钱也买不到物资,军队使用的苦力从事道路工作,比之得到纸币,他们更喜于分配到物资尤其是粮食。因此无论如何巧言说明联银券的价值,他们的头脑中不仅不会对此关注,而且目前在敌匪地带不如说纸币联银券并无价值。所有的经济工作都将走向堵塞,除等待时机到来之外,别无手段。目前,难以预期深县经济是否会急速发展。若将廉价的必需物资大量聚集,并销售于普通民众,则不仅为人民之幸福,退而言之,也会增加联银券的价值,开启本县经济复兴之端绪。在特产较少的本县,更感有此必要。②

对当地日军而言,货币的价值需要物资来支撑,若货币本身无法流通,则以物资替代货币的"物物交易"现象就会在民间滋生,

---

① 「篠塚兵団　無極に於ける工作」、『治安工作経験蒐録　昭和14年6月　中旬』(第二輯)、日本防衛省防衛研究所蔵、支那-支那事変全般-197。
② 「篠塚兵団　深縣に於ける工作」、『治安工作経験蒐録　昭和14年6月　中旬』(第三輯)、日本防衛省防衛研究所蔵、支那-支那事変全般-197。

"在联银券无法通用之地,给予物品(烟、中国酒等)作为工资,就有很大的效果"。① 在梅津部队驻屯的中扬村,法币"未断其影",而"位于第一线的纸币联银券流通价值尚低",在当地日军看来,根本原因在于物资对货币支撑力的疲弱,"作为防止旧纸币流通的策略,在于市场管理与民需物资方面。甚而衬衫、袜子、帽子等杂货都需要有丰富的供应。关于民需物资的供应,第一线附近且一次都未实施,在中国人中间联银券也就毫无使用价值,此乃令人困扰之现状"。②

在邯郸地区,八路军领导下的抗日根据地与日伪统治区犬牙交错,当地成为中日货币战最集中的区域。日军在当地通过宪兵队、伪警务局发起"旧币(法币)与新币("联银券")兑换促进活动",然而"联银券"兑换成绩并不佳,"当时八路军方面宣传为'新币在日军的驻屯中流通,日军移动或撤退后就会丧失流通力,要让旧币如以前般流通'"。在日伪的恐怖统治下,日军宪兵队对"藏匿法币"的村落强行搜查,一经发现,即强制村民兑换;伪警务局则对当地反复宣传、劝告。至1939年4月末,当地"联银券"的兑换额达34万元,除县境附近的村庄外,"隐匿旧币者几乎已无发现"。③

"宣抚"工作的手段之一,即通过分配或低价销售日常用品等物资,笼络沦陷区内人心,这一工作往往又与货币工作相结合,成为日本对沦陷区实施殖民统治的主要方式。在石家庄附近的藁城

---

① 「梅津兵団 治安工作に就ての所見」、『治安工作経験蒐録 昭和14年6月 中旬』(第三輯)、日本防衛省防衛研究所蔵,支那-支那事変全般-197。
② 「梅津兵団 中揚村の工作に就て」、『治安工作経験蒐録 昭和14年6月 中旬』(第四輯)、日本防衛省防衛研究所蔵,支那-支那事変全般-197。
③ 「篠塚兵団 邯鄲の工作」、『治安工作経験蒐録 昭和14年6月 中旬』(第四輯)、日本防衛省防衛研究所蔵,支那-支那事変全般-197。

县，当地日军感到：

> 将日军驻屯地作为物资供应的据点，讲求各种手段，使一般民众得以廉价采购，有必要使住民沐浴于日军恩惠。为此，所有物价都有必要由军方进行综合统制。现在藁城县西端接近石家庄的大市场，物资能够自由从石家庄购入。合作社的物资在采购时比石家庄普通商店的价格更高。在此情况下，日军驻屯地只要不允许购入物资，民众也就不能采购，然而城外各村却得以自由从石家庄采购，反使日军驻屯地感到不便。故而特别有必要由军方统制物资的价格。①

栾城县是抗日武装与日军反复拉锯之地，按当地日军观察，货币工作推行不畅之原因，在于民间仍保存大量法币与杂币，"村民对于拥有新纸币感到极度恐慌。他们在土匪进入村中被要求'将钱交出来'时，若拿出的是新币，就会被视为汉奸而受到迫害。这里的村民虽然嘴上说没有旧币，但是多少都藏有一些。如栾城般多出土匪的地方，最近探知从石家庄来的商人在县城外市场中高价收购旧纸币，在货币兑换铺里将原本按六折兑换的旧币，不按折扣兑换，甚而以更高价格收购，对于兑换铺应进行一并检举，并加以严格管理"。当地日军发现，法币在民间仍存在较高信用，"也有与藁城县境接壤附近的农民，来销售棉花而要求对方用旧币支付的情况。这也说明在敌匪地带新币难以流通的实情。事实上，前往当地采购棉花的商人，若不携带旧币，就根本无法采购"。②

---

① 「篠塚兵団　藁城縣方面の工作」、『治安工作経験蒐録　昭和 14 年 6 月　中旬』（第五輯）、日本防衛省防衛研究所藏、支那-支那事変全般- 197。
② 「篠塚兵団　欒城縣方面に於ける工作」、『治安工作経験蒐録　昭和 14 年 6 月　中旬』（第六輯）、日本防衛省防衛研究所藏、支那-支那事変全般- 197。

而在邻近的新乐、正定、获鹿等县,当地日军致力于"联银券"的流通,并逐渐增加"联银券"的流通量,由"中国联合准备银行"处借入"联银券"1万元,在新乐东、长寿两地开设旧币交换所。① 获鹿县系河北省与陕西、绥远之间的物资交换聚集地,各种旧币杂用于当地。伪县政府"讲求所有的手段方法,致力于对其清理,然而旧通货之流通依然不绝其踪迹"。作为对策,日伪当局从"中国联合准备银行"石家庄分行借用4万元,从4月起开设旧币交换所,然而民众交换者多为"冀东银行券",很少有希望兑换法币者。②

在徐水县等冀中地区,日伪当局的货币工作同样不畅,民众恢复至"以物易物"的原始形态,"(金融方面)在卢沟桥事变发生后两年间,因各村皆被征发大笔军事费,故而已陷入极度穷困状态。又因敌军胁迫,联银券并未充分普及,市场处于物物交换状态"。日伪当局利用当地"维持会"与商会,"乃在维持会财务股中特设一负责旧币偿还的机构,并与商会等合作推行。现今日用品虽然不足,然而准备通过商会与徐水、保定的新民会联络,采购廉价物资。此外,使商会每十日对物价进行调查,严格取缔暴利现象"。③

经过一年余的货币战,从华北日军总结的若干"经验"中,可见货币战在察冀沦陷区底层开展的实情及所受阻力:

  1. 禁止旧纸币的流通,以使联银券统一,派遣县财政股职员前往管内各地宣传的同时,使其携带并兑换联银券。然而

---

① 「篠塚兵団　新樂、正定、獲鹿各縣の工作」,『治安工作経験蒐録　昭和14年6月中旬』(第五輯)、日本防衛省防衛研究所蔵、支那-支那事変全般-197。
② 「篠塚兵団　新樂、正定、獲鹿各縣の工作」,『治安工作経験蒐録　昭和14年6月中旬』(第五輯)、日本防衛省防衛研究所蔵、支那-支那事変全般-197。
③ 「桑木兵団　冀中地区内数縣の工作に就て」,『治安工作経験蒐録　昭和14年6月中旬』(第十輯)、日本防衛省防衛研究所蔵、支那-支那事変全般-197。

很多乃不换纸币,通过六成之兑换率并不能充分实现兑换,如果将来兑换率无法变更,则这一工作将难以实施。

2. 各地物价差异甚大,应督励县商务会及其他机构,讲求调节,并迅速决定公定价格,以获良好结果。

3. 要尽快交换旧币。鉴于现今新旧两种法币混淆、不正常的经济状态,应尽快兑换旧币,以求联银券的流通。

4. 中国民众之大部分,乃极端下层阶级,即使经营生业,也处于毫无资本之状态。俟将来治安恢复,此点应充分加以研究。

5. 联银券的普及,在偏僻之地尚未多见。在警备队驻屯所在地,至少应派遣特种机构,或讲求手段,必须将之彻底推行。此外不可将纸币屡屡变更。中国人对于纸币的有效价值,常常怀有细致警惕心理。要使民众了解新币的价值,第一线的工作并非容易。若变更纸币构图大小等,对于经济工作将产生不小影响。①

可以看到,至1939年6月,尽管日伪当局利用宣传或强制等手段,推行"联银券"统一工作,然而"联银券"在察冀沦陷区内的流通并不顺畅,法币与"联银券"混杂流通的现象于各地普遍存在,这与法币在华北沦陷区内具有较高信用力,以及当地民众贫瘠的经济状态密切相关。

面对以上现状,日本军政当局亦不得不承认,"联银券"事实上在察冀沦陷区内无法发挥完全的通货功能。除底层民众购买力较低之外,天津租界中大量法币流通的现状,同样使日本军政当局感

---

① 「井關兵団　治安工作の経験」、『治安工作経験蒐録　昭和14年6月　中旬』(第八輯)、日本防衛省防衛研究所蔵、支那-支那事変全般-197。

受到极大威胁,"即受到法币第一次对外价值下跌带来的攻势,经由天津租界法币得以流通,伴随民众对联银券的不信任,已难以达到所期的目的。换言之,联银券在华北治安区内,在物资的征发上虽然能够略微发挥军票的功能,然而治安区之外不仅依旧是法币流通的地带,且其与天津租界也有一脉联系,推定其流通额与联银券等额甚至超过,达到5亿至8亿元的规模"。① 天津租界内法币流入日军所划定的"非治安区",从而与"联银券"在流通领域产生激烈竞争,这一现象引起日本军政当局的忧惧。

尽管已穷尽所有金融手段强化"联银券"价值,"联银券"仍不免受法币贬值的影响,导致华北物价指数急剧攀高。日本军政当局认为,祸端在于天津英法租界的存在,"天津英法租界内的外国银行及中方银行、钱庄,并未服从于联银的统制之下,不仅从事投机、搅乱金融,且隐蔽于治外法权之下,与法币流通的内地匪区地带相联系,明里暗里阻碍华北经济建设工作。即内地敌匪区域生产的棉花、小麦粉等农作物一旦集中于租界,通过中外商人之出口,并将出口所得进口棉产品、小麦粉、武器等,再从租界流出供应敌区地带,且其流通关系全部通过法币进行。因天津租界之存在,故敌匪地带也存在,法币也就得以维持作为贸易通货的功能。基于此关系,可以得出结论的是,租界问题若不解决,联银就不可能完全称霸华北,确立华北货币机构之地位"。② 华北日军司令部在1939年6月提出的"对天津通货工作方案"中,就提到"绝对禁止法币的流通"、"值此次租界工作之际,要以法币的绝对禁止流通为最

---

① 兵庫県興亜貿易協会『支那の経済事情』,第9—10頁。
② 「支那幣制対策とインフレーション問題」,『戦時及戦後に於ける本邦の貨幣制度及為替政策の研究』,日本防衛省防衛研究所蔵、中央-全般その他-191。

大目标而倾注全力"且"联银券要成为租界内的唯一国币"、"即使是以法币债务,也要一切以联银券支付"。① 不久,日本军政当局以天津租界的一起治安事件为借口,于6月14日对天津英法租界实行封锁,日本军政当局的这一行径,是其对华北沦陷区内强化货币战力度的必然举措。

至1940年9月,尽管日伪当局大大加强"联银券"工作,然而现实中除一般铁路沿线地区及日军驻屯地周边之外,民间仍有大量法币流通,在所谓"匪区地带"与"治安地带"之间的居民,一般交易中仍使用法币或杂币。据日本军政当局的推算,华北各省"联银券"流通额约5.69亿元,其中河北省流通量最大,达3.19亿元;山东省为1.31亿元;山西省为0.67亿元;河南省为0.67亿元;苏皖两淮地区为0.09亿元。②

从华北日军各地特务机关调查结果汇编而成的报告《联银券流通状况调查》中,我们大致可以了解冀省各区域货币战的实际情况:

1. 冀东地区③

冀东地区是河北沦陷区"联银券"工作开展最为顺利的区域。如《联银券流通状况调查》报告之《河北省联银券流通状况》部分所指出的,该地区在卢沟桥事变前即处于"冀东防共自治政府"统治

---

① 「天津英仏租界ニ対スル工作要領案ノ件」(1939年6月12日)、『支那事変関係一件 第十九卷』、日本外務省外交史料館蔵、A-1-1-0-30_019。
② 「総論」、「連銀券の流通状況調査 昭和15年11月20日」、日本防衛省防衛研究所蔵、支那-支那事変全般-299。
③ 「河北省ニ於ケル連銀券流通状況」、『連銀券の流通状況調査 昭和15年11月20日』、日本防衛省防衛研究所蔵、支那-支那事変全般-299。以下河北省各区域货币战情况皆处于此报告,其出处不再罗列。

下,因伪满"满洲中央银行"发行的"满银券"大量流入,"处于半日圆经济圈的经济环境中"。在该地区的"联银券"工作,"伴随治安的恢复,极为顺利进行"。"中国联合准备银行"在唐山、山海关机秦皇岛设有分行,4月末"联银券"在该区域的发行量达3 300万元。"联银券"在冀东沦陷区内全面流通,尽管有一部分法币为民众保存,但不被认为具有流通力,而晋察冀边区、晋冀鲁豫边区发行的边币也较为少见。虽然"冀东银行券"、"蒙疆券"与河北省银行券在长城沿线村落中有一定量的流通,然而自1940年6月起,日伪当局即对之禁止,而由傀儡民政组织"新民会"加以回收。据1940年9月天津特务机关的调查,冀东沦陷区内货币流通情况以昌黎县与迁安县为代表。在昌黎县,"联银券"的流通量占货币流通总量的95%,"满银券"为4.9%,其他未及0.1%;在迁安县,"联银券"的流通相当普及,其他纸币则极少,以县城为中心的东南地区除"联银券"之外并无其他纸币流通。

2. 津海地区

该区域内"联银券"的流通状况要低于冀东地区,"华北经济中枢天津的货币统一工作,因各种理由而不如预期般进展。天津英法租界尚视旧币为法币,以英美资本的外国银行、中央、中国等重庆政府系统的银行为中心,继续拥护法币,对于联银券维持等价乃至高价"。然而除天津租界之外,在天津市及近郊一带"联银券"已完全流通。至1940年4月末,处于铁路沿线及公路干线位置的城市及县城所在地,"联银券"为民众广泛使用,而在中间地区则主要流通法币与河北省银行券。

值得注意的是,当时中共晋察冀边区所发行的边币已纳入日军的视野,成为其重点"讨伐"的对象。在沦陷区与抗日根据地交界区域,民众使用法币与河北省银行券,而边币流通已达10县之多，在东光、武邑、景等县，冀南银行券，即"冀钞"大量流通；一些杂币如地方农村合作社票、抗日文化会联合会券等，也有小额流通，边币与杂币之流通额达到每县约 20 万元。据日本特务机关推算，津海地区内货币流通量，最多为河北省银行券，其次为法币，再次为"联银券"。

按日军调查结果，自 1939 年 6 月日本军政当局对天津租界实行隔离封锁以来，"天津租界内外一律流通联银券，租界内的公租公课也是以联银券收取，然而英法租界仍将法币视为国币而认可其流通。租界内法币的流通额极少，中外银行拥有的法币推定为 4 000 万—5 000 万元，旧法币存款据称为约 7 000 万元，此外地方银行发行的杂券也有约 8 000 万元"。

"联银券"在天津地区的扩张受到法币势力的阻抑，"1940 年 4 月末中国联合准备银行天津分行的发行量为 1.36 亿元，天津英法租界的法币现虽与内地隔离，然而第三国资本的银行及重庆系统的中国银行拥护之，仍将之作为贸易通货而使用。这些银行与银号均与上海市场保持联络，维持残命，成为华北通货统一上最大毒瘤"。太平洋战争爆发后，日本进占天津英租界，日本军政当局对持有法币者按原票面额的 25%、法币存款按存额的 40%，强制将法币兑换成"联银券"。从国民政府的调查来看，此后尽管法币在当地流通逐渐减少，却始终并未绝迹。[①] 事实上，"伪钞流入市面，人民亦不愿亦不敢以法币交付日人也。故日伪在华北所收得之法币，实属不关重要。平津之法币，虽被吸收者有限，但目前之在北平及天津之非租界区法币，几全绝迹。然则从前在市面流通之法

[①]《太平洋战争前后敌在华北的通货政策》，中央档案馆等编：《华北经济掠夺》，第 925—926 页。

币,何去何从,此一可注意之问题也。事实上仍有一部分法币被收存于富户家中。此外另有二途,一为流入乡间游击区,一为流入天津租界。天津法币之流入乡村,有二原因:一为平津为市场而乡间为生产区域,平津每日之消费物品,来自乡间者多,故法币往乡间流动;一为商人收集后运往乡村调回日人所发行之伪钞,从中获利"。①

3. 保定、真定、顺德等地区

保定、真定、顺德等地区的地形颇为复杂,既有平原地带,也有山川河流区域。在日军调查报告中,"联银券"与法币、边币的流通在不同区域形成截然对立之势,体现货币战在该区域复杂的面相。

在日军控制的铁路沿线地区,也即所谓的"联银券势力圈"内,"新币制的意图得以贯彻,联银券一体化工作不断推进,然而隐秘中也有使用其他纸币的倾向。即住民必需的物资完全通过我'势力圈'得以供给,由此他们认识到联银券具有很大价值而迫切使用之,然而又不得不担心敌人无休止的地下工作而使用敌性货币或旧纸币"。

在各主要河川流域地区,"除处于我'势力圈'之外,地理上乃敌方间谍潜入最为活跃之区域,敌性纸币在当地的流通乃自然之事。因每年恒例的洪水侵袭或土匪掠夺,民众生活疲弊,联银券的流通势力被大举侵蚀。即最近在滹沱河、潴龙河流域联银券也极度不足,为了采购物资,急剧流向石门或保定、定县方面,加上物资几乎殆尽,其流通额日益低下。即使是在该地区特产上市的季节,也仅仅呈现微量增加的倾向"。

---

① 《广东省银行香港办事处关于华北金融状况的报告》(1939 年 5 月 4 日),中央档案馆等编:《华北经济掠夺》,第 900 页。

在山地地区，"因物资缺乏尤甚，购买力很小，几乎不见联银券流通。只有日军驻屯地周围及与铁路临近村落，在治安圈内村落内的交易才会使用联银券。即使该地区内的联银券势力，也会在秋季谷物、棉花收获期之外，因特产减少而渐渐向铁路沿线及平地方面流出，其流通额不断减少。敌方的阻碍工作最显著者，在于山地地带。其中在内地，敌人在征税时强要联银券，且他们在采购物资之际发行敌方货币，或在反对纸币统一工作与除奸工作的名义下，积极从事联银券的吸收策略。敌方的反对纸币统一工作即使在我'势力圈'内也相当活跃。其势力不可轻侮，不可忽视其与各地敌性通货之间强行交换的事实。且伪县政府（此系日伪当局语境下对抗日县政府的称谓）以土著资本家组织乡公所或银行等，通过滥发不法纸币来妨碍联银券的流通，其阻碍工作可谓多种多样"。

在日军势力不及的所谓"敌匪地区"及与之接壤地区，"该区域居民之多数，因缺乏日常必需物资，对他们而言，与其希望以通货交易，不如进行物物交易。各种敌性通货大多都以极小额的纸币进行，对于普通民众而言使用极为方便，相反联银券小额纸币较少，细节之处对于住民的影响甚大。河北券的信用度很强，在接敌地带民众受到敌人的压迫较少，民众与其说是喜欢河北券，不如说对联银券也持欢迎之倾向。中国、交通、中央等各种法币如今仍被广泛利用，在匪团地区邮局中汇款的情况与联银券等额处理，从我军驻屯地向敌地的汇款也是以法币支付"。

太平洋战争爆发之后，天津英法租界为日本接收，法币在华北失去最重要的据点。而在日军汇编的《经济封锁月报》中，大体能够看到一些沦陷区内货币战的侧相。据日军调查，法币及边币在"未治安地区"、"准治安地区"流通，其中法币流通额约 3 亿元，边币流通额已达数千万元。

在冀东、冀中地区,"联银券"的势力较强。1942年8月,如丰润县境内的"联银券"流通额达388.5万元、安次县境内的为100万元、武清县境内的为170万元、宝抵县境内的为120万元、宁河县境内的为100万元,以上各县为日本军政当局所认定的"联银券"完全流通区域;而在沧县境内,"联银券"流通额为200万元,法币50万元。在新海县境内,又分"治安区"与"敌区","联银券"在"治安区"内的流通额为35.11万元,在"敌区"内的为3万元;法币在"治安区"内的流通额为3.1万元,"敌区"内的为4.13万元,这两县可谓"联银券"占较大优势的区域;在枣强县境内,"联银券"的流通额为10万元,法币为50万元,边币为30万元,该县可谓"联银券"弱势区域。在冀东沦陷区与蒙疆接壤地带,晋察冀边区银行发行的边币大量流入冀东沦陷区内,"其发行量据称达到约200万元",而边币流通范围之广,几乎遍布冀东、冀中沦陷区,即使处于"联银券"势力之下的北京地区,在所谓的"非治安地区",也有少量边币流通。按当地民间汇兑行情,"联银券"100元可兑约"蒙疆券"120元、边币330元、法币500元。[①]"蒙疆券"名义上与日圆、"联银券"等值联系,然而在冀东地区购买力存在差距,意味着日圆金融体系内部出现裂痕。另一方面,这一汇兑比值反映出边币在该区域的价值要超过法币,侧面说明其在当地具有较强购买力。

在冀西、冀南地区,除涞源县之一部、阜平县、涉县、林县地区(该区域为晋冀鲁豫抗日根据地所辖——笔者注)外,日伪当局严禁法币、边区券(主要为晋察冀边区银行券、冀南银行券)及杂券流

[①] 「経済封鎖月報(第2巻)」(1942年10月25日)『陸支密大日記 第53号 昭和17年』、日本防衛省防衛研究所蔵、陸軍省-陸支密大日記-S17-57-94。

通,然而在"治安区"之外,仍有相当数量的地方货币流通。与沦陷区相对,抗日根据地严禁"联银券"的流入,边区县政府"对违反者采取严罚主义,似具有相当奏效"。日本军政当局对这一区域实行严酷扫荡,"联银券"势力随之扩大。边币的使用地域在京汉、津浦两线的中间平原地区及京汉线以西,以至山西省境的地区,其他地区概法币占优势。"联银券"与法币、边币的兑换比值,大致在"联银券"100元兑法币、边币200—500元。日军第41师团驻屯的冀西、冀南地区(含德县、故城、宁津、吴桥、景县、枣强、冀县、新河、宁晋、南皮、东光、阜城、武邑、衡水、交河、武强、深县、束鹿、晋县、献县、饶阳、安平、深泽等县)是边币流通额最多的地区,其额达1000万元左右,法币也有相当量的流通。①

三、山西沦陷区内的货币战

抗战全面爆发后,山西大部沦陷于日军之手,然而日军始终未能彻底占领全省。除日伪发行"联银券""蒙疆券"外,国民党中央军、八路军、阎锡山军各持法币、边币、新旧山西票,加上流通于局部区域的各种杂币,形成多种货币混杂流通的局面。日本在山西沦陷区内推行的货币战,由此受到多股货币力量的牵制,从侧面反映省域沦陷区内货币战的激烈程度。与河北沦陷区的情况相似,日本军政当局也在山西沦陷区内开展"宣抚"工作,并将之与货币战挂钩。

在晋北地区,朔县的货币流通情况具有一定的代表性。抗战

---

① 「通貨の流通状況及価値」、『北支那方面軍経済封鎖月報　第1巻　昭和17年8月31日』、日本防衛省防衛研究所蔵、支那-大東亜戦争北支-4。

全面爆发时,朔县境内流通的货币除大同公社发行的约5万元纸币外全部为山西票与法币。

1937年12月,在日本军政当局的授意下,"蒙古联合自治政府""察南自治政府""晋北自治政府"成立"蒙疆银行",发行"蒙疆券",并于晋北沦陷区内回收法币、山西票等。日伪当局通过农民救济资金、中小商工业者复兴资金、春耕资金等贷款形式,促进"蒙疆券"在当地流通。至1938年下半年,县内已几乎不见法币与山西票等流通。1938年3月,日伪当局另以百万日圆资本创办"晋北实业银行",并于朔县设立分行,至1939年6月已贷出十余万元。虽然朔县"在通货政策上发展极为顺畅",然而当地日军对其最为警惕的通货膨胀问题却并无任何"高级政策","作为县自身,不过停留于对暴利、投机等恶性商人的管理,及对当地产出一部分物资规定最高价格等应急处置措施而已"。①

而在临汾地区,日军的货币工作伴随"宣抚"工作展开,"为求加快联银券的流通,不仅使物资集散旺盛,且在宣抚上亦属紧要之事。中国人最需要的物资,特别是对棉布、盐、糖等在销售上进行斡旋,促使联银券流通……部队抵达警备地时,民众虽然对联银券抱有恐惧之心,一个月后,联银券10元已可兑换山西票11元,此乃因临汾物资充沛所致"。② 处于旱魃威胁下的霍县,"几乎所有村落都卷入中日事变漩涡中极度贫困",当地"设立村公所也好,开办小学也罢,没有经费出处。也不忍向村民征税。各村村长所言情况都差不多。即使有利用金融机构及军方资金贷款的动向,也只能

---

① 「蓮沼兵団　朔縣の工作」、『治安工作経験蒐録　昭和14年6月　中旬』(第一輯)、日本防衛省防衛研究所蔵、支那-支那事変全般-197。
② 「梅津兵団　臨汾縣官雀村の工作」、『治安工作経験蒐録　昭和14年6月　中旬』(第一輯)、日本防衛省防衛研究所蔵、支那-支那事変全般-197。

指望县公署对此采取积极活动。警备队仅对此进行形式上的指导，若深入干涉内务，反会招致恶感"。①

在曲沃、汾城地区，当地日军通过销售一百数十万斤棉花，使数十万元"联银券"得以流通于民间，将县内币制、滞货销路等问题"毫无困难地皆加以解决"。② 驻曲沃的日军部队认识到，"经济工作在使物资流通顺畅的同时，也需要使民众能够购买廉价的必需品，在寻求生活安定的同时，也得以强化并扩大联银券的流通"。当地日军"以确立切实经济基础为主眼"制定若干措施，如：傀儡民政组织"商务会"每日九点开设市场，使民众得以购入廉价必需品；由傀儡县政府分配春耕资金、复兴资金、种子等，对各村落展开详细调查；派遣伪警务局财务科员巡视市场及各村，调查"联银券"流通状况，"在寻求金融通畅的同时，及时应对国民政府的金融搅乱策略"；利用有产阶层者的资本设立民众农民银行，在傀儡县政府监督之下贷出小资本，以求效果等。③ 在平遥县，日军的货币战战术更为隐秘，除扩大"联银券"流通范围之外，当地宣抚班班长将印刷机从伪满运来，大量伪造山西票，以破坏该币的信用。④ 日军以山西票为伪造对象，系因该币原本印制粗糙，币面图样花糊，民间谐称"大花脸"。

在晋南地区，邱村当地日军守备队全力推动联银券在当地的

---

① 「梅津兵团　霍縣方面の工作概况」，『治安工作経験蒐録　昭和14年6月　中旬』（第八輯）、日本防衛省防衛研究所蔵、支那-支那事変全般-197。
② 「梅津兵团　曲沃及汾城の工作」，『治安工作経験蒐録　昭和14年6月　中旬』（第一輯）、日本防衛省防衛研究所蔵、支那-支那事変全般-197。
③ 「梅津兵团　曲沃縣方面の工作報告」，『治安工作経験蒐録　昭和14年6月　中旬』（第六輯）、日本防衛省防衛研究所蔵、支那-支那事変全般-197。
④ 清江舜二郎『大日本軍宣撫官』、芙蓉書房、1970年、第96頁。

流通,"伴随治安恢复,民众在知晓旧纸币并无价值的同时,好像其已无踪迹"。① 而在闻喜县,"销售日货在经济工作上效果明显。由此使民众在认识到日币价值的同时,也需要使纸币流通更为顺畅……然而现实中日军在物资采购时每次都要支付现金,对于人夫等的工资也需每日支付"。② 在姚村地区,"联银券的流通渐渐良好,而为敌人所注目。随着与我军驻屯地的距离,其所受阻碍尤甚。与敌相接的村民,若所持联银券,即感受到人身危险……然而在已确立治安的宿营地附近,发行小额联银券纸币的同时,其价值也陆续提高,流通状况则极为顺畅"。③

在稷山县,日伪当局虽规定旧币必须与"联银券"交换,然而成效甚微,当地实际交换金额不过寥寥数千余元,后因公益市场的开设、日伪对棉花小麦等物产的采购等因素,"联银券"在民众中信用急速提升。当地日军已渐感"联银券"在量上的不足,强调"晋南地区应讲求办法,再次推行旧纸币与联银券的回收交换"。④ 在万泉县,"联银券"流通不畅。1938年春后,该县棉花行情低落,农夫几乎已不再栽培棉花,当地小麦因旱魃不作,兼之处于战地,农民收入受到很大影响。民需物资的匮乏导致其价格暴涨,当地经济状

---

① 「梅津兵団　南部山西邱村に於ける工作」、『治安工作経験蒐録　昭和14年6月　中旬』(第二輯)、日本防衛省防衛研究所蔵、支那-支那事変全般-197。
② 「梅津兵団　聞喜方面の体験」、『治安工作経験蒐録　昭和14年6月　中旬』(第二輯)、日本防衛省防衛研究所蔵、支那-支那事変全般-197。
③ 「梅津兵団　聞喜縣姚村地方の工作」、『治安工作経験蒐録　昭和14年6月　中旬』(第五輯)、日本防衛省防衛研究所蔵、支那-支那事変全般-197。
④ 「梅津兵団　南部山西稷山に於ける工作」、『治安工作経験蒐録　昭和14年6月　中旬』(第二輯)、日本防衛省防衛研究所蔵、支那-支那事変全般-197。

态极其恶劣。①

在夏县,当地驻屯日军虽然通过传单宣传"联银券"的价值,然而效果不佳。据日军调查所得原因,乃"本警备队驻扎地曹张镇自战前以来不过是一个寒村,兼之数次沦为战场,住民皆逃亡避难,归来者大部分为贫民,且其人口也因部队驻军自身受到限制"、"因民需物资供给困难,其量很少,即使由交换比率而付出减价(实情乃城内联银券80钱兑旧币1元,附近各村则等价,而二里以外的远隔之地则联银券流通困难,物资的蒐集必须以旧币支付)之牺牲,也不能充分取得物资"、因日伪当局宣布于1939年3月10日禁止"联银券"与法币兑换,"敌军对住民胁迫的理由,第一即在于其所持联银券,且由此屡屡出现牺牲者。故民众不喜手持该币,且离交换截止日期为时尚早,尚未对保守的民家彻底宣传交换的意义"。②

在绛县,日军在道路施工及其他工程使用大量劳力,为促使"联银券"的流通,亦给予一定工资。③ 在五里头,日伪发现,在民需物资中,砂糖、食盐是民众最为迫切需要之物品,通过销售糖、盐,更能促使"联银券"流通。④

自1940年末起,日本对山西沦陷区的货币战进入第二阶段。因国民党军的接连败战,法币在民众的信用逐步丧失。华北日军所汇编的《联银券流通状况》之《山西省联银券流通状况》以日军视

---

① 「梅津兵団　南部山西、萬泉に於ける工作」、『治安工作経験蒐録　昭和14年6月　中旬』(第三輯)、日本防衛省防衛研究所蔵、支那-支那事変全般-197。
② 「蓮沼兵団　水頭鎮方面の工作」、『治安工作経験蒐録　昭和14年6月　中旬』(第五輯)、日本防衛省防衛研究所蔵、支那-支那事変全般-197。
③ 「梅津兵団　烟約村方面の工作」、『治安工作経験蒐録　昭和14年6月　中旬』(第八輯)、日本防衛省防衛研究所蔵、支那-支那事変全般-197。
④ 「梅津兵団　五里頭地方の工作に就て」、『治安工作経験蒐録　昭和14年6月　中旬』(第八輯)、日本防衛省防衛研究所蔵、支那-支那事変全般-197。

角陈述山西省沦陷区内货币战的新动向,"因物资的极端缺乏,法币价值日益崩落,尽管敌方工作活跃,然完全为联银券强韧的流通力所蹂躏。特别是山西票低落已甚,除太原周边、临汾周边匪区之外,与法币相比处于三成乃至八成之低位。大概联银券流通仅在于部队驻屯地周边,随着进入接敌地区,渐见多种货币混合流通,当进入敌地后则完全不见联银券流通",据华北日军的调查,1940年末山西沦陷区内货币流通量约 6 000 万元,其中"联银券"5 500 万元、法币 360 万元、山西票 1 350 万元、边币 65 万元。按不同区域,具体情况如下。

1. 潞安地区①

据临汾宪兵队、当地部队及其他情报机关调查,"联银券"在当地的浸透情况并不活跃,相反法币、上党券、山西票等"敌性通货"则流通较畅。"联银券"在以长治、襄垣为首的潞安地区占有优势,集中于都市的倾向很明显;而法币在潞城、壶关、晋城、高平等方面占绝对优势,但出现跌落的征兆;上党券在屯留之外的偏远地区较为流通,然而出现"土券化"倾向;山西票在东南部势力微弱,在泌水附近则完全不见流通;晋察铁路券仅于长子县一带流通;冀南券仅于襄城县一带流通,与晋察铁路券相似,流通力式微;河南农工券在晋城县方面流通,其流通领域狭小。各种通货在各县域流通情况如下。

在晋城县,"联银券"以警备地区周边为中心流通,其势力为法币所压倒,流通也并不活跃。日军认为其原因在于当地敌人便衣

---

① 「山西省ニ於ケル連銀券ノ流通状況」、『連銀券の流通状況調査 昭和15年11月20日』、日本防衛省防衛研究所藏、支那-支那事変全般-299。以下山西省内各区域货币流通情况,皆出自此档案,不再罗列。

出没频繁,使用"联银券"者受到威胁;"联银券"在数量上与法币相比寡少;"联银券"与法币比价为1∶1,民众考虑到"联银券"购买力有限,大多将之保存或弃用。"联银券"在数量上少于法币,尽管在上级阶层有一定信用,但使用颇为不便。法币在"治安圈"内与"联银券"有略对等的实力,而在其他势力圈内则占绝对之优势。

在高平县,"联银券"流通量较少,除日军驻屯地之外,其他各处均未所见。然而"联银券信用度高,可以看到其价值逐渐提升、势力圈不断扩大。法币渐有为联银券侵食之倾向,但在中央军、国民政府县政府的压力下仍占绝对优势。然而法币自山西票禁止流通之后,其为日尚浅,在数量上难以满足一般民众之需要,从而导致当地物物交换盛行,其流通状况也并不顺畅"。

在长子县,"联银券"流通于潞安、鲍店镇、贾村、国益铺连接线内之区域。因有国民党中央军的驻屯,法币在该县西南郊方向仍有流通。

在壶关县,"联银券"能够购买沦陷区内生产的谷物,而法币购买的物资则无任何限制。"联银券"于日军驻屯地及兵站线为中心的沿线流通,法币则在县城东部地区流通。

在潞安县,"联银券"主要流通于县内行政第一区,法币在敌军出没地区的第三、四区流通。"联银券"在"治安圈"内占绝对优势,且不断扩大流通范围。法币则在"治安圈"以外流通,在混合流通地区内很少流通。

在潞城县,法币在县境内完全得以流通,而"联银券"仅在日军驻屯地及西南部流通。法币流通不活跃,但具有较为强韧的持久力。1940年8月,因冀南、大行、太岳行政联合办事处的成立,边币流通范围得以进一步扩大。

在襄垣县,"联银券"于铁路沿线及兵站线为主轴的狭小范围内流通。法币则在"治安圈"以外流通。在沦陷区外的各种货币,以法币最有势力,随着山西票、上党票价值渐渐跌落,"(法币)今后将成为相当坚强的存在"。而法币的缺陷,在于"民众认识到其在治安圈内并无价值,且因其交换价格较低而将之保存起来"。

在屯留县,"联银券"在兵站线地区强势流通,在其他地区则并不活跃。法币在日军"宣抚"圈外占有绝对优势,但其流通力有渐减倾向。日军指出,法币得以于当地流通的最主要原因,在于抗日政权的存在及其掌握丰沛的物资。

2. 运城地区

据平田部队、临汾宪兵队及日军其他情报机关的调查,至1940年9月,当地"联银券"流通额约516万元,强势流通于运城以北地区,但为山西票所压倒,渗透、流通也并不活跃;法币流通额约156万元,在南部地区与山西票略有对等的流通力,但有逐渐衰弱的倾向。山西票的流通额约387万元,因民众对"联银券"的畏惧,山西票在当地占有绝对优势,能够全面流通;当地另有杂票,在局部地区占有一定市场。"联银券"流通地域集中于县城及其近郊、日军驻屯地附近,若离开县城及日军驻屯地10公里乃至20公里,即为"混合流通地域",离开"混合流通地域"则完全是法币、山西票等旧票的天下。在汇兑行情上,"联银券"100元可兑山西票140—250元、法币150—250元。调查者由此得出结论,"联银券"伴随治安确立而逐渐渗透当地,然而因敌方地区物资丰沛,法币、山西票等势力依然强大。"联银券"无法在治安工作推行之前大肆流通,也不能与法币、山西票等"敌性通货"对抗,故而"确立并扩大所谓治安区乃急务"。各种通货在各县域流通情况如下。

在永济县,"联银券"在日军驻屯地、铁路沿线地区与旧票混用,必须依靠民用物资的支撑才能流通。法币除日军驻屯地之外,流通十分活跃。在铁路沿线地区与"联银券"混合流通。

在卢乡县,"能够了解时代、预见将来、怀抱希望的民众,一般对联银券抱有绝对的信用"。然而在"敌方"势力地带或"接敌"地带,民众并不喜好使用"联银券"。在属于"敌方"势力地带的南部山麓地区,当地民众普遍使用法币。鉴于存在旧币数十万流通之现状,当地日军较为灵活地处理各种通货间的关系,"对于货币只要不引起通货膨胀,再度给予短时间期限,使之可与联银券交换"。

在解县,"联银券"于县城内及山麓村落公署附近流通,"联银券"以外的货币在离县城较远的地区秘密流通。在中条山脉附近一带及县西北、东北方仍可见民众使用法币。在"接敌"地带,"联银券"持有者往往被视为汉奸,故使用法币;当地民众预计日军将会撤退,故而存在将法币保存起来的现象。

在安邑县,"联银券"在与日商有交易往来的商人中流通。在国民党军与八路军的宣传下,民众离开日军驻屯地后不再使用"联银券"。当地民众"对联银券的未来感到极大危险"。日军调查发现,"离开日军驻屯地外之一步,就能看到法币流通。愈接近敌地,则流通量愈大"。

在夏县,"联银券"于日军驻屯地附近及铁路沿线流通,相对于法币、山西票的跌落,"联银券"的信用度较高;县境东南部、中条山脉地带及有国民党军队的地域,民众一般使用法币或山西票。

在绛县,"联银券"在日军"治安势力圈"内颇有信用。法币则在日军驻屯地外的农民中流通,随着对民需物资采购日益困难,其信用也日渐衰落。

在闻喜县,"联银券"在日军驻屯地以"绝对信用流通",在第四区、县西北地区、第五区、第三区东南方山中,国民党军为采购物资而使用法币。

在新绛县,在城内及日军驻屯地附近的交易需使用"联银券",在城外交易时,喜用"联银券"者很多,然担心受到检查而隐秘交易。在离开县城之地,可见法币、旧山西票流通。

在稷山县,当地"对于联银券的信用是绝对的",然而其流通量很少。法币主要从盘踞于北方山岳的国民党军及抗日县公署处流出,为一般民众普遍使用。

在河津县,因大部分日用物资,可由"联银券"采购,故其"具有绝对信用"。县北部乡宁县境与汾河南岸一带的居民与国民党军均使用山西票。

在万泉县,"联银券"在日军驻屯地内流通,"联银券"的信用逐步提高,但旧币势力仍占优势,"联银券"的流通与信用因物资的上市得到支撑。

在荣河县,"联银券"在县城外15里内的村庄及日军驻屯地附近流通。旧币在边区村庄流通,为农民及八路军使用。

在猗氏县,"联银券"在特定商人间流通。"联银券"在流通范围上稍次于山西票。尽管"联银券"在当地民众中具有一定信用,但仍可见旧币大量流通。

在临晋县,"联银券"在城内及城外10公里内的区域流通,法币则在全县境内流通。山西票则在北方地区的农民中流通。

3. 临汾地区

据临汾宪兵队及日军情报机关调查,临汾地区"联银券"流通额约436万元,除灵石、赵城、临汾等各县外,其流通势力较山西票、法币等"敌性通货"处于劣势;山西票流通额约为597.5万元,在霍、洪洞、安泽、翼城、汾城等县,占有优势,然渐有跌落趋势;法币流通额仅2.8万元,"为联银券与山西票的绝对势力所压倒,徘徊于崩落一途";另有杂币流通额约2.7万元,在一部分民众中流通,其流通范围狭小。在汇兑行情上,"联银券"100元可兑换山西票150—450元、法币130—500元。在流通领域上,该地区的"联银券"不断渗入国民党统治区与中共抗日根据地,以北部县城为中心,民众为采购铁路沿线的日用物资而使其得以流通,然而"联银券"的实力依然难以超过"敌性"通货,山西票在当地具有相当强韧的势头,成为"联银券"在当地渗透、扩张的最主要对手。调查者得出结论:"联银券伴随治安工作而扩大其流通领域,因为敌性通货的强韧抵抗,需治安工作先行后方可渗透、流通。鉴于如此状况,作为将来之对策,仅仅数量上之增加,不能带来流通上之优势。必须以扩大、强化治安工作为第一要务"。

在曲沃县,"联银券"流通额在诸币中最大,在城内候马镇、曲村等主要地区,商人为采购县外物资,促使其流通。而在采购日常物资时,当地民众则需要法币。山西票则几无价值,在当地并不流通。

在翼城县,因"联银券"能够采购到日用品,在民众中具有一定信用度,但其数额甚少,流通范围亦狭小。但另一方面,虽然法币能够采购农产品,却无法采购日伪控制的民需品。尽管法币流通区域较大,然而其价格却不断下跌。

在阳城县,"联银券"被专门用以采购物资。法币占当地流通货币之大部分,山西票则自1940年2月起被日伪禁止使用。

在泌水县,"联银券"流通额伴随治安恢复而上升,因民众采购民需物资而向翼城、临汾方面少量流出。法币虽可在全县流通,但在国民党军撤退后则渐渐失势。逃亡他处的富裕阶层担心受到土匪劫掠,而将法币秘密保存。因"联银券"流通量很少,一般农民都使用法币。

在浮山县,"联银券"在民众中的信用不断扩大,而法币的信用则逐渐减少。

在安泽县，"联银券"因旧县镇附近物资缺乏及交通不便，在商人间的流通额很少，"处于悲观状态"。法币则于全县货币流通额中占第一位，在农民间有相当高的信用。旧山西票在全县都可通用，一定程度上弥补法币不足。当地并无中共边区发行的上党券流通。

在灵石县，"联银券"在铁路沿线、日军占领地区、"敌方"地区皆有流通。"联银券"在县境内普遍流通，当地一部分国民党军也默认其流通。

在霍县，"联银券"于县内普遍流通。法币在国民党军驻扎地区内流通，国民党军撤退后则失去信用。上党票在八路军驻扎地区流通。

在赵城县，"联银券"在城内及铁路沿线日军驻屯地流通，法币则在全县流通。上党票则在中共领导的抗日根据地内流通。

在洪洞县，"联银券"在县城内及附近各村落流通，法币在县城东北及西南方流通。

在蒲县，"联银券"在以黑龙关为中心的10公里范围内流通。法币在民间仍具较大信用。新山西票因阎锡山的军队大量滥发，其价值极低。

在临汾县，"联银券"在以县城为中心的日军"治安势力圈"内流通。法币在远离"治安势力圈"的各类市场中流通。

在襄陵县，"联银券"在民众中的信用颇高，其流通颇为流畅。法币在县境西部西山地带、东部东山附近地带流通，因其流通量少，民众为此感到困扰。相较"联银券"流通额较少，旧山西票则广泛流通，结果导致其价值逐步下降，"民众认为新山西票无价值，厌恶使用之"。

在汾城县,联银券在以县城为中心的地区及铁路"爱护村"内流通,法币则在边境地带流通。山西票或法币在"敌方"地带流通。

4. 汾阳地区

据1940年临汾、太原宪兵队及其他情报机关的调查,在汇兑行情上,当地"联银券"100元可兑换新山西票200—10 000元、旧山西票140—670元、法币120—330元。在流通量上,当地"联银券"流通额约647万元、山西票115万元、法币29.8万元,另有土券文水票29.8万元、大洋银17.5万元等。在流通区域上,"联银券"以县城为中心,铁路沿线地区的流通量较大。因"联银券"大量渗入当地,"敌性"货币向内地遁避。民众战时保存的旧币被大量抛出,在"敌方"地带,"敌性"通货具有急剧膨胀的倾向,由此导致整个地区物价的高涨。伴随"联银券"信用扩大,"敌性"通货急剧崩落,其流通空间受到压缩。然而山西票在国民党军活动地区依然流通,山间的村民间依然以其进行交易。大洋银作为现银,虽可见其流通,但流通范围狭小,价值有限。各种通货在各县域流通情况如下。

在介休县,"联银券"在县内大部分地区流通。法币在县南部流通。上党券在边区流通,可以采购粮食、燃料等日常物品。

在孝义县,"联银券"在县城及日军驻屯地附近流通。法币在山岳地带流通。

在平遥县,"联银券"在县城附近的村落及日军驻屯地区具有绝对信用,其他地区也有一定量的流通。法币在县城内难以流通,但在县城外的村落中得以流通并可采购所有物资。山西票在县境南部的山间地带流通,而上党券则在中共抗日边区流通,可以采购粮食、燃料等日常物品。

在祁县,因民众必须从日军占领地区采购各种物资,"联银券"

在"敌方地带"渐有流通。法币在县南部的一部混合地带流通,上党券在南部山间地带流通。

在交城县,"联银券"、法币混合流通,法币可以采购到大米等日用物资。

在文水县,"联银券"在县城内及日军驻屯地附近流通,在金融市场颇为活跃,"联银券"在民众中具有一定信用。"联银券"与其他券相比,价值较大,在市场上具有一定势力。法币得以采购乡村土产,在抗日武装活动的地区及距离日军驻屯地较远的地区流通,但其价值下跌,一般民众并不爱用。

在汾阳县,"联银券"于全县流通。法币在"接敌"地区的村庄中流通,"眼下渐潜其踪"。

在离石县,"联银券"在以日军占领地为中心五六公里内流通。法币在日军警备区内几乎绝迹,但因八路军的活动而在日军"治安势力圈"具有优势,在离石北部地区流通量较大。

在中阳县,"联银券"在以县城为中心半径四公里内具有绝对优势,县城四公里以外则处于混合流通状态。当地"联银券被视为能在华北永久流通,故具绝对信用"。法币仅在县城东南一里外八路军活动区域内流通。

5. 太原地区

据太原宪兵队与日军其他情报机关的调查,在汇兑行情上,当地"联银券"100元可兑法币125—230元、边币80—150元、大洋票30—230元、山西票60—200元;在流通数额上,"联银券"约2 066万元、法币约20.3万元、边币约14万元、大洋银约12万元、山西票约35.4万元、土票7万;在流通领域上,该地区"联银券"以太原为中心全面流通,其势力已完全压倒"敌性"通货。法币在国统区与边区临时流通,仅限于极小范围。法币、山西票与边币可见于国统区与边区，"不过抱有极少数之余端"，大洋银"作为购买家畜类依然强劲的通货受到民众珍视，但不过作为杂币而存在"。在调查者看来，"敌性"通货将与大洋银、土票等特殊性通货"一同徘徊于毁灭一途"。各种通货在各县域流通情况如下。

在太谷县，"联银券"在日军势力控制下的220个村中流通，在日军势力控制以外地区民众为购买生活必需品也有使用，流通较为顺畅。法币、山西票在县城东南的山岳地带可购入一些日用物资。

在徐沟县，"联银券"可在全县通用，具有一定信用。当地并无其他货币流通。

在榆次县，"联银券"在日军势力地区内流通，在日军势力控制以外地区，当地民众购入日用物品时也有使用。一般民众因考虑将来情势，在换购物资时担心被视为汉奸而将之保存或藏匿。法币在日军势力控制以外地区广泛流通，可购买田地、家畜、房屋等。

在清源县，"联银券"的势力已驱逐其他货币，在民众中"拥有绝对信用"。

在太原县，"联银券"于该县境内各村流通。

在阳曲县，"联银券"在全县流通。在西北部西庄村一带抗日武装活动时，有山西票流通。

在忻县，"联银券"在日军警备地区流通，在民众中具有"极大的信用"。法币则在日军势力控制以外地区有一定流通。

在静乐县，"联银券"在日军势力范围内（第一区、第三区之一部分地区）流通，且流通势力逐步扩大，在当地"极具优势"。法币在第二区及第三区之一部分流通，因抗日武装的活动，在日军势力控制以外地区流通。

在岚县，"联银券"在东林镇等日军驻屯地附近流通。法币在河口镇等地极小范围内流通。

6. 崞县地区

根据当地日军情报机关调查，在汇兑行情上，该地区"联银券"100元可兑大洋银30—50元、边币83—220元、法币250—285元、新山西票120—2 000元、"蒙疆券"100元。在流通数额上，该地区"联银券"约532.5万元、大洋银约42万元、边币约25万元、法币约7万元。在流通领域上，"联银券"在"治安"地区的物资交易中占有绝对优势。大洋银作为现银秘密流通于民间，处于"极有力的状况"。边币在抗日根据地"强制流通"，"其势力颇为强劲"，法币在游击地区流通，却"渐渐崩溃"，"概不过保持余端而已"。调查者认为，在该地区，"敌性"通货依然有相当数量流通，但"联银券"的渗透并不充分，"联银券伴随治安工作的扩大其渗透逐步强化，显示出与敌性通货相对峙的态势"。各种通货在各县域流通情况如下。

在定襄县，"联银券"除南方山岳地带外全县流通，是铁路沿线两侧约5公里内唯一流通的通货。法币于第一、二区南方山岳地带及第三区流通。晋察冀边区银行券则于山岳地带流通。

在五台县，货币流通情况颇为复杂。商人与"治安区"农民使用"联银券"，以之采购日用必需品，"联银券"以日军驻屯地为中心10公里范围内流通。该县"若满足正常的县经济运作，则需至少120万圆"。"联银券"不能在县内循环，而不得不向县外流出；法币主要由河北省境内的农民商人用于购买粮食杂货类，流通于阜平、平山县境及第四、第五区东台镇附近。法币的价值因难以明确，故为县内富裕人家秘密保存，极少一部流入河北省内。山西票则主要由"中间"地区农民使用，也仅流通于"中间"地带。县内交易原本由山西票进行，随着八路军政治工作的开展，边币对其取而代之。旧山西票广泛流通的主要原因在于"联银券"的不足，且日益受到边币压力，逐渐潜其踪迹，"其流通领域被不断蚕食"，而"边币的势力常按治安比例而流通"。

在繁峙县，"联银券"在"治安地区"约70％区域内使用。在"治安地区"的商业交易中占绝对优势，在"非治安地区"也秘密被使用于各种交易。法币、晋察冀边区银行券在繁峙、浑源、应县县境附近及繁峙南方山岳地带流通，若要从"治安"地区采购物资，就必须使用"联银券"。晋察冀边区银行券因八路军的活动而流通。

在代县，"联银券"以县城为中心在北方、雁南等地区流通。晋察冀边区银行券流通额约13.5万元，在代县北方山岳一带、县城东南方山地一带流通。

在崞县，"联银券"于县全境流通，是"治安"地区唯一流通的通货，"准治安地区"则有小量法币、边币流通。法币在第二、三、四、五区南部山岳地带流通。

在宁武县，"联银券"在日军"治安势力圈"内有一定信用度，该地区并有极少量的法币流通。山西票为国民党军强制流通，民间则处于物物交换状态。当地虽禁止"蒙疆券"的流通，但在朔县县境附近商人间也有使用者。

在神池县，"联银券"在傀儡政权"政令可达区域内"普遍流通，法币则于此区域外流通。在商人间也流通少量的"蒙疆券"。

在五塞县，"联银券"在日军驻屯地域流通，货币流入量很少，民众入手后即用以购买物资，其"流通状况良好"。在八路军及边区内，"联银券"被禁止、山西票、八路军发行的纸币及法币则可于当地流通。

在偏关县，"联银券"仅在日军驻屯地一带流通。目前流入该县的"联银券"极少。法币在全县有相当数量流通。大洋银在当地具有绝对势力而被民众秘密保存。

在岢岚县,"联银券"以岢岚县城为中心数公里内及在五塞道附近流通。法币、晋察冀边区银行券在除县城以外区域内普遍流通。

7. 阳泉地区

据太原宪兵队及日军其他情报机构于1940年6月的调查,在汇兑行情上,该地区"联银券"100元可兑法币200元、边币200元、山西票500元。在流通金额上,阳泉地区流通"联银券"约864万元、法币约43万元、边币约26万元、山西票约67万元。在流通领域上,该地区与河北省交界,交通便捷,"呈现纸币种类繁杂之观"。"联银券"表现出稳定流通的倾向。法币沿省境流通,其势力强韧有力。上党券、冀南券则于东部一带秘密流通。各种通货在各县域流通情况如下。

在平定县,因采购物资所必需,各类纸币皆具有一定信用,当地使用顺次为法币、"联银券"、上党券。

在孟县、寿阳县,"联银券"流通于日军驻屯地、铁路、主要道路沿线,物资的采购销售则完全以"联银券"进行。因生活必需品集中于铁路沿线及日军驻屯村庄,当地民众对"联银券"颇有需求。货币流通量顺次为银货、"联银券"、法币、边币、山西票、晋绥地方铁路券等。

太平洋战争爆发之后,在国共的宣传下,潞安地区的法币、冀南票暂处小康状态。然而因日军取得一些军事上的胜利,在汇市上两种货币价值均出现下跌。至1942年2月,当地"联银券"100元可兑法币500元以上。而日伪采用各种宣传战术,反复宣传法币价值之下跌,迫使民众交出手持的法币。3月以后,日伪当局意图以封锁第三线为中心,而民众携带法币至第二线、第一线即行没收,在他们看来,"没收工作对于抑制法币的流通,在使其货币功能消失上起到相当的效果"。①

而泽州地区流入大量冀南票,与法币形成竞争,从当地汇市"联银券"100元得兑与冀南票700元,而法币100元得兑冀南票约200元可知,"联银券"可兑换法币350元左右。②

在晋中地区,全区几乎已处于"联银券"压倒性势力之下,地方通货只在偏僻村落、山岳地带等"非治安地区"有少量流通。各种通货兑换比率,按"治安地区"、"非治安地区"有明显高低之分。晋中地区"联银券"百元可兑法币300—1 200元,一般600—800元居多。因法币信用低下,当地民众喜好以"联银券"进行交易。在汇兑行情上,"联银券"兑边币之比率,在东南地区100元可兑400—650元,而在西南则"联银券"100元可兑冀南票1 000—1 500元、山西票1 800—4 000元。1942年8月时,当地各县货币流通情况如下所示。

在榆次县,"联银券"流通额约85万元。

在阳曲县,"联银券"流通额约80万元。

在清源县,"联银券"流通额约47.5万元。

在太原县,"联银券"流通额约50万元,法币流通额约1 500元,山西票流通额约2 000元,冀南票约500元。

在徐沟县,"联银券"流通额约25万元,法币流通额约4 000元,大洋银流通额约1万元。

在寿阳县,"联银券"流通额约60.3万元,法币流通额约1.7万元,冀南票约3万元,边币约4万元。

---

① 「潞机月报　昭和17年2月分/第3　経済関係」、「歩兵第224連隊　来翰綴及潞安地区状況綴　昭和17年度」、日本防衛省防衛研究所蔵、支那-大東亜戦争北支-183。

② 「潞机月報　昭和17年2月分/第8　其の他(1)」、「歩兵第224連隊　来翰綴及潞安地区状況綴　昭和17年度」、日本防衛省防衛研究所蔵、支那-大東亜戦争北支-183。

在太谷县,"联银券"流通额约13.05万元。

在和顺县,"联银券"流通额约12.35万元,冀南票流通额约3.1万元。

在昔阳县,"联银券"流通额约17.3万元,冀南票流通额约4.12万元。

在平定县,"联银券"流通额约155万元,冀南票流通额约3.4万元。

在孟县,"联银券"流通额约24.5万元,冀南票流通额约9万元。

在长治县,"治安"地区"联银券"流通额约144万元,"非治安"地区"联银券"流通额约42.9万元,两者合计186.9万元;"治安地区"法币流通额约21.9万元、"非治安地区"约30万元,两者合计51.9万元;"治安地区"边币流通额约8.5万元,"非治安地区"约17.2万元,两者合计25.7万元。

在晋城县,"治安"地区"联银券"流通额约366万元,"非治安"地区"联银券"流通额约150万元,两者合计516万元;"治安"地区法币流通额约34.1万元,"非治安"地区约86.9万元,两者合计121万元;"治安"地区边币流通额约4.4万元、"非治安"地区约17.4万元,两者合计约21.8万元。①

可以看到,在长治、晋城两县境内,法币、边区券之流通力较强,与"联银券"形成激烈的竞争。

在晋北地区,"联银券"于流通领域内居于压倒性优势,其中代县、忻县、宁武县、五寨县诸县"联银券"的流通比率占货币流通总

---

① 「通貨の流通状況及び価値」、『北支那方面軍経済封鎖月報 第1巻 昭和17年8月31日』、日本防衛省防衛研究所藏、支那-大東亜戦争北支-4。

额的九成以上。当地除边币之外,另有农民银行券、山西票、大洋银等少量流通,总额约70万元。此外,与晋北接壤地区的宁武县、代县、五台县等,有少量"蒙疆券"流通。在汇兑行情上,"联银券"100元可兑边币220—600元(其中250元程度最多)、山西票300—1 000元、大洋银50—250元、"蒙疆券"100—140元。①

在曲沃地区(含安邑、绛县、闻喜、夏县、解县、永济、虞乡、荣河、临晋、猗代、平陆、芮城、垣曲、曲沃、新绛、稷山、河津、泌水、冀城等县),"联银券"与法币激烈竞争,联银券流通额在900元左右,对之法币的流通额推算在500万元左右。

在临汾地区(含赵城、祁县、文水、汾城、襄陵、汾西、岚县、洪洞、临汾、中阳),极小额的边币、大洋银与其他杂券等流通,主要通货为"联银券"、法币。当地"联银券"流通额200万元,法币流通额为250万元,二者处于抗衡状态。②

在与伪满接壤地带,全地域都有"蒙疆券"流通,"满银券"流入锡林郭勒盟、察哈尔盟(各旗及多伦县、宝源县)等地,在与抗日根据地接壤的地带,民众使用法币、大洋银、西北农民券等。各地通货与"蒙疆券"的交换比率大致为:"蒙疆券"100元可兑联银券60—80元、"满银券"100—130元,从中可见日圆金融体系内部出现的裂痕。

---

① 「通貨の流通状況及価値」、『北支那方面軍経済封鎖月報 第1巻 昭和17年8月31日」、日本防衛省防衛研究所蔵、支那-大東亜戦争北支-4。
② 「経済封鎖月報(第2巻)」(1942年10月25日)、『陸支密大日記 第53号 昭和17年」、日本防衛省防衛研究所蔵、陸軍省-陸支密大日記-S17-57-94。

四、山东沦陷区内的货币战

1938年2月"中国联合准备银行"成立以后,山东沦陷区内流入大量"联银券",当地法币受到驱逐,民生急剧恶化。蒋介石致孔祥熙、翁文灏的电文即已提到这些危机,"现敌区附近人民及我冀西保定及鲁东部队大受困难,若不及早予以适当对策,将使华北部队及民众困难日深。我军行动区内,已进行反对宣传,并提出维护法币、号召民众建立自主经济,但仍非最善办法,请转呈核示对策,或集英、美、法在华北经济力量,赞助法币,稳定金融等情"。①

"联银券"在山东沦陷区内具有较大势力,至1940年8月,山东沦陷区内"联银券"流通额达1.3亿元,其中"中国联合准备银行"在济南、青岛、烟台、威海卫、龙口等地都设有分行。据日军在山东情报机关的调查,受到物价高涨的刺激,在山东底层流通的"联银券"因民众对必需物资的采购而回流城市,"(联银券)具有大部分流通额集中于都市的倾向"。由于"联银券"不断增发及其在流通领域上集中于都市的特点,山东大城市中均出现"联银券"通货膨胀的现象,而日伪当局对各城市物资的统制、物价的抑制策略,又反映"联银券"在流通层面的局限。另一方面,抗战全面爆发前山东省内流通的纸币有法币约1.14亿元、民生银行券约600万元、平市官钱局券约400万元、其他杂券100万元,共计1.34亿元。"联银"成立后,尽管日伪当局强制回收各类旧币,但回收额仅500万元左右,"很容易推想的是,除其他机构回收者与流向华中方面占

---

① 《蒋介石致孔祥熙、翁文灏电》(1938年6月15日),中央档案馆等编:《华北经济掠夺》,第884页。

相当多数之外,私藏乃至县政(指伪县政府)不能充分管辖之地区流通的旧通货达到相当之巨额"。① 据日军华北派遣军所编《联银券的流通状况调查》之"山东省联银券流通状况",可知各种货币在山东省内道县级区域的流通状况:

1. 东临地区

在德县,1940年4月全县被日伪指定为"联银券"地区,该县八区、九区仍有法币流通,但民众一般不认可私票。私票即全面抗战爆发后,山东省内流通有多种由银号、钱庄、杂货铺、酒店甚而个人工商业者发行的货币。仅据1940年5月山东省日军特务机关调查,山东省内以个人名义私票者就有103人。如该县民连团办事处等发行额面最高为二角的小额私票;又如馆陶县原财政局长张冠甲、钱庄郭晓峰、原东关乡长自1938年发行馆陶县流通券,在临清县印刷,约1.4万元。私票一般由民众秘藏,随着傀儡县政权对当地经济统制的加强渐呈减少趋势。

在临清县,当地流通一定量的法币,中共抗日根据地发行的冀南券亦有流通。

在冠县,"联银券"主要从日军及伪县公署流出。但当地主要靠独轮车运输小量物资,因此"联银券"的流出量很少。此外朝城、华、堂邑县境附近亦有冀南券流通。

在清平县的"治安未充分恢复"地区,"联银券"流通受阻、物资交流不畅,法币与私票混合流通,私票流通达15万元。1940年9月之后,在日军治安工作下,该县被指定为"联银券"地区。

2. 莱潍地区

在高密县,当地几乎都是"联银券"流通的势力范围。

---

① 「山东省ニ於ケル連銀券ノ流通状況」、『連銀券の流通状況調査 昭和15年11月20日』、日本防衛省防衛研究所蔵、支那-支那事変全般-299。

在平度县，与县城远隔之地，有法币流通。国民政府抗日县长张金铭发行的平度县地方流通券流通于第三区内，张金铭前往莱阳县后抗日县政府以商票代之。

在昌邑县，县城附近及铁路沿线乃"联银券"区域，其他则为混合流通区域，该县因土产很少，"联银券"亦不易流入。

3. 兖济地区

在清宁县，全县流通的货币几乎都是"联银券"，唯县境之一部分可见极少量法币流通。

在滕县，第二、三、四区仍有法币相当流通量。

4. 济南地区

在长清县，河东地区几乎都是"联银券"流通势力范围，而在河西"匪区地带"，则有一定量的法币与"联银券"混合流通。

在邹平县，伴随"治安"恢复，"联银券"流通区域逐步扩大。周村方面有法币流入，因上一年农作物不足而"联银券"流出，但在第七区之大部分地区，法币流通相当活跃。

5. 武定地区

在惠民县，县内"联银券"普遍流通，但县境附近则有法币流通。

在乐陵县，在省境附近法币大量流通。

在滨县，"联银券"虽因棉花运输与交易而广泛流通，但仍为多种货币混合流通之区域。

在蒲台县，因"匪情恶化"，除县城外全境法币流通均相当活跃，且有"土匪"发行的私票（约 2.5 万元）于当地流通。

6. 曹州地区

在郓城县，"联银券"在以县城为中心的区域流通，在"治安未恢复"地区，法币、私票则混合流通。在混合流通区域内，八路军严禁"联银券"流通,一般民众对其则"采取隐匿之态度"。当地有鲁西抗日根据地发行的鲁南银行券小额纸币流通。

在城武县,县城及城外10里以内完全为"联银券"势力范围,20里内及第五区则"联银券"的流通量约占全体货币的七成,30里以内则降至三成,其他区域则法币、私票流通。

7. 青州地区

在临朐县,"联银券"流通于县北部,南部地区则有相当数量的法币流通。

在博山县,因该县为商工矿业发达地区,与城市之间的交易颇为活跃,"随着县政渗透圈的扩大,联银券的流通也为之扩大"。在蒙阴、沂水等县境附近则存在法币流通的现象。

在淄川县,其情况与博山县相似,"联银券"很早渗入当地,在县境山岳地带则有法币流通。

在寿光县,"联银券"于县城内及日军驻屯地流通,法币则随县城距离之远隔,势力逐渐增强。

8. 泰安地区

在泰安县,当地有小额私票流通,日伪严令发行者对之回收。伴随"治安"恢复,当地法币流通逐渐减少。

在东阿县,"联银券"流通于县城中心10公里内,此外之区域则法币大量流通。私券在"非治安区域"有相当的流通力。

9. 青岛地区

青岛当地"联银"分行的"联银券"发行额不断增加,与此同时大量"联银券"与物资一同流入当地。伴随日军"治安肃正工作"的式微,"联银券普及工作告一段落"。然而日伪在当地的法币回收并不如意。在全面抗战爆发前,当地有约法币2 000万元流通;战事爆发后,当地的法币为民间藏匿或流入"非治安"地带。

另有若干地区(县)存在特殊情况。如在临沂县,自 1940 年 2 月起 2 个月间,日伪将之作为法币南方券特别处理地区,允许民众使用南方系法币,6—8 月期间因当地普遍降雨,民众为了购买生活必需品而使"联银券"大量流出,"联银券"在当地的流通量呈减少趋势。在莒县,1940 年 5 月以后,随着民众对土产采购的减少,"联银券"之流通存在减少的趋势。当地约有 5 万元私券流通,然而其信用低下。在诸城县,法币在除县城之外的区域全部流通,然而其中伪币很多。在鲁东地区,伴随着日军的"鲁东作战",铁路沿线之外"非治安地区"村落中的农民将物资运入铁路沿线及主要城市,其交易颇为兴盛,"联银券"由此得以渗透至"非治安"地区。而在山东中西部即牟平、掖县方面,中共胶东抗日根据地高锦发行的北海银行券大量流通。

太平洋战争爆发之后,山东沦陷区内流通货币以"联银券"与法币为主,法币主要流通区域为登州道、沂州道、曹州道之一部分,其流通额不下数千万元,而边币在河北、河南两省境附近地区及鲁南地区流通。山东是日伪推行治安强化运动的重点地区,法币的流通圈逐步缩小,由此"联银券"对法币的价值则有所上升,1942 年 10 月,"联银券"100 元可兑换法币约 600 元。①

五、河南沦陷区内的货币战

随着中日战事的扩大,河南成为国民党军与日军交战的前线。日伪在豫北、豫东沦陷区内发行大量"联银券",对当地流通的法币

---

① 「経済封鎖月報(第 2 巻)」(1942 年 10 月 25 日)、『陸支密大日記　第 53 号　昭和 17 年』、日本防衛省防衛研究所藏、陸軍省-陸支密大日記-S17-57-94。

构成巨大威胁,仅在安阳一带,"敌极力推行伪钞,我中央银行法币民众不敢使用,其他各银行法币亦不敢公开使用,且须贴水"。① 至1940年11月,据华北日军调研报告《联银券流通状况调查》之"河南省联银券流通状况"可知,当时"联银券"在河南的发行额为3 100万元,流通额推定为2 500万元。豫北民众对于"联银券"的价值虽然有所认识,在各县城及日军驻屯地,"对于联银券没有些许悬念,而欲求获得之",而"在距离县城的远地,民众仍对旧币抱有极大信用"。豫东地区则因通货膨胀,民众对"联银券"的使用感到不安。尽管法币价值急剧跌落,却在当地仍保持较强购买力,"一般住民因法币的信用,强力推动其流通"。调查者认为,在豫东地区法币压倒"联银券"的状况将长期维持,法币地带将会逐渐蚕食"联银券"地带,日本军政当局必须设立对策机构加以应对。② 日军的调查报告记载各种货币在山东省内道县级区域的流通状况:

1. 豫北地区③

豫北地区法币较"联银券"稍有优势,其流通呈现相当活跃的态势。一般铁路沿线的诸县(如新乡、汲县、汤县、彰德、获嘉、焦作等),"联银券"的流通量很大。然而除这些县外,"联银券"为法币压制,豫北地区中临近国统区的诸县,"法币的信用依然不可侮"。

在汲县,法币仅在西北山地一带、县境附近流通,当地法币100

---

① 《卫立煌致重庆何总参谋长代电》(1939年3月9日),中央档案馆等编:《华北经济掠夺》,第887页。
② 「河南省ニ於ケル連銀券流通状況」,『連銀券の流通状況調査 昭和15年11月20日』、日本防衛省防衛研究所藏、支那-支那事変全般-299。
③ 「河南省ニ於ケル連銀券流通状況」,『連銀券の流通状況調査 昭和15年11月20日』、日本防衛省防衛研究所藏、支那-支那事変全般-299。下文豫东地区货币流通情况,亦出自此文献,故不再罗列。

元可兑"联银券"85 元。

在获嘉县,"联银券"在县城各乡镇流通,法币在县境附近村落中流通,法币 100 元可兑"联银券"80 元。

在淇县,全县三分之二地带有"联银券"流通,西部山岳地带则有法币流通。

在博爱县,在"接敌"地区法币流通盛行,县城内可见法币与"联银券"近乎相同的流通额;然而在县城外,法币则相当于"联银券"9 倍流通量。

在修武县,县城附近的村落中有"联银券"流通,县城之外地区则法币流通,法币 100 元可兑"联银券"75 元。

在武陟县,"联银券"仅流通于日军驻屯地一带,其他地区则法币流通,法币 100 元可兑联银券 65 元。

在封丘县,县城内不见法币流通,县城外大部分流通的货币则为法币,两币兑换近乎等值。

在安阳(彰德)县,县城附近几乎都是"联银券"流通,不见法币踪影。而县西部之第六区、七区及西北第八区因"治安扰乱",则为法币流通地区。

在临潼县,"联银券"与法币等值流通。

在内黄县,县城内法币 100 元可兑"联银券"90 元。离开县城十公里之地区,两币则等值流通。

在武安县,县城内几乎都是"联银券"流通,离开县城 7 公里之地区则"联银券"与旧币混杂流通。

在焦作县,当地几乎都是"联银券"流通;在北方山地能看到有法币流通,法币 100 元兑"联银券"60 元。

在新乡县,县城及其附近不见法币流通。仅仅在南部县境附近村落中有若干法币流通,法币百元对"联银券"50 元。

在泌阳县，作为沦陷区与国统区接壤之地，仅仅在日军警备地区有"联银券"流通，法币100元可兑"联银券"95元。

在延津县，县城内是"联银券"的天下，县城外则是法币的世界，当地汇市上两币等值。

2. 豫东地区

"中国联合准备银行"在开封设有分行，当地居民在商品交易上多使用现金交易。当地流通的货币主要为"联银券"与法币，杂票很少。在流通量上，"被（华北日军）指定为联银券地带以来，各县城不过稍能保持联银券地带之面子而已"。随着"联银券"出现通货膨胀征兆与汪伪政权的成立，法币流通日益活跃，"一般大众有以法币交易之倾向"。各地傀儡县政府发行的杂票，混杂于法币之中，"豫东联银券渐有为之侵蚀之虞"。据日军调查，在豫东地区流通货币种类中，有"联银券"、法币以及山东省曹县政府券、永城县政府券、太康县政府券、鹿邑县政府券、新四军系统货币等流通。1940年5月，"联银"开封分行中的"联银券"处理额约2300万元，推测豫东地区"联银券"的流通额约为1800万元，其中开封流通额为950万元，陈留为35万，兰封为25万，通许为15万，把县为35万，归德为700万元，其他各地总共约40万元。"联银券"仅在豫东道各县城内流通，商人极力避免持有"联银券"，到手的"联银券"几乎立即与物品交换，"联银券"不得不向其他地区流出。调查员感到，"（联银券）现在不过是作为各县城的表面通货而流通"。

表面上法币流通不被日本军政当局所认可，然而他们不得不承认法币"依然拥有强大的通货力量"。在县城之外，农民间半公开地将法币作为采购通货，尤其是大商人之间交易几乎都利用法币，豫东最大商品交易市场在归德—豪县间，"设定的联银券地带已渐受蚕食"。日军注意到，一些商人将物资运往国统区或抗日根据地,由此加快这些地区法币的流通。1940年初,归德地区的法币如"洪水"般暴跌,法币100元仅能兑换联银券120—150元。在物资运出的据点讲集—归德间设有可汇兑法币的小市场。开封县外用法币进行的秘密交易盛行,当地黑市中法币与"联银券"等价。陈留、兰封、把县流通的通货过半数都是"联银券",通许县因受国统区的影响,法币处于优势状态,当地"联银券"仅在县城内及城门附近错落流通,商人在交易上虽然接受"联银券",但随即兑换成法币保存。

在全面抗战爆发之前,河南省内就存在诸多中小银行,战事兴起后,豫东地区仍流行大量杂币。此外,国共抗日县政府因地制宜,不少亦发行地方券,如曹县抗日政府向当地民众发行50钱、20钱、10钱的小额纸币,发行额约4万—5万元;永城县、鹿邑县抗日政府也发行小额纸币,永城县当地还流通新四军发行的地方货币;通许县豫东等十二区专员公署,发行一定数量的河南农工银行券作为难民救济金。

六、与华中交界地带的货币战

苏皖沦陷区包括皖北、苏北沦陷区,是华中与华北两大沦陷区交界地带。在徐州会战中,华北、华中日军对国民党军进行夹击,该地区因此成为法币、"联银券"与日军军票混合杂用的区域。苏皖沦陷区多种货币混合流通的特点,在各沦陷区中最为明显。因不同货币之间价值并不对等,货币的混杂流通导致货币币值的紊乱。为避免动摇日圆金融体系,1938年5月日本军部通令各部,陇海线以南作战地区内使用军票,1939年4月以后陇海线附近及江苏省徐海地区则使用"联银券",因"联银券"与军票名义等值,暂时也可使用军票。新黄河以北安徽省内虽然使用军票,但为日商通行便宜,在适宜地点设置军票交换所,允许将军票与"联银券"交换。① 不久,根据华北华中日军缔结的通货协定,将新黄河以北安徽省境内作为军票地带,禁止华中沦陷区内法币、"华兴券"及华北"联银券"流通。②

通过华北日军情报机关的调查,可以发现江淮地区"联银券"及法币等通货的流通状况。为了"征发"各种物资,尽管日本军政当局极力推动"联银券"在当地的普及,然而"联银券"仅限于各县城内、主要交通线沿线、日军各分驻地附近流通,其他地区则仍为法币流通区域,对此日军"亦无一举可解决的良策"。1940年初,华北物价高涨,苏皖沦陷区亦受波及,日伪当局为了抑制该地区的物价,极力抑制"联银券"的发行。虽然日伪当局采取抑制贷款、吸收存款等手段,"表面取得相当成功,但离所期目的之达成,仍为时尚远"。据当地日军特务机关统计,1940年8月末,华北日军推定货币流通额为"联银券"1 437.1万元,法币3 846.12万元,军票40.11万元,杂币18.5万元,合计5 341.83万元。③

华北日军另发现,在徐州地区,小额"联银券"纸币需求旺盛,这是因为来自新四军抗日根据地物资采购所使用的货币仅限于法币或"联银券"的小额纸币,"由此基于铜子儿采购困扰,小额券不

---

① 「隴海線付近に於て連銀券使用に関する件」(1939年3月29日)、『陸支受大日記(密)第16号 2/2 昭和14年自4月11日』、日本防衛省防衛研究所藏、陸軍省-陸支密大日記-S14-16-105。

② 「北、中、南支金融打合会議に於ける協議打合事項」(1939年6月20日)、『北中南金融打合会議書類綴 住谷悌史資料』、日本防衛省防衛研究所藏、支那-支那事変全般-515。

③ 「江蘇省及安徽省ニ於ケル連銀券流通状況」、『連銀券の流通状況調査 昭和15年11月20日』、日本防衛省防衛研究所藏、支那-支那事変全般-299。

足,事实上苏北联银券地区小额券不足之现状时,伴随最近治安的改善,在小麦大麦采购之际很有必要。现在对于小额券甚至附有四分乃至二成的贴水。联银券渗透工作在小额券的补给对策上需要进一步的努力"。在华北日军看来,"联银券"在该区域的渗透"尚未达到满足之域",而在苏皖沦陷区内与军票混合使用,则导致"联银券"南流的问题。事实上,当时已出现"联银券"与军票在汇兑价值上的差距,"联银券的南流提高至每日数千元,结果不得不在蚌埠、浦口进行联银券交易。因法币全盘崩落,军票100元可兑法币145元、军票100元兑联银券128—133元、联银券100元兑法币160元","联银券"、军票、法币三者处于兑换混乱的状态,背后存在中日商人利用货币价值之差,往来于华北与华中沦陷区,从物资倒卖中牟利。商人将赴蚌埠、南京、上海方面采购到的物资"接力式"地运入国统区、边区,此举引起日伪当局的关注,"对此现状不可漠视,应速求对策"。据日军调查,按不同县域,各种货币流通情况如下。

在徐州地区,因旱灾、水灾的发生,小麦杂谷等上市困难,作为单方交易,各地"联银券"反向集中于徐州,各县城及主要城镇等地则法币"泛滥",日本军政当局认为,对此现象应"急求对策"。

在砀山县,"联银券"以县城、杨州、李庄等地为中心不断向外渗透,在当地的流通额约23万元。当地"联银券"100元可兑法币120元。法币的流通推定额约50万元。

在宿县,从天津、济南、徐州方面流入该县的"联银券"约45万元,从南京上海方面流入的法币则约48万元,向天津、济南、徐州方面流出的"联银券"约4.5万元,向南京上海方面流出法币约10万元。当地军票100圆可兑法币136元,"联银券"100元可对法币105元。因日军经济封锁,来自南方的物资受严格管制,当地商况颇为恶劣。

在睢阳县,法币仍具有强劲的流通力,在县城内与"联银券"等值兑换。

在泗阳县,日伪"联银券"工作难以推进,在县城及"治安圈"内仅约8万元流通,法币势力较强,流通额约70万元。伴随"联银券"的不足,"联银券"流通范围不断受到压缩。

在泗县,当地军票、法币混杂流通。在县东部约36公里青阳镇附近,有中共领导下皖东北抗日根据地发行的地方纸币流通。

在淮阴县,法币在当地民众的日常生活中具有一定强韧性,已形成压迫"联银券"之势,"尤其因与北方徐州方面的交易不畅,经由敌区与南方的交易很活泼,联银券的流通则未有进展"。当地"联银券"对法币基本等值兑换。1939年12月末一度出现"联银券"100元兑军票105元、法币93元的低落状态。

在邳县,因当地旱灾、水灾频发,导致农作物大幅减收,由此必须从徐海地区采购大量粮食。"联银券"在当地的流通额极少,特别是小额券严重不足,一般民众极其穷困。县城内一部分商店所发行的小票,仅限于城内流通,其流通额不过约1万元。因当地"联银券"不足,法币反可在各市场广泛流通。

在宿迁县,法币势力较强,县城内法币广泛流通,与"联银券"近乎等价。因"治安状况不佳","联银券"无法在民间普及,民众对于杂货类的采购仅限于法币。

在淮安县,因日军封锁,物资无法南流,"联银券"开始于当地普及。

据华北日军调查,1940年8月末,苏北地区"联银券"的流通额推定为1 260万元、法币为3 235万元。其中铜山县流通"联银券"500万元,法币113万元;淮阴县流通"联银券"18万元,法币913万元；淮安县流通"联银券"26万元，法币350万元；涟水县流通"联银券"4万元，法币870万元；永城县流通"联银券"45万元，法币1.12万元；在蚌埠附近流通"联银券"50万元，法币400万元，军票35万元，大致可见"联银券"向南方扩张的限界。

"联银券"自华北向华中扩张，主要因华中沦陷区内物资充沛，由此出现南流倾向：

> 联银券因华北沦陷区内的物资不足，对外价值低下，出现严重的通货膨胀现象，为使联银券在民间广泛使用，尤其是小额纸币的不足，无法阻止南方地区的联银券小额纸币的流出。且因汇兑交易制度的存在，蚌埠市内及商店中不得不秘密交易联银券汇票，其额一个月达四五十万元。如上所述，对于联银券向南方流出问题的处理，还要等待华北及华中间通过成立金融机关才能彻底的解决。①

苏皖沦陷区不仅是法币、"联银券"、军票流通的交杂区域，也是"联银券"南流、军票北上，大量法币囤积的中间地带。1942年末，日本推行"对华新政策"，次年3月，日本军政当局将"苏淮特别区"划归汪伪政权的直辖下，故而日本军政当局认为，"对该地区的通货，应速将联银券与'中储券'并用，1944年1月1日以后则实行'中储券'统一"。② 1944年10月以后，汪伪政权管辖下的淮海省禁用"联银券"，汪伪政权发行的"中储券"成为江淮地区唯一"法

---

① 「昭和18年3月29日　蘇匯特別区に関する調整実施措置要領」(1943年3月29日)、『重要国策決定綴　其4　昭和18年1月14日—18年9月29日』、日本防衛省防衛研究所蔵、中央-戦争指導重要国策文書-1106。

② 「昭和18年3月29日　蘇匯特別区に関する調整実施措置要領」(1943年3月29日)、『重要国策決定綴　其4　昭和18年1月14日—18年9月29日』、日本防衛省防衛研究所蔵、中央-戦争指導重要国策文書-1106。

定"的通货。迄至战败,"中储券"逐渐取代"联银券"成为日本军政当局在苏皖沦陷区内推行货币战的主角。

七、中共边区对货币战的应对

在战时中日货币战中,我们以往对中共边区发行的边币缺乏足够关注。中共边区发行货币之起源可以追溯至中华苏维埃共和国时期。1931年11月,中华苏维埃共和国临时中央政府于江西瑞金成立;1932年2月于当地开办国家银行,同年工农红军成立湘赣工农银行、闽浙赣工农银行;1933年成立川陕工农银行,各行均发行一定量的银行券。1935年,国民政府推行币制改革,导致银元价格上涨,苏维埃政府大量回收银元,将之作为中央与地方银行发行货币的准备金。抗战全面爆发之后,中共顺延苏维埃共和国时期的方针,在边区采取"统一领导、分散经营"经营策略,即以各抗日根据地为单位,按统一计划之原则,各根据地政府成立地方银行,逐步发行地方货币。然而因华北日军频繁的扫荡作战,这些银行经常辗转迁徙,处于流动的状态。

1938年1月,晋察冀边区军民代表大会召开,各地代表提议开办边区银行,统一边区货币制度。3月20日,晋察冀边区银行成立,当时仅有资本法币十余万元,规模很小,边币的发行以粮食、棉花和法币为担保。[①] 晋察冀银行的开办时间仅比"中国联合准备银行"稍晚,"从中不难体察中共对于货币战之重视"。[②] 毛泽东在

[①] 关于晋察冀边区银行成立之经纬及意义,可参见魏宏运:《论晋察冀抗日根据地货币的统一》,《近代史研究》1987年第2期,第27—42页。

[②] 桑野仁『戦時通貨工作史論』、第148页。

1938年10月中共六中全会报告中指出,有计划地与敌人发行伪币及破坏法币的政策作斗争,允许被隔离区域设立地方银行,发行地方纸币。这里提到的伪币,就是"联银券"。至1943年,中共高度重视抑制"联银券"在华北沦陷区的流通,尤其是对边区的渗透。7月,邓小平在关于《太行区的经济建设》一文中谈到中共过往的货币政策时指出:

> 我们的货币政策,也是发展生产与对敌斗争的重要武器。货币政策的原则,是打击伪钞保护法币。我们鉴于敌人大发伪钞,掌握法币,大量掠夺人民物资的危险,所以发行了冀南钞票,作为本战略区的地方本币。实行的结果,打击了敌人利用法币的阴谋,缩小了伪钞的市场,强化了对敌经济斗争的阵容,给了根据地经济建设以有力的保障……我们不断地对敌战区进行政治攻势以及适时地利用物资,给了伪钞以相当的打击。但是不能因此对伪钞作出过低的估计,过分地估计了它的动摇程度,而作出冒险的或失当的处置。①

如上文所见,上党券与冀南券是中共政权反制"联银券"侵蚀抗日根据地的主要货币武器。1938年8月,为了巩固、发展、繁荣根据地市场,中共领导下的"上党银号"发行上党券,成为太岳抗日根据地的本位货币;1939年10月,冀南银行成立,发行冀南银行券。边区政府为了统一货币市场,在晋东南地区1940年7月先后采取三项措施:回收过去发行的流通券,上党票按七折兑换成冀南券;禁止使用法币,规定兑换办法,市场交易一律使用冀南券;收兑

---

① 《太行区的经济建设》,邓小平:《邓小平文选》(第一卷),北京:人民出版社,1989年,第85页。

白银,推广冀钞市场,提高本位币的信用。① 1941年4月,上党票按七折兑冀南券收回,共收回上党票110万元。② 几乎同时,晋冀鲁豫边区政府规定,冀南券成为晋冀鲁豫边区的本位货币。

晋冀鲁豫边区政府对上党券的果断回收以及确立冀南券的本位货币地位,完全基于对当时华北沦陷区内货币战形势的考量,"尽快收回上党票,避免日伪将上党票与冀票联系起来宣传,以破坏冀票的阴谋,宣传政府七折收回的布告……特别像阳邑、西营诸大市镇,和各区沿线更需由政府召集士绅、商人等各种会议,广泛解释政府布告,不断动员群众,同时联系宣传伪币无丝毫基础,敌人停止伪币与日圆联系,伪币在平津大跌价、大混乱等,以打击伪币"。③

当时晋冀鲁豫边区的财政领导干部已认识到,货币战不仅是一场金融上的斗争,也是一场政治、军事、经济上的综合性斗争:

> 伪币推行的区域,一般在敌占线附近,在接敌占区的游击区域,随上敌人军事和政治上的活动,逐步扩大区域,缩小冀钞的合法行使区域,所以打击伪币,必须首先加强游击队、游击小组及民兵的活动,开展沿线工作,缩小敌之占领和控制的区域,这是一个政治、军事与经济综合性的斗争。敌人对于扶植伪币,固然也从经济上、贸易上加以努力(因此,我们就必须加强贸易战线,加强生产,争取出入(口)贸易平衡)。但因为他的经济力量非常薄弱,未必没有丝毫准备金,因此他必须更

---

① 武博山主编:《回忆冀南银行九年(1939—1948)》,北京:中国金融出版社,1993年,第150页。
② 武博山主编:《回忆冀南银行九年(1939—1948)》,第285页。
③ 雪峰:《关于加强经济战线,开展对敌金融斗争》,晋冀鲁豫边区财政经济史编辑组编:《抗战时期晋冀鲁豫边区财政经济史资料选编》(第二卷),北京:中国财政经济出版社,1990年,第833页。

多依靠在枪杆上,特别是依靠政治阴谋与政治强制。如在其占领区,就不许法币、冀钞行使,同时,在接敌区域,一面禁止使用,一面则贬价收买,或故意贬低这种,抬高那种,或在若干地点组织黑市场,操纵法币、冀钞与伪币兑换,制造差额,以及制造假法币、假冀钞,散步不利于法币、冀钞的谣言,以挑拨法币、冀钞的关系,打击法币、冀钞的信用。但是正因为他是建筑在政治强制与政治阴谋上的,所以很易波动,容易打击,如百团大战胜利影响,平津伪币跌价一半,沿线人民一时抛出伪币,不愿收用;襄垣敌军调动,有回国传说,马上伪币跌价一半以上。这都说明中国人民并不相信伪币,只要我们宣传有力,配以政府政令及军事活动,则打击伪钞,扩大冀钞合法区域,以及在敌占区取得人民拥护,扩大冀钞实际行使区域,这样来增加冀钞流通范围,巩固与稳定冀钞,是完全可能的。①

晋冀鲁豫边区政府还看到了保护法币,防止日伪利用法币套取根据地物资的重要性:

> 同时,实行保护法币,停止法币行使,使货币单一,斗争力量增强,免除敌人操纵挑拨,积极组织商人,保护正当营业,取缔奸商操纵,扩大敌占区人民与根据地的交易范围,供给敌占区人民以必需品,这样巩固冀钞是完全可能的。所以对伪币的斗争,必须从各方面加以努力。②

---

① 雪峰:《论确立冀南钞票为本区本位货币的斗争任务》(1940年12月19日),晋冀鲁豫边区财政经济史编辑组编:《抗战时期晋冀鲁豫边区财政经济史资料选编》(第二卷),第835页。
② 雪峰:《论确立冀南钞票为本区本位货币的斗争任务》(1940年12月19日),晋冀鲁豫边区财政经济史编辑组编:《抗战时期晋冀鲁豫边区财政经济史资料选编》(第二卷),第835页。

1940年以后，华北"联银券"已从沦陷区城市、据点逐渐向农村渗透，太行边区的一些商品市场"已开始与伪钞短兵接触"。而另一方面，由于日伪排挤法币，掠夺物资，太行区内地也发生法币内侵的现象。① 1939—1941 年，中共边区仍将法币作为保障冀南票价值的储备基金，"用保护法币口号，宣布只准保存与到银行兑换，不准市场行使"。但边区政府也发现法币为日伪利用这一问题，"这在统一冀钞市场上是正确的，可是没有肃清蒋币的决心，因而给予日寇奸商以空隙"。② 太平洋战争爆发后，日本军政当局不再利用法币套取外汇。不久，抗日根据地内禁止法币流通，同时压低比价收兑，边区政府不再保存法币，将之及时抛出换回物资。

值得注意的是，边区与沦陷区围绕物资所进行的争夺战往往于两者中间地带展开。熟稔于当地货物流通渠道的民间商人则在其中扮演重要角色。1939 年后半期至 1940 年初，边区政府推行对区内商人及农村市场限制交易的左倾政策，由此导致边区市场萎缩、商品流通停滞，一度造成边区经济的混乱。1940 年后半期，中共对商人及农村市场政策的及时调整，明确对当地商人的利益加以保护，积极提高商品的收购价格，不仅边区经济形势随即好转，也打击了日伪对物资的掠夺。当时日方官员曾感叹道，"最近，既然共产党军队具有以比我方采购价格更高的价格采购物资的明显倾向，就应认为我方将采购价格公开固定的策略，实乃不适当之

---

① 王增：《为建立独立自主的本币市场而斗争》(1947 年 11 月)，晋冀鲁豫边区财政经济史编辑组：《抗战时期晋冀鲁豫边区财政经济史资料选编》(第二卷)，第 853—854 页。
② 姚国桐：《冀南区的银行工作历史简述》(1947 年 11 月 20 日)，晋冀鲁豫边区财政经济史编辑组：《抗战时期晋冀鲁豫边区财政经济史资料选编》(第二卷)，第 820 页。

作法"。①

　　边区政府很早认识到,华北沦陷区内货币战的实质是物资和物价的斗争。抗日根据地与沦陷区内物资的交流必须由货币结算,两种货币由此就存在比价问题,如何争取使冀南券比"联银券"更有力,就成为边区货币斗争的任务。1940年之后,边区各县政府通过商人特产经销,将根据地所产的皮、毛、麻、花椒、核桃、杏仁、中药材、粮食等运至沦陷区销售,换回日常所需物资。边区政府对"联银券"作了不间断的斗争,这一斗争并非静态,而是出现"此高彼落、彼高此落多次的比较变化"及"彼进我退、我进彼退反复和市场争夺"的情况。

　　1943年2月下旬,沦陷区由于敌伪政治统制机构的改组,"引起了经济上的混乱激变"。据边区政府观察：

　　　　沦陷区撤销物资配给制度,商品可以自由运输买卖,商民竞相购货,市场上商品供应本不多,更加以购进者多,抛售者少的现象,普遍的对联银券不信任和不愿保存,物价大涨……其涨势在敌占区由北而南,由东而西,以平汉线北段,白晋线北段和正太线涨得最凶,在白晋南端则尚不甚显著。山货粮食价格在敌占区涨得更凶,平汉老客都争先恐后地涌来根据地内抢购山货和根据地其他土货农产品。敌占区物价猛涨,实则联银券价值日趋低落,中储券的部分自华中流入华北流通。②

---

① 小林英夫『日本軍政下のアジア—「大東亜共栄圏」と軍票—』、第63頁。
② 《冀南银行总行工商总局关于当前对敌经济斗争中的几个重要决定的联合指示信》(1943年3月5日),晋冀鲁豫边区财政经济史编辑组编：《抗战时期晋冀鲁豫边区财政经济史资料选编》(第二卷),第866页。

这一时期，中共边区政府对日伪经济斗争工作的中心一环在于极力削弱"联银券"的价值，"保持我根据地物价平稳不涨，或者很慢地涨。设法制造并促使敌占区物价更加高涨，使根据地物价（冀钞价）与敌占区物价（伪钞价）之比较逐渐趋于平衡。打倒伪钞工作，首先必须做到冀钞与联银券在商品价格上等值，则冀钞与伪联银券比价为1∶1"，"唯有打击伪联券，才能保持根据地物价平稳，不受敌占区物价高涨的影响而波折高涨"。①

中共在货币斗争方法上采用多种方式，如利用"钻心战术"于沦陷区据点或附近集市推广冀南券。据点内的商人在采购物资时不得不使用冀南券，据点外的则利用伪村长打锣宣布"大家都得使用冀钞"，由此争取冀南券在当地的潜伏流通。② 边区政府强制冀南券与"联银券"过境兑换，各县政府规定，"凡接近敌占区之商民，遇有特殊情况被敌强迫行使伪钞时，须在收得伪钞5日内向该管抗日县政府，请求贬价兑换（冀钞）。③ 凡携带法币前往敌占区或出本区境内者，须一律领有证明文件，否则一经查获后，以走私资敌处罚"。④ 边区政府还吸收大量"联银券"，将之专用于采购沦陷区内物资。边区政府责成太岳银行于4月至10月半年内应在政府领导、工商局密切配合下，以较低价格（2.5—3元）吸收、掌握大批"联

---

① 《冀南银行总行工商总局关于当前对敌经济斗争中的几个重要决定的联合指示信》（1943年3月5日），晋冀鲁豫边区财政经济史编辑组编：《抗战时期晋冀鲁豫边区财政经济史资料选编》（第二卷），第867页。

② 姚国桐：《冀南区的银行工作历史简述》（1947年11月20日），晋冀鲁豫边区财政经济史编辑组编：《抗战时期晋冀鲁豫边区财政经济史资料选编》（第二卷），第821页。

③ 《晋冀豫区禁止敌伪钞暂行办法》（1941年5月10日），晋冀鲁豫边区财政经济史编辑组编：《抗战时期晋冀鲁豫边区财政经济史资料选编》（第二卷），第713页。

④ 《晋冀豫区保护法币暂行条例》（1941年7月5日），晋冀鲁豫边区财政经济史编辑组编：《抗战时期晋冀鲁豫边区财政经济史资料选编》（第二卷），第714页。

银券",解供太行400万—500万元。太行区以此批资金全数用于向县购粮(时价每斗小米买价伪钞18—30元不等),①又令阳邑、任村各掌握50万"联银券",利用时机,组织抛售出去,其他冀南分行,则继续在沦陷区建立外汇关系,以便沟通和利用外汇。②

货币战的另一斗争形式即汇兑价值之战。在1940年,冀南券每2元可兑法币1元,每2元法币可兑"联银券"1元,也即冀南券4元相当于1元"联银券"。当时各地县政府对于这一比价,意识到"形势对我方极为不利","每逢沦陷区集日,我们就待散集后在主要路口设卡,将赶集人手中的"联银券",按规定比例兑换成冀南银行券,互不吃亏,两家情愿"。③ 尽管抗日根据地禁止"联银券"流通,但因根据地出入口长期处于入超状态,冀南券和"联银券"的比值一直呈现"敌高于我"之状态。1942年日伪对抗日根据地进行扫荡,冀南券和"联银券"比值一度达7∶1至5∶1,二者斗争极为激烈。边区政府将汇兑价值之战与物资争夺战结合起来,"开始我们采取了以伪钞打击伪钞的做法,但效果不明显,成果也不巩固。经过分析研究,终于掌握了打击伪钞要掌握物资(主要是粮食)的要领,我们在必要时以低价抛售粮食(粮食低价标准,是按照冀南券与"联银券"的比较变动的),使群众感到用冀南券按购买粮便宜,而用伪钞购买粮贵,这样冀南券就在群众中有了威信,推动群众用

---

① 《冀南银行责成太岳大批吸收伪钞抢购粮食援助太行灾民的公函》(1943年4月16日),晋冀鲁豫边区财政经济史编辑组编:《抗战时期晋冀鲁豫边区财政经济史资料选编》(第二卷),第870页。
② 《冀南银行分行主任联席会议决议摘要》(1942年1月15日),晋冀鲁豫边区财政经济史编辑组编:《抗战时期晋冀鲁豫边区财政经济史资料选编》(第二卷),第798页。
③ 武博山主编:《回忆冀南银行九年(1939—1948)》,第373页。

伪钞换冀南券买粮,以压低伪钞价格"。①

1943年至1944年春,边区面临严重灾荒,粮食在这一阶段成了"半货币性的商品"。结合货币斗争集中力量掌握粮食,边区政府对内平稳物价,以求巩固本币币值,对外则向"联银券"发动猛烈攻势。1944年全区大丰收,物价开始下降,而汇价疲势更猛,"联银券"已处于崩溃的状态。②

中华人民共和国成立之后,原中国人民银行金融研究所所长曾凌曾对全面抗战时期中共因应战时货币战的策略有过一段详细总结,并从经济学角度对边币在其中扮演的角色作了较为客观的说明:

> 随着革命军队的胜利,根据地人民政权的建立,必须迅速建立人民的银行,建立独立自主的货币制度,发行货币,独占根据地的流通市场。其主要任务是:
>
> 一、服务于整个对敌的军事、政治、经济斗争的需要进行货币斗争,以保护我革命根据地人民的财富,保护我根据地独立自主的新民主主义经济的巩固和发展。
>
> 首要的是"阵地的货币斗争",根据地一旦建立,就必须采取坚决措施,争取尽可能迅速禁止敌伪货币在革命根据地境内流通,动员国家与人民的力量将留存在根据地人民手中的敌伪货币,组织流向敌区,换回根据地军民所需要的物资,在根据地内只允许忍耐的货币流通,用自上而下政府行政管理

---

① 武博山主编:《回忆冀南银行九年(1939—1948)》,第296—297页。
② 王增:《为建立独立自主的本币市场而斗争》(1947年11月),晋冀鲁豫边区财政经济史编辑组编:《抗战时期晋冀鲁豫边区财政经济史资料选编》(第二卷),第853—854页。

与自下而上群众动员,与必要的经济措施相结合的办法,严格禁止敌伪币流入,高度警惕并制止敌人制造假的钞票,以骗取我的物资和扰乱我金融的恶毒阴谋。其次是结合对敌区贸易的货币斗争,由于在相当长的战斗时期内,我占乡村,敌占城市,先进的农村包围着反动统治的城市,即使在战斗的岁月里,敌我城乡之间的经济关系,还是需要进行一定数量的交换的。敌人企图用军事掠夺、发行纸币等等方法不能得到其所需要的工业原料棉花和粮食,就想用其次要的物资,来交换我区的棉粮。而我根据地为了保护和发展我们自己农业、工业和手工业,保障军民需要,管理对敌贸易,而我需要的工业器材必需有一部分要从敌区输入,因之对敌区贸易斗争,便包含这样的两个内容:一是物资的争夺战,即敌人想以其次要的工业品如火柴、白糖等换我之棉花、粮食,我愿以较次要的土产山货换取地区的工业器材;其次便是价格斗争,敌我双方均想以尽可能便宜的价格买进,以极昂贵的价格卖出,以求得有力的交换。进行对敌区贸易,一部分是物物交换,但许多还是经过货币来进行的,因此就需要货币工作的密切配合,我们就要适当规定敌我货币的比价,适当地进行敌币的吞吐,而我区金融物价远较敌区稳定,敌我贸易是在很分散的一条数百里、数千里长线上进行,就更增加了这一斗争的复杂性和艰苦性。我币对敌币比价如果定得过高,有利于保护我之主要物资不易为敌人购买,有利于争取地区物资输入,但不利于小土产山货的输出。如果将敌币比价定得过低,有利小土产的输出,同时不利于保护我的棉花、粮食不致大量输出,不利于我们所需要的物资进口,这是一个极其复杂繁重的斗争。需要根据各地不同的敌我斗争经济情况及我对敌区贸易的需要,在对敌斗争的总方针下,灵活地谨慎地加以掌握,对敌货币斗争的胜利对于保护根据地的财物,保护根据地独立自主地生产,争取对敌区的有利交换是有重要作用的。

二、发展生产,壮大国营经济,支援战争需要。

在新民主主义革命战争时期,革命根据地的生产主要是农业,当时人民政府为了大力辅助农民,恢复遭受战争破坏的农业生产,在财政十分困难的情况下,有不少根据地的银行以货币发行的主要部分,用作帮助农民的生产的低利贷款。当时人民政府和银行的很多工作人员,一手拿枪和敌人打游击战,一手背着钞票,深入到农民家里去,帮助贫苦农民订发展生产计划,发放农贷帮助帮助贫苦农民解决生产资金的困难。有的根据地所发放农贷数量是很大的,相当于当时数百万担粮食的价值,得到农贷利益的农户占总农户数的百分之二十至三十左右,这对于巩固工农联盟,发展生产,保障军民需要,是有重要作用的。

在当时的农村环境下,国营工业的规模是不大的,但国营商业在扩大商品流转,以发展生产保障军民供给的责任是很重的,所以在山东及其他解放区,货币发行的主要部分,是用作支持国营贸易,作为发展物资交流的资金需要。

保证革命战争的需要,最根本的最主要的方法是发展生产(主要是农业),畅通物资交流,壮大国营经济(当时主要是国营商业),从而增加生产,丰裕人民收入,增辟财源,保证军民供给。同时由于战争需要的物资数量大、时间紧迫,因之用货币发行以直接供应战争需要,仍是货币发行的重要用途之一。

如上述,在新民主主义革命战争时期,各个革命根据地的货币制度，与半殖民地半封建的货币制度有本质的不同，它是一种独立自主的货币制度，它是以工人阶级为领导的人民政府用以发展生产，壮大国营经济，巩固工农联盟，支援革命战争的武器。它不仅在长期的革命斗争中，起了重大的积极作用，同时为中华人民共和国的货币制度，打下了基础，准备了条件。①

通过对全面抗战时期"联银券"在华北沦陷区内不同区域流通情况作较为细致的考察，我们可以发现，其流通领域并非可简单地概括为"点"与"线"。仅以1938—1943年期间为考察时段，"联银券"在冀东、鲁北沦陷区内流通力较强，势力较大，而在晋南、豫北、豫东、江淮沦陷区内则受法币、边币或地方货币的强力牵制，其流通力较弱，其汇兑价值亦低。毫无疑问，抗日政权（包括各地游击队）的存在及其在政治、经济、金融上的影响力，使法币成为反制"联银券"的重要力量。这一点正如国民政府对华北沦陷区金融形势的观察与分析所示：

> 游击队之保障法币政策，为一种有计划之行动，流通北方之法币，除天津之租界外，现即以游击区为根据地，凡往游击区办货者，均非用法币不可。日人在各地收购货物，非能直接为之，而系委托本地商人将货售与以铁路线为根据地之日商，日商付以伪钞，此等商人只能讲伪钞在铁路沿线之兑换店兑成法币，或购成货物往游击区销售后取得法币，再行办货。故游击区与铁路沿线之城市，不啻分成两个货币区域，当乡村出口多时，法币向乡村流动，当输往乡村之货物多时，法币流入

---

① 曾凌：《中华人民共和国的货币制度的优越性》，《中国金融》1955年第5期，第7页。

于铁路线各城市。实际平津在经济方面为空城,乡村为出口货之生产地,故法币流向乡村为多,但目前平津已再无多量货币可以向乡村移动,而伪钞又不能侵入游击区一步,故事实上城市与乡村之间,已形成物物交换之局面。日人原拟大批向内地吸收原料,但因此种实施之存在而不可能,因彼等既无法币可以购买,非有货物前往交换,即不能取得原料也。一般评论日人政策之失败,此即为一个原因。①

然而,通过对不同区域各种货币流通状况的考察,我们发现,在研究华北沦陷区内的中日货币战时,还必须考虑区域特色对之产生的多元影响。"联银券"于平原地带较易流通,在商业交易旺盛的地带(往往是县城或日军驻屯地)则极易流通。此外,"联银券"的流通存在周期性特点,也即当棉花、小麦等物产上市之际,伴随华商与农民的频繁交易,其流通相对兴盛。从其流通与物资关系的角度而言,"联银券"可谓"都市货币"或"集市货币"。从事"宣抚"工作的日本军官认识到物资供应、物资采购与"联银券"流通之间的内在联系,从某种程度说明了"联银券"之所以大量集聚于大都市,而于偏僻农村中较为罕见的真正原因。

无论河北、山东、山西沦陷区,还是河南、江淮沦陷区,都可见国民政府所发行的法币,中共抗日根据地(主要是晋冀鲁豫、晋察冀边区)发行的边币不同程度地于县级区域内流通,均意味着日伪当局利用"联银券"回收法币、驱逐边币统一华北货币体系的目的远未达到。在流通区域上,法币具有伴随国民党军作战移动而流通的特点,而边币等在山岳地带相当活跃,多于经济落后、交通不

---

① 《广东省银行香港办事处关于华北金融状况的报告》(1939年5月4日),中央档案馆等编:《华北经济掠夺》,第899页。

畅的地区流通,法币、边币,甚至杂币在华北沦陷区内具有生命力,固然来自普通民众对其货币价值的信任,但也从侧面说明华北地域的复杂性、区域经济的不平衡性给予这些货币生存的空间。从这一角度而言,法币、边币可谓"山岳货币"或"游击货币"。

在应对货币战的形式上,中共领导的根据地货币战争之所以能够取得胜利,与根据地本身的物质生产、经济、金融条件存在密切关联。根据地银行发行的货币虽未有大量金银作为支撑,却能够采购粮食、棉纱、棉布等生活必需物资,无形中也被赋予了通货的价值。若根据地银行发行的货币能够在任何时候、任何市场中获取物资,则意味着这些货币具有强大信用力。且根据地内推行的统一累进税制度,将财产税、所得税、营业税统一累进课税,可以粮食等实物形态征收,一定程度上减少了边币支出,也避免了因货币滥发而引起的通货膨胀。

抗战全面爆发后半年间,"联银券"犹如奔腾的独流涌入华北沦陷区内,意图横扫华北经济,营建其独霸的金融体系。在"抗日民族统一战线"的号召下,国民政府发行的法币与中共抗日根据地发现的边币形成货币"联盟",宛若涓涓细流,在华北沦陷区内的穷乡僻野内逐步分解"联银券"的渗透之力,削弱"联银券"对当地物资的"征发"之力与通货信用。"联银券"与法币、边币在华北沦陷区内的货币斗争,充分体现出三种不同性质的货币所具有的流通张力及其背后物力、人力、智力的支撑,反映出沦陷区内国共日伪在经济战场上斗争的复杂面相。

第三章　华北国策会社集团与
　　　　　日本对华北货币政策

　　何谓国策会社？按一般定义,国策会社是日本在战时统制经济过程中设立的半官半民的企业形态。① 全面抗战时期,日本在中国沦陷区内设立了诸多国策会社,其特点是均与各种统制法规相关联,为日本对沦陷区的殖民统治服务。战时的国策会社被日本军政当局视为"政府、财阀、产业资本家、普通国民浑然一体,共同经营事业的典范",②既是日本军政当局推崇的殖民工具,也是日本对外资本输出的重要象征。1938年2月,"中华民国临时政府"开办伪中国联合准备银行,发行"联银券"。"联银券"作为日本军政当局在华北沦陷区内开展货币战、驱逐国民政府法币、抵抗中共边币、掠取民间财富与资源的经济武器,迄今中日学界对之发行始末与流通情况已有相当丰富的研究,本书不再赘述。然而,华北国策会社集团与日本军政当局"联银券"价值维持工作之间的联系却鲜有专论。本章期待在此领域有所推进,并揭示以华北开发株式会社为首的华北国策会社集团在日本对华北货币政策中扮演的角色。

---

① 小学館編『日本大百科全書』第九卷、東京:小学館、1986年、第176頁。
② 野田経済研究所『戦時下の国策会社』、東京:野田経済研究所、1940年、序文。

一、华北国策会社集团的形成

全面抗战爆发后不久,日军华北方面军特务部决定在华北沦陷区内成立一家综合性国策会社,以之控制华北经济命脉。① 1937年11月16日,日本内阁制定《华北经济开发方针》,要求"为开发与统制华北经济,应设立一国策会社,使之充分体现举国一致精神及全国产业动员旨趣",且要求该会社"负责对主要交通运输事业(含港口及道路)、通信事业、发电送电事业、矿产事业、盐业及盐加工业,以及其他棉花、羊毛等重要产业之经营或调整"。② 1938年4月30日,日本国会通过《华北开发株式会社法》,明确成立华北开发会社之目的,乃"基于帝国政府决定之华北经济开发方针,紧密结合日、满、华北之经济,促进华北经济之开发,以期华北之繁荣,进而强化、扩充我国防经济之实力"。③ 11月7日,日本军政当局正式成立华北开发株式会社,由贵族实业家大谷尊由(后为贺屋兴宣、津岛寿一、八田嘉明)任总裁。

华北开发会社为日本特殊法人企业,初期投入资本额达3.5亿日圆(1942年增资至4.43亿圆),由日本政府与民间折半出资。一方面,日本军政当局通过将战利品作为实物资本,成为该会社的

---

① 《华北开发国策会社要纲案》(1937年9月30日),中央档案馆等编:《华北经济掠夺》,北京:中华书局2004年版,第156—159页。
② 『北支那経済開発方針』(1937年11月16日)、『内閣第三委員会関係一件』(第四卷)、日本外務省外交史料館蔵,M-1-1-0-9_004。该方针后为当年12月24日日本内阁决议的《中国事变处理要纲》收入,但删去"以及其他棉花羊毛等"数字。
③ 『北支那開発株式会社設立要綱』(1938年3月15日)、多田井喜生編『続・現代史資料11 占領地通貨工作』、東京:みすず書房、1983年、第144頁。

最大股东,并通过派遣监理官等方式对该会社拥有绝对的经营支配之权;另一方面,在承诺保证民间股东利润分红的情况下,日本军政当局又通过公开募股的形式谋求民众对战时体制的协助。①为了保证华北开发会社民间股东的利益,日本军政当局不断给予该会社财政上的补助,甚而免除其自成立年起10年内的所得税、营业收益税与地方税。因战乱与自然灾害导致的物资采购短缺、劳工招募困难等问题,以及日本军政当局所采取的军事优先的经营方针,使华北开发会社的经营成本不断提高,这与其保障性的利润分红形成深刻的矛盾。

早在大正时期,日商即在华北各地开办各种企业。华北开发会社成立后,在其伞下先后成立了一批子会社,由此在华北沦陷区内形成一个庞大的国策会社集团。其中最为重要的成员——华北交通株式会社成立于1939年4月。该会社成立初投入资本额达3亿日圆,其中华北开发会社出资1.5亿日圆、南满洲铁道株式会社出资1.2亿日圆、伪临时政府(后为伪华北政务委员会)出资0.3亿日圆。华北交通会社具有浓厚的"满铁"色彩,基本由日本铁道省、满铁职员担任各部门要职,其铁路部门深受日军军事行动影响,处于华北日军的严密控制之下,如同华北国策会社集团中的"独立王国"。②

至1944年3月,除华北开发会社、华北交通会社两大国策会社之外,华北国策会社集团的成员包括如下:

塘沽新港港湾局,1941年10月成立,资本额不明,从事塘沽港

---

① 关于华北开发会社的股份情况与日本军政当局背后之意图,参见柴田善雅『中国占領地日系企業の活動』,東京:日本経済評論社、2008年、第204—207頁。
② 槐樹会編『北支那開発株式会社之回顧』、東京:槐樹会刊行会、1981年、第85頁。

开发、维修,以及该港的栈桥、船舶停靠、货物卸载业务。

连云港港湾局,1942年6月成立,资本额不明,从事连云港开发、维修,以及该港的栈桥、船舶停靠、货物卸载业务。

华北车辆株式会社,为日本普通法人企业,1940年6月成立,资本额3 000万日圆①,经营汽车运营、水运及两者的附带业务,为华北交通会社的附属会社。

蒙疆汽车股份有限公司,为蒙疆特殊法人企业,1939年5月成立,资本额600万日圆,经营汽车运输业、水运业及两者的附带业务。

天津交通股份有限公司,为中国普通法人企业,1938年9月成立,资本额200万日圆,经营当地公共汽车运营、土地建筑租赁及两者的附带业务。

青岛交通株式会社,为日本普通法人企业,1938年7月成立,资本额400万日圆,经营当地公共汽车运营、土地建筑租赁及两者的附带业务。

青岛兴发股份有限公司,为中国普通法人企业,1940年9月成立,资本额700万日圆(实投500万日圆),该会社获得青岛市公署的土地租权转让,从事房产交易、租赁、管理、信托及相关业务。

华北运输股份有限公司,为中国普通法人企业,1941年10月成立,资本额2 000万日圆(实投1 400万日圆),经营小规模的运输业及与之相关的劳动力承包、仓库业、委托交易业、资金融通等相关业务。

蒙疆运输股份有限公司,为蒙疆特殊法人企业,1938年7月成立,资本额100万日圆(实投60万日圆),经营蒙疆地区及京包沿线

---

① 实投2 300万日圆,此为1944年4月情况,下同——笔者注。

的运送业、仓库业、劳力承包、委托买卖及与运输相关的资金融通及附带业务。

天津舢船运输株式会社,为日本普通法人企业,1942年7月成立,资本额1460万日圆,经营天津、塘沽及其附近的舢板运输业及卸货、造船及船舶维修等业务。

青岛埠头株式会社,为日本普通法人企业,1938年9月成立,资本额2200万日圆,经营仓库业、栈桥业、船舶停靠业及货物卸载、运送、代理等相关业务。

华北电信电话股份有限公司,为中国特殊法人企业,1938年7月成立,资本额为1亿日圆(实投5125万日圆),除广播无线电业务外,该会社还从事电气通信设施的经营及受托管理、电气通信设施的借贷及委托保管等业务。

华北电业股份有限公司,为中国特殊法人企业,1940年2月成立,资本额3亿日圆(实投17700万圆),从事华北发电、送电、配电及相关业务。

蒙疆电业株式会社,为蒙疆特殊法人企业,1938年5月成立,资本额1亿日圆(实投4240万日圆),从事蒙疆地区的电灯、电力、电热供应、电气机械器具的销售、租赁及附带业务。

大同煤矿株式会社,为蒙疆特殊法人企业,1940年1月成立,资本额1.2亿日圆,从事当地煤炭的开采、销售及附带业务。

井陉煤矿股份有限公司,为中国普通法人企业,1940年7月成立,资本额3000万日圆(实投2160万日圆),从事河北井陉矿区煤炭开采、销售及对当地煤炭业的投资与融资业务。

中兴煤矿股份有限公司,为中国普通法人企业,1943年2月成立,资本额不明,从事山东枣庄矿区煤炭开采、销售及对当地煤炭业的投资与融资业务。

大汶口煤矿股份有限公司,为中国普通法人企业,1943年2月成立,资本额不明,从事山东磁窑当地矿区煤炭开采、销售及对当地煤炭业的投资与融资业务。

山西煤矿股份有限公司,为中国普通法人企业,1943年2月成立,资本额不明,从事山西阳泉当地矿区煤炭开采、销售及对当地煤炭业的投资与融资业务。

磁县煤矿股份有限公司,为中国普通法人企业,1943年2月成立,资本额不明,从事河北磁县当地矿区煤炭开采、销售及对当地煤炭业的投资与融资业务。

柳泉煤矿股份有限公司,为中国普通法人企业,1943年2月成立,资本额不明,从事江苏徐州柳泉矿区煤炭开采、销售及对当地煤炭业的投资与融资业务。

山东矿业株式会社,为日本普通法人企业,1923年5月成立,资本额3 500万日圆,从事山东省内煤炭及其他矿物的开采、加工销售及对附带产业、同种产业加以投资与融资。

大青山煤炭株式会社,为蒙疆特殊法人企业,1944年2月成立,资本额不明,从事绥远大青山地区煤矿的挖掘与销售业务。

鲁大矿业股份有限公司,为中国普通法人企业,1923年8月成立,资本额1 000万日圆,从事淄川、坊子、金岭镇等地矿山的经营及其附带业务。

山东煤矿产销股份有限公司,为中国普通法人企业,1940年3月成立,资本额350万日圆,从事胶济铁路沿线煤矿产品的分割加工及销售统制,对沿线煤矿进行再开发、增产等加以融资,并给予技术上的指导与资助。

旭华矿业股份有限公司,为中国普通法人企业,1934年10月成立,资本额100万日圆,从事一般矿业及其附带业务的经营与投资。

官庄矿业股份有限公司,为中国普通法人企业,1938年11月成立,资本额75万日圆,从事一般矿业及其附带业务的经营与投资。

华北煤炭贩卖股份有限公司,为中国普通法人企业,1940年10月成立,资本额2 000万日圆,从事华北当地煤炭的运输、采购、销售及在增产奖励上的相关业务。

蒙疆矿产销售股份有限公司,为蒙疆特殊法人企业,1940年12月成立,资本额600万日圆,从事铁矿、煤炭的受托及采购、销售,及其他矿物的受托、销售及附带业务。

龙烟铁矿株式会社,为蒙疆特殊法人企业,1939年7月成立,资本额6 000万日圆(实投4 800万日圆),从事宣化地区铁矿石的发掘、销售、制铁、产品销售及附带业务。

华北矾土矿业股份有限公司,为中国普通法人企业,1939年12月成立,资本额500万日圆,从事华北矾土页岩的采掘、销售,及以矾土页岩为原料的工业产品的销售、经营与投资。

华北产金株式会社,为日本普通法人企业,1938年4月成立,资本额600万日圆(实投530万日圆),从事华北金矿业及其附带业务,并进行与之相关的投资。

华北采金股份有限公司,为中国普通法人企业,1938年4月成立,资本额10万日圆,从事金矿业及对之的投资。

华北白钨矿业股份有限公司,为日本普通法人企业,1941年10月成立,资本额650万日圆(实投581.2万日圆)从事华北白钨矿及其矿石挖掘、销售与附带业务。

华北盐业股份有限公司,为中国普通法人企业,1939年8月成立,资本额2 500万日圆,从事盐的生产、加工、销售及运输,苏打类的制造、销售及运输等附带业务。

山东盐业株式会社,为日本普通法人企业,1937年2月成立,资本额1 000万日圆(实投550万日圆),从事产盐的采购及销售,盐及其副产品为原料的化学工业品、药品的制造及销售,对盐业者的融资及附带业务。

华北制铁株式会社,为日本普通法人企业,1942年12月成立,资本额1亿日圆(实投5 000万日圆),从事钢铁及其副产品的制造、销售及附带业务。

青岛制铁株式会社,为日本普通法人企业,1943年11月成立,资本额5 000万日圆(实投2 500万日圆),从事钢铁及其副产品的制造与销售业务。

石景山制铁矿业所,为按日本民法所设组合,1940年11月成立,资本额不明,从事钢铁及其副产品的制造与销售业务。

华北轻金属股份有限公司,为中国普通法人企业,1943年11月成立,资本额3 000万日圆,从事铝及其副产品的制造与销售业务。

东洋化学工业株式会社,为日本普通法人企业,1938年3月成立,资本额600万日圆,从事以卤水、盐类为原料的化学工业品的制造、加工、销售及与之相关的业务。

华北氮肥股份有限公司,为中国普通法人企业,1942年9月成立,资本额4 000万日圆(实投2 050万日圆),从事氮肥的制造、销售及与之相关的业务。

山东电化株式会社,为中国普通法人企业,1941年2月成立,资本额420万日圆,从事煤炭类化肥的制造、销售及与之相关的业务。

永利化学工业股份有限公司,为中国普通法人企业,1944年1

月成立,资本额不明,从事苏打制造、加工及销售业务。

华北化学产品统制协会,按日本民法所设组合("组合",即"行会"之意),1944年1月成立,资本额150万日圆,从事化学产品的需求计划及生产配给业务。

华北棉花株式会社,为日本普通法人企业,1938年3月成立(1943年8月解散),资本额400万日圆,从事仓库业、扎棉及打包工厂的设置经营,混棉工厂的经营,农耕用品的共同采购及以上附带的业务。

华北纤维股份有限公司,为中国普通法人企业,1943年8月成立,资本额6 000万日圆,从事纤维产品的采购、配给及运输业务。

山西产业株式会社,为日本普通法人企业,1942年4月成立,资本额3 000万日圆,从事山西日军管理工厂内煤矿(除西山、轩岗镇煤矿)及除电业部门以外日军管理工厂的综合运营。

华北电线株式会社,为日本普通法人企业,1944年2月成立,资本额3 000万日圆(实投1 200万日圆),从事电线制造、销售及铜的冶炼业务。

开发粮谷组合,为按日本民法所设组合,1943年8月成立,资本额2 000万日圆,从事华北开发会社及相关会社所需粮食的收购、配给与保管业务。

焦作煤矿矿业所,为按日本民法所设组合,1940年11月成立,资本额1 786万日圆,受军管委托从事煤炭的挖掘及销售业务。

新泰煤矿矿业所,为按日本民法所设组合,1942年10月成立,资本额492万日圆,从事山东泰安新泰地区煤炭的挖掘、销售,对煤矿的投资及融资,以及与此有关的附带业务。

日本钢管株式会社金岭镇矿业所,为按日本民法所设组合,

1943年2月1日成立,资本额600万日圆,从事当地铁矿石的挖掘及销售业务。①

关于日本如何利用华北开发会社及其子会社统制华北沦陷区经济,学界对之已有大量研究,本书不再赘述。② 太平洋战争爆发之后,日本将华北沦陷区视为其国防兵站基地,并加大对当地煤炭、盐、棉花等军需资源的掠取力度。1942年后,在华北开发会社的投资、融资下,包括资源开发在内的生产型企业不断成立,生产型企业的业务不断扩大,至1944年3月,华北国策会社集团中从事各种资源开采的生产型企业已达35家,占企业总数的64％。虽然其实投资本总额因部分企业资料缺失无法精确统计,但可推估至少占全体企业实投资本总额的50％以上。华北开发会社子会社中也有兼顾民生的市场调节型企业,如开发粮谷组合,就是为了应对华北粮食因产量不足、价格飙涨,为将粮食采购、配给一元化而开办的特殊企业,其创办设想来自日本驻华大使馆,③主要是为了满足华北当地日本侨民的生活需要。无论从企业数量,还是从实投资本总额来看,战争中后期华北国策会社集团中以资源开发为核心业务的生产型企业都要超过公共事业型企业与市场调节型企业,对于日本军政当局而言,"华北应将重点置于产业资源——尤

---

① 关于华北开发会社相关各国策会社的设立、资本、业务情况,参见槐樹会编『北支那開発株式会社之回顧』,第23—29页;另可参见《1944年8月华北开发株式会社相关会社一览》(1944年8月末),中国抗日战争史学会、中国人民抗日战争纪念馆:《日本对华北经济的掠夺与统制》,北京:北京出版社,1995年,第170—186页;北支那開発株式会社『営業報告書』(第七回)、1943年度、三菱経済研究所藏。

② 日本学界的代表性成果,可参见中村隆英『戦時日本の華北支配』,東京:山川出版社、1983年等;我国学界的代表性成果,可参见居之芬:《日本在华北经济统制掠夺史》,天津:天津古籍出版社,1997年。

③ 槐樹会編『北支那開発株式会社之回顧』,第122页。

其是军需资源的开发上,与之相反,华中与其侧重资源开发,不如说在于把握商品市场",①这意味着华北国策会社集团在功能上更侧重于对资源的掠取,而非从民众购买力中牟利。

二、"联银券"的第一次危机与日本军政当局的应对

日本将其对华北的货币政策视为对伪满货币政策的延伸。早在卢沟桥事变爆发之前,日本军政当局已为之预谋,正如1936年11月朝鲜银行内部对此之认识:"此际日本乘满洲国之金圆化,乃确立对华北及中国之方针、推进各种工作之最适宜时机"。② 然而,朝鲜银行券等日币在华北的广泛流通,其价值必然会受到华北物价体系的影响,从而使日本银行券的价值及日本国内经济体系受到冲击。故而抗战全面爆发后不久,日本军政当局即筹谋在北平开办伪中国联合银行,发行"独立"的货币。③ 日本军政当局为将华北沦陷区如伪满般纳入日圆金融体系内,实行将"联银券"与日圆等价联系之政策。"联银券"是日伪当局用来驱逐法币的经济武器,日伪当局先要求民间将法币与"联银券"等价兑换,不久又要求按九折、七折兑换,继而宣布自1939年3月11日起禁止法币于华北沦陷区内流通。④ 伪中国联合准备银行成立后,日本政府派驻华

---

① 朝日新聞社東亜問題調査会編『朝日東亜リポート』(第 6 輯)、東京:朝日新聞社、1939 年、第 25 頁。
② 朝鮮銀行『北支通貨金融工作ニ関スル意見書』(1936 年 11 月)、多田井喜生編『続・現代史資料 11 占領地通貨工作』、第 127 頁。
③『華北連合銀行(仮称)設立要綱』(1937 年 11 月 26 日)、多田井喜生編『続・現代史資料 11 占領地通貨工作』、第 142 頁。
④《华北临时政府禁用法币条文》(1939 年 1 月 18 日),中央档案馆等编:《华北经济掠夺》,第 397 页。

北的各类机构、日商会社、伪政权的各项开支和日军的薪俸均以"联银券"支付。但事实上,直至1942年1月1日日伪当局严禁一切小额货币于华北沦陷区内流通之后,"联银券"方成为华北沦陷区内的统一货币。①

1939年末之后,华北沦陷区内各地物价出现膨胀的趋势,这与日伪将"联银券"与日圆等值联系的政策密切相关。这一联系对于日本将高附加值产品出口至华北沦陷区内并从当地进口各种生产原料极为有利。华北沦陷区从属于日本经济体系的这层关系,如战犯古海忠所言,"这一情况意味着强加给华北如此庞大的'需求',但却同生产与物资的扩大和增加毫无关联,而且同增加部分的相抵也不从日本运来,同其他国家的联系也被切断。这样一来,立即造成华北的物资匮乏"。② 华北物价膨胀的真实原因,正如当时日本经济学家所分析的,在于"联银券"名义上与日圆的等值而实质上的贬值。③ 为了满足当地日军军费支出、华北国策会社集团对资源"开发"的需求,伪中国联合准备银行不得不大量增发"联银券"。1938年末"联银券"的流通量为16 196万元,1939年末已达45 804万元,1939年度"联银券"膨胀速度之快,几近1938年的3倍。④ "联银券"的流通量在1940年初进一步突破,达到5亿元,已接近抗战前法币及其他旧币在华北的流通量。"联银券"的增发导致华北物价指数飙升,以1936年12月华北物价平均指数为基数

---

① 汪时璟:《中国联合准备银行1942年度营业报告》(1943年3月27日),中国抗日战争史学会等编:《日本对华北经济的掠夺与统制》,第965页。
② 古海忠之:《以不兑换纸币进行掠夺》,中央档案馆等编:《华北经济掠夺》,第397页。
③ 参见兵庫県興亜貿易協会『支那の経済事情』,神戸:兵庫県興亜貿易協会,1940年、第11頁。
④ 野田経済研究所『戦時下の国策会社』、第577頁。

100,1939年11月时为308.79,1940年1月中旬已达350.98。抗战全面爆发后,"联银券"的流通区域远比战前法币的流通区域狭小,兼之水灾、战祸导致民间生产力低下,以及伪政权对日本的大量出口等,至1940年初,华北沦陷区内的物资供给已近枯竭状态。1940年3月,以小麦粉、杂粮等粮食的价格高涨为先声,棉布、绢布、棉花等各种商品出现齐涨态势。在资金换物浪潮下,华北市场呈现出的狂热商况终于引起日本军政当局的关注。①

在日本军政当局看来,若对"联银券"的增发毫无对策,则"不仅军费不得随意运用将导致军队无法作战,而且日'满'华经济圈也会因华北一角之崩溃而危及母国",②由此出台"联银券"价值维持工作。这一工作的主要目的,即在维持"联银券"与日圆等值联系的前提下,尽可能地压缩伪中国联合准备银行对华北民间的资金投放,从而抑制华北物价的膨胀。其中对于华北国策会社集团之具体要求,体现于两点:

一、彻底实行开发技术上的重点主义及对中方资本的利用。

1. 在经济开发上,缓和对单一品种的重点主义,而从地域重点主义角度限定于华北最有利的品种,若非如此,则应以指向国内、满洲为重点,并且完备设备资材,发挥其最高能率。

2. 将重点放置于华北当下农业及其他生活资料生产部门的开发、培养,通过扩充此领域的物资生产来支持联银券。

3. 鼓励利用当地中国人的资金,打开实现这一利用之

---

① 『北支物価対策強行　銀行の貸付回収開始』、『東京朝日新聞』1940年3月1日。
② 「連銀券緊急対策ノ件」(1940年2月23日)、『聯銀券対策関係綴　住谷悌史資料』,日本防卫省防卫研究所藏,支那-支那事变全般-499。

第三章　华北国策会社集团与日本对华北货币政策　　　　　　　163

途径。

二、彻底回收游资。

1. 奖励购买国策会社之社债等，极力压缩日本人的购买力。

2. 开发会社向第三国物资的相关预订，除物动计划所认可者，皆加以抑制。

3. 对于国策会社的政府资本一味由联银①借出之习惯，改为通过购买公债、社债来引导和利用中国方面的土著资本。

4. 使国策会社开放临时政府之持股，以吸收民间资本。②

或许这些规定对于国策会社经营者而言过于抽象，而华北方面军司令部与兴亚院华北联络部在《昭和十五年度华北金融货币对策》中则进一步明确国策会社对资金的运用方式，其出台的规定更为具体：

1. 各会社要树立精密的资金计划。

2. 对国内汇款、当地银行的借款，要尽可能地加以抑制。

3. 在开发会社相关会社新设之际，中国方面的现金出资不要从联银处借入，而应通过政府的经常性岁入或当地资本等来筹措。

4. 与以上相关的新会社的设立，未必急切。

5. 对于开发会社等资金不能强迫现地捐款（至少应调整之）。

6. 至少开发会社对第三国运向华北方面相关物资预订，

---

① 指伪中国联合准备银行——笔者注。

② 『聯銀券緊急対策ニ関スル件』(1940年3月4日)、『聯銀券対策関係綴　住谷悌史資料』、日本防衛省防衛研究所藏，支那-支那事变全般-499。

要采取许可主义。①

可见,虽然这些规定在国策会社对华北傀儡政权与第三国金融关系上更具弹性,但在实际操作中存在诸多问题。正如当时经济学家高桥龟吉所指出的,"要极力扩大华北国策会社的利润,将之转投于联银券的收缩,即使如此,也必须对物价的高涨有所觉悟……大陆开发事业要极力吸收中国民族资本。但是,华北开发会社等开发事业就不得不预留能够吸收民族资本的利润,为此作为当下低物价政策的代价,事业将持续处于赤字状态,而要想改变这一状态,就必须要有导致物价进一步高涨的觉悟"。② 为了实现日本军政当局制定的低物价政策,华北国策会社集团的"事业"必将蒙受损失,这当然是日本军政当局与会社经营者均不愿见到的结果。而作为另一种策略,即在尽量减少资金投入的前提下,国策会社的"开发"重点就不得不集中于煤炭、铁、盐、棉花等军需物资。为了满足日"满"华经济圈之综合需要,华北国策会社集团还必须实现日本军政当局所规定的这些物资的增产计划,故而企业只能通过强化经营管理与节约经费等策略来解决资金短缺的问题。③

1940年4月,在北京所举行的日本大藏、商工、农林、拓务、外务各省次官与军部官员的恳谈会上,日本军政当局专门讨论了维持"联银券"价值之对策问题,随后公开发表了"联银券"绝不贬值,

---

① 『昭和十五年度北支ニ於ケル金融通貨対策』(1940年3月12日)、『聯銀券対策関係綴　住谷悌史資料』、日本防衛省防衛研究所藏、支那-支那事変全般-499。

② 高橋亀吉『連銀券、軍票、蒙疆券対策私見』(1940年7月)、『連銀券、軍票関係文書綴』、日本防衛省防衛研究所藏,中央-軍事行政経理-317。

③ 陸軍省経理局『連銀券価値向上並に流通強化策』(1940年3月19日)、『聯銀券対策関係綴　住谷悌史資料』、日本防衛省防衛研究所藏,支那-支那事変全般-499。

且将极力抑制其增发及减少国策会社支出的声明。① 为了安定华北的"民心",1940年5月,日本军政当局再次向华北社会强调"联银券"与日圆将维持等值联系。日本军政当局的反复声明,恰如当时日本舆论所道破的,"今日'联银券'价值下落的情况并未发生改变,即使一次性将之贬值也不会达到稳定之效果,而每每将之贬值,则唯恐将导致政道的紊乱,故而在方法上必须最为慎重。联银券与日圆等价挂钩所涉及之影响,不仅在于会对华北民众的生活产生痛苦,且对于物资不断流出的我国也是相当头痛的问题"。② 日本军政当局不断宣称"联银券"与日圆等值联系,不仅将其视为在经济上支持华北傀儡政权的具体表现,而且将其视为确保日圆金融圈内部稳定的重大问题。

然而,尽管华北国策会社集团的"开发"重点集中于军需物资,物价高涨之风却并未得到抑制。当时日本经济学界从华北"开发"及国策会社集团资本所受影响之角度,就是否坚持"联银券"与日圆等值联系进行过专门讨论。支持等值联系者认为:(1) 从充分获取军费及华北"开发"费的角度来看,需要利用圆元等值之方针来发行大量纸币;(2) 从"开发"华北之角度来看,因为不易获取来自日本的投资,故而有必要将"联银券"作为日圆之"替身";(3) 若圆元等值方针发生变动,华北投资的资本及现存日人的存款、债券等都会发生混乱。而反对等值者则认为,若坚持圆元等值方针,则会导致华北国策会社集团及其他华北开发事业的在财政上出现赤字化,过多的支出将逐渐使其开发"事业"窒息。他们认为,为了进一步"开发"华北,"不要束缚于目前不自然且不安定的圆元等值联

---

① 兵庫県興亜貿易協会『支那の経済事情』、第12頁。
② 『社説:連銀券の臨機措置』、『大阪毎日新聞』1940年5月16日。

系,另寻求合理且安定化之策乃当下之急务"。①

然而,日本学界的讨论并未得到日本军政当局的回应。事实上,当时的日本军政当局已决议通过对国策会社产品的价格采取调控手段来减少"联银券"的增发,实施"国策会社产品之物价及费用,在成本范围内允许提高其价格,通过恢复原来之利润,以减少日本对开发资金的投入"、"将煤炭、盐等对华中输出品的价格提高至适当程度,以之克服华北对华中的支付超出问题"等具体策略。②这些策略取得了一定效果,"联银券"的发行量自1940年7月以后逐步减少,8月达到5.7亿元以下,此后略有膨胀,1940年末控制在7亿元左右。

"联银券"的价值危机是否真正得到了解决？1940年12月中国通货制度调查秘密委员会在给大藏省的调查报告中指出,"联银券"的对内价值及对第三国汇兑行情之实际情况,与对日圆等价联系之方针并不相符,"作为华北货币工作之基干……不仅使华北作为东亚经济圈之成员承担其使命,作为当前之要务,乃是要使该行(指伪中国联合准备银行)认真检讨关于华北开发或对内对外价值维持的调节策略"。③ 1941年1月,在华北方面军司令部的秘密报

---

① 高橋亀吉『連銀券、軍票、蒙疆券対策私見』(1940年7月)、『連銀券、軍票関係文書綴』、日本防衛省防衛研究所藏、中央-軍事行政経理-317。
② 在1940年11月日本军政当局出台的《对华时局紧急对策》中,再次对企业的经营活动加以干涉,即国策会社在当地的产业开发,严格限定于铁矿、煤炭、盐等基本国防资源,要确保对这些重要事业的资材及资金供给,具体措施为:(1) 事业计划的根本性改订;(2) 会社经营能效上的根本性措施;(3) 非重点事业会社的综合整理及移管;(4) 过剩人员的整理及专业等。参见《日本内阁对华经济紧急对策》(1940年11月),中国抗日战争史学会、中国人民抗日战争纪念馆:《日本对华北经济的掠夺与统制》,第31页。
③ 『支那通貨制度調査秘密委員会報告書』(1940年12月)、『支那通貨制度調査秘密委員会報告書 昭和15年12月』、日本防衛省防衛研究所藏、中央-軍事行政経理-323。

告中,专门述及"联银券"价值维持工作的效果:

> 鉴于前年以来华北物价的高涨,极力压缩通货的同时,促进物资的进口运入及上市,通过中央、地方勉强维持低物价政策,去年6、7月左右达到顶峰,此后渐渐下落。去年8月以来逐步稳定,特别是粮食价格打破每年之例,抑制了涨势。其原因在于通货紧缩政策的成功。然而去年8月实施的日满华进出口物资价格调整的国内措施,带给华北经济不安,伴随着内地调整费的保留及保留费率的政策迟缓未定,再次出现物价高涨之气象。为了维持联银券价值,不得不考虑采取别的处置……华北开发相关各会社及其他商社的金融极度梗塞,其经营上带来障碍,例如华北交通会社、眼下正处于解散中的兴中公司、华北电业株式会社等都对支付大量负债感到困难,由此陷入经营困难中。①

即使在日本军政当局看来,"联银券"价值维持工作虽然暂时取得了一定成效,但也谈不上成功。为了维持低物价政策,华北国策会社集团已出现资金周转梗塞等问题,一些国策会社如华北交通会社等虽已负债累累,却仍对股东支出了高额分红,这都说明尽管国策会社的经营出现危机,但其背后的投资者并没有从"联银券"的通货膨胀中蒙受任何实质损失。

---

① 『北支政務並経済の現況』(1941年1月13日)、『陸支受大日記(普)別冊　昭和16年1月─5月　(昭和16年1月27日　東京参謀長会議に際し　北支方面軍状況報告)』、日本防衛省防衛研究所藏、大日記-陸軍省-陸支普大日記-S16-28-217_2。

三、"联银券"的第二次危机与日本军政当局的应对

太平洋战争爆发之后,华北沦陷区内物价再度掀起狂潮。"联银券"与日圆价值脱钩问题再次成为日本经济界的热门议题。一方面,因军事开支过高导致"联银券"的增发与物价的腾贵使华北国策会社集团需要更多资金的投入,华北经济由此陷入恶性循环;另一方面,华北沦陷区内的物价高涨亦使日本资本输出的利润大幅减少,故而日本军政当局也开始研究将"联银券"与日圆等值联系脱钩的可能性。1942年夏,日本大藏省理财局拟订《关于改订联银券对日圆币值办法之草案》,主要内容如下:

一、联银券对日圆的改订比价预定为联银券100元兑日圆40圆。

二、实行改订比率后华北与各地区间的清算关系按下列规定办理:

(1)对日本的贸易及贸易外收支关系的汇兑清算,原则上以日圆为本位,此项收支的结余必要时得转入"特别圆"账户。

(2)关于"满洲"方面,在实行本办法的同时,也准备改订"满洲国"币对日圆的等价关系。

(3)对华中货物出入交易以"特别圆"本位为原则。

(4)对外国进出口交易实行"特别圆"本位。

(5)加强贸易及汇兑管理,特别对申汇实行彻底的统制。

三、实行改订的时期,为照应华中通货工作的进展,特别预定于华中主要地区停止发行军票时期(中储券统一行使的

时期)实行之……①

所谓"特别圆",指的是1941年7月英美冻结日本资本之后日本炮制的虚拟贸易汇兑单位,这意味着未来日本对华北、华中沦陷区内的贸易收支将转向日圆或"特别圆"本位。然而,若将"联银券"与日圆等值联系切断,向华北不断输出资本的国策会社集团就必然在汇兑上蒙受巨大损失。按日本军政当局初步的估计,华北开发会社及其子会社、准国策会社、一般企业的损失高达7.4亿日圆,相反,因互存协议而拥有横滨正金银行及朝鲜银行日圆账户的伪中国联合准备银行却可从中获得13.8亿日圆的利益。②

面对其中的损益,日本军政当局究竟是如何考虑的?我们从日本军政当局关于"联银券"脱离日圆等值体系后对蒙受损失者的救济政策中可以发现一些端倪:

一、对开发会社子会社投资、融资(包括实物出资)若一切以联银券为本位,结果1942年2月末:

1. 资产不足额为521 271 000圆(日圆为本位)。

2. 营业收支不足额为9 682 000圆(即每年至少1 000万圆左右的损失),当然若除去以往政府补助金之负担部分,按本措施就会纯粹增加赤字5 316 000圆,故而讲求救济策略极为重要。

(1) 对于资产不足之填补,则从本措施产生的利益中征

---

① 该文件收录于昭和财政史编辑室:《昭和财政史》(第四卷),转引自浅田乔二等著、袁愈佺译:《1937—1945日本在中国沦陷区的经济掠夺》,上海:复旦大学出版社,1997年,第261页。

② 该文件收录于昭和财政史编辑室:《昭和财政史资料》,转引自浅田乔二等著、袁愈佺译:《1937—1945日本在中国沦陷区的经济掠夺》,第261—262页。

收,作为保留资金来补偿。若仍不足,则通过日本政府交付国债以作救济措施。

(2) 就营业收支不足问题,则致力于子会社的利益率的提高,另一方面从联银获取低利的融资,极力平衡收支。

二、若开发子会社共同出资者的投资额一切以联银券为本位,结果1942年2月末:

1. 日本方面共同出资者的损失为110 451 000圆(日圆为本位)。

2. 满洲方面共同出资者的损失为1 800 000圆。

对此:

(1) 日本方面共同出资者的损失,以开发会社的情况为标准,由日本政府寻求救济对策。

(2) 满洲国共同出资者的损失,由满洲国方面寻求救济措施为妥当,在满洲国币与联银券等值处理的情况下,无需救济。

三、对于准国策会社(仅限于华北政务委员会出资者)的投资、融资,若也以联银券为本位,结果对于日本民间投资、融资额的损失,4月末与中华航空相关者为14 100 000圆,与华北车辆相关者为7 200 000圆,与华北房产相关者为5 907 000圆,与华北垦业相关者为898 000圆,合计28 105 000圆(以日圆为本位),对此日本政府有必要寻求适当的救济措施。

实施前的准备措施:

一、开发会社关系

1. 对开发会社子会社的投资融资若一切以联银券为本位,为了尽可能减少几分损失:

(1) 日本对开发会社的华北汇款,尽可能采取留保(抑制?)的形式。

第三章　华北国策会社集团与日本对华北货币政策　　　171

(2) 由当地对以上资金实行贷出。

(3) 在当地发行开发债券,主要使之充当日圆债务的办理。

2. 对于开发会社的共同出资者,也按前项标准处理。①

从这份极秘文件中可见,日本军政当局对于"联银券"价值跌落造成的后果是有过精密的考量的。其预想的后果之一,即处于日圆金融圈内的华北国策会社集团各会社的资产额、营业收支乃至投资者的利润都会相应"蒸发"。而在日本军政当局看来,解决这一问题的策略主要依靠企业从伪中国联合准备银行获取低利融资来寻求各种收支上的平衡,即"联银券"贬值带给企业的损失将由伪中国联合准备银行来承担。但是,从历史的结果来看,日本军政当局并没有选择切断"联银券"与日圆等值联系,而通过伪中国联合准备银行等当地金融机构为企业提供"联银券"融资的方式来满足国策会社集团对"开发"资金的需求与收支平衡。这只能说明,日本军政当局为了避免国策会社集团因"联银券"跌落遭受过于沉重的损失,最终选择维持"联银券"与日圆等值联系的政策。

1943年以后,日本对华北国策会社集团的投资已无法跟上华北物价的高涨,企业必须依赖来自华北当地的资本来解决资金短缺问题。1943年3月,伪中国联合准备银行总裁汪时璟宣称,联银券与日圆等价政策此后绝不更改。日本军政当局也宣称,参战下之华北对于通货之信念,绝对不令稍有动摇。② 之前,伪中国联合准备银行与日本银行签订2亿日圆的信用契约,从而将"联银券"

---

① 『連銀券対日本円価値改訂ニ伴フ実施要領』(1942年4月19日)、『連銀券、軍票関係文書綴』、日本防衛省防衛研究所藏、中央-軍事行政経理-317。

② 汪时璟:《中国联合准备银行1942年度营业报告》(1943年3月27日),中国抗日战争史学会等编:《日本对华北经济的掠夺与统制》,第965页。

彻底与日圆等值捆绑。伪中国联合准备银行与日本银行的所谓的"互存借贷"关系,使日本军政当局对该行得以一味地索取,"即现在日本国内与大陆之间尽管物价水平显著拉开差距,因为依然坚持圆元等值或('中储券'一百元兑换军票)十八圆汇率,故而在中日国际借贷关系中我方不得不增加账目支出。现今我国在大陆的军费支出及军需物资的采购、资源开发等主要资金,乃是通过横滨正金银行、朝鲜银行与中国政府银行之间的互存账户而通过现地通货的发行来供给,我方在账目上的大量支出,必然导致当地通货流通量的膨胀"。① 因为这一"互存借贷"关系,"联银券"的流通量在1943年末进一步膨胀,1943年12月末时为40亿元,至1944年4月时已达48亿元。

1945年1月,在日本军政当局确立的中国战时经济对策中,为了竭力维持"联银券"等傀儡货币的价值,防止"日圆金融圈"出现破绽,日本军政当局要求傀儡银行"须大力调整货币的发行性,实行按期回收,加强和革新发行银行与确保帝国信用等各项政策",国策会社则被要求"打破在华日人的经济与国策会社的现状,使之更好地为战争需要服务,同时实现善邻的经营方法"。② 可以看到,日本军政当局既要求在"联银券"与日圆等值联系的体系下减少货币对产业的投入,又要求华北国策会社集团特别重视粮食、生活必需品、煤炭等的增产,发掘各种运输力量、畅通物资交流,以满足战时日本物资动员计划的急迫需要。日本对华北货币政策中的这一结构性矛盾延至日本战败,并无任何改观。

---

① 中国経済文化研究会『北中支インフレーションとその対策』,東京:中国経済文化研究会、1944年、第13頁。
②《日本政府确立中国战时经济的对策》(1945年1月11日),中国抗日战争史学会等编:《日本对华北经济的掠夺与统制》,第48页。

四、华北国策会社集团与当地银行的债务关系

关于华北开发株式会社等国策会社的资本问题，目前我国学界的研究成果十分有限，对于这些会社与当地傀儡银行之债务关系，亦少有涉及。① 战时日本经济学界即已发现，华北沦陷区内物价恶性膨胀的重要原因之一，在于日本军政当局为掠取煤、铁、盐、棉花等军需资源而由伪中国联合准备银行等华北当地银行放出巨额"开发"资金所致。② 而这些巨额资金的放出，不少是以国策会社社债的形式。因此，作为本章的补充，我们有必要厘清华北开发株式会社与包括伪中国联合准备银行在内的华北当地银行之间错综复杂的债务关系，揭示日本对华北货币政策与华北国策会社集团的另一种联系。

在法理上，日本军政当局对于华北国策会社集团之社债发放给予极优厚的待遇。按《华北开发株式会社法》，该会社可以发行投入资本5倍的华北开发债券，而债券到期的本金及利息偿还则由日本政府保证。③ 太平洋战争爆发后，经该会社第六次股东会议决议，该会社可发行投入资本10倍之华北开发债券。至1945年1月，华北开发会社共投放47批华北开发债券，社债总额高达19.52

---

① 张利民对华北开发会社的资本进行过分析，但未就该会社与伪中国联合准备银行之关系深入探讨。参见张利民：《日本华北开发会社资金透析》，《抗日战争研究》1994年第1期。

② 中国経済文化研究会『北中支インフレーションとその対策』、第3页。

③ 『北支那開発株式会社並関係会社の全貌』、『本邦会社関係雑件/北支開発及中支復興株式会社/関係会社関係』（第二卷），日本外务省外交史料馆藏，E-2-2-1-3_13_21_002。

亿日圆。① 然而,通过查阅伪中国联合准备银行行史及华北开发会社内部档案,伪中国联合准备银行历史上仅有一次购入过该债券,即1941年12月第19批华北开发债券,总额不过500万日圆,且该笔债券年利率高达七分,以1948年12月20日为限全部偿清。伪中国联合准备银行购入该笔债券后,即向其伞下银行及伪邮政总局二次销售,从中还获取了相当的利润。② 显然,伪中国联合准备银行对于华北开发株式会社所发行债券之吸收主要体现中日经济"提携"的象征意义,而非该行与华北国策会社集团之间的常态债务关系。

1943年5月以后,日本军政当局要求在华日本企业所需开发资金,应极力依靠当地金融机构解决。③ 至1945年初,华北日伪财政已严重失衡,华北国策会社集团向日本国内与华北日资金融机

---

① 『北支那開発債券大口買取先調』(1945年1月31日)、『本邦会社関係雑件/北支開発及中支復興株式会社/会社ニ対スル認可指令関係』(第三十八卷)、日本外務省外交史料館藏、E-2-2-1-3_13_12_038。
② 中国連合準備銀行顧問室『中国連合準備銀行五年史』、北京:中国連合準備銀行、1944年、第42頁。
③ 按日本军政当局之要求,1943年度华北开发会社社债9.5亿日圆与华中振兴会社社债10.5亿日圆,要求于当地解决。具体处理方案为:(一)社债(或长期借款等)极力由当地一般金融机构消化。在一般金融机构消化困难的情况下,通过其他方法于当地以适当措施加以吸收;(二)社债以"联银券"或"中储券"表示;(三)社债的发行利率在与华北开发会社或华中振兴会社之子会社的融资利率之间发生逆差的情况下,考虑对管理上仍有余力的子会社逐步提高融资利率。此外,对于华北开发或华中振兴会社的钢材采购资金及供应其子会社的短期运转资金(粮食资金、储煤储矿资金等)原则上不通过日本资金的调入,而由当地银行的账户透支来解决;小型熔炉相关资金,其资金则可由日本调入。参见『在支日系事業ノ企業資金言質調達ニ関スル件』(1943年5月31日)、『本邦会社関係雑件/北支開発及中支復興株式会社/会社ニ対スル認可指令関係』(第二十七卷)、日本外務省外交史料館藏、E-2-2-1-3_13_12_027。

构之借债"均告绝望",所需资金只能从伪中国联合准备银行借入。① 可以说,华北国策会社集团是在债务缠身之中迎来了日本战败。通过日本军政当局对华北国策会社集团的指令关系文书可以发现,尽管华北国策会社集团与当地银行的债务关系极为复杂,但基本可归为三类:

1. 事业扩张型借款②

为了扩充华北交通会社、华北东亚烟草会社、开滦煤矿等企业的事业经费,1943 年 1 月,华北开发会社向朝鲜银行北京分行、横滨正金银行北京分行扩大透支额度至 2 000 万圆(所谓"扩大透支额度",即短期借款),年利率四分五厘,借款期限至 1944 年 3 月 31 日,会社方面无需任何担保。③ 这笔借款的存在,说明早在日本军政当局对国策会社下达指令之前,华北国策会社集团已开始通过当地银行筹措资金。

1943 年 5 月,华北开发会社内部出现资金短缺,为此该会社向朝鲜银行北京分行、横滨正金银行北京分行、伪中国联合准备银行扩张透支额度至 8 000 万日圆,朝鲜银行、横滨正金银行年利率为

---

① 《北支那开发会社概况》(1945 年 11 月 5 日),中央档案馆等编:《华北经济掠夺》,第 397 页。

② 华北开发会社与当地银行的债务关系,并不能通过中文档案完全体现。我们虽然得以在伪中国联合准备银行档案中发现一些债务情况,然而这不过是华北国策会社集团与该行债务的一部分。如 1943 年 8 月华北开发株式会社总裁津岛寿一与伪中国联合准备银行签订借据,借入"联银券"1 250 万元,其中利率为四分五厘;1944 年 6 月 30 日续借"联银券"3 500 万元,利息四分七厘;1945 年 3 月续借"联银券"53 900 万元,利息四分五厘等。详见中国抗日战争史学会、中国人民抗日战争纪念馆:《日本对华北经济的掠夺与统制》,第 140—142 页。

③ 『当座借越限度拡張ニ関スル認可申請ノ件』(1943 年 1 月 13 日)、『本邦会社関係雑件/北支開発及中支復興株式会社/会社ニ対スル認可指令関係』(第十九巻)、日本外務省外交史料館藏、E-2-2-1-3_13_12_019。

四分五厘,而伪中国联合准备银行为五分,借款期限为1945年3月31日,其中粮食采购资金2 000万日圆期限为1943年12月31日,会社方面无需任何担保。① 这笔借款虽以事业费的名义,然而粮食采购是其主要用途之一。

1943年10月下旬,华北开发会社及其子会社为扩充当年度事业资金,向天津银行、济南银行借款"联银券"2 000万元,年利率五分,借款期限为10年,经双方协议,该笔借款日后可转为现地社债。②

1943年11—12月期间,华北开发会社及其子会社为扩充当年度事业经费,向伪中国联合准备银行、不动储蓄银行北京分行、安田储蓄银行天津分行、大阪储蓄银行青岛分行借款"联银券"2 500万元,借款期限为10年,前五年不必偿还,伪中国联合准备银行年利率为六分,其他储蓄银行年利率为五分五厘,经双方协议,该笔借款日后可转为现地社债。③

1944年1月下旬,为扩充前年度事业经费,华北开发会社向朝鲜银行北京分行、横滨正金银行北京分行各借款"联银券"1 500万元,总计3 000万元,年利率为四分五厘,期限为10年,经双方协

---

① 『当座借越限度拡張ニ関スル認可申請ノ件』(1943年6月2日)、『本邦会社関係雑件/北支開発及中支復興株式会社/会社ニ対スル認可指令関係』(第二十四巻)、日本外務省外交史料館蔵,E-2-2-1-3_13_12_024。
② 「現地資金借入ニ関スル認可申請ノ件」(1943年9月27日)、『本邦会社関係雑件/北支開発及中支復興株式会社/会社ニ対スル認可指令関係』(第二十六巻)、日本外務省外交史料館蔵,E-2-2-1-3_13_12_026。
③ 「現地資金借入ニ関スル認可申請ノ件」(1943年11月6日)、『本邦会社関係雑件/北支開発及中支復興株式会社/会社ニ対スル認可指令関係』(第二十八巻)、日本外務省外交史料館蔵,E-2-2-1-3_13_12_028。

议,该笔借款日后可转为现地社债。①

1944年2—3月期间,因华北国策会社集团急需短期资金3.1亿日圆,而华北开发会社当时财政收入仅1亿日圆,故向朝鲜银行北京分行、横滨正金银行北京分行、伪中国联合准备银行扩大透支额至"联银券"2亿元,年利息四分五厘,期限为1945年3月31日,会社无需任何担保。② 这次借款开启了"联银券"大量流入华北国策会社集团的绪端。

1944年6月,华北开发会社及其子会社为扩充当年度事业经费,向朝鲜银行等八所银行借款"联银券"1.65亿元,借款期限为1年,朝鲜银行、横滨正金银行、伪中国联合准备银行利率为四分七厘,天津银行、济南银行、青岛实业银行利率为五分五厘,不动储蓄银行、安田银行、大阪储蓄银行利率为六分,经双方协议,该笔借款日后可转为现地社债。③

1944年7—9月,华北开发会社及其子会社为扩充当年度事业资金,向朝鲜银行、伪中国联合准备银行等10所银行及保险会社集团借款"联银券"2.2亿元,利率平均为五分四厘,借款期限为10年,前五年不必偿还,后五年可均等偿还,经双方协议该笔借款日

---

① 「現地資金借入方認可申請ノ件」(1944年1月11日)、『本邦会社関係雑件/北支開発及中支復興株式会社/会社ニ対スル認可指令関係』(第二十九卷)、日本外務省外交史料館藏、E-2-2-1-3_13_12_029。

② 「当座借越限度拡張ニ関スル認可申請ノ件」(1944年2月25日)、『本邦会社関係雑件/北支開発及中支復興株式会社/会社ニ対スル認可指令関係』(第三十一卷)、日本外務省外交史料館藏、E-2-2-1-3_13_12_031。

③ 「現地資金借入方認可申請ノ件」(1944年2月25日)、『本邦会社関係雑件/北支開発及中支復興株式会社/会社ニ対スル認可指令関係』(第三十六卷)、日本外務省外交史料館藏、E-2-2-1-3_13_12_036。

后可转为现地社债。①

2. 物资采购型借款

为了确保棉花、棉籽对日"满"的"特供",在日本军政当局授意之下,华北开发会社于1943年8月成立了华北纤维股份有限公司。同时,为了确保交通、电业、煤炭开采业等部门劳动力所需粮食的供应,华北开发会社还成立了华北煤矿粮食配给组合、开发粮谷组合。为了筹措这三家国策会社的棉花、粮食采购资金,1943年10月,华北开发会社向朝鲜银行北京分行、横滨正金银行北京分行、伪中国联合准备银行扩大透支额度至"联银券"7.5亿元,年利率为四分五厘,借款期限至1945年3月31日,会社方面无需任何担保。②

1944年12月,为了筹措华北纤维股份有限公司的棉花、棉籽采购资金,华北开发会社向朝鲜银行北京分行、横滨正金银行北京分行、伪中国联合准备银行扩大透支额度至"联银券"14亿元,年利率四分七厘。③

3. 当地特别发行债券

1944年6月,第一批华北开发债券由华北开发会社发行,发行

---

① 「現地資金借入方認可申請ノ件（昭和十九年度第二四半期分 220 000 千圓）」(1944年7月24日)、『本邦会社関係雑件/北支開発及中支復興株式会社/会社ニ対スル認可指令関係』(第三十六卷)、日本外務省外交史料館藏、E-2-2-1-3_13_12_036。

② 「当座借越限度拡張認可申請ノ件」(1943年11月6日)、『本邦会社関係雑件/北支開発及中支復興株式会社/会社ニ対スル認可指令関係』(第二十八卷)、日本外務省外交史料館藏、E-2-2-1-3_13_12_028。

③ 「当座借越契約締結方認可申請ノ件（昭和十九綿花年度第一期分 1 470 000 千圓ロ）」(1944年9月2日)、『本邦会社関係雑件/北支開発及中支復興株式会社/会社ニ対スル認可指令関係』(第三十七卷)、日本外務省外交史料館藏、E-2-2-1-3_13_12_037。

额"联银券"2 000万元,具体偿还方式及期限情况不详。①

1944年7月,第二批特别华北开发债券由伪中国联合准备银行发行,发行额为"联银券"4 000万元,利率年七分,三年内不必偿还,此后七年间每半年在约定期限内偿还"联银券"60万元以上,发行后十年内偿清。②

1944年12月,第三批特别华北开发债券由朝鲜银行、横滨正金银行、天津银行、济南银行、不动储蓄银行、安田储蓄银行、大阪储蓄银行、青岛实业银行、日本劝业银行等发行,发行额为"联银券"3 000万元,年利率五分五厘,三年内不必偿还,此后每年在约定期限内偿还"联银券"300万元以上,至1949年12月1日还清。③

1945年3月,第四批特别华北开发债券由朝鲜银行、横滨正金银行、天津银行、济南银行、不动储蓄银行、安田储蓄银行、大阪储蓄银行、青岛实业银行、日本劝业银行等发行,发行额为"联银券"4 000万元,年利率五分五厘,三年内不必偿还,此后每年在约定期限内偿还"联银券"400万元以上,至1949年12月1日还清。④

这四批特别华北开发债券都由日本政府担保本金与利息到期

---

① 「北支開発債券(特第一回)政府保証印刷入方ノ件」(1944年4月15日)、『本邦会社関係雑件/北支開発及中支復興株式会社/会社ニ対スル認可指令関係』(第三十一卷)、日本外務省外交史料館藏、E-2-2-1-3_13_12_031。

② 「北支開発債券(特第二回現地発行分)発行認可申請ノ件」(1944年5月8日)、『本邦会社関係雑件/北支開発及中支復興株式会社/会社ニ対スル認可指令関係』(第三十二卷)、日本外務省外交史料館藏、E-2-2-1-3_13_12_032。

③ 「北支開発債券(特第三回現地発行分)発行認可申請ノ件」(1944年11月2日)、『本邦会社関係雑件/北支開発及中支復興株式会社/会社ニ対スル認可指令関係』(第三十五卷)、日本外務省外交史料館藏、E-2-2-1-3_13_12_035。

④ 「北支開発債券(特第四回現地発行分)発行認可申請ノ件」(1945年2月8日)、『本邦会社関係雑件/北支開発及中支復興株式会社/会社ニ対スル認可指令関係』(第三十八卷)、日本外務省外交史料館藏、E-2-2-1-3_13_12_038。

如数支付。

综合来看，华北国策会社集团与当地银行的借款并没有什么特别的计划性，可谓予取予求。在两者的债务关系中，1943年之后，伴随华北物价的恶性膨胀，华北国策会社集团不断增加事业经费的投入，这些经费中相当部分来自该集团对当地银行的"联银券"借款，这也是"联银券"进一步增发、华北物价持续恶化的主要原因之一。1943年下半年后，因战局与"现地自活"的需要，日本军政当局加紧了对棉花、粮食等生产生活物资的掠取。以笔者仅见的两笔华北开发会社物资采购型借款，即高达"联银券"7.5亿元与14亿元之巨，而1943年12月（借款则为10月）与1944年12月"联银券"的发行量也不过为37.6亿元与158.4亿元，[①]前者约占后者的19.9%与8.8%，说明战争后期"联银券"的另一货币功能——对物资的"征发"性愈加凸显。1944年6月以后，华北国策会社集团除在日本国内发行日圆债券之外，另在华北沦陷区内发行四批"联银券"特别债券，这些债券的发行额不大，但条件相当优惠，尤以第二批年利率高达七分，体现了华北国策会社集团对伪中国联合准备银行的某种"照顾"，这或许是为了体现中日在经济上"互为提携"、共克时艰的象征意义。

战时环境下以华北开发会社为首的华北国策会社集团的形成，其主要任务在于掠取华北沦陷区内的资源。"联银券"作为日圆的"替身"，逐步成为华北国策会社集团内部投资、融资的"血

[①] 大蔵省『昭和財政史・資料』（第17巻）、東京：東洋経済新聞社、1981年、第265頁。

液"。在两次"联银券"价值危机中,华北国策会社集团都成为日本军政当局的统制对象,其经营方针集中于对军需资源的开发与对中国民间资本的利用。伴随华北国策会社集团的扩张,日伪当局不断增发"联银券",导致华北物价恶性膨胀。华北国策会社集团可谓战时华北经济不断恶化的主要推手。

"联银券"是日圆集团的一员,日本军政当局也因此始终坚持"联银券"与日圆等值联系,这既是为了确保日圆经济圈的稳定,也是为了维护国策会社股东的利益。华北沦陷区的物价膨胀与华中沦陷区的情况有所不同,导致华北物价恶性膨胀的根本原因在于以粮食为首的一般物资的普遍不足,解决的渠道在于促进生产、扩大进口,这在"联银券"与日圆等值联系的情况下根本无法做到。而华北沦陷区内物价的高涨带动了对日出口物资价格的上升,日本军政当局又不得不进一步增发"联银券",导致华北经济必然陷入"货币增发—物价膨胀—货币增发"的恶性循环之中。

通过华北国策会社集团与当地银行的债务关系可以发现,华北国策会社集团也是利用"联银券"大量"征发"民间物资的操作者。1943年之后,日本军政当局因战局与"现地自活"的需要,加紧对棉花、粮食等军需原料与生活必需品的掠取,"联银券"在货币功能上的"征发"性质愈加凸显,这充分体现于华北国策会社集团对当地银行的巨额"联银券"借款中。在对民间物资的"征发"上,华北国策会社集团与"联银券"的紧密结合,"联银券"对于华北国策会社集团而言,并不仅是"开发"资源的"血液",也是其掠取民间物资的货币武器。

第四章　华中国策会社集团与
　　　　　日本对华中货币政策

　　全面抗战时期，以华中振兴株式会社为首的华中国策会社集团是日本军政当局在华中沦陷区内实行殖民统治的重要经济工具。以往我们对于这一企业集团的研究不太关注其与日本对华中通货政策之联系及其在日本对华货币战中所扮演的角色。正如日本学者高纲博文所指出的，中日学界关于华中振兴会社的既有研究成果之所以相当缺乏，其原因或在于研究的立场与方法上。① 研究日本经济史的日本学者将之作为日本帝国主义史的产物加以剖析，而研究抗日战争史的中国学者则将之作为日本对中国经济侵略的手段加以批判，两者不约而同关注的都是这一企业集团对华中沦陷区内物资与财富的掠取。双方的研究在理论上并无问题，但是能否揭露这一企业集团对日本侵华战争的参与程度？1938年10月武汉沦陷后，抗战进入相持阶段，中日两国对抗的形式从军事战转向经济战。日本军政当局的对华方针进入"长期建设"阶段，如何对华中沦陷区维持殖民统治成为其重要的课题。货币战作为

---

① 高網博文「中支那振興株式会社概要及び研究成果・課題」、「人文学研究所報」、第58号、2017年9月。

两国经济战的重要阵地,华中国策会社集团自然参与其中。日本军政当局对该集团的指令关系文书及相关文献或可为我们揭示一些其中的内幕,从而为我们研究战时华中国策会社的经营状况提供具有意义的线索。

一、华中国策会社集团的形成

淞沪会战结束后不久,日本军政当局开始考虑吸引本国资本家对华中沦陷区投资,以巩固日本对该区域的殖民统治。1937年12月,日本政府制定的《上海方面帝国经济权益设定策》指出,"要设立国策会社充当对(上海)特别市内的电话、电力、电灯、自来水、煤气、电车、公共汽车等及下记各项相关事业的经营或调整"。①1938年1月,华中派遣军特务部编写的《华中经济开发基本纲要》中明确提到,"关于经济势力的进入,首先应奖励卓越的企业家与有力的资本自由进入,为使其充当对公共事业(电力、煤气、自来水、通信、铁路及其他交通事业等)的调整或经营之职,可以成立一国策会社而统合之"。②与九一八事变后南满洲铁道株式会社在伪满洲国各经济领域的活跃状况不同,日本军政当局首先考虑由国策会社控制公共事业部门,并没有立即使之渗透至其他"开发"领域,这虽然体现了日本军政当局对华中沦陷区内经济现况的考量,但从某种程度而言,也吸取了"满铁"在伪满洲国一社独大的教训。

---

① 第三委员会决定『上海方面ニ於ケル帝国ノ経済的権益設定策』(1937年12月16日)、多田井喜生編『続・現代史資料11 占領地通貨工作』、みすず書房、1983年、第144頁。
② 『中支経済開発基本要綱 昭13年1月13日 陸軍特務部』、『興亜院配布 経済関係書類 住谷悌史資料』、日本防衛省防衛研究所藏、支那-支那事变全般-517。

按照日本军政当局的构想,1938年4月30日,日本议会通过《华中振兴株式会社法》;11月7日,日本军政当局于上海正式成立华中振兴会社,投入资本额1亿日圆,第一任社长为日本书名实业家儿玉谦次。华中振兴会社是一个典型的半官半民企业,其股东除日本政府以外,表面上包括日本各地的企业主、工商业者等约一万余人,实际上民间资本的大半来自于三井、三菱、住友等财阀的下属或相关公司,故而该会社的股权仍掌握在日本主要财阀手中。① 该会社成立的目的,正如其《设立趣意书》所言:

> 从来以上海为中心的华中地区人口稠密、产业资源丰富,可谓中国经济的心脏。如今遭受未曾有的战祸,其功能大部分受到破坏。虽然新中国的重建气势旺盛,但若无我国优秀技术与资本的援助,则各产业的复兴开发难有期望。于是本会社作为经济建设的先驱,特别是对作为产业基础的各项事业进行投资、融资乃至经营。关于其资本,则由我政府率先出资,此外也期待民间一般有志之士广泛筹资。热切期望诸位贤达赞成本会社的创办并参与华中建设大业。②

华中振兴会社是华中国策会社集团成立的首家会社,也是最核心的会社,其业务主要为"协助华中经济复兴及对开发事业进行投资或融资,此外在特殊情况下,在政府的认可下对这些事业进行经营",这些"事业"主要包括交通运输、通信、电气、煤气、自来水、

---

① 野田経済研究所『戦時下の国策会社』、東京:野田研究所、1940年、第625—626頁。
② 「設立趣意書」,中支那振興株式会社編『中支那振興株式会社設立趣意書・事業見込見書・収支計算書』(第一回)、1938年度、三菱経済研究所藏、第1—2頁。

矿产、水产等公共部门。① 在如此规划下，日本军政当局陆续成立了以下国策会社，作为华中振兴会社的子会社或相关会社：

华中矿业株式会社，1938年4月成立，为中日合办普通法人企业，营业对象为华中包括铁矿在内的矿物开发业务。

华中水电株式会社，1938年6月成立，为中日合办特殊法人企业，营业对象为华中的电力及自来水经营业务。

上海内河轮船株式会社，1938年7月成立，为中日合办普通法人企业，营业对象为华中主要内河航路的旅客及货物运输、船舶的租赁、仓库及码头的经营及附带业务。

华中电气通信株式会社，1938年7月成立，为中日合办特殊法人企业，营业对象为华中电气通信事业、电气通信设备的租赁以及与这两项业务相关的附带事业的投资业务。

上海恒产株式会社，1938年9月成立，为中日合办特殊法人企业，营业对象为上海附近的都市建设、港湾建设、土地及建筑的买卖、租赁、管理业务。

华中都市公共汽车株式会社，1938年11月成立，为中日合办普通法人企业，营业对象为华中主要城市的市内公共汽车业、货物运输汽车业及与之相关的附带业务。

华中水产株式会社，1938年11月成立，为中日合办普通法人企业，营业对象为鲜鱼批发市场的经营及水产品的交易，以华中沿岸为根据地的轮船拖网渔业、制冰、冷冻、渔具的搬运及附带业务。

大上海瓦斯株式会社，1938年12月成立，为中日合办普通法人企业，营业对象为瓦斯供应、瓦斯副产品的制造与销售及与之相

---

① 「事業見論見書」，中支那振興株式会社編『中支那振興株式会社設立趣意書・事業見論見書・収支計算書』(第一回)、1938年度、第3頁。

关的附带业务。

华中蚕丝株式会社，1938年8月成立，为中日合办的普通法人企业，营业对象为机器制丝业的经营、蚕种的生产及配给、与蚕种生产相关的加工业、必要的土丝交易及与以上各项相关的投资业务。

振兴住宅组合，1939年9月，为按日本民法成立的组合，营业对象为华中振兴会社及相关会社职员所需的住宅，以及对其所需设施的建设经营业务。

中华轮船株式会社，1940年2月成立，为中日合办特殊法人企业，营业对象为航运业、码头仓库业及这两项的附带业务。

华中铁路株式会社，1940年4月成立，为中日合办特殊法人企业，营业对象为铁路业、汽车运输业及各附带的业务。

淮南煤矿株式会社，1940年6月成立，为中日合办普通法人企业，营业对象为煤炭的开采与销售及其附带业务。

华中盐业株式会社，1940年8月成立，为中日合办特殊法人企业，营业对象为食盐的买卖与运输、对制盐事业的融资与技术指导、食盐的制造与精炼及以上附带之业务。

华中火柴股份有限公司，1943年4月成立，为中日合办普通法人企业，其营业范围为火柴制造及相关事业之经营。①

这些会社名义上为中日合办，实质上皆由日商控制，在业务上接受兴亚院华中联络部的指导与监督。② 这些企业与中华航空株

---

① 关于华中振兴株式会社各子会社的成立时间与经营状况，可参见中支那振興株式会社『中支那振興会社並関係会社事業概況』、中支那振興株式会社、1940年、第15—112頁。

② 兴亚院华中联络部是日本军政当局统制华中经济的中枢机构，迄1942年10月其被撤销，一直是华中振兴会社等国策会社的直接监督指导机构。参见黄美真、李占才编：《日伪对华中沦陷区经济的掠夺与统制》，北京：社会科学文献出版社，2005年，第344—345页。

式会社(1938年12月成立,会社还包括华北、蒙疆业务)、华中运输株式会社(1942年7月成立)、振兴采购组合(成立时间不明)以及东亚海运株式会社(成立时间不明)形成了华中国策会社集团,共同垄断华中沦陷区内各重要的经济部门。值得注意的是,华中国策会社集团中公共事业型企业的数量要超过生产型企业,这一点与华北国策会社集团不同。公共事业型企业在经营过程中必然吸收大量当地的货币,从而为其协助日本在华中沦陷区内的货币战提供必要的金融基础。

二、法币需给调节基金的设立与运作

全面抗战时期,以华中振兴会社为首的华中国策会社集团为日本在华中沦陷区内的殖民统治扮演重要角色。华中振兴会社成立之初,日本军政当局即对之寄予厚望,在物资供给与货币金融上给予相当的通融,"为使该会社实现目的,相关各部门应以共同之努力,尽可能地提供物资及外汇资金,使该会社之事业在物资及资金充裕的范围内得以推进"。[①]

1939年春,上海汇市日圆汇率出现暴跌,作为对策之一,1939年8月日本军政当局在华中振兴会社内部设立了一个特殊金融部门——法币需给调节基金,该基金理事长为谙熟中国经济的实业家油谷恭一。这一基金主要用于调节华中振兴株式会社及子会社相互间的法币供求,以此维持华中沦陷区内日系货币价值的稳

---

① 「中支那振興株式会社設立要綱」(1938年3月15日)、多田井喜生編『続・現代史資料11 占領地通貨工作』、みすず書房、1983年、第509頁。

定。① 在对华中国策会社集团的指令中,兴亚院华中联络部规定该基金的运作要领如下:

  一、有关会社应每旬向华中振兴会社报告当地日币、法币资金的库存数及其收支的实际情况。

  二、有关会社应每月向华中振兴会社报告当地日币及法币资金的收支设想。

  三、华中振兴会社在接到前两项报告后,应即与兴亚院华中联络部联系。

  四、有关会社在一次支付 2 000 日圆以上的法币资金时,应得到华中振兴会社的许可。对一次支付相当于 10 000 日圆以上的法币资金,在申请许可时,华中振兴会社应与兴亚院华中联络部协商。

  五、为调节华中振兴会社及有关会社间法币资金的供需关系,根据另项规章,设立"华中振兴会社及有关会社法币资金需求调节基金"(以下简称"基金")。

  六、华中振兴会社及有关会社在持有相当于 1 000 日圆以上的法币资金并且不打算在短期内使用时,其超出部分应根据市场价格转卖给该基金。

  七、该基金将根据华中振兴会社及有关会社度法币资金的需求情况,按市场价格转卖所需法币资金。在出售前项法币资金时,该基金将以华兴券支付。②

  法币需给调节基金的资本总额为 22 万日圆,出资方包括了华

---

① 中支那振興株式会社『中支那振興会社並関係会社事業概況』,第 9 页。
② 《控制华中振兴会社中有关会社的法币资金要纲》(1939 年 7 月 5 日),上海市档案馆编:《日本侵略上海史料汇编》(下),上海:上海人民出版社 2015 年版,第 134 页。

第四章　华中国策会社集团与日本对华中货币政策　　189

中国策会社集团所有成员，投资资本分别为华中振兴会社10万日圆、华中矿业会社1万日圆、华中水电会社1万日圆、上海内河轮船会社1万日圆、华中电气通信会社1万日圆、上海恒产会社1万日圆、华中铁路会社1万日圆、华中水产会社1万日圆、华中都市公共汽车会社1万日圆、华中蚕丝会社1.5万日圆、淮南煤矿会社0.4万日圆、大上海煤气会社0.1万日圆、华中盐业株式会社1万日圆、中华轮船会社1万日圆，以及日后成立的振兴购买组合0.1万日圆。① 此外，当该基金中的法币资金不足时，可从华中振兴株会社借入不超过30万元额度的借款以敷临时之需。该基金在指令关系上同样受兴亚院华中联络部的监督与华中振兴株式会社的管理，由伪华兴商业银行负责保管及运作。当华中国策会社集团成员需要法币时，由该基金供给，当该集团成员所持法币多余时，则转售于该基金，由此起到调节国策会社集团内部法币供需的作用，该基金还适时将法币投入汇市，平抑法币兑日圆（军票）的汇率。该基金还有另一用途，即当法币大量囤积时，可将之先行兑换为其他华币或外币，以供国策会社集团采购中外物资之需。② 从华中振兴会社经营档案中可见，1939—1942年间，该基金中的法币交易极为频繁，按年度大致情况如下：

---

① 中支那振興株式会社『中支那振興会社並関係会社事業概況』、中支那振興株式会社、1940年、第119頁。振兴购买组合的投资情况，参见「中支那振興会社及関係会社法幣資金需給調節基金臨時組合員総会ニ関スル件」(1942年8月22日)『本邦会社関係雑件/北支開発及中支復興株式会社/関係会社関係』(第三巻)，日本外務省外交史料館藏，E-2-2-1-3_13_21_003。

② 清水善俊「支那事変軍票史」、『日本金融史資料・昭和篇』第29巻、大蔵省印刷局、1971年、第100—103頁。

表 4-1　法币需给调节基金收支实绩表

	1939 年度		1940 年度		1941 年度		1942 年度		合计	
	金额(元)	件数	金额(元)	件数	金额(元)	件数	金额(元)	件数	金额(元)	件数
法币购入量	4 285 470	51	14 127 744	183	20 370 500	201	7 780 000	45	4 716 371 428	480
法币卖出量	4 103 799	102	14 207 506	314	20 529 500	332	8 560 882	90	47 201 888	838

资料来源:「中支那振興会社及関係会社法幣資金需給調節基金臨時組合員總会ニ関スル件」(1942 年 8 月 22 日)、『本邦会社関係雑件/北支開発及中支復興株式会社/関係会社関係』(第三巻)、日本外務省外交史料館藏、E-2-2-1-3_13_21_003。

以 1940 年度该基金法币交易情况为例,华中蚕丝株式会社是对该基金售出法币最多的国策会社(1939—1942 年度情况亦如此),其次为华中电气通信、华中水产两会社;而购入法币最多的是华中铁道会社(1941 年度为华中矿业会社、1942 年度为华中盐业会社),其次为华中矿业、上海恒产两会社。我们大致可以从中了解 1940 年度这些国策会社内部法币的流动情况:在华中国策会社集团中,华中蚕丝会社通过市场交易获得最多的法币,而华中铁道会社在铁路运营、基材采购上消耗最多的法币。

华中蚕丝会社会何以成为向该基金售出法币最多的国策会社?这应与日本军政当局利用该会社发动"华兴券"对法币的货币战有关。1939 年 5 月,日伪当局于上海成立伪华兴商业银行,发行"华兴券"并规定其与法币等价联系。"华兴券"对法币的攻击方式与华北的"联银券"不同,而是日本军政当局企图先将"华兴券"改造成完全能兑换外币的"贸易通货",进而再将之逐步转型为"国内通货"。"华兴券"对法币的攻击策略就在于将其外币兑换功能逐渐侵蚀。然而,1939年度伪华兴商业银行的对外贷款为2 500万元,存款为1 000万元,不过都是日本在华企业"道义上的援助",其中最主要的援助方就是华中蚕丝会社。① 华中蚕丝会社从该行借入的金额以法币65%、"华兴券"35%比例为条件,成为支撑伪华兴商业银行业务的最重要企业。作为履行这一条件的"条件",华中蚕丝会社得以将市场交易中获取的大量法币转售于法币需给调节资金,从中换取日圆或其他外汇。另一方面,华中蚕丝会社与军票价值维持工作本身也存在密切的联系。1939年6月,日本军政当局挪用上海海关关税法币500万元,于横滨正金银行上海分行中设立秘密账户"乙资金",用于维持包括军票在内的日系货币的价值。经过持续的资金投入,1941年7月,"乙资金"将账户内剩余的法币3 048万元转让于新设立的"军票价值平衡资金"后秘密关闭。② 当时,华中蚕丝会社与"乙资金"尚存650万圆军票(按当时上海汇价折合法币1 518.22万元)的交易,"因考虑华中蚕丝存在法币不足之困难,而将此交易由军票价值平衡资金继承",③由此可以推理出存在华中蚕丝会社"从市场获取法币→法币需给调节基金→获取军票→乙资金→获取法币用于生产"的货币流动路径。

法币需给调节基金的总体收益情况良好,在中日货币战最为激烈的1940年度,据当年度财政结算,该调节基金获得了相当丰

---

① 桑野仁『戦時通貨工作史論』、法政大学出版局、1965年、第114頁。
② 清水善俊「支那事変軍票史」、『日本金融史資料・昭和篇』第29巻、大蔵省印刷局、1971年、第73頁。
③ 興亜院華中連絡部「軍票価値平衡特別資金設置ニ伴フ措置要領」(1941年6月18日)、多田井喜生編『続・現代史資料11 占領地通貨工作』、みすず書房、1983年、第509頁。

厚的收益,实现对股东五分的高额分红,①这些利润当然来自军票与法币汇兑中的差额利润。

随着中日货币战的退潮,1942年8月,"中储券"名义上已于华中沦陷区内取代法币,法币被日伪当局禁止流通,故而法币需给调节基金亦无存在必要而宣告解散。

三、日本军政当局对华中国策会社集团的指令

全面抗战初期,日本军政当局内部关于华中国策会社集团是否继续使用法币有过一场争论。文官和日商鉴于法币在华中沦陷区内的广泛流通,反对发行军票,认为"以国策会社为首的各种企业经营的收支要依靠法币,使用军票并不恰当",②而大藏省驻上海财务官相马敏夫与华中振兴会社总裁儿玉谦次则赞成发行军票,认为此举可以减轻日本在军费上的负担,儿玉宣称"当此重大时局当地的各家企业应率先协助军票对策"。③ 作为军票工作的主要内容之一,即鼓励从事铁路、公共汽车、电力、煤气等公共事业之国策会社以军票标价并征收费用。1939年春以后,这些国策会社的公共事业费用虽然开始收入军票,然而,一些会社,如华中都市公共汽车会社等,"虽然其费用原则上以军票征收,但在不得已的情况也认可法币,实际上因利用者是中国人,大部分都是法币收入"。④

---

① 中支那振興株式会社『中支那振興会社並関係会社事業概況』,第119頁。
② 岡田曾次『日中戦争裏方記』,東洋経済新報社、1974年、第104頁。
③ 岡田曾次『日中戦争裏方記』、第106頁。
④ 「南市開放ニ伴フ関係会社事業対策」(1940年2月5日)、『本邦会社関係雑件/北支開発及中支復興株式会社/経伺通牒関係』(第二巻)、日本外務省外交史料館藏、E-2-2-1-3_13_11_002。

第四章　华中国策会社集团与日本对华中货币政策

尽管华中国策会社集团不断收入法币，但其在公共事业费上以军票标价的举动，仍对当时华人的货币使用心理产生"不可低估的影响"。① 这在日本军政当局看来，"(国策会社)对于军票普遍信用的提升，尤其是在中国人中普及所产生的效果，乃是维持军票价值的有力支柱"。②

　　太平洋战争爆发之前，华中国策会社集团与华北国策会社集团的情况相似，都面临内部资金紧缩问题。这一问题的出现，是伴随军票工作的深入，日本军政当局不断强化资金统制的必然结果。1940年3—4月时，华中国策会社内部围绕资金紧缩问题进行过讨论，"鉴于现地通货价值维持的紧急态势，在着眼于资金放出与强化本地生产力之关联性的同时，应根据物动计划所核定的物资，通过其他方式推进事业。避免购买本地外币或产生本地外币溢出之弊端"。③ 讨论之结果仍要求各子会社"鉴于将来事业的重要性及其综合性质，应在紧缩的范围内竭力设法健全事业，特别是对日供应的重要物资及扬子江开放对策上所要求的物资等，要考虑在如上限度内如何满足今后的要求"。④ 不久，令军政当局感到不安的是，华中矿业会社因无法获得华中振兴会社的充足融资而出现劳

---

① 支那派遣军经理部「信用拡大に乗じて高値維持絶対必要」,『南京日本商工会議所所報』第四号,1940年3月15日,第3頁。
② 清水善俊「支那事変軍票史」,『日本金融史資料・昭和篇』第29巻、東京：大蔵省印刷局、1971年、第64頁。
③④「業務主任者連絡会議開催ノ件」(1940年3月14日),『本邦会社関係雑件/北支開発及中支復興株式会社/経伺通牒関係』(第二巻)、日本外務省外交史料館蔵、E-2-2-1-3_13_11_002。

工因收入减少而效率低下,铁矿石对日出口减少等问题。①

　　日本军政当局强化对资金的统制,禁止在华中沦陷区内开办不急需的企业,并对土木建筑事业采取审核许可制,这些措施导致国策会社经营方针发生变化。因对资金贷款的限制,1940 年末,华中振兴株式会社及其子会社原本预计于次年对外放出的 1.5 亿日圆社债,不得不压缩至 0.5 亿日圆。② 国策会社的经营方针不得不变更为"重点主义",紧急事业计划的资金来自于其他事业计划资金的牺牲,即淮南煤矿会社及华中矿业会社的预算得以增加,而上海恒产、华中都市公共汽车、大上海煤气、华中水电、华中水产等会社的为之减少。③ 当时上海财务官相马敏夫就称国策会社的生存之道在于"自活":"必要的事业资金,原则上依靠现地解决主义,即在当地尽可能地获取收入,采取提高铁路费用、水电费用等方式来增加收入。"④

　　1941 年 1 月,汪伪中央储备银行成立之后,围绕"中储券"与军票的地位问题,日本军政当局内部进行了反复的争论。在太平洋战争爆发的前夜,兴亚院联络委员会基本与上海日商纱厂、华中振兴会社子会社等日资会社达成今后尽可能用"中储券"替换

---

① 「華中連絡部経済第一局塩見調査官致興亜院経済第二課石原事務官」(1940 年 6 月 8 日)、『本邦会社関係雑件/北支開発及中支復興株式会社/経伺通牒関係』(第二卷)、日本外務省外交史料館藏、E-2-2-1-3_13_11_002。
② 「昭和十六年度開発関係会社事業計画ニ関スル件」(1940 年 11 月 30 日)、『本邦会社関係雑件/北支開発及中支復興株式会社/経伺通牒関係』(第二卷)、日本外務省外交史料館藏、E-2-2-1-3_13_11_002。
③ 斎藤栄三郎『大東亜共栄圏の通貨工作』、光文堂、1942 年、第 271 頁。
④ 相馬敏夫「中支那通貨工作の回顧」、多田井喜生編『続・現代史資料 11　占領地通貨工作』、みすず書房、1983 年、第 296 頁。

法币进行内外交易的谅解。① 1942年5月,日本军政当局确立了华中货币的根本方针,即不断培育强化"中储券"之流通势力范围,彻底驱逐法币,将"中储券"确立为华中沦陷区内统一的货币,最终以"中储券"代替军票之流通,完成对军票的整理与回收工作。② 1942年5月下旬,作为"军票经济与'中储券'经济一体化"的第一步,日本军政当局推行"中储券"百元兑换军票十八圆之政策,要求自6月20日起各国策会社(华中铁道会社则从7月1日始)将以上公共事业费用从军票单一标价,改为军票、"中储券"两种同时标价,由此使一般民众加深军票即将退出华中沦陷区的观念。6月15日,兴亚院以对外谈话的形式向华中沦陷区社会公开发表了这一变更货币的重要政策的内容及其与华中国策会社集团之关联:

> 按华中新通货对策之实施,法币需被整理,中储券需扩充流通,其价值将大大稳定。特别是先前当局公开发表了百元中储券兑换十八圆军票之政策,军票经济与中储券经济将实现一体化。如今为进一步促进其效果,经各相关机构协议,以往苏浙皖三省之内以军票单一征收的火车、轮船、公共汽车、煤气、自来水等公共事业费用,自6月20日以后将改为以军票、中储券两种标价征收,换算率为百元中储券兑军票十八圆之比例。按此比例,可以军票或中储券自由支付。以此措施,预计今后将不断促进军票经济与中储券经济之一体化,中储

---

① 兴亚院连络委员会「中支二於ケル新法币ノ育成并旧法币ノ流通制限二関スル方策(试案)」(1941年11月8日)、多田井喜生编『続・现代史资料11 占领地通货工作』、みすず书房、1983年、第462页。

② 清水善俊「支那事变军票史」、『日本金融史资料・昭和篇』第29巻、东京:大藏省印刷局、1971年、第223页。

券的流通力得以不断强化,希望普通民众对于本次措施充分体认,以牢固对中储券之信任,协助其培育强化工作。本次费用改为两种货币标价的公司如下所示。

华中铁路、华中公共汽车、华中水电、华中电气通信、上海内河轮船、华中轮船、大上海煤气、东亚海运(扬子江航路)、华中运输(旧日本通运)、中华航空(与华北当局协商,预计自20日以后实现两种标价)、上海特别市轮渡股份有限公司、华中航运统制组合。①

可以发现,兴亚院所规定实行两种货币标价的会社大部分都是华中国策会社集团的成员。这些会社完全听命于日本军政当局,从而使两种货币标价的政策得以在华中沦陷区内顺利推行。在日本军政当局看来,这一货币上的变动对于民众将产生两种影响:"一方面如实表明我方对于培育'中储券'的认真态度,其政治上、人气上将收获极大的效果;但另一方面,作为以往一步也绝不退让的公共事业费用以军票单一标价,全面改为两种形式标价,这是以军票将被整理回收为前提的举措,对于太平洋战争爆发以来普遍对军票抱有不安的认识也会进一步加深。"②

为了进一步强化"中储券"在民间的流通,1942年9月,日本军政当局规定,华中国策会社集团人事薪资之一部分也必须以军票、"中储券"两种货币支付,其实施要领如下:

(一) 为了军票、中储券经济一体化取得实际效果,此际国

---

① 清水善俊「支那事変軍票史」、『日本金融史資料・昭和篇』第29卷、東京:大蔵省印刷局、1971年、第293頁。
② 清水善俊「支那事変軍票史」、『日本金融史資料・昭和篇』第29卷、東京:大蔵省印刷局、1971年、第290頁。

策会社各项薪资的支付,一部分以中储券支付。实施要领如下。

(1) 实施本件的会社,暂时包括华中振兴、上海恒产、华中铁路、华中都市公共汽车、华中水电、华中电气通信、华中水产、华中蚕丝、华中建筑、华中盐业、淮南煤炭、大上海煤气、中华邮船、内河汽船、华中运输、振兴住宅组合、振兴购买组合、中华航空、东亚海运。

(2) 虽然薪资中是否以中储券支付按受薪者的希望,但为了便宜处理,设定至少为工资总额的三分之一。

(3) 薪资以中储券支付之际,以中储券百元兑换军票十八圆的比例支给。为了处理上的便宜,以五十元为单位。

(4) 本件自十月份开始实施。

(二) 国策会社对于雇佣的华人以往以军票支付薪资,此后应极力改为中储券。

(三) 由国策会社委托经营的军管理会社及子会社按(一)(二)处理。

(四) 各国策会社暂时将实施状况每月向兴亚院华中联络部报告。

(五) 各国策会社努力将物件费之支付尽可能以储备券支付。①

1942年10月,兴亚院华中联络部致各国策会社社长的函要求各企业以往以军票支付物件费者,除日本军政当局特别指定之物

---

① 「国策会社ノ諸給与ノ一部ヲ儲備券ニ依リ支払方実施ノ件」(1942年9月22日)、『中支に於ける皇軍租界進駐以後の金融施策概況(第5編) 昭和18年3月』、日本防衛省防衛研究所藏、中央-軍事行政経理-325。

资外,自 11 月起改用"中储券"支付。① 兴亚院还强调,对日人职员的各项薪资应尽可能多额地以"中储券"支付,而对于雇佣华人的工资则必须全额以"中储券"支付。与此同时,为了配合日本军政当局的货币政策,汪伪政府财政部与伪中央储备银行发布公告,自当年 12 月 1 日起禁止法币于苏浙皖三省及上海、南京两市内持有、使用、流通(汪伪政府已于当年 6 月 8 日开始回收以上地区法币)。

可以发现,日本军政当局对华中国策会社集团之指令分三步进行:第一步,为维持军票价值,推行公共事业费用军票标价一体化;第二步,为推行"中储券"统一华中沦陷区金融之工作,推行公共事业费用以军票、"中储券"两种标价并行;第三步,为彻底实现"中储券"统一工作,先推行国策会社人事薪资与物件费军票、"中储券"两种标价并行,并不断向"中储券"倾斜,最终实现以"中储券"统一华中货币的目的。

四、国策会社集团内部货币使用情况

货币汇率的变动当然会对华中国策会社集团的经营与收入造成各种影响。以上海内河轮船会社为例,1940 年从上海流入内地的物资虽然不断增加,但以 4、5 月为分界线,6 月以后因物资统制的加强、法币行情的跌落而呈现减少趋势,由此带来该会社收入的

---

① 「国策会社宛通牒」(1942 年 10 月 29 日)、『中支に於ける皇軍租界進駐以後の金融施策概況(第 5 編) 昭和 18 年 3 月』,日本防衛省防衛研究所藏、中央-軍事行政経理-325。

锐减。① 又如华中水产株式会社,因法币跌落反而导致鱼价高涨,1940年度其交易额反而大幅增加。② 随着军票工作与"中储券"统一工作的开展,如何从华中国策会社集团货币使用情况中发现该集团与货币战之间的联系,是我们长期以来忽视的问题。

因一手资料的匮乏,学界对此问题的研究缺乏连续性。尽管如此,从一些碎片化的史料中,我们仍可发现一些端倪。笔者希望通过对三份华中振兴会社内部重要档案的解读,在此领域做出一些努力。第一份为《华中振兴会社相关会社参考资料》所附《关于相关各会社使用货币之情况》,从中可见,在1940年8月,也即日本军政当局军票工作最为活跃之时期,华中国策会社集团内部货币使用及收入情况大致如表4-2所示。

表4-2 华中国策会社集团通货使用及收入情况表(1940年8月)

会社名	会社货币使用及收入情况
华中矿业株式会社	上海总社、所有轮船船员及各矿业所的华人工资大部分以法币支付。其中矿业所华人工资(劳工)占了最大份额。然而已渐渐采取军票支付的方针,马鞍山劳工工资的40%以军票支付。其他尚未达到用军票支付的程度。
华中水电株式会社	工资费用中,苏州工厂的华人工资以法币支付(约七八千元);物件费用中在当地采购的外国货物即一部分电线、自来水管用小机器以小额法币支付。苏州军管理工厂的费用以法币收取。此外,无锡也以法币收取,军票与法币将来的汇率趋势大体可参考前一个月的平均情况。

---

① 中支那振興株式会社『中支那振興会社並関係会社事業概況』、中支那振興株式会社、1940年、第19頁。
② 中支那振興株式会社『中支那振興会社並関係会社事業概況』、中支那振興株式会社、1940年、第100頁。

续表

会社名	会社货币使用及收入情况
内河轮船株式会社	工资费中华人的部分除了职员，全部以法币支付。小蒸汽轮船、舢板的租费以法币支付，其金额最近每月在七八万元。物件费中轮船的修缮费用之外，在现地调办的建设物资（木材、工具）及石油类物资都以法币支付。苏州、无锡、常州收取军票，而内地则在换算后收入法币。军票汇率较上海行情为高（上海为军票100圆兑法币127元时，当地可兑130元）。黄浦江、长江航班收取法币。上海代理店收入法币，直营店收入军票。收入中的法币占40%、军票占60%。
电气通信株式会社	华人工资费仅上海总社以法币支付（三四万元），其他地区则以军票支付。房租、工部局租税，对C·T·O的支付、小机器等之外，为了电话总局的建设也支出了相当多的法币。租界（朝向苏州河）发报的外国电报费以法币收取。总收入中军票占40%、法币占60%。
上海恒产株式会社	华人工资（包括劳工工资）完全以军票支付。以法币支出的大部分是土地收购费、房屋转让费等，也有最近该社新会社新房屋的建筑费若干，这些都是向华人支付的，极小额的杂费以法币支付。
都市公共汽车株式会社	华人工资11月以后完全以军票支付。外油的购入费用及少量的汽车零件购入费用之外，有时（比如1月）因物资动员计划国内石油的预纳金也以法币支付。南京、杭州、苏州、无锡等地公共汽车的收入中80%及上海杨树浦方面的公共汽车费用少量（一日二三百元）为法币收入。军票、法币换算率在上海为1∶1.2，在地方上为1∶1.4。
华中水产株式会社	华人工资除去高级职员（7—8人），市场计算销售的助手、劳工，冷冻工厂的职工、劳工（三四十人）以法币支付。也勉强可以军票支付。在物件费中，重油、煤炭等燃料，渔具，船具等现地调办的情况下，有相当部分以法币支付。因为物资动员计划，物资难以入手，因此这种情况相当多。市场的收入因生产者、消费者都是华人，故而全部为法币。将船具分租的情况下其租款以军票收入。
大上海煤气株式会社	全部以军票支付。但去年12月在军方的斡旋下，现地采购的钢管以法币支付，这是特例。

续表

会社名	会社货币使用及收入情况
华中铁路株式会社	工资全部以军票支付。物件费中,以外币标价的车辆及其他急切需要在当地采购的建设资材,以法币支付。今年2月以来此类支出达到相当金额。长途公共汽车在收入(军票标价)中,极少额度(现在月五六千元收入的20%)为法币收入。其换算率为法币100元兑军票70圆,与现在市场行情相比对军票约12%有利。
淮南煤矿株式会社	工资费用全部以军票支付。除少量对当地调办物资的采购费以法币支付外,全部以军票支付。
华中盐业株式会社	无法币支付。必须法币支付的场合,也以军票换算后支付。
华中蚕丝株式会社	与工厂有关的华人职员、职工以法币支付,但多少也混杂些许军票。工资费用中80%以法币支付,20%以军票支付。

资料来源:「中支那振興会社関係会社参考資料送付ノ件」(1940年8月3日)、『本邦会社関係雑件/北支開発及中支復興株式会社/経伺通牒関係』(第二巻)、日本外務省外交史料館蔵、E-2-2-1-3_13_11_002。

按华中振兴会社经营者对货币使用与收入情况的说明,"薪资费用,即使是华人工资,也采取了尽可能以军票支付的方针。而以法币支付的情况将不断减少,然而在当地采购的外国物资的货款,则不得已用法币支付。当然,华人的工资、外国物资的货款即使用军票支付,很多接受者也会在市面上直接将之兑换成法币,作为相关会社销售物资货款而接受的军票小额支票,也会通过财务官向基金申请兑换成法币,这样的例子并不罕见"。① 可以看到,虽然企业接受日本军政当局"以军票支付、以军票收入"的要求,但是接受军票的华商很快将之在上海汇市兑换成法币,而能够通过法币供需调节基金获取

---

① 「中支那振興会社関係会社参考資料送付ノ件」(1940年8月3日)、『本邦会社関係雑件/北支開発及中支復興株式会社/経伺通牒関係』(第二巻)、日本外務省外交史料館蔵、E-2-2-1-3_13_11_002。

法币的,不言而喻,当然是那些依附国策会社、掌握特权的日商。军票一体化政策不仅没有得到华商的认同,也没有获得日商的支持。

从企业内部情况来看,表4-2中各家会社使用军票或法币的情况差异很大,这意味着华中国策会社集团内部远未实现货币的统一。使用军票较积极的企业有上海恒产、大上海煤气、淮南煤矿、电气通信、华中盐业等企业,而使用法币较为积极的则有内河轮船、华中水产等企业。总体来看,生产型企业使用军票的情况较弱,而公共事业型企业使用军票的情况较强。上海及其周边地区企业使用法币的情况要多于上海及其周边以外地区。一些企业,如内河轮船会社,必须采购大量当地物资或从第三国进口物资,故而使用法币比较积极。而军事管理化较强的企业,如淮南煤矿等,则使用军票比较积极。抗战全面爆发后不久,国民政府将淮南煤矿破坏,日军占领后即将之作为军管理工厂并委托三井矿山、三菱矿业两家企业对其加以恢复。淮南煤矿会社成立后,该会社成为日本经营华中煤炭业务的统制会社,具有强烈的军管色彩,其开发所需资材在物动计划中获得特别照顾、优先确保,日军对于运输设备亦给予特别保护。① 还有两家国策会社,即华中都市公共汽车、华中铁道虽以军票标价,均因实际运营中以华人为服务对象,故而不得不收入法币。国策会社集团成员使用或收入法币的情况存在如此大的区别,充分说明了法币在中国民间的广泛流通力,以及租界对于国策会社内部货币流通不可低估的影响,华中的经济格局迫使相当一部分国策会社不得不在货币选择上采取"适应主义"与"折中主义"。

太平洋战争爆发后,上海等地的欧美租界为日本军政当局接收,日本得以对华中沦陷区实行更彻底的金融统制。此后,日本军

---

① 野田経済研究所『戦時下の国策会社』,東京:野田研究所、1940 年、第 677 頁。

政当局在华中国策会社集团中推行的"中储券"统一工作的情况又如何？第二份材料为1942年11月日本军政当局调查所得之《国策会社人事薪资中中储券支付实施情况》与《国策会社物件费中中储券支付实施情况》，当时华中国策会社集团内部人事薪资与物件费的情况，大致如表4-3、4-4[①]所示：

表4-3 华中国策会社集团人事薪资费"中储券"支付情况表（1942年11月）

会社名	总薪资额	实际薪资额	内容		"中储券"支付额占实际薪资额的百分比
			军票支付额	"中储券"支付额	
华中振兴株式会社	6 184 524	4 071 450	2 853 050	6 880 000	30.4%
振兴购买组合	1 740 424	1 402 281	762 140	356 600	45.8%
振兴住宅组合	509 700	426 000	230 700	1 084 700	45.8%
上海恒产株式会社	2 589 667	2 438 487	1 208 605	6 832 677	50.4%
华中铁道株式会社	114 834 400	58 907 100	30 415 900	158 284 500	48.4%
华中都市巴士株式会社	8 538 267	7 087 854	3 119 818	22 070 650	56%
内河轮船株式会社	7 792 167	7 187 107	3 126 676	22 634 608	56.6%
中华轮船株式会社	16 050 000	14 578 000	4 679 800	54 990 000	67.8%
华中运输株式会社	12 058 424	8 921 861	4 623 927	23 915 653	46.6%

---

① 表4-3,4-4中数据来自日文史料，表中百分比数据的出入应源自未计算汇率这一因素。

续表

会社名	总薪资额	实际薪资额	内容		"中储券"支付额占实际薪资额的百分比
			军票支付额	"中储券"支付额	
东亚海运株式会社	10 843 058	10 843 058	6 328 162	20 636 742	41.6%
中华航空株式会社	14 959 715	12 727 225	6 939 486	32 154 106	45.4%
大上海煤气株式会社	2 039 216	1 726 099	800 352	5 143 040	53.6%
华中电气通信会社	99 407 059	38 558 267	21 448 021	95 056 923	44.3%
华中水电株式会社	27 142 300	20 060 183	10 957 933	50 567 500	45.3%
华中蚕丝株式会社	22 631 192	19 234 880	8 496 546	59 657 372	55.8%
华中水产株式会社	5 740 400	5 152 300	2 625 000	14 047 000	49%
华中盐业株式会社	3 131 386	3 131 386	2 317 786	4 520 000	94.5%
华中矿业株式会社	11 656 906	7 709 328	3 716 229	14 666 693	34.2%
淮南煤矿株式会社	3 289 381	2 114 528	1 348 148	4 257 061	36.2%
军管理地产公司（管理方：上海恒产）	1 999 214	1 368 378	1 157 797	2 280 000	26.4%
合计	373 137 400	227 845 772	117 146 076	603 247 223	48.7%

资料来源：「国策会社人件费ノ储备券支払実施状况」（1942年11月）、「中支に於ける皇军租界進駐以後の金融施策概況（第5编）　昭和18年3月」，日本防衛省防衛研究所藏、中央-军事行政经理-325。

表 4-4　华中国策会社集团物件费"中储券"支付的情况（1942 年 11 月）

会社名	总支付额	内容		"中储券"支付额占总额的百分比
		军票支付额	"中储券"支付额	
华中振兴株式会社	1 787 595	1 406 616	2 115 105	21.2%
振兴购买组合	26 300 341	26 065 405	1 305 200	0.8%
中华航空株式会社	16 116 051	8 348 018	43 155 740	48.2%
华中水电株式会社	233 820 755	208 960 130	138 114 591	14.1%
华中水产株式会社	39 776 400	34 144 400	31 288 600	14.1%
华中都市公共汽车株式会社	8 832 692	5 830 182	16 569 500	33.7%
华中运输株式会社	10 078 302	1 897 215	45 430 483	81.1%
内河轮船株式会社	17 611 218	15 015 941	14 418 214	14.7%
东亚海运株式会社	322 192 900	291 235 400	170 282 750	9.5%
华中蚕丝株式会社	76 786 344	28 106 951	270 441 085	63.4%
淮南煤矿株式会社	88 700 000	87 800 000	5 000 000	1%
华中铁道株式会社	178 550 000	174 978 900	19 839 300	2%
上海恒产株式会社	10 193 600	9 508 700	3 337 800	5.9%
军管理地产公司（管理方：上海恒产租界事务所）	432 073	232 109	1 110 952	46.2%
华中电气通信株式会社	59 071 900	48 668 000	57 799 600	17.6%
华中矿业株式会社	35 743 579	514 427	195 717 610	99.9%
华中盐业株式会社	3 525 665	2 711 375	4 523 637	23%
合计	1 129 519 415	945 423 769	1 020 450 167	16.2%

资料来源：「国策会社物件费ノ储备券払実施状况」（1942 年 11 月）、『中支に於ける皇军租界进驻以后の金融施策概况（第 5 编）　昭和 18 年 3 月』、日本防卫省防卫研究所藏、中央-军事行政经理-325。

从国策会社集团整体情况来看,以"中储券"支付薪资的比例已占 48.7%,而以"中储券"支付物件费的比例却只有 16.2%。这可以理解为,"中储券"较军票更易为国策会社职员、劳工所接受,故而在社内普及较快;而在物资采购中,军票则较"中储券"更为中日两国商人所接受,军票作为采购货币的地位并没有发生明显的变化。以企业个案来看,以"中储券"支付薪资的比例中,华中盐业会社最高,达到 94.5%,这可能与该会社绝大部分员工为华人有关。而淮南煤矿会社"中储券"支付薪资的比例非常低,结合这所企业以"中储券"采购物资的比例也极低之情况,不仅表明其内部所受军票经济的浸透最深,而且从中可知当时"中储券"在皖南地区的影响力尚弱。值得注意的是,华中蚕丝会社无论是人事薪资支付还是物资采购上以"中储券"支付的比例都较高,说明这家企业对"中储券"的接受程度较高,这或许与其获取伪政权授予的独家收购华中蚕茧的特权从而必须通过大量的"中储券"从江浙民间收购蚕茧有关。

第三份材料是 1943 年 12 月、1944 年 7—12 月华中振兴会社的《业务概况报告》,这一时期华中振兴会社所需资金与调入资金的军票与"中储券"情况如下。

  1943 年度 12 月末华中振兴株式会社所需资金(包括投资、融资、贷款、物资资金):军票 33 263.6 万圆,中储券 5 007.5 万元;调入资金(包括社债、借款、存款、投入资本):军票 31 533 万圆,中储券 6 151.3 万元。

  1944 年 7 月华中振兴株式会社所需资金(包括投资、融资、贷款、物资资金):日圆(含军票)54 232.2 万圆,中储券 14 577.7 万元,当月贷款于华中水产中储券 1 398.6 万元、华中水电中储券 2 668.5 万元、淮南煤矿中储券 3 308.3 万元;调入资金(包括社债、借款、存款、投入资本):日圆(含军票) 42 078.4 万圆,中储券 28 146.6 万元(含中储券借款 26 184.6 万元)。①

1944 年 8 月华中振兴株式会社所需资金(同上):日圆(含军票)53 578.8 万圆,中储券 22 765.9 万元,当月贷款于华中矿业中储券 3 235.9 万元、华中水电中储券 2 668.5 万元、华中水产中储券 2 136.9 万元、淮南煤矿中储券 3 928.5 万元;调入资金(同上):日圆(含军票)43 817.7 万圆,中储券 32 349.4 万元(含中储券借款 30 387.4 万元)②

……

1944 年 12 月华中振兴株式会社所需资金(同上):日圆(含军票)58 668.9 万圆,中储券 143 227.7 万元,当月贷款于华中矿业中储券 24 930 万元、华中水电中储券 14 188.5 万元、华中铁路中储券 23 174 万元、淮南煤矿 19 098 万元;调入资金(同上):日圆(含军票)47 279.6 万圆,中储券 184 690.5 万元(含中储券借款 182 890.5 万元)③

以上数据虽杂乱无章,但大致可从中看出,在 1944 年 7—12 月期间华中振兴会社所需资金中,日圆(含军票)资金在数量上波动不大,而"中储券"资金在数量上则大幅增加,说明"中储券"贷款成为该会社最主要的财源。这或与 1942 年 10 月日本军政当局对华

---

① 「業務概況報告書」(1944 年 7 月)『本邦会社関係雑件/北支開発及中支復興株式会社/月次報告』(第四卷)、日本外務省外交史料館藏,E-2-2-1-3_13_14_004。
② 「業務概況報告書」(1944 年 8 月)『本邦会社関係雑件/北支開発及中支復興株式会社/月次報告』(第四卷)、日本外務省外交史料館藏,E-2-2-1-3_13_14_004。
③ 「業務概況報告書」(1944 年 12 月)、『本邦会社関係雑件/北支開発及中支復興株式会社/月次報告』(第四卷)、日本外務省外交史料館藏,E-2-2-1-3_13_14_004。

中振兴会社的资金筹集应通过现地发行振兴债券,尤其要积极吸收中国金融机构资金的指令有关。① 从华中振兴会社对子会社的贷款内容来看,华中水电、华中铁道、淮南煤矿等这些原本对以"中储券"采购物资并不积极的企业却获取了大额"中储券"贷款,似可说明日本军政当局希望这些企业加大以"中储券"采购当地物资的力度,促使其加快供出产品或协助军需,以敷战争末期日本物资动员的急迫需要。

全面抗战时期,在日本军政当局扶植下形成的华中国策会社集团是日本对华货币战的重要协助者,法币需给调节基金的设立与运作则是该角色的具体表现。国策会社的股东从中日货币战中获取了高额的利润,而国策会社及依附于其的日本商人则从该基金中获得了大量用于采购、生产所需的法币,体现了这些企业具有对日本军政当局大力协助与极力确保自身利益的双重面相。

虽然日本军政当局于华中沦陷区内推行军票一元化政策已有时日,但直至1940年8月,华中国策会社集团在使用军票还是法币这一问题上仍游移不定,完全没有统一。1942年11月,华中国策会社集团对于"中储券"统一工作的协助产生的效果十分有限。1944年7—12月期间,日本军政当局的"中储券"工作已臻尾声,企业获取大量的"中储券"借款,不仅进一步加速了"中储券"在华中沦陷区内的急剧贬值,也从侧面反映出日本军政当局加大了对华

---

① 「儲備券放出回収対策ニ関スル件」(1942年10月7日)、『中支に於ける皇軍租界進駐以後の金融施策概況(第5編) 昭和18年3月』,日本防衛省防衛研究所藏、中央-軍事行政経理-325。

中地区物资的掠夺力度。华中国策会社集团内部的通货使用情况与日本所处的战争时局密切相联,该集团对各种货币之态度实则反映了法币经济、"华兴券"经济、军票经济与"中储券"经济在华中沦陷区内的张力与局限。

第五章　上海日商纱厂集团与
　　　　　日本在华中的军票工作

　　战时日本对华货币政策的基本特点，在于日本根据对不同区域的影响力制造依附于日币的不同货币体系。1937年中日战争全面爆发以来，鉴于华中为法币之发祥地，也是英美商业利益集中之所在，日本采取与华北不同的货币战形式，以军票作为经济武器，秘密推展军票工作。① 以往学界关于军票史的研究，侧重从宏观层面揭露军票在日本军政当局操控下对华中沦陷区金融体系的侵害，而对"无根"的军票在华中沦陷区内广泛流通的深层原因似未展开充分研究。② 推考这一研究现状生成的原因，在于研究者受到

---

① 所谓"军票工作"，按战时日本军政当局的定义，乃通过维持价值、扩大流通来实现并发挥军票货币功能的一系列政策或措施。参见清水善俊『支那事变军票史』，『日本金融史资料·昭和篇』第29卷、东京：大藏省印刷局、1971年、第29頁。
② 关于日本军政当局发行军票的基本史实及对华危害性，参见陈建智：《抗日战争时期国民政府对日伪的货币金融战》，《近代史研究》1987年第2期；林美莉：《抗战时期的货币战争》，台北：台湾师范大学历史研究所，1996年；曹大臣：《论日本侵华时期的军票政策》，《江海学刊》2001年第6期；陈正卿：《日伪对华中沦陷区金融的掠夺与统制》，黄美真主编：《日伪对华中沦陷区经济的掠夺与统制》，北京：社会科学文献出版社，2005年；桑野仁『战时通货工作史论』、东京：法政大学出版局、1965年；高村直助『近代日本绵业と中国』、东京：东京大学出版会、1982年；岩武照彦『近代中国通

日本官方编撰资料的一定影响。然而军票工作作为日本军政当局在华推行的重要货币政策，同时又是需要在华日商密切配合的庞大经济工程，我们很难想象军票能够脱离日本在华企业在民间大量流通。1938年10月，战争进入相持阶段后，如何动员和利用日本在华企业的经济资源与生产经营体系维持军票价值体系，成为日本军政当局密谋的重要问题。其中，上海日商纱厂实力雄厚、规模庞大，①自然受到日本军政当局的瞩目。虽然有学者在研究战时上海日商纱厂生产活动的过程中发现其与日本在华中的军票存在诸种联系，但由于相关一手资料阙如，未能深入分析其中复杂关系，进而探讨军票工作的本质。② 日本大阪大学及大阪棉业会馆所藏在华日本纺织同业会未刊档案资料，揭露了诸多战时日本在华棉纺织业不为人知的活动，对于揭示上海日商纱厂于军票工作中扮演的角色，具有重要史料价值。

在华日本纺织同业会（下文简称"同业会"），系上海日商纱厂集团为应对1925年"五卅运动"中的劳资风暴而成立的行业同盟协会，其本部设于大阪，下辖上海、天津、青岛等支部。同业会的设

　　貨統一史——十五年戦争期における通貨闘争』、東京：みすず書房、1990年；小林英夫『日本軍政下のアジア—「大東亜共栄圏」と軍票』、東京：岩波書店、1993年；柴田善雅『軍票と華中通貨工作』、中村政則等編『戦時華中の物資動員と軍票』、東京：多賀出版、1994年；柴田善雅『占領地通貨金融政策の展開』、東京：日本経済評論社、1999年。

① 日本在华棉纺织业初起于20世纪初叶，至中日战争全面爆发之前，形成上海、天津、青岛三大据点，据统计，至1937年6月末上海日商纱厂按设备折算的投资额约占日商纱厂整体投资额的63.2%，是日本在华纺织业中最重要的生产力量。淞沪会战期间，上海日商纱厂虽蒙受战火折损，基本生产规模仍得以保存。参见東亜研究所：『日本の対支投資』、東京：東亜研究所、1942年，第231頁。

② 高村直助等日本学者主要利用清水善俊编写的《支那事变军票史》中的相关史料，对上海日商纱厂参与军票工作的史实略有述及。

立,不仅使日商纱厂之间形成一致的对外话语口径,①而且导致其内部生产经营"卡特尔化"。西方经济学者认为,产业"卡特尔化"的最大特点,在于企业通过协调产量来控制生产率来实现集团利益的最大化。② 军票对于战时上海日商纱厂的生产经营活动造成了哪些影响,纱厂又是如何应对的,又导致了哪些后果,这些问题的答案似乎也可从同业会档案中去寻觅。

纵观以往学者研究军票工作利用的史料,大致可分两类:一为由原日本政府官员编写的资料,以相马敏夫的《华中通货工作之回顾》为典型;二为由日本军方授意经济学者编写的资料,以清水善俊的《中国事变军票史》为代表。无疑,因为史料编撰者利害各异,立场有别,史料中也会出现"选择性书写"的问题。引入代表日商纱厂立场的同业会档案,我们不仅可从企业的视角了解军票工作开展的实态,而且通过三种史料的比较,也可以一窥日本在华棉纺织业与日本政府、军方之间的利益关系。

1941年太平洋战争爆发后,随着汪伪"中储券"的大量发行,军票逐渐为日本军政当局所扬弃,军票工作走向了末途。本文着力于分析中日战争前期,也即太平洋战争爆发之前日本在华中沦陷区内推行军票政策的得失,并以之为范例,思考现代战争中货币战的形态与本质。疏漏之处,尚乞专家指正。

一、上海日商纱厂集团与军票工作的结合

1937年,日本发动全面侵华战争,对华货币战的序幕亦逐渐拉

---

① 在華日本紡績同業会編『船津辰一郎』、東京:東方研究会、1958年、第175頁。
② 鲁道夫·希法亭:《金融资本》,李琼译,北京:华夏出版社,2013年,第254页。

开。所谓"货币战",按日本军政当局之定义,即"为维持日系货币价值与打倒敌性货币法币而进行的经济作战"。在华北,日本的金融布局早在1935年秋"华北事变"时即已展开,战事爆发不久后的1938年2月,日伪设立伪"联合准备银行",发行与日圆等值联系的伪券"联银券",并将之作为彻底驱逐华北沦陷区内法币流通的利器。而在华中沦陷区,自淞沪会战后,大量日币伴随日军侵略的步伐流入上海、江浙一带。这些日币与日本国内日币在价值上出现差距,对日本的国际收支平衡造成不利影响。① 日军企图将此货币危机转嫁于中国,1937年11月在华中发行军用手票(简称"军票")。② 日俄战争后,日本具有多次在敌国领土上发行军票的经验,与以往不同的是,在侵华战争中,军票不仅作为现地日军征调各种物资的工具,而且成为日本在华中开展货币战的经济武器。

军票作为日军战时出台的应急措施,日本政府并未对之投入任何担保,其名义上虽与日币等值,但信用远不及日币,不得与日币随意兑换。军票在发行初期只能在日军与市面间不断循环,流通量也仅数百万元左右。鉴于华中自战前即为国民政府金融、经济、贸易重心之所在,法币在华中的势力远较在华北强大,日本军政当局认为,"比起掌握货币制度,先决问题在于掌握物资,作为外币获得的手段而考虑利用法币。当然这是特以华中为法币牢不可拔之地盘为前提的"。③ 法币作为能够采购各种物资的贸易货币,日本对华中沦陷区内日系货币(日币、军票等)与法币并存流通的

---

① 日本学术振兴会编『支那の通貨と貿易』,東京:有斐閣,1942年,第29、35页。
② 参见《沪分处为复调查日推行军用票情形代电》,1940年2月9日,重庆市档案馆、重庆市人民银行金融研究所编:《四联总处史料》(上),北京:档案出版社,1993年,第417页;清水善俊『支那事変軍票史』,第3页。
③ 東亜研究所編『支那占領地経済の発展』,東京:東亜研究所,1944年,第500页。

局面持默认态度。

1935年国民政府推行币制改革后,法币也是上海日商纱厂经济生活最基本的货币,维系着纱厂的各种生产活动,上海日商纱厂集团于1936年12月即缴纳统税法币56.1万元。① 淞沪会战后,上海日商纱厂陆续复工。与"战时体制"下日本国内棉纺织业因原棉不足而大幅减产的萧条局面不同,②上海日商纱厂依托"孤岛"开放的外汇市场与自由贸易环境,可将手中法币换取外汇,再采购生产所需的大量外棉,维持着旺盛生产态势。从战时上海日商纱厂生产率走势图(图5-1)可以看到,1938年10月至1940年5月期间,除个别月份外,上海日商纱厂保持极高生产率,出现了所谓的

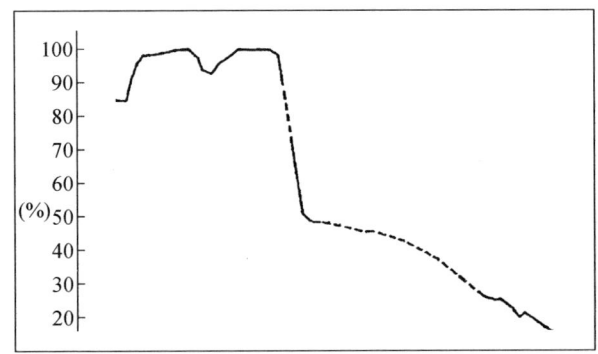

图5-1 战时上海日商纱厂生产率走势图(1938—1944年)

注:高村直助:《近代日本綿業と中国》,第240页。

---

① 在華日本紡績同業会上海支部『第三十六回例会報告』、1937年1月8日、『上海会議録』、大阪大学附属図書館蔵、Ⅱ-1-25。
② 由于战时日本国内棉纺织业生产的产品并非"军需物资",日本军政当局为避免原棉进口消耗外汇,对其实行进出口联系制,严格限制生产规模。参见飯島幡司『日本紡績史』,大阪:創元社,1949年,第340页。

"黄金时代"。①

日本军政当局密切关注上海日商纱厂这一生产动向,但未加阻止。据一日商纱厂业主回忆当时状况:

> 纱厂在华棉无法上市的情况下不得不使用外棉,担惊受怕地维持着生产,唯恐哪天突然被勒令停业。然而,因产品可以获取外币,我们得到放手生产的指令,从而进入了真正大生产的阶段,各家纱厂莫不如此。②

相对日币或军票,法币是有价值的"外币",日本政府对日商纱厂的态度实则体现了日本在战初对法币尚持利用的立场。

1938年10月以后,中日战争进入相持阶段,随着军票发行量的增加,维持军票价值的工作逐渐受到日本军政当局的重视。12月,日本军政当局对上海金融市场采取迂回战术,宣布以军票统一除上海外的华中沦陷区内所有日系货币。此时军票已随战事扩大流布于华中各地,日军在其所至各地,强制以军票支付各项货款,一些与日军存在业务往来的日商企业开始以军票进行商业交易,军票开始渗入华中日本产业的金融体系之中。为达到以战养战的目的,充分利用华中日本产业的物资资源维持军票价值,并进一步扩大军票在华中各级市场的流通,成为日本军政当局尤为关心的问题。

1938年12月至1939年5月期间,日军几度以通告形式鼓励华中日商以军票进行物资交易,③上海日商纱厂却委婉回复:"目前

---

① 参见王子建:《孤岛时期的民族棉纺工业》,中国近代经济史丛书编委会编:《中国近代经济史研究资料》(10),上海:上海社会科学院出版社,1990年,第14页;高村直助『近代日本綿業と中国』,第256—259頁。

② 名和統一『最近の支那紡績業に就いて(二)』、『大日本紡績連合会月報』1940年8月25日、第574号。

③ 参见今村忠男『軍票論』、東京:東京商工行政社、1941年、第143頁。

尚无使用军票之良法"。① 1939年初以来,上海日商纱厂流向汉口的棉产品主要供当地日军采购军用,日军虽强制销售棉产品的日商洋行接受军票货款,而洋行往往将获取的军票想方设法换成日币或法币后,再与日商纱厂结算,因而流入纱厂的军票极为有限。就使用情况来看,1939年1—5月期间,上海日商纱厂以日系货币结算的物资采购额达1 728.7万日圆,而其中军票不过91.9万日圆,仅占约5.3%。② 5月末,上海日商纱厂内部实际保有的军票仅36.3万日圆左右。③ 在上海,除与日军个别直接交易以军票进行外,日商纱厂与华商客帮的产品交易、劳工工资的支付,皆需以法币结算。④ 在日本军方的一再施压下,上海日商纱厂虽作出部分让步,各家纱厂同意按纱锭枚数比例从洋行处收取一定数额军票,但对于吸收军票的态度并不积极。

与此同时,为了保障全线投产,上海日商纱厂将大量法币投入外棉采购。1939年3月,重庆国民政府与英国政府共同成立1 000万英镑的外汇平准基金,以求法币对外汇率的稳定。据调查,4月上海棉花进口额骤升至20万—30万英镑,其中75%的外棉由日商纱厂购入。⑤ 日商纱厂的行为导致国民政府手中的外汇大量外流,3个月后中英平准基金即告枯竭。然而,更严重的后果还在于"以基金购买的进口物资既在上海流通,敌伪也就可就地收购获益。如

---

① 『第六十五回会議報告』、1939年3月2日、在華日本紡績同業会上海支部『上海会議録』、日本大阪大学附属図書館蔵、下同、蔵所省略、Ⅱ-1-66。
② 参見『第十四回会議報告』、1939年6月7日、在華日本紡績同業会上海支部『上海会議録』Ⅱ-1-66。
③ 参見『第十五回会議報告』、1939年6月14日、在華日本紡績同業会上海支部『上海会議録』、Ⅱ-1-66。
④ 参見東亜研究所編『支那占領地経済の発展』、第236頁。
⑤ 野村宣『法幣の壊滅』、大阪:朝日新聞社、1942年、第10頁。

1939年用大量外汇进口的棉花,相当大的部分流入到上海日商纱厂手中,这显然对抗战有害无利"。① 从同业会档案可见,1939年4月以后,上海日商纱厂采购外棉的时间、数量、用途都是在大藏省财务官驻上海事务所书记官相马敏夫的监视与默许下进行的。②

1939年5月间,上海金融界发生两件大事:其一,日伪成立"华兴商业银行",发行与法币等值的"华兴券";其二,沪上汇市日币价格出现暴跌。"华兴券"的出台,体现了日伪窃取法币贸易通货机能的意图,间接证明了法币仍具有强大的生命力;③从图5-2(由附表数据生成)可知,1939年初法币兑日币行情开始不断高涨,日币价格不断跌落,说明日圆集团内部货币价值体系的紊乱。④

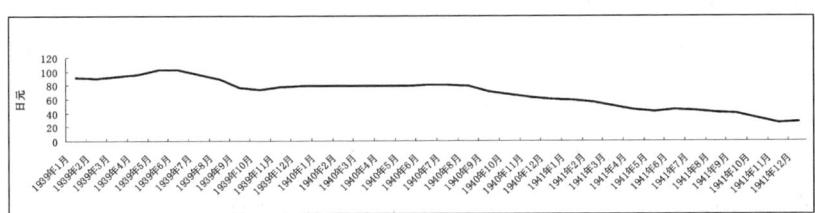

图 5-2　1939—1941年上海汇市法币兑日币(军票)平均汇率行情走势图

说明:1939年12月前为法币100元兑日币金额数,此后为法币100元兑军票金额数。
注:《上海軍票円相場ノ推移表》,清水善俊:《支那事変軍票史》,第361—362页。

---

① 中国银行行史编辑委员会编:《中国银行行史(1912—1949年)》,北京:中国金融出版社,1995年,第535页。
② 『第六回会議報告』,1939年4月26日,在華日本紡績同業会上海支部『上海会議録』、Ⅱ-1-66。在同业会档案中,相马敏夫的官衔被简称为"财务官"。为行文方便,本文也以此称谓。
③ 纯真:《二年来的中日货币战》,《战时日本》第2卷第6期,1939年。
④ 日币价格下跌,主要系华北、华中沦陷区内日系货币存在价值差距所致。参见相马敏夫『中支那通貨工作の回顧』,多田井喜生編『占領地通貨工作』(『続・現代史資料11』),東京:みすず書房,1983年,第285页。

在中国人看来，这两件事均反映了"日方苦闷的加重"，①沪上《申报》分析道：

> （本次日币暴跌原因）根本上是在日本的国力问题。换言之，是在日圆购买力问题。我们知道，日本自从发动对华战争后，其所消耗的军费，已达百万万元之巨。军事费的消耗，事实上就是物力的消耗，也就是国力的消耗。……目前日圆不断的跌价，已可看出日本已在走向总崩溃的路。②

这篇文章将日币暴跌的根本原因归因于日本的国力问题，认为这揭示了日本国力因对华战争的大量消耗而削弱，日本将最终走向总崩溃的结局，这引起财务官相马敏夫的高度警觉。③

日本军政当局立即采取一系列维持日币价值稳定的措施，如要求日商企业尽量使用日币，鼓励它们向日本国内汇款等。为抑止日币急剧下跌的疲势，厉行物资流通统制的日军甚至允许"在华纱厂可将购入的外棉运往华北，而把当地等额的棉产品运来华中"。④ 日币贬值风暴带动军票行情下落，一般军票较日币更低2—3元左右。汇市不利于日系货币的变动，最终迫使日本军政当局决定以非正常市场货币交易的方式，⑤在控制日币跌势的同时，竭力提高军票价值，使两者价值不断接近，最终以军票替代日币与法币

---

① 国民出版社编：《中日货币战》，金华：国民出版社，1939年，第27页。
② 史亦闻：《最近上海日圆跌价原因的分析》，《申报》（沪版）1939年5月22日。
③ 大藏省驻上海财务官相马敏夫在回忆录中特意记载了《申报》5月22日关于日币贬值之评论，可见对他触动颇深。参见相马敏夫『中支那通貨工作の回顧』，多田井喜生编『占領地通貨工作』，第284页。
④ 相马敏夫『中支那通貨工作の回顧』，多田井喜生编『占領地通貨工作』，第286页。
⑤ 关于日本军政当局调控汇市的具体策略，参见宫下忠雄『支那戦時通貨問題一斑』，東京：日本評論社，1943年、第247页。

挂钩,彻底保证日币的安全与稳定。

"日币价值维持工作"与军票工作形成联系后,日本军政当局开始考虑日商纱厂与军票工作结合的问题。有日本学者指出,军票价值的维持,是通过"物资"与"货币"两种资源来实现的。① 军票发行之初,日军虽屡次强令日商纱厂通过"物资资源"(棉产品)的军票交易,谋求对军票价值的保证,但由于纱厂态度消极,进展缓慢,效果甚微。以 1939 年 5—6 月间上海汇市日币暴跌为发端,国人对法币的信心剧增,"新的纸币已得人民的信任,因此中国政府可以采取在日军占领地带仍有效的直接政策。它的主要目标是使中国货币的价值,超过日圆或是日本在沦陷区强逼发行的新币制",②而"货币为经济之枢纽,货币基础稳固者,即为经济力量充实之明证"。③ 正因看到这点,日本军政当局决心动员各种在华经济力量展开军票对法币的汇率战,以摧垮中国人对抗战的信心。上海日商纱厂在消耗中英平准基金过程中所展现出对货币的强大集聚能力,成为日本军政当局觊觎的对象。

二、"伊资金"的启动

作为应对日币暴跌之策,日本军政当局决定自 1939 年 6 月起设立一系列秘密"资金"账户。这些"资金"账户从各种渠道吸聚货币资源,专供日本军政当局用于操控汇市,维持军票价值。举其要者,有 1939 年 6 月大藏省财务官驻上海事务所劫留上海

---

① 小林英夫『日本軍政下のアジア—「大東亜共栄圏」と軍票』、第 51 頁。
② 国民出版社编:《中日货币战》,第 40 页。
③ 马寅初:《战时常识介绍:中日之货币战》,《进修》第 11 期,1939 年。

海关税设立的"乙资金"、1940年1月日军以临时军费拨款为基础设立的"吕资金"、1940年7月日军在"乙资金"利润基础上设立的"丙资金"、1941年7月日军利用手中军票与法币设立的"军票价值平衡资金"。而与上海日商纱厂利益关系密切者,有1939年6月设立的"伊资金"、1940年10月设立的"K资金"与同年12月设立的"C资金",这三者中,对日本军政当局而言最重要者又属"伊资金"。

1939年6月初,日本军方通过与财务官相马敏夫协商,由其出面令上海日商纱厂自当月起按月向横滨正金银行一秘密账户提供300万元法币资金,日本军方给予纱厂相应时价的军票存款,以作补偿。这一账户即所谓的"伊资金"。日本政府向上海日商纱厂明确说明"伊资金"运作的诸项机制,特别强调"在操作以上存款之际,各家纱厂绝不可卖出日币购入法币"、"当军票存款用于向日本国内汇款,或买入日本国债,或转为定期存款等情况时,就可支取,但绝不可用于诸如对军票价值维持产生不利影响的支付用途"。经日商纱厂内部协议,这笔资金由各厂按纱锭枚数比例分配应缴数额,其中内外棉纱厂生产规模最为庞大,承担金额最多,达70万元;而东华纱厂规模最小,承担额最少,仅7万元。[①]

作为利益交换,日本政府向纱厂方面表示:(1)作为基本原则,上海纱厂今后每月实施的法币存款以其利润充当,若利润减少而

[①] 清水善俊『支那事変軍票史』,第71—72、78、82、89—91頁。此后情况稍有变动,1940年12月,因振华纱厂加入同业会上海支部,内外棉纱厂的责任额减至法币68万元,仍为最多;而振华纱厂最少,仅法币2万元。参见『第五十二回会議報告』,1940年12月4日、在華日本紡績同業会大阪本部:『在華紡績同業会通牒綴(上海)』、日本大阪大学附属図書館蔵,S15-Ⅳ-13。

第五章　上海日商纱厂集团与日本在华中的军票工作　221

在本案难以实施的情况下，本案可再协商；(2)本案在实施过程中，若一时遇到如金融梗塞等情况，纱厂可从银行获得短期资金融通之援助；(3)本案实施时，军方原先要求纱厂的合作事项全部撤回；(4)本案实施时，政府援助纱厂排除其在获取原棉投产、产品交易上的阻碍；(5)关于本案实行与纱厂之间的斡旋，由大藏省驻上海财务官担任之。① 以上诸条，以第(2)、(4)两条对于日商纱厂最具诱惑力，日本政府以第(2)条打消纱厂对法币短缺的顾虑；第(4)条则明确表明，日本政府默许纱厂通过法币采购原棉等行为，将继续为上海日商纱厂的全线投产提供基本保障。

在"伊资金"启动之初，日本军政当局即意识到，日军若为采购法币物资通过正常汇市交易卖出军票，换取法币，势必导致军票价值下跌，而使"伊资金"在内的一切军票价值维持工作变得毫无意义，故特别规定："关于日军及军关系企业所必需的法币调度，绝不可通过市场自由兑换，而应利用本资金（'伊资金'）来实现"，②因而"伊资金"又具有为日军调集物资采购所需法币的功能。

然而，"伊资金"设立后，上海日商纱厂的缴款极不顺利。1939年夏，沪上棉货行情高涨，上海日商纱厂保持旺盛的生产势头，纱厂从棉产品交易中获得巨大利润。日商纱厂一般会将利润大半汇往日本国内，每月从中提取300万法币金额，并不会对其经营活动造成特别影响。③ 然而，如上所述，当时大量法币流出纱厂用于套取外棉，而1939年6月23日，恰在日商纱厂须将规定金额的法币首次存入"伊资金"之际，重庆国民政府突令上海中央、中国、交通、

----

① 清水善俊『支那事変軍票史』，第90頁。
② 清水善俊『支那事変軍票史』，第89頁。
③ 高村直助『近代日本綿業と中国』，第261頁。

农民四行实行法币存款限制提现政策①,诸多商业交易陷入停顿,上海中外棉纺织业首当其冲。从同业会档案可见,日商纱厂面临严重的法币短缺危机,不得不通过财务官相马敏夫与"华兴商业银行"协商获取融资,以解燃眉之急。②

日本军政当局掌握一定量的法币后,上海汇市战场上军票对法币的汇率战即告打响。7月初,法币对军票汇率仍居100元以上,汇市"法币贵、军票贱"的格局并未改变。③ 日商纱厂在自身法币短缺的情况下,仍按日本军政当局要求向"伊资金"账户存入规定数额的法币。7月中旬,因中英平准基金所供英镑告罄,国民政府不得不放弃对黑市法币汇价的维持,上海汇市进入放任状态,法币行情出现狂跌。④ 1939年11月,日本政府规定,自12月1日起禁止日币在上海地区流通,华中沦陷区内将推行军票"一元化"政策。⑤ 由此日币退出汇市,军票成为华中沦陷区内唯一日系货币,法币兑军票汇率于75—78元间展开拉锯战。1940年3月末,法币兑军票汇率回升至80元关口。值此关键时刻,日本军政当局即向日商纱厂提出于6月缴纳法币700万元、7月缴纳900万元的特殊要求。虽然数额远超之前规定的责任额,纱厂方面仍予以满足。由于纱厂配合,日本军政当局及时将大量法币投入汇市,6—7月间

---

① 《上海市银行同业公会密件》,1939年6月22日,《上海市银行商业同业公会1939年1月—12月通函》,上海档案馆藏,S173-1-443。
② 「第二十一回会議報告」,1939年7月17日,在華日本紡績同業会上海支部『上海会議録』、Ⅱ-1-66。
③ 参见相馬敏夫『中支那通貨工作の回顧』、多田井喜生編『占領地通貨工作』、第289—290頁。
④ 关于1939年3月8日成立以来,中英平准基金对法币汇市维持及最后失败的过程,参见林美莉:《抗战时期的货币战争》,第48页。
⑤ 清水善俊『支那事変軍票史』、第148頁。

军票跌势得以抑制,至 8 月,法币对军票汇率跌至 75 元以下,此后行情彻底转向有利于军票的一面。①

鉴于军票于汇市不断"告捷",1939 年 11 月以后,上海日商纱厂几度希望同业会与军方交涉暂停"伊资金",并强调"只要在(资金)充裕的情况下,就考虑再次缴资,并保证一定以法币形式缴还"②,然而,考虑到"伊资金"与军方利益攸关,为避免引起军方猜忌,同业会大阪总部否决了上海方面这一意向。

1941 年 1 月以后,"伊资金"的作用对于日本军政当局而言已不仅在于维持军票价值,而是为 1939 年 8 月成立的"中支那军票交换用物资配给组合"(即"军配组合")提供必要的法币周转资金。③ 1942 年以后,汪伪大量发行"中储券",日本军政当局原则上同意日商纱厂以之代替法币上缴"伊资金",暗中平衡"中储券"与军票的兑换汇率,为"中储券"与军票比值最终固定于 100∶18 作准备。1943 年初,当"中储券"在华中沦陷区内基本取代军票时,"伊资金"对于日本军政当局而言再无存在必要,遂于 3 月关闭。

据同业会档案,至 1940 年 12 月末,上海日商纱厂共存入"伊资金"法币 6 407.4 万元(含息),转成军票存款累计达 4 713.7 万元,

---

① 今村忠男『軍票論』,第 125 頁。
② 『紡績操短ニ関スル件——十七日上海支部ヨリ来電(至急暗号)——』,1940 年 9 月 17 日,『重慶経済封鎖卜軍票経済圏ノ確立、上海操短問題、〇〇少佐問題、埃及棉問題、在華紡績協力具体案』,日本大阪大学附属図書館藏、Ⅳ-48。
③ 柴田善雅根据日本一桥大学所藏军配组合档案《伊交换承认请求书控(昭和十五年)》《伊交换承认请求书控(昭和十六年)》发现,1940 年 1 月至 1941 年 12 月军配组合所调集的法币资金主要来自"伊资金",其中 1941 年度达到法币 2 962.1 万元。这些法币主要用于日本军方对伪满棉花的出口、大豆等物资的采购与进口、支付统税与进口税等。参见中村政则等編『戦時華中の物資動員と軍票』,第 106—107 頁。

约占同期军票在华中的流通总额 10 132.3 万元的 47%。① 这笔庞大的军票,陆续以国债、存款、捐款等形式回流至日本军政当局手中,一部分以工资、货款等形式流入沦陷区内。若仅从关涉金额数目的庞大程度来看,日本军方称"(该资金)对 1940 年秋为止军票渡过困难时代给予了极大贡献,乃是应在军票史上大书特书之事",显然对"伊资金"的实际效果相当满意。

三、"K 资金"的设立

1939 年 12 月,日本政府推行华中军票"一元化"政策,使军票的功能已不局限于现地日军军费征发,而逐渐成为在华日人进行各种经济活动的基本货币。② 至 1940 年 2 月,"沪上军票每日的成交数额自一百数十万元至二百万元左右。四川路一带之钱庄,大都兼营军票买卖,其进出数量最巨者,每日均在一二十万元以上。至用军用票买进之货物,则为糖、海味、棉布、棉纱,以及运输公司及报关行业者亦流通使用,以为解交日商货款,至水路运费暨火车轮船客票,均需军用票购买"。③ 显然,军票在一定区域内已具备商业货币功能。

随着功能的增强,军票逐步融入日商纱厂产品交易之中。在华中军票"一元化"政策实施前夕,日本军政当局即要求纱厂"对于流向

---

① 『伊資金計算日報』、1940 年 12 月 28 日、在華日本紡績同業会大阪本部『在華紡績同業会通牒綴(上海)』、S15-Ⅳ-13;清水善俊『支那事変軍票史』、第 348 頁。
② 清水善俊『支那事変軍票史』、第 89、156 頁。
③《敌在沪粤推行军票扰乱金融情形》,1940 年 2 月 16 日,秦孝仪主编:《中华民国重要史料初编——第六编:傀儡组织(四)》,台北:"中国国民党中央委员会党史委员会",1981 年,第 1129—1130 页。

汉口等内地的棉产品以军票结算,且在其他产品及棉花的货款中使用二成的军票"。① 由于军票自身购买力提高,正如财务官相马敏夫所指出的,即使日商纱厂反对将产品全部以军票交易,但"如今也需出于成本考虑,渐至实现以军票交易的层面,若这一层面达到相当程度,以军票进行产品交易当然无任何异议";② 同时纱厂也不得不逐步增加产品的军票交易数额以满足日军的要求。③ 以 1940 年为例,可以分析上海日商纱厂产品军票销售额的变动情况。见表 5-1。

表 5-1 1940 年上海日商纱厂集团棉产品军票销售数额情况(单位:军票千圆)

1月	2月	3月	4月	5月	6月
1 786	1 184	3 290	6 510	5 202	5 526
7月	8月	9月	10月	11月	12月
4 267	4 276	9 082	8 628	11 488	16 592
1940 年全年合计:77 831					

资料来源:清水善俊:《支那事变军票史》,第 184 页。

从表 5-1 可知,1940 年 1 月日商纱厂产品的军票销售收入仅为 178.6 万元,至 12 月已达 1 659.2 万元,增长近 9 倍。在 1939 年 1 月至 1940 年 7 月期间,据同业会估算,上海日商纱厂累计消费了上海进口外棉总量的 80%,达 544 万担(平均 200 元/担),支出法币超过 10.8 亿元。同业会自称:"如以支付给中国人工资 1 820 余万为'罪',而视协助打倒蒋介石政权,消耗其在外法币 10 亿余

---

① 『第四十回会議報告』,1939 年 11 月 1 日、在華日本紡績同業会上海支部『上海会議録』,Ⅱ-1-66。
② 相馬敏夫『中支那通貨工作の回顧』、多田井喜生編『占領地通貨工作』,第 292 頁。
③ 『第六十四回会議報告』,1940 年 3 月 18 日、在華日本紡績同業会大阪本部『在華紡績同業会通牒綴(上海)』、日本大阪大学附属図書館蔵、S15-Ⅰ-10。

元为'功'的话,其'功'当然具有重要意义。"① 可以看到,日商纱厂对于外棉采购,并非仅仅视之为经济活动,而是一种政治表态。令纱厂担忧的是,随着产品军票交易量急剧增加,流入纱厂的法币相应减少,势必对其外棉采购造成不利影响,引起政治层面的连锁反应。

1940年9月,军票在汇市确立对法币的优势地位后,若军票继续与法币挂钩,日本军政当局势必面临一新问题:即军票升值过于剧烈导致法币过度贬值。一方面,军票价值高涨导致从日本进口的各种产品价格飙升,制约了日本产品销路的扩张,引起日商的不满;② 另一方面,法币价值过于低落引起沦陷区内物价腾贵,不仅对日军套购租界内的各种物资造成不便,也会波及维持低物价政策的日本国内经济体系。③ 日本军政当局考虑利用日商纱厂内部的军票资源设立一新"资金"账户,它与"伊资金"的运作原理正好相反,即由该账户适度向市场抛出军票来抑制其过度升值,间接提升法币价值,以使法币不至过度跌落而成无甚价值的废纸。这一新设"资金"账户,即为"K资金"。

显然,"K资金"设立的最主要目的在于平衡军票兑换法币的价值,并非对纱厂的特殊"照顾"。然而日本军政当局为避免"纱厂为筹集采购原棉的法币资金而利用市场渠道,从而对军票工作造成恶劣影响"而采取的这一措施,④ 也使上海日商纱厂间接从中获得一笔法币"专项资金"。1940年8月,为控制原棉流入纱厂的数量,日本军方制定《棉花搬运出入许可处理要领》,规定上海日商纱

---

① 『在華紡ノ立場ニ就テ』,据内容可知在1940年10月、『重慶経済封鎖ト軍票経済圏ノ確立、上海操短問題、○○少佐問題、埃及棉問題、在華紡繊協力具体案』、Ⅳ-48。
② 参见杉村広蔵『支那・上海経済の諸相』、東京:岩波書店、1942年、第5、31頁。
③ 参见宮下忠雄『支那戦時通貨問題一斑』、第248頁。
④ 清水善俊『支那事変軍票史』、第98—99頁。

厂"绝不可采购占领地外的棉花（海外进口者除外）"，且"每月必须汇报所有采购棉花的种类、数量、价格、来源、转卖对象及消费状况"。①"K资金"与《棉花搬运出入许可处理要领》的结合使日本军政当局通过信息与货币两种渠道掌握纱厂对原棉的采购数量，控制纱厂的生产命脉。

"K资金"流入纱厂的法币数量，主要来自军票与"丙资金"、"吕资金"、"乙资金"、"军票价值平衡资金"等其他秘密资金的互换。当军票行情不断高涨时，各"资金"均出现法币过剩而军票反渐不足的现象，"K资金"的运作恰为它们起到回拢军票的作用。1940年10月，上海日商纱厂首次存入"K资金"军票193万元②，至1941年月春每月升至700万元，此后各月上缴数额在数百万元不等，完全视日本军政当局的时局需要而定。据日本学者大竹慎一推算，1940年9月至1941年3月期间，日本当局向市场放出约3 000万军票③，这些军票的来源极有可能即是"K资金"。

1941年后，上海日商纱厂流入华中沦陷区内的绝大部分产品均以军票结算，军票源源不断流入各纱厂内，"K资金"在运作过程中从未遇到军票短缺问题。同年12月，太平洋战争爆发，上海外棉进口渠道基本断绝，日商纱厂对法币的需求降至开战以来最低点。1942年3月，日本军政当局出台《华中通货暂定处理纲要》，将法币视为"敌性货币"，决定将之彻底打倒，华中沦陷区内实行"中

---

① 『棉花搬出入許可取扱要領』、1940年8月24日、『重慶經濟封鎖ト軍票經濟圏ノ確立、上海操短問題、○○少佐問題、埃及棉問題、在華紡績協力具体案』、Ⅳ-48。
② 参见『第四十七回会議報告』、1940年11月12日、在華日本紡績同業会大阪本部『在華紡績同業会通牒綴（上海）』、S15-Ⅳ-13。
③ 参见大竹慎一『日中通貨戦史——旧植民地通貨金融研究』、東京：フォレスト出版、2000年、第53—55頁。

储券"本位制。① 军票自身也渐为"中储券"取代,至 6 月"K 资金"基本停止运作。

"K 资金"自设立至停止,始终为军票工作中重要一环,它与"伊资金"相互配合,为军票在华中的流通提供极大便利。日本军政当局利用几种货币间的循环,稳定军票价值而不使之居于过高位,打击法币而不使之暴跌。据统计,"K 资金"自设立以来,上海日商纱厂共投入约 8 200 万元军票,就其"价值"而言,日本军政当局认为,该资金的设立"打消了纱厂对于采购原棉所需法币的不安,有利于其将产品以军票交易形式来援助军票工作的开展,同时也为丙、吕等军票价值维持资金提供一强大军票来源,对于军票价值维持对策可谓毫无遗憾。(该资金)从两面给予了军票工作巨大贡献"。

四、"C 资金"的出台

"伊资金"启动后,大量军票流入日商纱厂内部。随着军票升值,纱厂与日本军方在利益上的矛盾逐渐显现。1940 年 7 月,中国派遣军总司令官西尾寿造向日本当局提议通过法令强制包括上海日商纱厂在内的在华日企向日军提供更多法币,称"若仅从高层指导而非法令强制的方式,大概已难有更大期待"。② 1940 年 9 月,法币 100 元仅可兑换军票 68 元左右,军票价值高涨,日军中流传日商纱厂利用"伊资金"大获其利的传闻,称军方有意对日商纱厂课以严厉的特殊税作为惩罚。③

---

① 桑野仁『戦時通貨工作史論』、第 173 頁。
② 清水善俊『支那事変軍票史』、第 98—99、188 頁。
③ 『軍当局トノ会談ニ付テ(報告)』、1940 年 9 月 24 日、『重慶経済封鎖卜軍票経済圏ノ確立、上海操短問題、○○少佐問題、埃及棉問題、在華紡績協力具体案』、Ⅳ-48。

当纱厂与军方关系变得棘手时,作为日本政府在华代表,大藏省财务官的居中斡旋就极为重要。相马敏夫主动"询问纱厂方面能否再提供一笔含有税金意义的法币资金",结果纱厂方面爽快地答应了这一要求。①

日商纱厂出乎意料的合作态度令相马敏夫印象深刻。1940年秋以后,国际形势变幻莫测,9月,德意日三国签订同盟条约,日本对英美关系骤然紧张;上海汇市波诡云谲,军票虽在价值维持上取得优势,但是相马敏夫深感仅依靠"伊资金"的运作或将难以应对非常之变。他与日商纱厂的接洽正值纱厂深受军方指责之际,因而受到纱厂欢迎。

关于"C资金"的出台过程,虽然日本军政当局撰写的史料极为简略,然而同业会档案却相当详细地记载了其内情。当时同业会内部秘密拟出三套协助大藏省财务官的方案,具体内容及所附理由如下。

1. 第一方案

以月额军票150万元作为税款,按各纱厂纱锭枚数比例分担,这笔税款作为捐款也好,用于购入国债也罢,由各纱厂自由决定,但可从税款负担额中扣除。

理由:在外纱厂利用低汇率汇款而获取利益,受到日本国民当此非常时期不缴税而获利的指责,无论如何也应对此作一正面回应。

2. 第二方案

强化同业会对各纱厂资金的管理,将多余资金全部供日本国使用。

---

① 相馬敏夫『中支那通貨工作の回顧』、多田井喜生編『占領地通貨工作』、第300頁。

理由：在日本国内企业"只要今后利润存在多余，即全部用来购买国债"的趋势下，日本在华棉纺织业也必须要有与之保持一致的觉悟。对在外纱厂而言，这也是安全之举。

3. 第三方案

设立与"伊资金"并行的另一用途"某资金"。（1）每月缴入一定金额（法币）。（2）本资金的使用完全交由财政官处置。（3）以国债形式接受返还。（4）当纱厂遇到金融堵塞而需借入资金时，在财务官认为无妨的范围内，从该"资金"中获取借款，及在获得财务官许可的情况下，以本资金为担保从银行处借入资金。（5）本资金在一连续时间段内运作，仅限与同业会上海支部相关。

理由："伊资金"已完全为军方支配，财务官在金融工作上并不能使用。新"资金"将初步设为财务官专用金融工作资金。①

有意思的是，从现存有关同业会内部会议档案中可见，当时各家纱厂对这三套方案意见不一。内外棉纱厂更倾向第二方案，大康、同兴、日华、上海、东华、裕丰等纱厂赞成第三方案，公大、丰田纱厂则对各案持保留态度。结果表明，大多数的日商纱厂赞成第三方案，即设立一新"资金"账户，专供财务官使用。这一方案不久成为日商纱厂协助相马敏夫计划的核心，也即"C资金"的雏形。

若考察各方案所附理由，可从中了解当时日商的复杂心态。事实上，第一方案、第二方案在现实中能否成立或实施均成问题。在第一方案中，日商纱厂希望通过每月缴纳固定税款缓和来自日本国内的批评之声。然而日商纱厂作为跨国企业，在税金缴纳形

---

① 『在華紡ノ協力具体案ニ関スル代表者会議ノ件』、1940年11月2日、『重慶経済封鎖ト軍票経済圏ノ確立、上海操短問題、〇〇少佐問題、埃及棉問題、在華紡績協力具体案』、Ⅳ-48。

式上原本无法与日本国内税法接轨,缴税在程序上难以操作。在第二方案中,日商纱厂将一切生产剩余利润上缴日本当局,虽然表明了对日本战时经济统制政策的全力支持态度,然而自身承受损失极大,必然招致大部分日商纱厂反对。第三方案,日商纱厂以新"资金"而非税款名义资助大藏省财务官,内容上虽与第一方案无本质差异,但该方案以财务官的意图为中心,另有一层博取其好感的用意。

日商纱厂内部也曾考虑直接向军方妥协,拟定四套方案,后因相马方案(第三方案)的出台而放弃。① 若将纱厂对军方方案与对相马方案的态度作一比较,即可发现纱厂就对军方还是政府让步,似有一番揣摩。两者的细微差别在于军方方案将以军票上缴,而相马方案则以法币上缴。1940年10月,汇市法币兑军票汇率仅为60元左右,在其价值远低于军票的情况下,军票缴纳当然对纱厂更不利。虽然任何方案都意味着日商纱厂将蒙受巨大经济损失,然而日商纱厂集团内部通过反复权衡,巧妙地将"投资"的砝码押置于日本政府系统下的大藏省财政官手中。

在相马敏夫与日商纱厂、军方反复协商后,名为"C资金"的秘密账户出笼,上海日商纱厂自愿提供1 000万元法币作为军票价值

---

① 据同业会档案,在1940年10月,面对日本军方的压力,同业会另拟过四套提交军方的解决方案:(1)对于今后缴纳的"伊资金":如大康、内外棉纱厂等在日本国内缴税的公司,以"伊资金"收入一半购买国债;并未直接缴税的公司将"伊资金"收入四分之一购入国债,另四分之一作为捐款。(2)捐款一途:通过现地(上海)当局机关,将军票1 000万元作为捐款。每月支付100万元,10个月付清。(3)以"伊资金"收入购买国债,如每月定额购入100万元等,余额则按各公司考虑,适当充作捐款。(4)"伊资金"收入一半用来购买国债。参见『重ネテ○○少佐トノ会談ニ就イテ』,1940年10月6日,『重慶経済封鎖ト軍票経済圏ノ確立、上海操短問題、○○少佐問題、埃及棉問題、在華紡績協力具体案』,Ⅳ-48。

维持工作的储备金。这笔资金由日商纱厂自1940年12月起分五个月存入横滨正金银行。日商纱厂商定,期满之后这笔资金除部分购买日本国债及财务清理外,其余皆归财务官自由支配使用。①

"C资金"的功能主要在于辅助"伊资金"。至1941年2月,法币大幅贬值,沪上金融投机日趋严重,日商纱厂在向日本军政当局作出"一旦日后需要,无论何时都可再次提供一千万"的承诺后,从财务官处取回已存入"C资金"的600万元法币。鉴于军票价值稳定工作已告成功,相马敏夫亦同意将此笔资金返还纱厂,"C资金"仅维持三个月即告中止。

"C资金"名义上虽归大藏省系统支配,然而一经启动,法币资金也最终流入日军手中,军方仍是"C资金"的最终受益者。对于"C资金"的"价值",同业会某官员自陈当时心态,可为最佳写照:

> 通过"伊资金"协助军票工作,诚然是件好事。军部的意思是使这笔金额不断增加,然而以每月300万元的巨款稳定融通,实际已非常困难。这点军人们不能理解,还不时说要增至500万元,甚至1000万元的要求……这阵子提出的1000万元特别"伊资金"融通方案,本身就是考虑了一部分军人的意向,并且有无论如何希望缓和与他们之间紧张气氛的用意。②

"C资金"从本质上说,不过是上海日商纱厂谋求对军方妥协的

---

① 『呂資金案(即"C资金"——笔者注)ニ就テ』,1940年12月7日,『重慶経済封鎖ト軍票経済圏ノ確立、上海操短問題、○○少佐問題、埃及棉問題、在華紡績協力具体案』,Ⅳ-48。需注意的是,日商纱厂内部将该资金称为"呂资金",显然是根据旧日文假名排序法"伊(イ)"、"呂(ロ)"、"波(ハ)"的顺序而推定的,但事实上日本军政当局在1940年1月便设立名为"呂资金"的秘密账户,上海日商纱厂集团对此并不知情。

② 『影山少佐問題ニ付テ』,1940年10月17日,『重慶経済封鎖ト軍票経済圏ノ確立、上海操短問題、○○少佐問題、埃及棉問題、在華紡績協力具体案』,Ⅳ-48。

一种方式。它的出台是日本侵略集团内部利益博弈的产物,暴露出日商纱厂与日本军方的矛盾:在军方眼中,纱厂始终是为自身牟取暴利、不顾国家利益的资本集团;而在纱厂眼中,军方则是不择手段掠夺其生产利润的无餍敲诈者。两者关系紧张的背后,不仅存在日本民间资本家与日本军阀在利益层面的紧张冲突,而且还有两者观念上——自由资本主义与经济统制主义的本质对立。①

"C资金"的中止并不意味着日本军方对日商纱厂的索求得到满足,日军另以节约军费为由命令上海日商纱厂等华中日本商团提供至少超过10%的利润作为国防捐款,并要求日商纱厂以购买战争国债的方式,为当地日军提供临时军费。② 这些要求导致上海日商纱厂自中日战争爆发以来获取的利润大量流入日军手中。

五、日军"军票经济圈"的推行与日商纱厂集团的困境

1940年秋,中日战争已进入第四个年头。日本在对华战争的泥沼中越陷越深,国内经济状况日益恶化。③ 而在华中沦陷区,自1939年12月军票取代日币成为唯一的日系货币以后,在"伊资金"等秘密账户与"军配组合"的操作下,军票流通区域不断扩大,价值大大增强。1940年5月,日本对流入西南国统区的物资渠道展开

---

① 推究日本军方与上海日商纱厂对立的意识形态根源,正如日本经济史学家中村隆英指出,战争伊始,日本国内经济就受到冲击而面临难局,"对资本主义进行批判和有统制与计划化志向的,原本即不限于社会主义者,即使在军部乃至官僚中,主张计划经济、统制经济者也大有人在"。参见中村隆英『昭和経済史』,東京:岩波書店,1986年,第104—105頁。
② 清水善俊『支那事変軍票史』,第198、202頁。
③ 参见臼井勝美『日中戦争』,東京:中央公論社,1967年,第114頁。

封锁战,日本经济界注意到军票工作的新动向,"最近军票维持政策将逐渐倾力于对消费层面的引导与对生产层面的扩大,因而必须对当地企业及营业部门进行再调整。确立现地战争经济体制乃当下必然之要求"。① 1940年秋,日本军方认为在华中沦陷区推行所谓"军票经济圈"的时机已经到来。关于日军"军票经济圈"的推行,虽然在重庆国民政府金融情报部门的报告有所记载,②但未见于日本军政当局所撰写的各种史料之中。新近发现的同业会档案不仅将之坐实,而且详细记载了它的来龙去脉及与日本在华企业间的关系,大大丰富了我们对军票工作的认识。

"军票经济圈"的确立,其根本目的在于打击和排斥法币在华中沦陷区内的流通,限制或隔绝沦陷区内各种"援蒋利敌"物资流入国统区内。③ 对日本而言,"军票经济圈"的推行是军票工作步入"更高阶段"的产物,是军票在华中沦陷区物资市场上对法币优势地位的挑战,是日本军政当局通过物资战来削弱国民政府抗战力的重要战略措施。由于物资交易过程也是货币流通的过程,物资战与汇率战一样,本质上都是货币战的表现形式。④

1937年全面抗战爆发后,各种生产或进口物资得以通过上海公共租界这一渠道被运往国统区内,1938—1941年期间,上海成为支撑重庆政权的重要物资源头之一。以棉产品为例,1939年西南

---

① 『法幣顛落と当面の我が政策』、『日本工業新聞』1940年5月9日。
② 特种经济调查处编《伪中储券之分析》(油印本)、[出版地不详]、1941年、上海图书馆藏、无页码。
③ 『重慶経済封鎖ト軍票経済圏ノ確立ニ付テ』、1940年9月2日、『重慶経済封鎖ト軍票経済圏ノ確立、上海操短問題、〇〇少佐問題、埃及棉問題、在華紡績協力具体案』、Ⅳ-48。
④ 戴建兵:《金钱与战争——抗战时期的货币》,桂林:广西师范大学出版社,1995年,第299页。

国统区内全年所需棉纱布的六成由上海供给，上海生产的棉产品成为日本对重庆进行经济封锁战的重要控制对象。① 据日本《大阪每日新闻》调查，当时日商纱厂产品销路，"一部分经由日商之手以现金直接转售于华人批发商，与华商纱厂、英商纱厂产品同为上海本地消化。另一部分或经扬子江流入内地，或经蚌埠流入河南、江苏，或经温州、福州、厦门等地流入福建、江西，甚而经由法属印度支那等渠道流入西南"。② 由于华中沦陷区与西南国统区均为战时上海日商纱厂产品重要销路，日商纱厂的立场颇为微妙：一方面，纱厂产品流入沦陷区内，不仅消耗国民政府在外法币资金，且对于扩大军票流通"非常有效"③；而另一方面，纱厂产品大量流入国统区，充实了国民政府的抗战物资基础。日本军方当然认识到这一利害关系，自1940年9月起将上海日商纱厂产品定性为"限制运出物资"，但并未将其销路彻底禁绝。④

1940年8月末，在日本军方的监督下，"华中棉纱布销售协议会"成立，该会规定上海日商纱厂每月只能以军票形式向华中沦陷区内各地销售9 000包棉纱。⑤ 从上文1940年上海日商纱厂棉产品军票销售数额情况表可知，9月后纱厂产品的军票销售额剧增，表明纱厂市场销路急剧"军票化"。同年，对于劳工工资以军票支

---

① 『重慶経済封鎖ト軍票経済圏ノ確立ニ付イテ』，1940年9月2日、『重慶経済封鎖ト軍票経済圏ノ確立、上海操短問題、○○少佐問題、埃及棉問題、在華紡績協力具体案』，Ⅳ-48。
② 『在支紡の操短』（上）、『大阪毎日新聞』（夕刊）1940年9月18日。
③ 《敌议会中之战地经济问题》，1940年8月10日，秦孝仪主编：《中华民国重要史料初编——第六编：傀儡组织（四）》，第1222页。
④ 『佐佐木委員長ヨリ着電』，1940年9月8日、『重慶経済封鎖ト軍票経済圏ノ確立、上海操短問題、○○少佐問題、埃及棉問題、在華紡績協力具体案』，Ⅳ-48。
⑤ 『上海日本商工会議所年報』（昭和十五年度）、上海：上海商工会議所、1941年、第68頁。

付问题,上海日商纱厂虽经日军多次催促,最初始终以"惟恐引起军票价值低落"、"担心导致工人罢工"为由推脱①,但自11月起,为配合日本军方出台军米必须以军票购买之规定,日商纱厂主动宣布劳工工资的三成以军票形式发放。② 大米作为维系劳工生存的必需物资,其交易历来受到日伪最严厉的统制。纱厂的这一决定不仅表明对军票工作的有力支持,也从侧面反映了其内部经济生活的高度"军票化"。

上海日商纱厂在自身"军票化"的过程中,不可避免地导致当地中外纺织业出现使用军票的倾向。同业会上海支部理事堤孝认为,上海日商纱厂即使在断绝与西南西北的物资交流、生产遭到重创之际,只要纱厂"彻底执行不以军票交易即不将货物向市场放出之策略,中外商人也会因没有商品可购而不得不软化屈从"。③ 中日战争爆发以后,上海日商纱厂生产的棉货作为"原料"大量供给租界内大小中外纺织企业。正因为看到上海中外纺织业间存在这种竞争且共生的关系,堤孝才会认为,日商纱厂在市场利益上暂时作出牺牲,最终可以迫使租界内的中外纺织业向军票屈服。日商统一要求军票交易的策略确实较有成效,1940年11月,上海法租

---

① 『工銀一部軍票使用方法連合協議会報告』、1940年1月23日、在華日本紡績同業会大阪本部『在華紡績同業会通牒綴(上海)』、S15-Ⅰ-10;另见『第五十六回会議報告』、1940年2月14日、在華日本紡績同業会大阪本部『在華紡績同業会通牒綴(上海)』、S15-Ⅰ-10。

② 参见『工銀軍票払問題ニ関スル会議報告送附ノ件』、1940年11月8日、『重慶経済封鎖卜軍票経済圏ノ確立、上海操短問題、○○少佐問題、埃及棉問題、在華紡績協力具体案』、Ⅳ-48。

③ 『軍票建販売は可能,在華紡堤氏決意を語る』、『上海支部来電』、1940年9月25日、『重慶経済封鎖卜軍票経済圏ノ確立、上海操短問題、○○少佐問題、埃及棉問題、在華紡績協力具体案』、Ⅳ-48。

界工董局开始以军票采购日商产品,表明租界当局对军票的态度出现松动。① 上海租界也将军票作为支付货币,是符合日本军政当局对实现华中"军票经济圈"所必须满足的基本条件的认识的。

不过,日军中部分将校认为,与其千方百计控制棉产品的流动及其市场,不如直接关闭作为生产源头的上海日商纱厂。② 对此,同业会辩解称,"若按当局的意志将纱厂全部关闭,虽然纱厂方面应立即处理,然而此举对上海市场影响甚大,结果将导致何种事态,实属难料"。③ 为避免损失最大化,上海日商纱厂在同业会的授意下,于1940年7月末在已实施自由减产三成的基础上,决定自11月起全体纱厂统一减产五成,以此表明对日军坚定支持的态度。④ 同业会大阪总部特意向上海分部说明了此次大减产的理由:

> 不言而喻,减产五成对于工厂经营者而言,乃极重大的问题……这次的扩大减产并非单以纺织自身的利害问题为发端,乃事关大局顺应国策的一种"姿态",与其说是按军方意图在实质性政策上的实践,不如说正是如上电文指出的,通过使众人皆明白的方法表明态度。⑤

当时上海市场上的棉货因为法币暴跌而价格高昂,上海日商纱厂扩大减产的举动,不可避免地带来经济上的损失。然而日商

---

① 『上海仏租界軍票を容認』、『大阪毎日新聞』1940年11月2日。
② 『軍当局トノ会談ニ付テ(報告)』、1940年9月24日、『重慶経済封鎖ト軍票経済圏ノ確立、上海操短問題、〇〇少佐問題、埃及棉問題、在華紡績協力具体案』、Ⅳ-48。
③ 『佐佐木委員長ヨリ着電』、1940年9月8日、『重慶経済封鎖ト軍票経済圏ノ確立、上海操短問題、〇〇少佐問題、埃及棉問題、在華紡績協力具体案』、Ⅳ-48。
④ 東亜研究所編『支那占領地経済の発展』、第237頁。
⑤ 『操短拡張問題』、1940年9月20日、『重慶経済封鎖ト軍票経済圏ノ確立、上海操短問題、〇〇少佐問題、埃及棉問題、在華紡績協力具体案』、Ⅳ-48。

纱厂集团高层的态度已表明,减产问题并非仅是纱厂经济利益层面的问题,而是纱厂表明自身政治立场的问题。

同业会并未料到它所作出的这一决定,成为上海日商纱厂战时生产轨迹的转折。作为减产的后果,纱厂自10月1日起停止一切周末作业,机器停转37％,11月起一律取消夜班,并在短期内解雇2万名工人。① 自1940年秋统一减产起,纱厂的生产能力一蹶不振,到1941年上海日商纱厂的棉纱产量较1940年下滑61.1％,宣告战时环境下上海日商纱厂的黄金时代一去不返。② 从上文所列战时上海日商纱厂生产率走势图(图5-1)可知,早在太平洋战争爆发前一年,上海日商纱厂的生产已走向衰落。

然而,令日商纱厂更担忧的是,虽然日本军方一味叫嚣推行"军票经济圈",但日本军政当局在华中的货币政策并不坚定。1940年3月汪伪政府成立,欲成立"中央银行"③,不希望军票继续存在。④ 日本军政当局内部关于在华中沦陷区内是否发行新货币也有过激烈争论,军方认为军票工作已取得一定成功,要求维持军票现状;而以兴亚院与大藏省为代表的日本政府则主张避免使用军票,应扶植新"中央银行"发行新币来统一华中的货币。⑤ 作为日本政府、军方、汪伪三方利益折冲、平衡的结果,汪伪虽收回"华兴

---

① 『佐々木委員長宛発電(全部暗号)』、1940年9月24日、『重慶経済封鎖ト軍票経済圏ノ確立、上海操短問題、〇〇少佐問題、埃及棉問題、在華紡績協力具体案』、IV-48。
② 『上海日本商工会議所年報』(昭和十六年度)、上海商工会議所、1942年、第69頁。
③ 蔡德金编注:《周佛海日记全编》(上册),1940年10月24日,北京:中国文联出版社,2003年,第369页。
④ 《伪中央银行进行近况》,1940年7月22日,《中国银行总处关于敌寇与汪伪发行军用票及伪造法币强迫使用情报的通函》,上海档案馆藏,Q54-3-162。
⑤ 关于日本军政当局围绕新货币与军票关系之矛盾,参见浅田乔二等著、袁愈佺译:《1937—1945年日本在沦陷区的经济掠夺》,上海:复旦大学出版社,1997年,第200页。

商业银行"的货币发行权,但"中央银行"发行的新币将与军票、法币共同流通,远未实现汪伪一统币制的期望。① 日商纱厂对未来华中金融局势感到忧虑:

> 如今在华中方面军票和法币作为通货共同流通,而这两种通货没有永续性,不久若时机来临,皆会沦为被新通货替换之命运……虽然有人认为纱厂从此次事变以来获得了巨额利润,但他们并未考虑到通货不稳的情况。只要不是当下立即清算一切,彻底解散会社,不安始终为不安,它仍会持续下去。即使所谓"赚钱"、"赚钱"的喧哗,越至最后关头,结果往往出乎意料之外。纱厂只要树立赚取利润的方针,就极可能看到飞至而来的悲剧。②

同业会档案表明,日商纱厂已预见到法币与军票终将为新货币所取代的命运,并为之感到恐慌。一种旧币迅速为新币所更替,并不受经济规律与市场法则制约,而为强势者的政治权力所决定,常年积累的财富或因货币本位的变动而蒸发,这是日商纱厂感到恐慌的真正根源所在。

随着中日战争进入漫长的相持阶段,军票在日军武力强制下于华中沦陷区内流布。从货币原理而言,与依靠英镑、美元等平准基金保值的法币不同,"无根"的军票并不是一种真正意义上的货

---

① 特种经济调查处编:《伪中储券之分析》(油印本),无页码。
② 『在華紡ノ立場ニ就テ』,据内容可知在 1940 年 10 月,『重慶経済封鎖ト軍票経済圏ノ確立、上海操短問題、〇〇少佐問題、埃及棉問題、在華紡績協力具体案』,Ⅳ-48。

币,"(军票)价值之维持,端赖由日本输入之物资,以及军事与政治之统制力而已"。① 伴随发行量增加,军票若无相应物资担保,则必然导致购买力跌落。"军配组合"作为维持军票价值的物资统制机构,其业务即从日本进口各种物资,用以"宣抚"民众,为回收军票服务,学界对之已有一定研究。② 然而"军配组合"因收入军票而不能获取外汇,"不仅直接反映出(日本国内产品)向日圆区出口存在的调整问题"③,且因日本国力薄弱,"从内地来看,能够保证解决事变的物资量,也未必能够期待按军票增加量同比增加"。④ 故对日本而言,最理想的"军票交换用物资",当属现地日本企业的产品,而上海日商纱厂手中的棉产品是日本军政当局最直接可以用于担保军票价值的筹码。从《支那事变军票史》等史料可见,为节约军费,在中日战争前期日本军政当局比较注意对军票流通量的控制,并未达到"滥发"的地步。与之对照,通过各种渠道流入华中的法币数量却与日俱增,以1940年下半年为例,军票在华中沦陷区内的流通量在1亿左右,而法币流通量却达30亿—40亿之巨。⑤ 为维持这些军票的价值并对法币展开攻势,日本军政当局对上海日商纱厂的索取,实则体现了日本在经济持久战状态下国力的局限与民生物资动员能力的窘迫。

---

① 忆非:《日军票腾涨之观察》,《中报周刊》第29期,1940年。
② 柴田善雅『占領地通貨金融政策の展開』、東京:日本経済評論社、1999年、第327—328頁;陆伟:《"军配组合"与战时日本在华中的物资统制》,《党史研究与教学》1999年第4期。
③ 『新支那安定通貨の再建』、『大阪毎日新聞』1940年4月11日。
④ 『通貨問題(三):新生支那を視る』、『大阪朝日新聞』1940年5月18日。
⑤ 此据日本人的推算情况,参见『支那占領地経済の発展』、第514頁。

通过日本军、政、企三方资料的会读，基本可以理清上海日商纱厂与军票工作结合的轨迹。从长远来看，上海日商纱厂自战前形成的庞大生产规模、战时所处的有利生产环境，其与军票工作的结合不可谓无因。但具体而言，以1939年5、6月间上海汇市日币暴跌为发端，上海日商纱厂手中庞大的货币资源方受到日本军政当局瞩目。此后，以军票作为经济武器的货币战从汇率战与物资战两条线索展开：在汇率战中，上海日商纱厂与"伊资金"等秘密账户的结合，使日本军政当局在关键节点得以征调充足的货币资源投放汇市，起到提升和维持军票价值的效果；而在物资战中，纱厂产品作为日军逐步实现"军票经济圈"的工具，为军票向华中内地扩张服务。上海日商纱厂与军票的结合完全在秘密状态下进行，上海日商纱厂于日本在华中的军票工作中扮演了隐秘协助者的角色。

然而，我们也可从同业会档案中读到日商纱厂的"受害者"心态。的确，中日战争爆发后，日商纱厂在经济活动中对法币与军票的抉择长期陷入两难境地。"伊资金"的启动乃日商纱厂被纳入军票价值维持工作的肇始，"K资金"与"C资金"的运作使两者关系更为密切。"军票经济圈"的推行使纱厂内部的"军票化"更为彻底。日本军政当局在华中推行的军票使纱厂自1935年币制改革后形成的法币体系受到严重破坏，纱厂陷入"军票化"的泥沼中难以自拔，战时旺盛的生产之势一蹶不振。不过，应当看清纱厂作为"受害者"的本质，乃是日本在华棉纺织业短期经济利益屈服于日本军政当局长期统制策略的必然结果。

战时日本侵略集团内部有着一套独特的军国主义话语体系。在维护日本"国益"的口号下，日本侵略集团内部各势力围绕军票工作的开展却存在不同的利益诉求与博弈关系。日商纱厂在利益上的"割舍"来自其长期信奉的生存策略①,其根本目的在于换取日本军方对其战时大规模生产棉产品之类"非军需物资"的谅解;军方对于军票的热衷,因军票与其在现地的切身利益关联;以大藏省财务官为代表的日本政府,注重日本在华发展的长远利益,更多考虑的是军票与沦陷区内日本统制经济的整体结合,常于军企之间扮演调解角色。日本全面侵华战争爆发后,日商纱厂对华商纱厂资产的侵夺、对劳工运动的制压、对沦陷区内棉货市场的垄断,无不依赖日军的武力庇护与日本政府的经济统制而实现②,由于垄断性的权益来自军政当局的施与,日商纱厂对其妥协与软弱亦在情理之中。事实上,纱厂对于日本军政当局制定的各种货币战策略,虽有小小怨诉,但在行动上仍绝对服从。

日本在华中的军票工作实效如何呢? 1940年10月之后,日本的军票价值维持工作表面取得成功,然而军票流通只能局限于中国的大城市与主要铁路沿线地带,内地农村仍是法币的天下。③ 在民间资本眼中,军票不过是较"华兴券"等伪券稍稳定的投机对象,"在日圆势力区域内之各种杂币,似乎以日本军用票比较其他为稳定。不过其稳定之范围,可能保证者,乃一时尚不致降低于法币之等值而已"。④ 军票与日圆集团其他在华成员——"蒙疆券""联银券"等存在同样的致命缺陷,即虽都宣称与日币等值联系,但实际

---

① "五卅运动"之后,内外棉纱厂将"忍耐即是强力"这一信条作为厂训,日后这一条也成为日商纱厂共同的生存哲学。参见元木光之:《内外綿株式会社五十年史》,大阪:内外綿株式会社,1937年,首页插图。
② 关于战时日商纱厂对中国民族棉纺织业的侵占与掠夺等行径,参见柴田善雅『中国占領地日系企業の活動』,東京:日本經濟評論社,2008年,第162—177頁。
③ 邱宝鸿:《货币战现阶段与法币对策应有的改变》,《广东省银行季刊》第1卷第2期,1941年。
④ 《中国"货币战争"之各面观》,《经济丛报》第2卷第26期,1940年。

购买力均低于日本国内的日币,且都不具备直接与英镑、美元等国际货币兑换的功能。① 日本军政当局竭力对军票、伪券价值加以维持,并不能掩盖这一事实,即它们的对外价值及有限的商业货币机能是依赖法币而生的,军票虽能在沦陷区的部分区域内对法币的流通有所打击,但绝无建立"独立王国"之可能。而作为负效应,1940年之后"法币经济圈"内经济生活出现的恶性通货膨胀,同样波及"军票经济圈",造成日本当局对沦陷区内物资的收购付出高昂代价。② 1941年1月6日,汪伪成立"中央储备银行",发行"中储券",日本军政当局并未按一贯货币政策将之纳入日圆集团,而与法币等值,系因"新法币③与军票不同,故可购买外国商品,又因中央储备银行有充分发行准备,能发行多额钞票","如以此新法币确立华中之货币制度,将来或进而统一全中国之货币制度,亦决非不可能之事"。④ 显然,日本军政当局寄希望用"中储券"弥补军票的缺陷,实现日本掌控下华中货币体系的再统一。

众所周知,和平时代的货币战争主要以操控汇率方式于贸易战场展开,其主要目的在于谋求国际收支的改善与保护本国产业的利益;而战时的货币战争,以全面侵华战争时期日本在华中开展的军票工作为例,形态更为诡谲多变,后果更为残酷。日本欲以"无根"的军票对法币展开"拔根式"的攻击,必须通过周密计划的金融布局,动员大量的财力物力。为达此目的,日本以其最强大的民间海外资本——日商纱厂蒙受巨大损失为代价,说明战时日本

---

① 外国為替局『円系通貨価値基準ノ問題』、日本銀行編『今後二於ケル中支通貨政策ノ方向私見』、東京:日本銀行、1941年。
② 東亜研究所編『支那占領地経済の発展』、第516頁。
③ 即"中储券"——笔者注。
④ 宮下忠雄『日本在中国之货币战』、『译丛月刊』第1卷第6期、1941年。

在华中发动的货币战具有双刃剑的性质,在嫁祸于中国经济社会的同时,对其自身海外产业的发展也造成相当不利的影响。由于战争形势的不确定性,日本对华货币政策变幻莫测,日本控制下的货币本位每一次变动,不仅使中国民众遭遇浩劫,同样也危害日本在华企业的利益。[①] 战时货币战带来的严重后果与深刻教训,应为后人所警戒。

解读同业会档案,能够使我们了解上海日商纱厂集团与军票工作结合的隐情。由于近代以来中日两国经济形成极密的联系,日本对华投资形式具有复杂多样性,可以想见,日本军政当局对于不同类型在华企业的影响力亦有强弱之分。日本在华棉纺织业作为个案能否代表所有日本在华企业,我们期待新资料的发现,以便于展开进一步的研究。

附表1 1938—1941年上海外汇市场法币对日币(军票)汇率行情

日期	卖出行情		买进行情	
	最高	最低	最高	最低
1937年7月	103.125	101.75	101.75	102.25
1338年4月	95.5	92	97	93.5
1338年5月	93	76	93.75	79
1338年6月	95.5	70.5	96.5	73.5
1338年7月	96	91.5	69.5	92.25
1338年8月	93	84.5	93.5	85.5
1338年9月	93	90.5	93.25	91

---

① 参见《上海市各业同业公会联合代电》,1942年3月13日,《上海市银行商业同业公会关于本市日本当局宣布军票对"法币"买卖价格均以伪中储券为限后、本市银钱业等二十二个同业公会为市场商情混乱电汪伪政府财政、实业部等机关的反映及其批复》,上海档案馆藏,S173-1-131。

续表

日期	卖出行情		买进行情	
	最高	最低	最高	最低
1338年10月	91.75	77	92	78
1338年11月	88.375	84	89.25	84.5
1338年12月	97	88.25	98	88.625
1939年1月	91.5	89.5	91.75	89.75
1939年2月	92	89.75	92.25	90.125
1939年3月	93.875	91.5	94	91.625
1939年4月	98.75	93.25	99.25	93.5
1939年5月	111	97	112	97.5
1939年6月	108.75	99	109.25	100
1939年7月	100.5	85	101	86
1939年8月	94.5	81.5	95.5	82.5
1939年9月	85	72	85.5	73
1939年10月	76.75	71.25	77.25	71.75
1939年11月	81.5	76.25	82	76.5
1939年12月	80.375	76.5	80.675	76.75
1940年1月	79.5	78.75	79.75	79
1940年2月	79.625	75.875	79.875	76.125
1940年3月	79.625	78.125	79.875	78.25
1940年4月	80.125	78.625	80.875	78.875
1940年5月	80.625	76.75	81.75	77.25
1940年6月	81	80.5	81.75	80.75
1940年7月	81.125	80.125	81.25	80.875
1940年8月	81	76.75	81.25	77.25
1940年9月	76.875	68.125	77.125	68.375
1940年10月	69.875	59.625	70.25	60.375
1940年11月	63.875	60.25	64.25	61
1940年12月	62	59.25	62.25	59.5

续表

日期	卖出行情		买进行情	
	最高	最低	最高	最低
1941年1月	59.5	57.75	59.75	58.125
1941年2月	58.25	54.625	58.625	55
1941年3月	55.125	40	55.375	41.5
1941年4月	47.625	43	48	43.375
1941年5月	43.75	41.875	44	42.5
1941年6月	45	43	45.5	43.375
1941年7月	44.75	42	45	42.3125
1941年8月	42.125	39.875	42.3125	40.0625
1941年9月	40.5	39.75	40.75	40
1941年10月	39.9375	22	40.0625	23
1941年11月	31.25	22.25	32.25	22.5

资料来源:(1)法币单位为100元汇兑日币(军票)数。(2)1938年4月至1939年12月为法币兑换日币行情,1940年1月以后为法币兑换军票行情。数据来自历年度《上海商工会议所年报》附录上海外汇行情表。

第六章　日本在华企业对战时日本对华货币政策的因应
——以企业为视角的考察

中日甲午战争后,日本在中国沿海沿江口岸兴厂置业,与华经济关系日趋紧密,在华日商企业之势力则逐步壮大。至全面抗战爆发之前,日本对华任何重要经济之施策,都会对其在华企业造成各种影响,对华货币政策亦不例外。战争时代日本军政当局出台的各种对华货币政策,其实质即是对华货币战,其形式波诡云谲、息变万千,其结果则是导致市场物价飙升、民生艰苦不堪。以往我们关注战时日本对华货币政策,主要集中于日本军政当局上层的动向与决策过程,不太关注其施之于民间的影响。我们希望通过日本在华企业的视角,了解其经营者对于货币变动的因应,及其背后战时环境下日本在华企业势力的兴衰的侧面。当然,日本在华企业的经营性质亦分多种,且因其数量之巨,难以做全盘考察。本章希望利用三菱经济研究所、神户大学经济经营研究所藏华北、华中沦陷区内十八所企业的内部经营文书以及日本政府对这些在华企业的指令关系文书等资料,深入考察这些企业与日本对华货币政策之关系以及这些企业的命运。

一、"联银券"经济体系下华北日企的因应

1938年2月,在日本军政当局的操控下,华北傀儡政权伪中华民国临时政府成立"中国联合准备银行",发行"联银券",并宣布"联银券"与日圆等值挂钩。日伪政权利用"联银券"不断驱逐法币,华北沦陷区内逐步形成从属于日圆经济圈的"联银券"经济体系。如前章所述,"联银券"的不断增发导致华北沦陷区内物价高涨,这是1939年后华北沦陷区内经济生活的一个普遍现象。与华中沦陷区内情况不同的是,华北经济社会物价的飙升还在于市场物资供给的严重不足与运输渠道的严重阻滞,由此日本在华北企业产品的价格与华北的物价指数之间展开了激烈的追击战。当然,企业的生产形态是多样化的,我们以不同产业具有代表性的9所企业为例,通过经营者的视角,了解"联银券"经济体系下其经营状况之变化。

1. 华北东亚烟草株式会社

华北东亚烟草株式会社系伪满东亚烟草株式会社的子会社,成立于1937年10月25日,是日本发动全面侵华战争以来第一个进入中国沦陷区的日商烟草公司。

1938年以后,随着日本在华北沦陷区内宣抚工作的开展,该会社的销路良好,尤其蒙疆一带对其产品的流入"迫切欢迎",会社经营者认为"此际我社尤应积极扩张产品销路,为计划中的工厂增添机械,不断充实生产力"。① 1939年上半年,战后的华北市场商品

---

① 華北東亜煙草株式会社『営業報告書』(第二期)、1938年5月1日—1938年10月31日、三菱経済研究所藏、第2頁。

交易出现良好势头,但因原料与器材等费用的显著上涨以及货车、船载等运输手段的落后,该会社在生产与销售上却出现诸多困难。8月京津一带突发的水灾带给该社发展的契机,该社因华北各地对烟草的需求猛增而加快增产,其生产与销路等方面都取得良好成绩。

自1939年末起,华北各地市场物价高涨,物资供应出现不足。华北东亚烟草会社自11月起,"举全社之力顺应军方需求及一般市场需要,通过紧急手段致力于缓和当地烟草之饥馑"。① 1940年4月,在日本军政当局的要求下,该会社与华北烟草株式会社形成同盟,以英美在华的烟草公司为竞争对手。在日本军政当局的策动下,华北日商烟草各会社形成新的统制机构,以与英美在华北烟草公司进一步对抗,"此间英美烟草公司昼夜生产,将手中的原料产品化,并采取迅速换成资金的销售策略,刺激当局及我国业者。故在当局指导下,各日商烟草统制会社成立协议会"。② 为了维持"联银券"的价值,日本军政当局鼓励华北日商企业向日圆经济圈内其他区域出口,华北东亚烟草会社即"致力于生产扩充,无论华北之需要,对于蒙疆的比例进口也承担责任"。尽管该社"甘于低率利润,减少各项经费",当年仍获得了高达10%的利润分红。

1941年7月,英美对日本实行资产冻结政策,日本军政当局随之对英美在华北的烟草公司施以报复,其产品在华北沦陷区内的销售大受限制。日商烟草企业乘机垄断了华北烟草市场,华北东亚烟草会社一举取得数倍于前的销售业绩,由此"自矜于取得业界

---

① 華北東亜煙草株式会社『営業報告書』(第五期)、1939年11月1日—1940年4月30日、第4頁。
② 華北東亜煙草株式会社『営業報告書』(第七期)、1940年11月1日—1941年4月30日、第3頁。

的决定性地位"。① 华北市场因英美烟草公司势力退出出现香烟供给不足的现象,成为该社生产扩张的重要机遇,故而该社"断行昼夜两班作业,取得了划期的大增产"。据华北东亚烟草株式会社自估,1941年度该社的香烟生产量达到58亿根,而其年产能力更高达70亿根。② 但另一方面,该社在满足华北烟草所需绝对量的情况下,在产品的销售价格上坚持不涨价政策。因华北东亚烟草会社因"对当局对英美烟草公司之工作与低物价维持之对策作出了贡献",在日本军政当局成立的华北烟草配给组合中,该企业代表被选为理事长,也正因取得超预期的增产与巨大的利润,该社"欣然担负起时局之责任",一举接受现地公债"联银券"500万元。

1942年3月,华北东亚烟草会社与华北烟草会社合并,一举增加资本1 700万圆,资本总额高达6 700万圆。日本军政当局对华北烟草业实行一元化统制方针,"在军、官、民的协力下,按烟草协议会及烟草配给组合的指导方针,在烟叶的收购及配给、香烟产品的顺利配给、市场价格的维持等方面处于一丝不乱的统制之下"。4月,该会社又收购了在徐州的陇海烟草公司,生产规模不断扩大。为了报效日本军政当局,该社实行"站在量的高度的生产销售"、"品味向上与生产费低下的调和"、"物心融合"等方案,竭力满足日本军政当局交付之生产任务。③ 面对当时物价高涨带来的压力,"尽管原料烟叶的价格上涨,及卷烟统税税率的提高",作为应对之

---

① 華北東亜煙草株式会社『営業報告書』(第八期)、1941年5月1日—1941年10月31日、第4頁。
② 『華北東亜、北支煙草昭和十六年度資金計画ニ関スル件』、『各国ニ於ケル農産物関係雑件/煙草ノ部/中国ノ部/東亜煙草株式会社関係』、外務省外交史料館蔵、E225。
③ 華北東亜煙草株式会社『営業報告書』(第九期)、1941年11月1日—1942年4月30日、第5頁。

策,该会社"致力于经营的合理化,节约冗费,提升能力,仍取得了不劣于前期的好成绩"。①

1943年初,虽然该社"日益确保烟草产品的供给,以使民心安定,并扩大中国政府的税收财源",然而华北物价的异常高涨已波及社内劳工生活的底线。1943年4月,因薪资低廉,华北东亚烟草会社内部发生了一系列的罢工运动。②虽然会社经营者通过与劳工的谈判最终稳定了局势,但此后"不得不为确保劳工的粮食而煞费苦心"。5月以后,日本军政当局对于华北烟草业的统制进一步加强,各家会社必须按烟草配给组合限定的比例产量来生产。至11月,华北东亚烟草株式会社已感受到"进入战局之重大阶段,痛感负担在华烟草事业的重大生产责任"。1944年1月,日本军政当局迫于物价高涨之压力,宣布提高香烟等统制产品价格,作为"低物价先驱"的卷烟,很快逼近物价水平。华北东亚烟草会社从中获得了暴利。在日本军政当局竭力增产粮食而农田有限的情况下,烟草原料又面临减产的问题,从营业报告书可见,该会社对于前景并不乐观。

1944年末,华北东亚烟草会社必须将其利润中的一部分划为"调整费",作为企业对华北日伪财政的支持上交于日本军政当局。日本军政当局撤废对民间烟叶价格的统制,以促使民间烟叶的积极上市,同时继续提高烟草的公定价格,使会社从中牟取巨额利润。当期会社尽管"材料不足、物价暴涨,忧色深重",仍然取得巨

---

① 華北東亞煙草株式會社『營業報告書』(第十期)、1942年5月1日—1942年10月31日、第5頁。
② 『華北東亞煙草株式會社、大德興業靴下工場ノ罷業事件發生ニ関スル件』(1943年4月15日)、『各國ニ於ケル農產物関係雜件/煙草ノ部/中國ノ部/東亞煙草株式會社関係』、外務省外交史料館藏、E225。

大收益,仅留给后期的企业公积金即高达276万圆。①

战争末期的华北东亚烟草会社,"痛感在华烟草事业所背负的责任重大。我社克服异常的物价高腾与生产材料入手困难及劳务获取困难等难局,一意向当局指示的责任产量迈进",在对确保原料烟及各种材料投入大量精力的同时,着意于改善职员及劳工的待遇,获取了良好的业绩;但另一方面,该会社与日本国内的资金交流日益困难,"且鉴于事业资金的旺盛的实情,对于当局提出许可投入股金的申请。然而战局的推移,前途不容乐观"。② 日本战败时,该会社在北京、开封等地工厂在动乱中被焚毁,落得被国民政府接收的结局。

华北东亚烟草株式会社是日本军政当局1942年后在华北实施低物价政策的坚定支持者,故而其自矜于对华北经济所作的"贡献"。尽管该社受到日本军政当局的统制,但因强大的生产能力以及日军与市场对其产品的高度需求,该会社从战时华北的物价狂涨风潮中牟取了巨大利润。迄至日本战败,该会社都维持了良好的经营状况,并保持对股东的高额分红,可谓是与日本统制经济高度结合而又能够牟取高额利润的代表性企业,这或许与其满洲财阀股东之背景有关。

2. 华北烟草株式会社

华北烟草株式会社(下文简称"华北烟草会社")成立于1939年5月29日,该企业并非从属于以华北振兴会社为首的华北国策会社集团,经营权上具有较强的独立性。因烟草是重要的军用物

---

① 華北東亞煙草株式會社『營業報告書』(第十四期)、1944年5月1日—1944年10月31日、第3—4頁。
② 華北東亞煙草株式會社『營業報告書』(第十五期)、1944年11月1日—1945年4月30日、第3—4頁。

资,该企业受到当地日军的监督,其事业资金计划调查书、资金调入表等重要文件必须提交于天津陆军特务机关审查,且其每期的利润处分必须获得兴亚院华北联络部的认可。①

华北烟草会社因生产军用物资香烟,经营者深感责任重大,"作为京津一带唯一的军用烟草生产工厂的天津工厂,要实现后方责任之一端"。②但是,1939年初日本在华北的物资动员计划并不成功,烟草生产类企业普遍遇到生产器材进口困难等问题。当年11月以后,"联银券"的增发导致华北物价膨胀,已为企业经营者所深切感受,他们在当期《营业报告书》中明确表示,"本期会社所受华北物价高昂之影响,屡屡成为本社急速建设计划之一大障碍"。③该会社经营层应对当地物价高涨的策略,即在于不断扩张生产。此策略得到了日本军政当局的支持,在华北物价涨潮之中,该会社天津第二工厂以低廉地价入手15 000坪的土地,同时从日本国内获取了大量生产器材,结果"因得当局的理解与援助,得以应对华北香烟产品的匮乏"。④在日本军政当局的"照顾"下,该企业负责军需品供给的天津卷烟工厂,不仅能够开支建厂期间的启动经费,而且当年实现高达10%的利润分红。

从1940年秋天起,华北烟草会社加快在北京、汉口、开封建设工厂,并为天津工厂增加生产器材,以求进一步扩张。尽管当时华

---

① 北支煙草株式会社『営業報告書等』(第一期)、1939年5月29日—1939年10月31日、三菱経済研究所蔵、第4—5頁。
② 北支煙草株式会社『営業報告書等』(第一期)、1939年5月29日—1939年10月31日、第6—7頁。
③ 北支煙草株式会社『営業報告書等』(第二期)、1939年11月1日—1940年4月30日、第8頁。
④ 北支煙草株式会社『営業報告書等』(第二期)、1939年11月1日—1940年4月30日、第8頁。

北沦陷区内经济一片萧条,但该会社取得的收益却令经营者感到满意,仅仅该会社天津工厂的收入即足可提供全社经费。然而,在该会社获取暴利的同时,日本军政当局亦开始对华北烟草生产进行统制,其所设立的华北烟草协议会,"对华北农事试验机构的一元化管理、从侧面对治安工作的援助、对建设器材的配给等,使军方、兴亚院与农事试验机构形成紧密的联系"。① 不久,日本军政当局推行"联银券"价值维持工作,这一抑制华北通货膨胀的策略既要求各日商会社限制资本的扩张,亦要求它们尽可能地吸收华商民族资本。在这一氛围下,该会社希望将原资本50万圆急剧扩大至1200万圆规模之请求为日本军政当局否定,"从将来对制烟业者的统制、对华北东亚及华北烟草均衡的保持,及从当局利用民族资本之一般方针的观点来看,可增资450万圆,达到500万圆,且使该会社所需金额中的100万圆向民族资本开放"。② 虽然华北烟草会社增资的愿望受到限制,但这并不意味着日本军政当局对其扩张生产加以钳制。不久,在满洲烟草株式会社与东亚烟草株式会社的援助下,华北烟草会社北京、汉口两家分厂投入生产。应日本军政当局的迫切要求,开封分厂亦获得营业许可,迅速开工。在日本军政当局的支持下,1941年该社一年的香烟生产能力达到34亿根的规模。③

---

① 『煙草指導機関設置方認可ニ関スル件報告』(1940年9月2日)、『各国ニ於ケル農産物関係雑件/煙草ノ部/中国ノ部/東亜煙草株式会社関係』、日本外務省外交史料館藏、E225。
② 『葉煙草事業ニ関スル打合ニ関スル件』(1941年5月1日)、『各国ニ於ケル農産物関係雑件/煙草ノ部/中国ノ部/東亜煙草株式会社関係』、日本外務省外交史料館藏、E225。
③ 『華北東亜、北支煙草昭和十六年度資金計画ニ関スル件』、『各国ニ於ケル農産物関係雑件/煙草ノ部/中国ノ部/東亜煙草株式会社関係』、日本外務省外交史料館藏、E225。

太平洋战争爆发前夜,日本军政当局为了报复英美冻结其在两国的资产,对两国在华北沦陷区内的烟草公司的产品销售严加限制,由此华北烟草株式会社的销量猛增达到数倍。然而好景不长,日本军政当局鉴于物价因素,又对该会社的烟草零售价格加以抑制。随着英美产品退出华北市场,该会社为了争夺地盘,竭力增资扩产,故而不得不大量借款,由此"出现经营不健全之趋向"。①不久,日本军政当局对华北烟草生产业实行进一步的统制,遂令华北烟草会社遂与华北东亚烟草会社合并,结束了该企业短暂的经营史。②

可以看到,1939年末后,华北物价的高涨对于华北烟草会社的生产并未造成太大的影响,这或许与其资本的回转周期较短有关,③而该社应对物价之膨胀,主要在于不惜大量借款,依靠不断增资、不断投产,通过销路扩张以获取更为庞大的利润。在该会社短暂的经营史上,每期股东的利润都高达10%,这充分体现了日本军政当局对烟草企业的"照顾",也从侧面说明了烟草生产对于日本军政当局的重要性。

3. 东亚电力兴业株式会社

东亚电力兴业株式会社成立于1936年12月,原名为华北电力兴业株式会社,系南满洲铁道株式会社在华北的子会社兴中公司

---

① 『華北煙草株式会社増資ノ件』(1942年3月12日),『各国ニ於ケル農産物関係雑件/煙草ノ部/中国ノ部/東亜煙草株式会社関係』,日本外務省外交史料館藏,E225。
② 北支煙草株式会社:『営業報告書等』(第五期),1941年5月1日—1941年10月31日,第3頁。
③ 据该社经营者自述,原料烟叶自采购至制成产品销售,资金回笼需要3个月左右的周期。参见『華北東亜、北支煙草昭和十六年度資金計画ニ関スル件』,『各国ニ於ケル農産物関係雑件/煙草ノ部/中国ノ部/東亜煙草株式会社関係』,日本外務省外交史料館藏,E225。

与天津电力公司联合投资的产物。战前,日本即对华北电力行业有相当的投资,然而这些企业的经营并不顺利,除基础薄弱与民众生活水平较低之外,电费价格居高不下也是一大原因。① 为了加快华北国策会社集团掠取当地资源的步伐,发展电力成为战初日本军政当局的急务。东亚电力兴业会社设备基础较好,由此受到日本军政当局的青睐。1939年4月,东亚电力兴业会社在济南成立子会社——齐鲁电业股份有限公司,后者由中方济南电力公司与日方华北开发会社折半出资,资本为"联银券"400万元。另一子会社芝罘电业股份有限公司1939年5月在烟台成立,由烟台生明公司与华北开发会社折半出资,资本为"联银券"400万元。这说明"联银券"作为华北沦陷区内的统一货币已开始被当地的大型日本企业所接受。

1939年4—9月期间,华北电力兴业会社的经营状况一般,上半年仅实现4%分红。日本军政当局对产业用电、治安用电的迫切需要迫使该会社加快投产的步伐,作为应急对策,其不得不通过股东从日本国内的电力会社收购一批二手的发电设备。② 1939年10月以后,华北各地电力不足的局面没有改变,尽管当地对电力的需求旺盛,然而其子会社济南电力股份有限公司(原齐鲁电力股份有限公司)因运转能力低下,"完全处于毫无余力的状态"。③ 同年8

---

① 電氣新報社編『北・中支電氣事業便覧』(昭和14年)、東京:電氣新報社、1939年、第24頁。
② 这些二手设备,来自该会社管理层所属日本国内电力会社,如日本电力、中央电力、京都电灯、山阳中央水电等会社。参见電氣新報社編『北・中支電氣事業便覧』(昭和14年)、東京:電氣新報社、1939年、第25頁。
③ 東亜電力興業株式会社『営業報告書』(第五回)、1939年10月1日—1940年3月31日、第11頁。

月,兴亚院认为"在追求华北电力事业的复兴于开发的同时,也要对之实行一元的统制,以此获取丰富、优质、低廉的电力,以助治安民生的提高、产业的兴隆。原则上,首先要满足产业用大规模发送电及京津冀东地区发送配电的需要",①由此出台《华北电业株式会社设立纲要》。次年2月,由华北振兴会社与华北电力兴业会社注资的华北电业股份有限公司成立,该公司投入资本高达"联银券"1亿元,这体现日本军政当局对华北电力增产的迫切期待。

正如前文所述,日本军政当局对产业高度集中的投资导致"联银券"的急剧贬值。至1940年4月以后,这一状况在会社的经营状况中体现,当时的企业不得不顺应日本军政当局的通货紧缩政策,乃至"本年度的事业计划在最近物资及金融津贴困难的实情下,处于不得不顺延乃至中止的穷状"。② 至1940年下半年,因煤炭产量的减少,伴随煤炭价格的上升,日本军政当局对电费的价格统制发生松动,电费价格开始攀升。

1941年前后的华北电力兴业会社受惠于电费价格的上涨,在各地子会社都取得良好的业绩。如蒙疆电业会社,"在逐步扩张的同时节约经费、提高电费(煤炭价格高涨的缘故),结果营业成绩得以提升";济南电力股份有限公司则"营业成绩日益好转,当期取得超过三成的利润率";芝罘电业股份有限公司,"因所在地域不得不使用高价煤炭而处于不利立场,故而节约经费及实施积极的增收

---

① 北支那開発株式会社『北支那開発株式会社及関係会社概要』(昭和15年度)、北京:北支那開発株式会社、1940年、第205頁。
② 東亜電力興業株式会社『営業報告書』(第五回)、1939年10月1日—1940年3月31日、第5—6頁。

策略,亦取得不少的利润"。① 不久后爆发的太平洋战争对于华北电力兴业株式会社的经营并没有造成太大影响,华北电业股份有限公司"对应煤炭价格及其他的高涨,各分店费用统一实行修改";芝罘电业股份有限公司则"对应诸物价的高涨,实行电费价格修改,结果取得预期的业绩,实现了6％分红"。②

华北电力兴业会社是为华北国策会社集团提供动能的核心企业,日本军政当局对其经营极为重视。可以看到,华北电力兴业会社面对1939年末之后华北出现的通货膨胀,其产业经营并未受到太大的冲击,其利润率还有所提高,这主要是因为华北官民对电力的旺盛需求以及日本军政当局支持该会社不断提高电价。

4. 华北交通株式会社

1937年7月卢沟桥事变爆发后,南满洲铁道株式会社受日本军部之命,派遣大批社员至华北战线,管理北宁线等日军占领下的铁路。抗战进入相持阶段之后,日本对华北沦陷区内的铁路管理实现常态化。在满铁的经营基础之上,1939年4月成立华北交通株式会社,该社实力雄厚,总资本额高达3亿日圆。

华北交通株式会社成立后,"事业计划稍启端绪,修复、开始改善荒废至极的铁路,建设开发所必需的新线,扩充汽车运营及货运,修筑港口,运营对地方交通及小型运输不可或缺的内河航运等,斟酌使用资金、资材,加紧实施经营"。③ 该社人力资源庞大,

---

① 東亜電力興業株式会社『営業報告書』(第七回)、1940年10月1日—1941年3月31日、第6—8頁。
② 東亜電力興業株式会社『営業報告書』(第九回)、1941年10月1日—1942年3月31日、第4—6頁。
③ 北支那開発株式会社『北支那開発株式会社及関係会社概要』(昭和15年度)、第117頁。

1939 年时有从业人员 87 884 人,其中日本人 22 188 人,中国人 63 729 人,伪满洲国人 1 967 人。然而,该社成立之初,经营并不理想,8 月又遭遇巨大水灾,在设备上蒙受巨大损失。当年度营业纯收入 6 865.3 万余日圆,支出却高达 8 040 万余日圆,损失达 1 174.7 万余圆。①

1940 年,华北交通会社之铁路运营因旅客及货物的运送量不断增加而取得良好成绩,年度利润达 1 243.6 余万圆。这与日军对于该会社的铁路运营给予充分援助密不可分,如石太线因八路军的袭击一度瘫痪,日军不惜将其作战器材临时贷于该会社,以作紧急维修所需。② 然而在汽车运输方面,虽然营业线路不断扩张,5 月以后该会社还提高旅客及货物之运费,然因燃料的异常腾贵,仍亏损达 332.3 万余圆。③ 汽车运营业之所以遭受巨大损失,除物价因素之外,还在于八路军等抗日武装对其之突袭,"特别是治安不良,威胁从业员的生命或者招致车辆损失",1938 年(华北汽车公司时期)车辆被掠夺、乘务员战死、重伤等事故为 52 件,1940 年度则达 193 件。④

1941 年度,该会社不断铺设铁路新线,提高运输量。同年 2 月该社提高货物运费,11 月又提高旅客运费,当年度铁路运营获益 5 278.4 万余圆。然而内河航运因华北遭遇旱灾,雇船成本提高,

---

① 華北交通株式会社『営業報告書』(第一回)、1939 年度、三菱経済研究所蔵、第 4—5 頁。
② 『8 月下旬匪害事故復旧資材補給に関する件』(1940 年 10 月 7 日)、『昭和 15 年「陸支密大日記 第 37 号 2/2」』、日本防衛省防衛研究所蔵、陸軍省-陸支密大日記-S15-106-201。
③ 華北交通株式会社『営業報告書』(第二回)、1940 年度、第 5 頁。
④《华北汽车运输概况》(1943 年 7 月),中央档案馆等编:《华北经济掠夺》,北京:中华书局,2004 年,第 507 页。

当年度亏损463.7万余圆。汽车运输业则因偿却费的增加与燃料、设备的昂贵,尽管于1941年11月再度提高旅客、货物运费,仍亏损540万余圆。①

1942年度华北交通会社得以增资1亿圆,总资本达4亿圆。当年度铁路因旅客运输量的异常增加而取得预想之外的收益,然而又因粮食及其他物价的普遍高涨大幅增加支出,会社"担忧业绩恶化,故而极力节约经费",当年度获得利润5 885.7万余圆。汽车运输业因燃料紧缺,资材不足等因素影响,收入仅为71.7万余圆。内河运输业则因配船减少以及内河枯水,码头、航运业界均不振,亏损高达500万圆。②

1943年度,随着日军对华北铁路沿线实行"治安强化"工作,以及战时环境下日本在华北运送能力的提高,华北交通会社的铁路营业实现利润9 031.1万余圆。汽车运输业改变既往经营策略,将重点置于长距离运输,取得预期以上收入,但因物价高涨仅获得利润198.9万余圆。内河运输依旧不振,河川沿岸又发生霍乱,当年度亏损达1 194.3万余圆。③ 至1944年,因物价涨潮,该社铁路、汽车、水运屡屡提高客货运费。④ 至日本战败之前夜,华北日军对该会社实行全面军事化管理,该会社的业务完全为日军的军事需要而服务。⑤

---

① 華北交通株式会社『営業報告書』(第三回)、1941年度、第5—6頁。
② 華北交通株式会社『営業報告書』(第四回)、1942年度、第6—7頁。
③ 華北交通株式会社『営業報告書』(第五回)、1943年度、第5—6頁。
④ 《华北交通株式会社昭和19年度事业计划书》(1944年2月),中央档案馆等编:《华北经济掠夺》,北京:中华书局,2004年,第528页。
⑤ 『昭和20年3月16日 支那鉄道の軍運営管理要領(閣議決定案)』(1940年3月16日)、『大東亜戦争中期以降 対支重要決定綴 昭和17年12月—20年3月』、日本防衛省防衛研究所藏、中央-戦争指導重要国策文書-1140。

华北交通会社成立以来,营业业绩一般。1942年度以后,以粮食为首的物价上涨迫使该会社大幅增加支出,水运亏损尤巨。因日军军事上的需要,该社的铁路业务获取庞大利润,同年度对股东实行4％分红,1943年度又实现5％分红。① 华北物价的高涨以及黄河流域的天灾导致迁徙人数的异常增加,或许是其铁路、汽车运输获得高额利润的另一重要原因。

5. 华北车辆株式会社

1939年4月,华北交通株式会社成立,不久该会社出现车辆及车具不足的问题。而来自日本国内与伪满洲国对华北的物资供应已十分困难,在车辆的供给上无法满足该会社的经营需要。为了解决这一问题,1939年11月,军部及兴亚院制定《华北车辆株式会社设立纲要》,由华北振兴会社等国策企业投入资本3 000万日圆,于1940年6月成立华北车辆株式会社。

华北车辆会社成立初因大举投资基建,经营状况并不良好,首期收入185.9万圆,支出186.2万圆,损失2千余圆。② 1940年10月之后,更因华北的物价膨胀,资金及资材均调入困难,会社不得不将既定的生产计划延后,"现下伴随诸项统制的强化,在获取生产资材上必然出现困难,我社处于难以期待生产活泼增强之状态"。③ 会社尽管在对策上"极力实行生产过程的合理化及经费的节俭",第二期仅取得利润4 000余圆。

---

① 《华北交通株式会社》,中央档案馆等编:《华北经济掠夺》,北京:中华书局,2004年,第466页。
② 華北車輛株式会社『決算報告書』(第一期)、1940年6月3日—1940年9月30日、三菱経済研究所蔵、第6頁。
③ 華北車輛株式会社『決算報告書』(第二期)、1940年10月1日—1941年3月31日、第3頁。

太平洋战争爆发前后,华北车辆株式会社在经营上采取所谓的"重点主义",即一味加快青岛工厂对机车、客车、货车等急需车辆的生产及提高该厂的车辆修缮能力。对于山海关、张贵庄工厂及本社则"止步于生产内容的整备改善而并不添加新的设备。目前情势下机械类的调入极为困难,仅能妥善处于整备充实工作"。1941年4—9月间,该社经营者已面临物价高涨导致的劳动力匮乏、资材采购困难等问题,这一期"因生产资料及劳力的获取缺乏畅通的渠道,故而不能实现所期待的生产。我社只能极力提高作业能力及节约经费来弥补"。①

1942年4月以后,因日本军政当局对华北物资的生产与销售实行高度的统制,会社中劳力不足及生产资料获取困难等问题更为突出,尽管得到华北交通株式会社的支援,但因生产资料无法按预期入库,会社的经营出现严重危机。至1943年4月,日本统治区范围内机械类、建设类资材的获取已极度困难,令会社最感短缺者为水泥的供应。② 同时粮谷价格高涨等问题如影随形,会社的业绩日益低下,直至日本战败,其经营始终处于不良状态。

华北车辆会社作为华北交通株式会社的附属会社,其生产资料与建材的获取一味依赖日本军政当局的调集。水泥等基础建材的短缺导致该会社基础建设停滞不前,由此反映出日本在华北沦陷区内水泥等基础建材生产能力的低下。华北国策会社集团中并没有从事水泥等基础建材生产的国策会社,供应华北日资企业的水泥主要来自日本国内与伪满洲国,日圆经济圈内的物资供求平

---

① 華北車輛株式会社『決算報告書』(第三期)、1941年4月1日—1941年9月30日、第3頁。
② 華北車輛株式会社『決算報告書』(第七期)、1943年4月1日—1943年9月30日、第3頁。

衡一旦被破坏,华北车辆会社等企业出现的原料短缺也就在所难免。

6. 华北电信电话株式会社

抗战全面爆发后,日本军政当局将垄断华北沦陷区内电信通信事业视为其"最重要与最急迫之事务"。① 1938年7月,由华北开发会社、满洲电信电话会社、日本电信电话会社、国际电气通信会社、伪华北政府委员会等共同出资"联银券"3 500万元成立华北电信电话株式会社,此后该会社垄断了华北沦陷区内一切电信、电话、无线电业务。该会社的一切重大事项须由华北开发会社总裁决定,实际上是华北开发会社的子会社。②

华北电信电话会社成立之初,就因日本国内的资材统制而难以调入通信器材,线路施工"鉴于华北治安的现状",亦未取得预期的成果。河北、山东省之一部、京津地方与伪满洲国之电信联系只能依靠无线设施。至1938年10月末,该会社的电信回线数仅有56条,通信能力低下。③

1939年间,华北电信电话会社开通中日直通电话及天津、大阪之间无线联络以及中日之间的汇兑电报业务,当年度该会社取得了超过预期的业绩。1940年之后,该会社与华中电气通信会社缔结协议,北京与上海之间开通无线联络业务,该会社还接受天津

---

① 対満支問題研究所『北支開発企業の現勢』、東京:対満支時局史編纂所、1940年、第205頁。
② 『華北電信電話株式会社設立要綱並華中電気通信株式会社設立要綱ニ関スル件』(1939年7月9日)、『公文雑纂・昭和十三年・第二ノ三巻・内閣二ノ三・第三委員会』、日本国立公文書館蔵、纂02330100。
③ 華北電信電話株式会社『定時株主総会報告書』(第一回)、1939年1月、三菱経済研究所蔵、第3—4頁。

英、法、意租界内的电话业务，其经营亦取良好。1940年11月，日本军政当局为紧缩华北物价，对国策会社的产业投资实行重点主义。鉴于矿业资源开发的重要性，该会社在华丰煤矿设立电报局，并在柳泉煤矿设立电报通话处，从而使煤矿地区与海港、都市得以直接联络，①该会社对于日本掠取华北煤炭资源、维持治安起到重要作用。

太平洋战争爆发之后，华北物价开始恶性膨胀，作为应对之策，华北电信电话会社调整抗战以来维持不变的电话费，将此增收的费用用以填补各项经费的超支。② 1942年至1943年期间，"为实现大东亚战争下华北被赋予的国防兵站基地的使命"，该会社的经营任务集中于"国防治安通信设施的强化、重要资源的增产增送与华北经济自给圈的确立"，③并不顾及民生所需。为了促进煤炭的增产，该会社开始处理磁县西山等煤矿的电信业务，业务扩张导致其事业预算居高不下，1942年度高达2 200万圆；另一方面，为了节约物资与经费，该会社甚至废止了电报书信的抄写业务，体现其收支上的困窘。

可以看到，因为华北电信电话会社垄断了华北所有的电话电信业务，使其得以于1941年以后通过提高服务价格以应对物价之高涨。日本军政当局为了镇压抗日运动及加快对资源的掠夺，十分重视华北电话电信产业的扩张，由此造成该会社的事业预算过度膨胀，而该会社大量经费的支出加速了"联银券"的贬值，又导致华北经济生态进一步的恶化。

---

① 華北電信電話株式会社『定時株主総会報告書』(第四回)、1941年7月、第2頁。
② 華北電信電話株式会社『定時株主総会報告書』(第五回)、1942年6月、第4頁。
③ 華北電信電話株式会社『定時株主総会報告書』(第六回)、1943年6月、第3頁。

7. 华北煤炭销售有限公司

煤炭开采业是日本在华北沦陷区内重点发展的产业。为了统制华北的煤炭销售，维持煤炭适当的价格，确保对日本、伪满、华中、华南等区域的海陆输出，日本军政当局于 1940 年 10 月成立华北煤炭销售有限公司。① 该公司的成立实际上是华北开发会社在与三井、三菱等五家矿业企业围绕华北煤炭销售统制权的竞争中胜出的结果。②

华北煤炭销售公司成立后，"华北地区的治安状况，因我军的连续肃正工作而日益良好。各地的煤炭需求量出现激增趋势"，该公司经手井陉及山西、焦作、磁县、大汶口、中兴、柳泉等地煤矿的销售业务。③ 1941 年以后，日本对华北煤炭实施储备平准价格制（即价格均衡制度），该公司在采算范围内设定统一的采购价格，并通过公积金制度对各煤矿开采企业实行公平的资金分配制度。当年，华北各地的煤炭需求量激增，为了确保对日本、伪满、华中等区域的输出，8 月该会社又对各煤矿推行强化增产活动，取得了良好的业绩。

华北煤炭销售公司在采购煤炭之前，一般查定各煤矿的生产成本，在此基础上加算折旧费及经营者可获得的适当利润；而在销售时，在采购价格上引入均衡价格公积金，要求煤矿企业将一部分

---

① 北支那開発株式会社『北支那開発株式会社及関係会社概要』(昭和 15 年度)、第 298 頁。
② 这一竞争，即华北开发会社主张对煤炭销售、价格实行一元主义与三菱、三井等矿业会社主张由各矿业会社各自销售的多元主义的竞争，而兴亚院最终支持前者。参见浅田乔二等著、袁愈佺译：《1937—1945 日本在中国沦陷区的经济掠夺》，上海：复旦大学出版社，1997 年，第 126 页。
③ 華北石炭販売股份有限公司『事業報告書』(第一回)、1940 年度、三菱経済研究所蔵、第 6 頁。

的利润投入增产奖励、开发补助、灾害补偿等公积金中,并加算交易手续费等,将价格统一,①从而避免了日商煤矿企业之间的价格竞争。

太平洋战争爆发后,煤炭成为日本最重要的国防资源之一。该会社也被要求"克服战时下之诸多困难,向奉献增产及维持物价方向迈进",由于日圆经济圈对煤炭的需求孟增,为了确保华北煤炭的生产与供给,该公司先后于1942年1—3月、8—10月期间实行"增产强化"、"品质向上"等活动,均取得良好效果。②

华北煤炭销售公司对于日本军政当局掠取华北沦陷区内的煤炭资源起到重要作用,其对煤炭采购及销售价格的一元统制,是日本军政当局调控煤炭价格的主要手段。该公司设立的平衡基金保证了在物价狂潮中煤炭价格的相对稳定,对于促进1942年后煤炭产量的提高起到了一定的效果。

8. 华北市场助成有限公司

华北市场助成有限公司成立于1940年11月,是日本军政当局为了统制华北沦陷区各主要城市农产品市场交易的特殊企业。该公司于华北各大都市设置市场,从小麦、高粱、粟、棉花、棉实、花生、花生油、豆类、桐油等农产品的交易中获取利益。③ 1939年后华北粮食紧缺,如何促使民众将这些农产品上市,是该会社最重要任务。

华北市场助成公司成立之初,经营者奔波于各地分公司之设

---

① 華北石炭販売股份有限公司『事業報告書』(第二回)、1941年度、第5—6頁。
② 華北石炭販売股份有限公司『事業報告書』(第三回)、1942年度、第5—6頁。
③ 興亜院華北連絡部『華北市場助成株式会社ノ経営スル市場ノ設立ニ関スル指導要綱』(1941年2月14日)、『本邦会社関係雑件/東亜公益助成株式会社』、日本外務省外交史料館藏、E-2-2-1-3_29_001。

立,营业成绩毫无可观。不久,在军部与兴亚院之支持下,该公司与各方的交涉"均极顺利"。1940年12月下旬,以华北日军特务机关长会议为契机,兴亚院华北联络部特别向各地的特务机关长说明了该公司的任务与经营目的,由此该公司获得了各地日军特务机关的支持。1941年1月,兴亚院华北联络部再次讨论该公司的经营方针,要求伪华北实业总署核准该公司的事业方针与营业内容,并给予"完全的支持"。①

在日本军政当局的策谋下,华北市场助成公司成为"准国策会社",很快于唐山、石门、天津、北京等地设立分公司。1941年4月华北第一家日资交易市场于唐山开业,"开幕以来,市场之活况交易数量之增大,实堪惊异。尤特足注目者,其物资之集聚较开设以前倍增,故开设市场对解决华北物资及物价问题,其关系如何重大,足资证明有余矣。开办仅三个月余,获纯利一万四千余元";天津市场则于7月开业,"作为华北之中央市场与最为重要之国际市场",公司与天津特务机关、当地华商代表为之协商数月,方始营业;9月石门市场开业,经营状况良好,"事业成绩上虽无可特记者,然其交易数量激增"。

在诸种交易中,华北市场助成公司最为重视下属市场吸聚棉花的能力,经营者声称,"将来所称年产二百万担之棉花亦能上场交易时,该市场之发展足可压倒印度市场而为东亚之中心市场"。在获取大量利润的同时,该公司经营者亦认识到其责任重大,"以上五大市场之开设,非只本公司事业成绩可获好转,即对全华北之产业振兴与经济发展裨益甚大。本公司所以能受准国策公司之殊

---

① 華北市場助成股份有限公司『営業報告書』(第一回)、1940年11月1日—1941年3月31日、三菱経済研究所蔵、第1—3頁。

遇,承官民各界之绝大支援者,亦不外有此关系所致也"。①

太平洋战争爆发后,日本军政当局为日、"满"、华等地之物资蒐集工作,要求华北市场助成公司加快对物资的吸聚,"东亚共荣圈之确立,首在谋求日华满三国间物资之交流,自对英美开战以来,其重要性愈为显著,尤以华北地方对于从来供给不足之粮食倾注全力,使之增产与改善,以期完遂大东亚战争,裨无遗憾"。该公司通过提高收购价格等手段,积极集聚农产品,自称"于食粮调剂上直接间接贡献非浅,本公司得以完成国策使命,殊堪告慰"。

该公司作为准国策会社,极为注重与日本军政当局之关系,对于利润并非一味追求,声称"因时局关系,对利益金之处分务期慎重,故而遵从关系当局意向,使公司保留多额以确立公司基础而备将来发展"、"然对自由主义经济多加压制之今日,而本公司亦绝不徒趋营利,偏重私益,当以国家为见地,锐意增进民众福利,以阐明本公司设立之意义"。为了缓解粮食紧缺,该会社还经营仓库金融事业,设立平衡仓库,以之促使华北农民将屯藏粮食尽快上市。

随着太平洋战争的激烈化,日本将华北视为后方兵站基地。日本对华北物资的大量蒐集,物价高涨等问题亦如影随形。该公司对于其在日本军政当局的低物价政策中扮演的角色,亦有心理准备:

> 准备长期战,必先确保粮食以培养民生,扩充生产或基于增产计划以确立自给自足体制,或统制消费正以强行低物价政策而显示中日一体足恃之协力,在华北为唯一之杂粮市场,对农产物之需给调节不断努力,本公司所属之各市场亦因进

---

① 華北市場助成股份有限公司『営業報告書』(第二回)、1941年4月1日—1941年9月31日、第1—4頁。

展愈痛感责任之重大。①

虽然该公司宣称将举全力抑制粮食市价，但我们也看到战时环境下其必须面对之现实：

> 惟因从前华北曾奖励种植棉花、小麦、烟草等国际商品导致食粮每年缺乏一百万吨内外，在国外供给不能如意之今日，其粮食政策当然发生甚大困难，加以运送机关之不完备，各地方之割据制度，致使市场机能丧失。②

面对自1942年春后农产品价格的暴涨，该会社也尝试通过市场手段来加以调节，如要求商贾提供巨额保证金以抑制其投机，或停止交易开拍施行总清算等，然均告失败。该会社北京市场不得不休业两月，石门市场则自6月起彻底歇业，天津、唐山两市场亦相继停拍、退拍，该公司经营者自曰其经营困境，乃"执行日本内地市场所不能想象者也"。

华北经济因物价高涨而波动，同样给予当地华商企业极大冲击。日本军政当局以"日华协力进一步需紧密化"为名义，将粮食难题推卸于傀儡政权当局。伪华北政务委员会匆忙组织物资物价处理委员会，全面研究华北全域需求、供给与收购问题。该委员会仍听命于日本军政当局，立即宣布实施粮食搬出入登记制与对采购机构实施"一元化"之管理。然而日伪对粮食采购、运输的严苛统制，导致各市场之运营"感受极度之困难"。天津、唐山、石门各地市场或歇业或停拍。原本石门市场之生存"其唯一希望之由山

---

① 華北市場助成股份有限公司『営業報告書』(第四回)、1942年4月1日—1942年9月30日、第1—2頁。

② 華北市場助成股份有限公司『営業報告書』(第四回)、1942年4月1日—1942年9月30日、第1—2頁。

西移入杂粮、也终未得当局之容许,且石门市内之食粮不足日益深刻化",经营者最终解散市场。

华北市场助成公司并非没有看到日伪统制经济对于粮食商品化的危害,其北京市场于 1943 年 1 月将当地现货市场接收,将之与期货市场直营。当"业务稍见好转,前途微有曙光"时,因伪粮食管理局强行登记制,农产品交易又失去其市场性,"以至将来前途亦不容乐观";唐山、天津市场于 2 月、3 月重开,终因食粮管理局之政策与市场人心动摇,"未能恢复昔日盛观"。① 日伪当局施行的统制策略对于该会社亦有两面性:一方面市场萧条不振,使该公司的业务受到严重打击;但另一方面,该会社在宣誓"协力国策"的名义下,在难关中遇到"新的光明"——会社获得日伪当局之许可,得以合并各地市场垄断全行业。

1943 年 4 月以后,华北农产品供求关系极其不平衡,致使民众生活日益困窘。伪粮食管理局于 5 月决定将抑制主要粮食的最高价格作为强化统制的最后办法,然而农产品价格飙涨之风毫无受到抑制。迨至 8 月,华北市场助成公司按日伪当局之要求,为全面支援粮食政策,自行中止各附属市场的交易。当时令该公司经营者稍感安慰的是,其合并各地市场之计划进展颇为顺利,"于是全华北之市场,遂于是本公司直接经营下而一元化,于市场运营上划一新纪元"。自 1943 年起,该公司的业绩不佳,经营者直陈原因所在,"因方针在强化统制农产物资,故市场机能未能十分发挥,殊为遗憾"。② 因该公司部分经营文书的缺失,1943 年 10 月以后该公

---

① 華北市場助成股份有限公司『営業報告書』(第五回)、1942 年 10 月 1 日—1943 年 3 月 31 日、第 1—3 頁。
② 華北市場助成股份有限公司『営業報告書』(第六回)、1943 年 4 月 1 日—1943 年 9 月 30 日、第 1—2 頁。

司的经营状况已无以获知。然而大致可以预料，随着日伪当局统制的深入，该会社的经营将持续恶化。

华北市场助成公司的经营轨迹充分体现了日本军政当局利用市场交易型企业应对华北物价高涨、粮食紧缺危机之手段。作为准国策会社的华北市场助成公司并不以牟取利益为急务，不惜损失其自身收益，以协助日本军政当局之物资动员计划，从侧面体现了市场交易型企业对于日本稳定华北经济形势的重要作用。另一方面，该公司得以迅速于华北各主要都市扩张，对行业施行垄断，也完全依赖日本军政当局尤其是特务机关之支持，这又体现了其对于当地日军的依附性。统制经济对于企业的双刃剑性质，在该会社的经营上充分体现。

9. 日华兴业株式会社

日华兴业株式会社成立于1919年，具体时间不明，初期资本额为200万日圆。该会社主要从事织染业、酿造业等，其总部虽设于上海，主要业务则在青岛等地进行。

抗战全面爆发之后，日本军政当局在华北采取汇兑集中制，从而使华北沦陷区经济与华中沦陷区经济呈对立态势，平津一带发生严重水灾，当地交通不畅，物资严重匮乏。为使民间供出物资，日本军政当局对华北经济施以各种统制政策，由此当地市场出现"跛脚"物价昂贵现象。1939年4—9月期间，日华兴业会社因实行多行业兼营策略，所受物价影响有限，该会社在青岛的加工业达到既定的生产额，在张店的丝厂因丝价上涨，亦取得相当的成绩。①

1939年10月以后，华北各地的抗日运动风起云涌，对日本军

---

① 日華興業株式会社『営業報告書』（第二十一期）、1939年4月1日—1939年9月31日、三菱経済研究所蔵、第3—4頁。

政当局而言,"经济上的安定乃燃眉之急"。欧洲战事爆发,国际形势对法币汇率产生冲击,其汇率骤升骤降,导致物价随之波动不已。因物资不足与物价变动,一部分日本商社陷入无法交易而破产的境地,然而日华兴业会社因在中国各地广设营业派出所,营业所之间又紧密联系,其物资补给渠道仍能畅通。该会社的交易相当灵活,"向华中出口生丝、盐等,作为补偿则将棉纱棉布作为青岛加工用之原料而吸收。或者对于物资不足的山东或天津方面,进口生活必需品与建筑材料等,在经营上偏向于多角经营之模式"。尽管业绩良好,会社经营者仍对未来感到悲观:"然而无法预知未来法币之变动,现已出现所谓恶性通货膨胀之征兆。伴随物资不足,预计经济上之混乱将不可避免。"①

1941年4月以后,日本军政当局以各种组合操控日圆金融圈内的贸易。7月,英美对日本实行资产冻结。对日本而言,美元已丧失其贸易结算通货的功能。作为应对之策,日本军政当局采用"特别日圆"这一虚拟贸易通货单位,华北、华中沦陷区之间的物资交易因无法获取外汇,因而受到更多限制。在此期间,日华兴业会社极力抑制投机行为,谋求各工厂经营的合理化,如将原向美国出口的生丝在当地出售,或将其中之一部分于自家工厂中加工生产等,从而"将资金冻结的影响减少至最低限度"。②

太平洋战争爆发之后,华北沦陷区内物资不足的影响进一步显现,1942年之后当地物价不断攀升。伴随"日军在太平洋战争上的赫赫战果",法币汇率出现暴跌,1942年3月末时,法币对军票汇

---

① 日華興業株式会社『営業報告書』(第二十二期)、1939年10月1日—1940年3月31日、第2—3頁。
② 日華興業株式会社『営業報告書』(第二十五期)、1941年4月1日—1941年9月30日、第3—4頁。

率仅为100元兑18圆,华中沦陷区内物价急剧飙升。而在华北,日本军政当局推行"联银券"价值维持工作,通过加强对物资生产、采购、运输上的统制,华北沦陷区内的物价暂时没有出现如华中沦陷区般迅猛的恶性膨胀。按日本军政当局所要求之"现地自给自足"方针,日华兴业会社将酒精代替汽油作为燃料而开拓新的生产领域,另实行将所产生丝在京津市场上代替羊毛出售等策略,结果"一扫消费层面的忧虑,取得超过预想的业绩"。①

1942年4月之后,日军军政当局于华北沦陷区内实行更为广泛的经济统制,甚而于市场交易中设定公定价格。会社经营者意识到"如今物价异常之高,物资交流层面已发生异变",至当年秋时,日华兴业会社的经营者虽然仍宣称将"一意协助国策"、"企业为了战争胜利目的之实现而整备",然已毫不讳言会社"前景将遭遇极大之困难"。②

1943年初,为了抑制粮食价格,日本军政当局成立粮食收购统制机构采运社,日华兴业会社作为成员之一,致力于协助日伪当局收购杂谷,其经营角色发生重大变化。该社从事的织布、染色加工业等因日伪对棉纱布配给的减少而减产,不得不通过扩大绢布生产来取得"预期的业绩"。战争末期,尽管该会社各生产领域均受严厉统制,其"承担的增产义务却更为重大";作为华北粮食采运社与华北油料协会的重要成员,该社将精力投入对当地小麦、杂谷、油料等物资的收购中,沦为日伪当局掠取民间物资的代理者。

作为较早立足中国的日商企业,战时日华兴业会社的业绩相

---

① 日華興業株式会社『営業報告書』(第二十六期)、1941年10月1日—1942年3月31日、第2—3頁。
② 日華興業株式会社『営業報告書』(第二十八期)、1942年10月1日—1943年3月31日、第4頁。

当良好,这与其实行多行业兼营的经营策略密不可分。战争前期,该会社利用其广泛的分店网络,获取必要的生产原料,华北沦陷区内的通货膨胀对其影响有限。战争后期,尽管该社采用替代性生产等多种策略,仍如其他日商企业般落入日本军政当局统制经济的窠臼,其经营开始不振。战争末期,该社的独立经营权完全丧失,其经营角色亦从加工业、酿造业的生产者转变为地方物资的收购商,深陷日伪的统制漩涡中无法自拔。

二、"法币—军票—'中储券'"经济体系下华中日企的因应

日本对华中沦陷区内的通货政策较之华北的情况更为复杂。华中是日本及列强经济势力集中之所在,也是国民政府推行法币政策较为彻底之区域,日本军政当局在华中沦陷区发行的军票、"华兴券"、"中储券"无不遇到强大阻力,两国在华中沦陷区内的货币战异常激烈。在华中的日本企业中既有华中振兴会社伞下的国策会社,也有长期立地中国的日商纱厂,还包括一些中小轻工企业,种类可谓多样化。然而,在货币战的漩涡中,这些企业不得不对在生产经营中使用何种货币做出抉择而陷入苦恼的境地。笔者希望利用留存迄今的9所华中日资企业的经营文书,揭示货币战中这些企业的因应之策。

1. 华中蚕丝株式会社

华中蚕丝株式会社成立于1938年8月10日,华中振兴会社、中日两国丝商等共对之投入资本800万日圆(1940年10月末增资至1 000万日圆)。该会社本部设于上海,主要经营机械制丝、蚕种的生产及配给、蚕茧之加工业、日本军政当局所需土丝的收购以及

其他附带业务,至 1939 年 10 月末,该会社已具相当规模,社内有日本人职员 154 人,中国人职员 593 人,中国人劳工 14 514 名。战前的日本亦为生丝出口大国,日本军政当局对该会社的经营颇为重视,特别要求日方出资者注意,"以使其不与日本国内的蚕丝业发生对立关系"。①

华中蚕丝会社创立之初,"社业运营之困难,实言语难以形容"②。据其社史,可运转之工厂仅有数所,且多破败,会社对于购茧也未做充分准备,以致生产多受障碍。然而,1938 年 10 月因广州、武汉的陷落,法币汇价急剧下跌,上海等地商贾投机囤购各种物资,丝价行情逐渐高涨,如白廿一种标准品,每担达法币 1 000 元。至 1939 年初,日本国内因强化战时体制,纤维产品生产受到严格统制,市场出现紧缺。日本丝产品之不足促使上海丝价发生无限制暴涨,至 2 月末,其行情"已达当年度未有之高值"。然而,当时华中蚕丝会社产量极其有限,"可称成就之交易毫无,几成有价无市之局面"。③

在原料采购上,华中蚕丝会社受到日本军政当局与傀儡政权特别照顾,为解决以浙江省为主的春季茧种短缺问题,该社得到特务机关及伪厅署的协助,得以进口日本蚕种 3 642 120 瓦,并以较低廉价格配给于江浙两省及山东省内蚕农。当年秋蚕期为了救济蚕民,江浙两省伪建设厅又支出蚕种补贴 21 万元。因伪维新政府

---

① 『華中蠶絲会社設立要綱』(1938 年 7 月 20 日)、『昭和 13 年「陸支密大日記」』、日本防衛省防衛研究所藏、陸軍省-陸支密大日記-S13-20-129。
② 華中蠶糸股份有限公司編『華中蠶糸股份有限公司沿革史』、上海:華中蠶糸股份有限公司、1944 年、序。
③ 華中蠶糸株式会社『営業報告書』(第一回)、1939 年 3 月 31 日、三菱経済研究所藏、第 4—5 頁。

实业部将公定价格之蚕茧完全交由华中蚕丝会社垄断收购，且江浙两省蚕农因茧价渐涨，上市意气旺盛，当年华中蚕丝会社的收茧工作取得成功。① 以 1939 年 8 月法币再次贬值为契机，上海丝价为之猛涨，9 月时每担达到 4 600 元之高值，华中蚕丝会社开始从中获取高额利润。

上海丝价行情随法币汇价而起伏，对华中蚕丝会社的利润产生重要影响。1939 年 11 月，丝价曾低落至每担 3 900 元，然至 12 月末每担却飙升至 6 500 元"创纪录"之高值。为平抑蚕丝市价，1940 年 7 月，汪伪政府财务部发布《蚕丝建设特捐暂行条例》，推行蚕丝高捐赋课，对蚕丝销售实行紧缩方针，在日本军政当局的支持下，丝价得以抑制于 4 500 元上下。1940 年是华中蚕丝会社大获丰收的一年，当年度该社获取纯利润达 2 913 098.5 元。②

值得注意的是，在该会社《营业文书》当年度的账目中，有支出汇兑抵补（换差）5 294 415.48 元之记录。这一汇兑应指法币与"华兴券"的汇兑关系，如前章所述，华中蚕丝会社的在日本军政当局推行的"华兴券"工作中扮演隐秘的协助者角色。1938 年 9 月至 1941 年 9 月期间，该会社从生丝等产品的出口中获取大量外汇，仅从对美出口中即获得 1 740 万美元，从而为日伪财政注入血液。在"中储券"统一华中货币之前，该会社的原料费及各项经费必须以法币支出。为了协助日本军政当局的军票价值维持工作，该会社经常将社中屯留的法币向汇市抛售并购入军票，并有意识地逐渐

---

① 華中蚕糸株式会社『営業報告書』（第二回）、1939 年 4 月 1 日—1939 年 10 月 31 日、第 5 頁。
② 華中蚕糸株式会社『営業報告書』（第三回）、1939 年 11 月 1 日—1940 年 10 月 31 日、第 1、18 頁。

以军票支付原料费及其他经费,暗中扩大军票的流通力。①

因日苏中立条约缔结,1941年4月以后,上海租界人心动摇,法币汇价进一步下跌。至7月英美冻结中日资金,国际关系骤趋紧张,市场传言四起,"此间市场有利用'物物交换制'出口或向南美方面出口等传说,对于第三国出口尚悬犹有一缕之望,不料当局忽又表示生丝出口第三国暂不准许之方针,出口贸易因之悉告停顿"。②

太平洋战争爆发后,华中蚕丝会社产品的对外出口渠道基本关闭,其经营方针不得不调整为供应内需。这一转变对于会社影响极大,1942年3月,该会社解雇大批劳工,仅保留了最小限度的职员人数。③ 不久,日伪当局推行的"中储券"统一工作导致华中沦陷区内物价暴涨。该会社全力协助日伪当局的低物价政策,"特将所存生丝不顾牺牲,贱价售出,专以维持公正之蚕价",该社故意使丝价廉于黑市价格,且将部分生丝与中华丝绸业产销互助会之绢布交换,以防止投机者从中牟利。④ 然而,该会社的努力基本徒劳,丝价很快追随市场涨势,"不幸适逢币制改革之初,致未能克服炽烈之换物人气,及公司方面极行提高蚕价,冀与市价相衡"。⑤ 随着日伪当局"中储券"工作的深入,丝价从法币22 000元(折合军票1 800圆)之高价逐渐跌落至"中储券"9 500元,市场上各类产品销

---

① 華中蠶絲股份有限公司編『華中蠶絲股份有限公司沿革史』,第384—385頁。
② 華中蠶絲株式会社『営業報告書』(第五回)、1941年4月1日—1941年9月30日、第4—5頁。
③ 華中蠶絲股份有限公司編『華中蠶絲股份有限公司沿革史』,第6頁。
④ 華中蠶絲股份有限公司編『華中蠶絲股份有限公司沿革史』,第13頁。
⑤ 華中蠶絲株式会社『営業報告書』(第七回)、1942年4月1日—1942年9月30日、第4頁。

出迟钝,金融梗塞,一切商谈处于停顿状态。

至1942年11月末,各种物价再掀涨潮。华中蚕丝会社虽极力防止其产品流入囤户手中,但当时其产品已大量在黑市抛售,至年末时其价格已达每担"中储券"11 000元,新年后因汪伪政权对英美宣战,黑市上丝价格飙升至18 000元。1943年3月中旬,日伪当局对华中沦陷区内物资出入的限制有所松动,通货膨胀现象已无法抑制,丝价随即突破4万元关隘。尽管产品价格昂腾导致该会社收入大增,然而在原料蚕茧收购上并不如意。自春季后粮食类农产品物价暴涨,蚕价已较其他农作物低廉,蚕农厌嫌养蚕,以致出现毁桑行为,兼天气旱魃影响,产蚕减少而土丝价腾,该会社当季仅收蚕茧5 912担。①

1943年之后,市场囤积之风猖獗,买户日盛,华中蚕丝会社已不能坚持日伪当局所定之低物价政策,其丝价逐渐提高至市场水平,年初为军票2 300圆(折合"中储券"12 778元),至5月中旬已提至"中储券"45 000元,8月再涨至"中储券"68 000元(如图6-1所示),当时日伪当局为平抑以棉产品为首的物价涨势,实行棉纱棉布强制收购令,导致市场交易颓顿,形成"有行无市之状态"。另一方面,蚕价于农产品物价中占最低位,农户拔掘桑树以种粮食,蚕茧日趋减产之势。原料暴腾而产品又不易畅销,华中蚕丝会社日渐难支,至6、7月勉强维持操业者仅一二成。② 至11月,会社以顺应日本军政当局对华新方针之名义,将缫丝业等民生产业转由中国业者"自主经营"后,宣布解散。

---

① 華中蚕糸株式会社『営業報告書』(第八回)、1942年10月1日—1943年3月31日、第4—5頁。
② 華中蚕糸株式会社『営業報告書』(第八回)、1943年4月1日—1943年9月30日、第3—5頁。

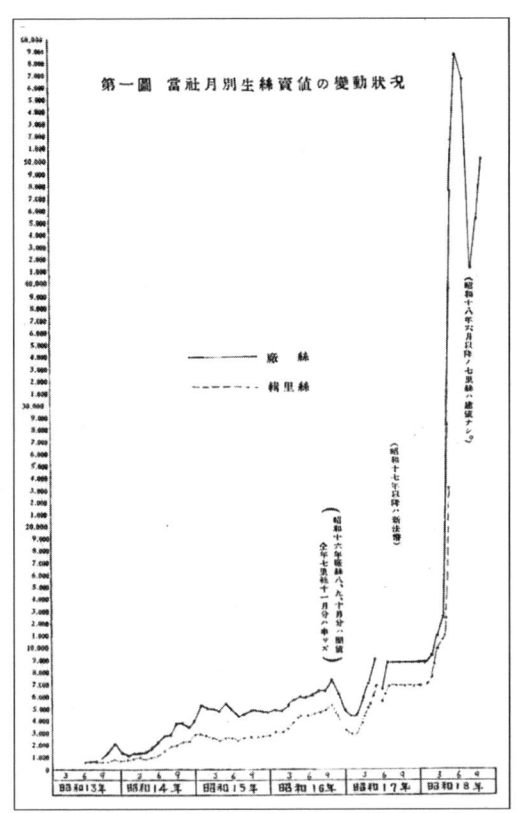

图 6-1　华中蚕丝会社所生产生丝按月价格变动状况图

注：華中蠶糸股份有限公司編：《華中蠶糸股份有限公司沿革史》，第 306 頁。

可以看到，华中蚕丝会社之产品价格随法币汇率而波动，会社在牟取暴利的同时，也受到日本军政当局对其产品价格的统制，最终因原料采购困难，市场销售不畅而走向破产。另一方面，华中蚕丝会社是对日本军政当局军票工作、"华兴券"工作、"中储券"工作介入极深的一家日商企业，这可能与其手中掌握大量法币采购资金有关。如 1940 年度该会社支出的法币 8 000 万元中原料采购费即高达 5 167 万元，因蚕茧上市与资金蒐集存在时间差，停留于会社之中的法币采购资金就能够为日本军政当局所利用，该会社扮演的角色类似日商纱厂,然而受日本军政当局的统制程度较之更深。

2. 华中水电株式会社

日本军政当局为尽快恢复华中沦陷区内水电之供应,于 1938 年 6 月 30 日成立华中水电会社。该会社资本额为 2 500 万日圆,名义为中日合资,华中振兴会社投入资本 750 万日圆,实则为其最大的股东。

华中水电株式会社成立之初,营业区域仅限上海租界周围。因此区域为中日战事最为激烈之地,当地房屋建筑几乎均蒙战火。会社成立后全力修复厂房,积极恢复运营,然而当时的供电量仅及战前的 12%。供水量则为战前的 77%。该会社受日军之命向沦陷区内派遣工作人员,逐步对华中电力及自来水事业实行一元化管理。为当地日军提供水电成为该社营业的主项。①

1939 年末,该会社已感受到"华中经济建设最大的烦恼,在于资材与资金入手困难"。当时上海租界内呈现畸形繁荣,而日本国内经济统制日益严峻,日商脱离日本国内,于沪上兴起创办企业的热潮。华中水电会社顺应这一趋势,确立积极的营业方针,自 1939 年 12 月 1 日起对上海地区的水电费用提价 40%。② 因煤炭价格的上涨,1940 年 6 月 1 日该会社再次提高会社费用,然而其事业"仍旧无法取得预期顺利之运营"。自 9 月以后,该会社采取临时比例增加制,电费随煤价变动而浮动,自成立以来收支不平衡之状态才

---

① 華中水電株式会社『営業報告書』(第一回)、1938 年 6 月 30 日—1938 年 10 月 31 日、三菱経済研究所蔵、第 1—2 頁。
② 華中水電株式会社『営業報告書』(第四回)、1939 年 11 月 1 日—1940 年 4 月 30 日、第 4—5 頁。

得以明显改善。① 1941年4—9月期间,该会社因受日本国内物资动员计划的掣肘,在经营上出现诸多困难。该会社通过业务整理、效率提升、经费节约等措施,克服各种不利条件,当期经营仍取得颇为良好之成绩。②

太平洋战争爆发之后,华中水电会社的资金调入极为困难,因煤炭、净水药品等主要生产原料价格的高涨,事业经费亦随之膨胀;随着日军进驻租界,租界内民众的电灯电热消费减少,该会社的收入亦大幅减少。会社强调实行彻底的经费节约政策,极力排除浪费与冗费,勉强维持收支的平衡。③

在华中沦陷区内掀起的异常迅猛的物价高涨风潮中,为了协助日本军政当局的低物价政策,1942年12月1日,华中水电会社特意将电费下调10%。日本军政当局则认为,"伴随价格降低必然产生事业利润的减少,应适当指导其经营合理化、增强事业功能等方式来逐步克服"。④ 该会社则"以经营合理化与对重要部门的供应为中心,坚决执行国策会社的使命",将一部分工厂封闭或大量减工。⑤ 1942

---

① 華中水電株式会社『営業報告書』(第五回)、1940年5月1日—1940年10月31日、第3—4頁。

② 華中水電株式会社『営業報告書』(第七回)、1941年4月1日—1941年9月30日、第4—5頁。

③ 華中水電株式会社『営業報告書』(第九回)、1942年4月1日—1942年9月30日、第4—5頁。

④ 『中支那振興会社関係会社(軍管理ヲ含ム)ニ於ケル電灯料及瓦斯料金ノ更改ニ関スル件』(1942年11月31日)、『本邦会社関係雑件/北支開発及中支復興株式会社/関係会社関係/華中水電股份有限公司関係』、日本外務省外交史料館蔵、E-2-2-1-3_13_21_1_001。

⑤ 前波伝八『新政策の進展と中支における国策会社』、『中支那経済年報』(1943年度第四輯)、第227頁。

年末,会社经营层已感受到"华中经济必将出现巨变"。①

1943年4月以后,各项物价高涨之风"漫无止境",该会社事业费亦随之膨胀不已。会社受战局影响日益明显,令经营者感到绝望的是,资产入手难与物价昂贵已完全"慢性化"。兼之运输困难,煤炭短缺问题日益突出,会社从1944年3月起全面停止受理对电力的新需求。② 1944年8月,该会社受日本军政当局之命提高自来水费,"结果销量受到极度制约,导致收入锐减。本年4月以来每月出现巨额亏损,10月末已累计达到7 400万圆(折合中储券4.1亿元)"。③ 企业经营陷入了极度恶化的境地,此状况一直延至日本战败。

对于公共事业型国策会社而言,物价飞涨时代最令其感到头疼者,在于燃料价格的提高,华中水电会社也不例外。煤炭价格的变动牵动着该会社经营者的神经。除经营合理化、经费节约之外,统一提高产品价格是其平衡收支的最主要途径。然而,当华中经济生活中物价高涨已呈"慢性化",日伪当局不得不采取低物价政策之时,国策会社又不得不顺应此"国策"而匆忙调整产品价格,由此导致收支失衡,其生产经营陷入困境,最终走向破产的命运。这种结构性弊病,从本质而言,乃企业的生产活动并非为了满足市场或社会群体的需要,而是日本军政当局对其施加统制的结果。

---

① 華中水電株式会社『営業報告書』(第十回)、1942年10月1日—1943年3月31日、第2—3頁。
② 華中水電株式会社『営業報告書』(第十二回)、1943年10月1日—1944年3月31日、第3頁。
③ 『華中水電公司電気水道供給料金統一改正ニ関スル件』(1944年11月18日)、『本邦会社関係雑件/北支開発及中支復興株式会社/関係会社関係/華中水電股份有限公司関係』、日本外務省外交史料館藏、E-2-2-1-3_13_21_1_001。

3. 华中水产株式会社

日本军政当局为了垄断华中沦陷区内的渔业与水产品市场，于1938年11月成立华中水产会社。该会社资本额300万日圆，其中华中振兴会社投资150万日圆，为该会社的最大股东。日本军政当局规定，该会社的社长及副社长的选任、会社条款的变更、利润的处分、事业计划的确立等，都必须获得华中振兴会社总裁的认可①，实际上该会社是华中振兴会社的子会社。

华中水产会社成立之初，抗战已进入相持阶段，在企业经营环境上"以上海及南京为中心的华中长江下地域，随着我军'宣抚'的彻底，治安逐步恢复，产业界为之呼应，表现出强大的复兴气势"。然而，因武汉、广州等城市的陷落，法币价值下跌，引起物价腾贵，无论工商业界还是一般民众，两者的购买力都受到不小的影响，该会社在市场收入及渔获两方面"均遭相当之痛苦"。②

1939年11月之后，随着华中沦陷区内渔业的复苏，各地湖沼所产、养殖之淡水鱼及舟山群岛方面所产之海鱼陆续上市。华中水产会社受惠于法币的跌落所带来的鱼价昂腾，其第二期的总交易量较之前期在数量上与金额上都有相当增加，达3 010万余日圆。③ 物价的上涨同样导致该会社渔业用物资入手困难、燃料成本提高，不过，相较当时市场所获巨大收益，这一问题并未凸显。

---

① 『華中水產株式会社設立要綱ニ関スル件』(1938年10月27日)、『公文雑纂・昭和十三年・第二ノ三巻・內閣二ノ三・第三委員会』、日本国立公文書館藏、纂02330100。
② 華中水產股份有限公司『決算報告書』(第一期)、1938年11月6日—1939年10月31日、三菱経済研究所藏、第7頁。
③ 華中水產股份有限公司『決算報告書』(第二期)、1939年11月1日—1940年10月31日、第5—7頁。

1940、1941年度,伴随法币的跌落,鱼价上涨,华中水产会社从上海市场交易中获取了大量利润;另一方面,渔捞成本因燃料价格上涨及资金缺乏而不断昂腾。太平洋战争爆发后,法币对军票行情不断低落,仅仅六个月间就急剧跌落至三分之一;时逢海鱼、淡水鱼及腌鱼干之淡季,上市比前期减少28%,两者交织,对该会社的收入造成很大冲击。①

1942年4月至1943年3月期间,因海鱼、腌鱼干的顺利上市,市况较为活跃,该会社的市场交易量大幅增加。另一方面,渔业用资材获取更为困难,渔捞成本大幅高涨,会社为此"需付出极大的努力"。1943年3月以后,为了顺应日本军政当局提出的粮食增产方针,会社致力于提高冷冻、冷藏及加工设备的运作效率,以求扩大对当地日军于侨民的水产食粮的供给,逐步步入被统制的轨道。②

战争末期,上海鱼市因鱼价昂贵而活跃,华中水产会社1943年4月至9月的总交易量达"中储券"1.13亿元,较前期剧增5倍余。因华中地区渔业资源的丰富,华中水产会社在水产品增产上也取得了良好之成绩。1943年10月至1944年3月,海鱼受春渔期之影响,河鱼及腌鱼干因运输上的障碍,前者上市减少23%,后者则减少30%,上市总数量减少10%,然而市况始终活跃,当期总交易额高达"中储券"24.04亿元,与前年同期相比,剧增近4倍,会

---

① 華中水產股份有限公司『決算報告書』(第五期)、1941年10月1日—1942年3月31日、第5—6頁。
② 華中水產股份有限公司『決算報告書』(第七期)、1942年10月1日—1943年3月31日、第5—6頁。

社由此牟取暴利。①

综合来看,华中水产会社的经营良好,这与华中地区丰富的渔业资源密切相关。其重心所在的上海渔市,接近渔场,运输较为便捷。日本军政当局对于水产品的增产要求基本得以满足。而该会社从法币的跌落中牟取了巨大利润,其收益率(利润与资本之比)之高,为华中国策会社集团中的佼佼者。

4. 华中电力通信株式会社

日本军政当局为了满足其国防上之需求,以资华中经济复兴,及实现日"满"华一元的通信政策,于1938年7月成立华中电力通信株式会社。该会社的资本为1500万日圆,其中华中振兴会社出资600万日圆。会社的一切重要事项都由华中振兴会社总裁裁定,实质上是华中振兴会社的子会社。此外,日本军政当局要求"国有之外的同种事业在该会社成立之后应迅速对之采购、合并,处于该会社的统制之下",②通过该会社对华中电信行业的实行垄断与统制。

1938年华中电力通信会社成立之后,当期即亏损20余万日圆。③ 11月以后,该会社因治安恶化,器材调入不易,经营极为困难,恢复作业多有迁延。1939年7月,该会社建成上海至大阪及上海至青岛之间的临时无线回路,随着法币汇率的下跌,电报业务数

---

① 華中水產股份有限公司『決算報告書』(第十期)、1944年4月1日—1944年9月30日、第5—6頁。
② 『華北電信電話株式會社設立要綱並華中電氣通信株式會社設立要綱ニ関スル件』(1939年7月9日)、『公文雜纂・昭和十三年・第二ノ三卷・內閣二ノ三・第三委員會』、日本国立公文書館藏、纂02330100。
③ 華中電氣通信株式會社『營業報告書』(第一期)、1938年8月1日—1938年10月31日、三菱經濟研究所藏、第6頁。

量激增。① 不久日本军政当局在华中沦陷区内推行军票一元化政策,8月该会社将苏州、吴江、常熟等地电话局的市内电话费改为军票本位,②由此形成上海租界内业务以法币为本位,其他沦陷区域以军票为本位的两元货币格局。

然而这一格局并非壁垒森严、不可互通。原本华中电力通信会社将电话费之军票价格增加20%后折合成法币价格。而在1939年10月8日上海京城(即今首尔)线路联通之后,军票价格改为增加32%,如上海与内地通话每次三分钟以内为军票7.5圆,折合法币9.9元;上海与京城通话每次三分钟以内为军票8.4圆,折合法币11.1元。③ 华中电力通信会社按日本军政当局之意故意贬损法币价值,然而法币贬值也导致该会社电话费营业价格出现大幅波动。

太平洋战争爆发后,法币的暴跌对会社的收入造成诸多影响。自1942年4月11日起,该会社不得不通过提高电报电话收费标准,"以图事业财政之稳固"。④ 因采用"中储券"标价,货币上的混乱得以消解,该会社当期获得纯利润104.7万余元。10月后,随着日本决战体制的紧迫化,会社顺应"新事态下的国防及产业文化开

---

① 『華中会社事業概要報告書送来ノ件　華中電気通信会社』(1939年9月9日)、『自昭和十三年至昭和十四年・上海駐在官報告綴(附上海銀相場報告)』、日本国立公文書館藏、昭47郵政00069100。
② 『華中会社事業概要報告書送来ノ件　華中電気通信会社』(1939年9月29日)、『自昭和十三年至昭和十四年・上海駐在官報告綴(附上海銀相場報告)』、日本国立公文書館藏、昭47郵政00069100。
③ 『上海電話会社加入者ノ件華通話料改定ノ件』(1939年10月11日)、『自昭和十三年至昭和十四年・上海駐在官報告綴(附上海銀相場報告)』、日本国立公文書館藏、昭47郵政00069100。
④ 華中電気通信株式会社『営業報告書』(第七期)、1942年4月1日—1942年9月30日、第1—2頁。

发之策,而被要求采用超重点主义",将经营重点置于扩充"现地自活"必需的设施及发挥已有设施之效率,极力节约资金及资材,尽管如此,"在此主旨下的企业计划,也因资材入手困难问题,企业的事业亦不得不中止或变更"。① 伴随华中沦陷区内物价的高腾,以及日伪当局对华中物资移动限制上的松动,该会社的通信量出现不断增加,电信收入、电话收入与前期相比大幅增收,当期总收入达949.4万元;另一方面,尽管会社在支出方面尽量节约经费,但因劳工费及各种通信器材费用的增加,总支出亦高达837.1万元。

战争末期,为了巩固日本在华中的"电信战力",华中电力通信会社实行特别紧急电报制度,优先处理日伪军政上的紧急电报。在业务不断扩大、"强化华中动脉干线"的同时,上海异常高涨的物价对于会社大多数中日职员的生活造成极大威胁。该会社了确保其生活及公司经营上的稳定,在日本军政当局的许可下,从1944年1月1日起再度提高电报电话收费标准,当期收入增加至553.8万元。② 此后上海物价与电话、电报收费标准之间展开拉锯战,这一状态一直持续至日本战败。

因电话电信与日军军事活动密切相关,故而华中电力通信会社的业务受到日本军政当局的严格监督,该企业基本没有自主经营之权。因基础设施薄弱与战火的摧残,华中电力通信会社自成立后营业状况长期不佳。因社内财政收支不稳定,故而该会社对货币变动极为敏感,其多次采用提高电报电话收费标准之战术,以应对物价攀涨之风。这是公共事业型国策会社应对货币战的典型

---

① 華中電気通信株式会社『営業報告書』(第八期)、1942年10月1日—1943年3月31日、第1頁。
② 華中電気通信株式会社『営業報告書』(第十期)、1943年10月1日—1944年3月31日、第2頁。

手段，也是导致当地物价进一步膨胀的主要原因之一。

5. 上海三菱仓库株式会社

上海三菱仓库会社被视为"日本仓库业进军海外的先驱"，原为1919年5月由三菱合资、三菱商社、三菱仓库三家会社合资收购德国人经营的梅尔切克茨（メルチカーズ）码头后改建的菱华仓库，当时投入资本为白银100万两。该会社在张家滨上游的董家渡有栈桥，主要从事煤炭保存业务，运入上海的日本煤炭与抚顺煤炭大部分储藏此地。① 1939年初，该会社改名为上海三菱仓库会社，资本改为100万日圆。

1939年初，因日军占领区域的扩大与当地治安的逐步恢复，从沦陷区与海外流入上海的货物大量增加，上海三菱仓库会社的财政收支得以改善，自从1933年后第一次获得利润。② 进入1939年下半年后，法币汇率暴跌，又因世界大战的爆发，日本政府对流向日圆圈内的物资实行出口调整令，"一般商品的流动尽管稍与期待相反"，但因该会社的主要业务是储存生产原料煤炭，故而业绩良好。③ 汪伪政权成立后，在该会社看来，"华商的抗日气氛有所缓和"，从内地运至上海的棉布、绢布、砂糖、工业药品等大幅增加；另一方面，因欧洲战事，英法对中国之出口减少，仓库出现大量滞留货物。④ 1940年上半年对于该会社而言，乃"繁忙至极"，尽管因物价昂腾，事业费用支出膨胀，但会社仍受惠于上海战时环境下的畸

---

① 中外産業調査会編『財閥三菱の新研究』、東京：中外産業調査会、1937年、第248—249頁。
② 上海三菱倉庫株式会社『営業報告書』（第四十回）、1939年上半期、三菱経済研究所蔵、第5頁。
③ 上海三菱倉庫株式会社『営業報告書』（第四十一回）、1939年下半期、第2—3頁。
④ 上海三菱倉庫株式会社『営業報告書』（第四十二回）、1940年上半期、第2—3頁。

形经济繁荣,获取大量利润。1940年下半年,伴随日本对华中经济的渗透与对民众"宣抚"工作的深入,作为军票交换物资的棉纱布、绢丝、砂糖,日商纱厂生产的棉产品与棉花、煤炭的大量入库,该会社的业绩更显优异。①

太平洋战争爆发前夜,日本军政当局强化对援助重庆政权经济渠道的阻遏力度,上海生产的棉纱布等因无法运入内地而形成滞货,中日商人由此掀起换物投机交易,会社所辖仓库始终处于满库状态。太平洋战争爆发之后,日伪当局实行"中储券"统一工作,对日常用品实行配给制。而上海的对外贸易已处梗塞状态,华商投机活动高涨。当时该会社"煤炭、棉纱布、绢丝、农产物等的入库旺盛至极,经营取得极好之成绩"。②

随着战争的持久化,上海经济界蒙受的影响日益深刻,随着中日商人的囤积居奇,上海三菱仓库会社因棉纱布、绢丝等商品的贮存量不断增加,乃向日本军政当局申请增设仓库:

> 本社现有资金100万日圆,事业仍在继续之中。目前现状,自有仓库1 870坪,租借仓库约14 100坪,管理之敌产仓库38 200坪以及受海军委托之仓库29 000坪,作为负责保存战时重要物资之仓库业,从巩固基础,发展事业的角度出发,希望在资金许可范围之内,本社获得自有仓库,以使仓库业务健全经营及合理化。③

从中可见,该社与日本军政当局之密切联系,在于该会社为军用物

---

① 上海三菱倉庫株式会社『営業報告書』(第四十三回)、1940年下半期、第2—3頁。
② 上海三菱倉庫株式会社『営業報告書』(第四十六回)、1942年上半期、第4—5頁。
③ 『上海三菱倉庫株式会社事業設備増設許可ニ関スル件』(1943年2月4日)、『本邦会社関係雑件 第十二巻』、日本外務省外交史料館藏、E-2-2-1-3_012。

资保存提供极大的便利。因此在上海出现诸业停产、减工的情况下，该社却有进一步扩大规模的反常现象。1944年之后，上海物价飙升，该社各项经费不断膨胀，因日军及公用物资的储存量伴随战争形势而不断增加，而汪伪商统会及中贸联对棉纱布、绢丝、米麦杂谷等交易实行严格的统制，随着这些货物亦大量囤积，该会社的业绩持续上涨。[①] 迄日本战败，上海三菱仓库会社始终保持较好的业绩，为三菱财阀提供大量利润。

上海三菱仓库会社受惠于战时孤岛的畸形繁荣，利用物价狂潮中的投机交易而获取暴利。即使在战争后期，该会社因日本军政当局的支持而仍有进一步扩张的趋势，这充分体现了日本军政当局与三菱财阀在利益上的趋同性。该会社的经营轨迹也能够很好地说明战争时期上海出现的恶性通货膨胀并非因物资在生产供给上的短缺，乃因商业投机浪潮下的囤积所致。

6. 上海印刷株式会社

上海印刷株式会社成立于1917年，具体日期已不可考。[②] 据笔者所见留存最早的该会社《营业报告书》，1923年时该企业的资本总额不过为50万日圆，应该是一家从事各种制版印刷、印刷用纸及墨水销售的中小规模企业。[③]

抗战全面爆发之后，上海印刷会社位于赫斯克尔路的厂房全部毁于战火，故而不得不租用华商临时工厂勉强开业。1938年2月战事平靖之后，该会社从事日军及日本在华企业委托的印刷业

[①] 上海三菱倉庫株式会社『営業報告書』（第五十回）、1944年上半期、第2页。
[②] 樽本照雄『商務印書館の日本人投資者』、『清末小説』2012年1月、第29号、第120頁。
[③] 上海印刷株式会社『営業報告書』（第十回）、三菱経済研究所藏、第6页。

务,作业之繁忙,"处于昼夜需要增加机械的状态"。① 会社经营者对于日军的统治充满期待,称"如今时局一转,已步入东亚建设之新阶段。新企业顿时勃兴,市况必然好转。吾社亦顺应此形势,将社内阵容一新,以求迅速复兴充实"。②

1939年上半年,上海汇市法币汇率跌落,各种物价为之上涨,企业"出现事态颇为悲观之倾向"。经营者认为,"然而应对现下态势有所觉悟,各材料价格昂腾的同时,日本国内物资需给的统制却日趋严格"。③ 至下半年,有物价高涨现象益加明显,"因物资缺乏,我社使用的各项材料亦受威胁",对于会社经营者而言,当时情况仍堪应对,"尽管如此,(我社)所受影响尚较轻微,仍取得预期以上之成绩"。④

1940年上半年是法币与军票角逐最为激烈之时期。法币呈现疲软之势,由此牵动物价进一步上涨,会社在原纸及其他材料采购上出现不小困难;另一方面,劳工费用亦随物价膨胀而上涨,对于以法币支付薪酬的职工,会社不得不两次增加薪水或直接支给"米代"(替代劳工薪酬的大米)来避免劳工的流失。经营者对未来局势感到悲观,"今后因汇兑管理导致内地资金的限入、物资进口的限制等,经营上将遭遇更多极难之事"。⑤ 1940年下半年,随着日本军政当局加强对国统区经济封锁的力度及军票工作的深入,"本社经营上不良材料堆积如山"。⑥ 为了摆脱困境,会社致力于扩张

---

① 上海印刷株式会社『営業報告書』(第四十回)、1938年上半期、第3—4页。
② 上海印刷株式会社『営業報告書』(第四十一回)、1938年下半期、第4页。
③ 上海印刷株式会社『営業報告書』(第四十二回)、1939年上半期、第3—4页。
④ 上海印刷株式会社『営業報告書』(第四十三回)、1939年下半期、第2—3页。
⑤ 上海印刷株式会社『営業報告書』(第四十四回)、1940年上半期、第2—3页。
⑥ 上海印刷株式会社『営業報告書』(第四十五回)、1940年下半期、第3—4页。

销路、改良产品,在增设机械的同时积极采用优秀的技术人员,以提高生产效率,当期收入仍超前期。

1940年下半年,沦陷区内的交易被进一步压缩,上海日商纱厂、烟草工厂及一般工业都出现减工现象,由此对当地印刷业造成巨大冲击。另一方面,因英美对中日资产的冻结,上海市场为之恐慌,市场上出现大量囤货现象,又导致印刷界纸张、墨水等原料价格攀涨,上海印刷会社的经营陷入困境。太平洋战争爆发后,该会社"只能等待日本国内的供应,名实同处困窘之状态"。面对法币汇率的暴跌,企业不得不对华人职工多次提高薪水或追加津贴,以避免劳动力的进一步流失。为了突破这一"混乱"状态,该会社将重点置于扩张新销路,致力于工厂生产扩充,当期仍"取得了预期的好成绩"。①

1942年上半年,汪伪当局禁止法币流通,以"中储券"标价的各种物资价格开始暴涨。尽管"会社仍取得了能与前期匹敌的成绩",但企业已步入被统制的轨道,"本地的印刷界也与国内同样进入一元化的统制圈内,原料的配给获取、产品销售的规格与价格、雇佣者的福利设施等都要合理地顺乎国策"。② 至1942年下半年,日本军政当局不断强化对在华企业的统制,作为日商企业,上海印刷会社被彻底"国策化",在"突破国难、达成圣战目的"的口号中彻底丧失经营权。

上海印刷会社原非国策会社,其收支平衡无法获得日本军政当局的直接补助。尽管战时环境下该企业取得良好业绩,经营者却仍对企业前途感到悲观。上海印刷会社处于中日货币战的漩涡

---

① 上海印刷株式会社『営業報告書』(第四十七回)、1941年下半期、第3—4页。
② 上海印刷株式会社『営業報告書』(第四十八回)、1942年上半期、第3页。

之中,为获取价格低廉的原料费尽心力。随着法币的暴跌,一般生活用品的价格高涨,劳工的薪资问题又使其备感头痛。显然,日本对华中货币政策的变动,对上海印刷会社这类中小规模日商企业的生产经营造成巨大的影响,原料问题与劳工问题迫使这些企业步入日本军政当局的统制轨道而最终被"国策会社化"。

7. 上海油脂工业株式会社

上海油脂工业株式会社成立于1918年,具体时间不明。上海油脂工业会社主要从事化妆品、肥皂等生活日用品的生产,当时投入资本额为银25万两,是一家规模较小的日商企业。

抗战全面爆发后,上海油脂工业会社厂房遭受严重破坏,不得不假借华商场地临时生产。随着战事的平靖,该会社从日本进口大批生产设备,积极提高生产能率。1939年初,上海市况活跃,该会社的产品销路良好,营业取得良好的成绩。4月以后,因法币贬值,原料价格飞速上涨的同时,其产品价格却无法跟随,这使企业经营者清醒地认识到,"不能将此视为坚实之成绩"。[①]

1941年初,因日本军政当局严控沦陷区物资流入大后方,导致上海米价狂涨,由此削弱了民众购买其他商品的余力。尽管原料油脂的价格同步上涨,然而化妆品、肥皂市价"全呈钝化而并未向上伸展"。[②] 上海油脂工业会社同样卷入法币与军票的货币战中,1941年下半年军票呈现强劲势头,10月末时出现未曾有的狂涨局面,至太平洋战争爆发之前,法币与军票汇兑比例已跌至100元法币兑25圆军票。因军票的强势,该会社与华商的法币交易并不旺

[①] 上海油脂工业株式会社『決算報告書』(第四十一回)、1939年上半期、三菱経済研究所蔵、第4頁。

[②] 上海油脂工业株式会社『決算報告書』(第四十五回)、1941年上半期、第1頁。

盛,故而只能向虹口等地日人市场发展销路,因上海孤岛的畸形繁荣,尽管处于商闲期,该会社仍取得较好营业成绩。

太平洋战争爆发之后,上海市况一时沉寂。以新加坡沦陷为转机,日本对汪伪政权推行新经济政策,在货币层面将"中储券"作为华中沦陷区内的唯一货币,彻底禁止法币的流通与使用。在新货币的刺激下,上海市况开始活跃。从1942年3月开始,肥皂等日用品的购买势头开始抬头,兼之日军对之大量采购,这一时期该会社的业绩较前年同期显著提高。但另一方面,经营者也面临原料入手困难,生产、销售之产品种类受到限制等问题。该会社产品的种类逐渐单一化,而加工油脂类也因其他纤维加工部门的减产,对于该会社的需求也大幅减少。①

1942年下半年,日本军政当局对生活日用产品的统制态度与对"中储券"工作的态度一致,"未有丝毫之变化"。当时会社原料入手已极困难,"市价不知狂涨到何时为止",一般生产层面亦出现萎缩。然而,作为长期立足中国的老牌企业,上海油脂工业会社似也早有应对之策,"本社因较早入库材料,尽管纤维工业方面的减产,油脂加工类还较顺利"。②

1943年初,汪伪政府虽然受命日本军政当局,成立"全国商业统制总会",然自当年新年起物价即掀暴涨之风,该会社经营层在《营业报告书》中对日伪当局的操控失败隐晦地加以批评:"此当局之物价对策,主要是产品销售价格上的抑制,而并未对原料讲究根本之对策。故而本期出现罕见的原料昂贵而产品低廉的市况",③

---

① 上海油脂工业株式会社『決算報告書』(第四十七回)、1942年上半期、第2页。
② 上海油脂工业株式会社『決算報告書』(第四十八回)、1942年下半期、第2页。
③ 上海油脂工业株式会社『決算報告書』(第四十九回)、1943年上半期、第2页。

体现出企业经营者的真实想法。至1943年下半年,汪伪政权实施棉布采购限制令,肥皂市场亦随之沉寂。因日本军政当局停止发行军票,军配组合之业务遂转让于中贸联。原由军配组合配给于日侨的肥皂,由日本油脂株式会社代行。为了提高"战力",日本军政当局以工业一元化统制为目标,对在华企业实行"企业整备令"。因华中的电力实行重点配给制,该社的业务受到很大限制。①

步入1944年后,在日军的监督下,企业所受统制进一步强化。日军将该企业制定为实行一元化集中生产的对象企业,随着"原料、燃料配给到生产的一元化",企业彻底失去独立经营权。8月后上海等地的电力消费受到限制,11月末该会社之工厂完全被停止配电,而市场上由米价开始引起一般物价的狂涨,企业所需经营经费不断膨胀,企业生产所必需的苛性苏打等原料几近枯竭,经营者感叹"社运的将来实乃寒心"。②

可以看到,上海油脂工业会社的经营者拥有相当丰富的经验,也并非没有看到战时环境下上海等地通货膨胀的真实原因。对于物价波动,该会社多能预先将原料采购入库,故而1944年之前其生产基本并未停顿,营业业绩也始终良好。1944年之后,因日本军政当局对之实行一元化的统制,该会社丧失独立经营权。战时环境下上海油脂工业会社的命运,可谓乃诸多从事日用品生产的中小日商企业的缩影。

8. 华中都市公共汽车股份有限公司

为了恢复华中沦陷区内主要都市的公共汽车运营业,日本军政当局于1938年11月成立华中都市公共汽车股份有限公司,该会

---

① 上海油脂工业株式会社『決算報告書』(第五十回)、1943年下半期、第2页。
② 上海油脂工业株式会社『決算報告書』(第五十二回)、1944年下半期、第2页。

社的资本额为300万日圆,其中华中振兴株式会社出资148.8万日圆,为其最大股东。① 按日本军政当局之设立意图,该会社"必须服从于公益上必要之命令",且对华中公共汽车业具有垄断性质,"华中主要都市的市内公共汽车业,除本会社以外,一概不予认可"。②

华中都市公共汽车会社成立之后,营业收入极为良好。但不久因法币下跌,会社"直面以挥发油为首的需求物资的价格之惊异暴涨",事业经费支出为之剧增,由此导致收支失衡,业绩低下。不久,在日本军政当局的调控下,占支出经费大部分之挥发油采购,因日本国内的价格较为低廉,故由日本国内直接供应该社。当时经营者已看到未来生产之危机,"燃料经济对于本社将来的事业经营上影响极大",作为会社根本方针,"今后主要增加之车辆,在燃料经济上应依靠デイゼル车(节能车?)",为了应对燃料危机,当时该社已开始研制开发节能车。③

1939年5月后,法币的跌势进一步加快,上海进入"未曾有的高物价时代"。企业经营者在《营业报告书》中毫不讳言会社所受影响甚大,汽油及其他诸器材的涨价导致经费膨胀,会社收支已失去均衡。作为应对之策,会社经营者认为"本社的乘车费,从创业当时就制定的价格,需要与奔腾的物价并行,一定要提高"。从1940年6月1日起,在日本军政当局的监督许可下,该会社将乘车

---

① 中支那振興株式会社『中支那振興会社並関係会社事業概況』、上海:中支那振興株式会社、1940年、第63頁。
② 『華中都市自動車株式会社設立要綱ニ関スル件』(1938年11月2日)、『公文雑纂・昭和十三年・第二ノ三巻・内閣二ノ三・第三委員会』、日本国立公文書館蔵、纂02330100。
③ 華中都市公共汽車股份有限公司『営業報告書』(第一期)、1938年11月5日—1939年10月31日、三菱経済研究所蔵、第4—5頁。

费统一提高,由此业绩逐步得以恢复,取得显著进步。①

目前笔者所见华中都市公共汽车会社的《营业报告书》非常有限,关于该会社在1941年之后的经营活动近乎空白,但可明确的是,作为一家公共事业型国策会社,该会社受到货币变动之影响极大。在货币吸收上,该会社与华中铁路会社一致,虽完全按日本军政当局之要求来设定货币本位,然因租界的存在,军票本位政策无法彻底执行,会社不得不吸收大量法币,且必须以法币采购原料,由此法币汇市行情对之经营收支造成极大影响,会社不得不提高运费价格,以求收支平衡,从而进一步导致沦陷区内的恶性通货膨胀,这是公共事业型国策会社普遍在货币问题上遇到的问题。

9. 内外棉株式会社

内外棉株式会社是老牌日商在华企业。自1911年于上海设厂以来,其规模不断扩大,至1937年7月抗战全面爆发之际,已居日本在华棉纺织企业之首。② 1935年国民政府推行币制改革,法币对日圆汇率持续低落,以日圆为本位的内外棉会社,其生产成本大大减少,该会社另将所获利润大量留于社内,从而为其生产经营合理化提供了必要的资金保障。至战争爆发,内外棉会社在生产技术层面与同时期的日本国内纱厂与欧美在华纱厂相比,已毫不逊色。③ 综合来看,内外棉会社是战前日商在华成功经营的典范企业。

内外棉会社经营者对于货币变动极为敏感,早在1938年3月

---

① 華中都市公共汽車股份有限公司『営業報告書』(第一期)、1939年11月1日—1940年10月31日、第3—4頁。
② 大日本紡績連合会『東亜共栄圏と繊維産業』、大阪:文理書院、1941年、第219頁。
③ 元木光之『内外綿株式会社五十年史』大阪内外綿株式会社、1937年、第148頁。

伪中国联合准备银行开业之际,即已感到未来"通货前景不安"。①1939年5月伪华兴商业银行成立,该行发行"华兴券",引起上海汇市动荡。为了"日圆经济圈"的稳定,华北日伪当局对上海输入的原棉加以限制,内外棉会社在青岛等地的工厂因原棉获取困难,不得不实行高比例减工,当地投机交易极为兴盛,内外棉"水月"牌棉纱行情飙升。② 1939年6月,中国银行为抑制法币的进一步下跌,限制民众提取存款,导致上海金融"极度逼迫",汇丰银行随即停止汇兑交易,引起法币行情急落,上海棉纱布市场投机交易呈炽烈之势。

1940年下半年对于内外棉会社经营者而言是极其悲观的时期。日本军政当局进一步加强军票工作,意图禁绝沦陷区内物资流入大后方,内外棉运往内地的产品受到极严格统制。在日本军政当局的要求下,上海日商纱厂于10月起统一减产五成。伴随国际形势的恶化,内外棉获取外棉日益困难,而销售益加艰涩,由此产品于孤岛之内行情高涨,会社反获巨额利润。③

步入1941年之后,因伪中央储备银行发行"中储券",法币行情益形不安,日商纱厂继续实行五成减工,其产品行情持续走高。日军加大封锁物资流入大后方的力度,对租界内用电加以限制,由此导致租界内华商纱厂减产,棉纱布价格不断向更高值推移。英美随之停止对法币的援助,上海棉纱布市场投机交易之风炽烈不已。太平洋战争爆发之后,法币行情日益跌落,因汪伪当局宣布"中储券"与法币公定比率为一比二,"市场采购人气为之稍落"。④

---

① 内外綿株式会社『営業報告書』(第百二回)、1938年上期、神戸大学経済経営研究所藏、第2—3頁。
② 内外綿株式会社『営業報告書』(第百四回)、1939年上期、第2—3頁。
③ 内外綿株式会社『営業報告書』(第百七回)、1939年下期、第3頁。
④ 内外綿株式会社『営業報告書』(第百十回)、1942年上期、第2—3頁。

1942年7月以后,上海市场统一改为"中储券"标价,但投机交易仍未绝迹。不久汪伪政府公布苏浙皖三省旧法币禁止令,公定棉纱布最高价格法则,"市场人气稍定"。① 1943年初,"'中储券'币值仍沿驱逐法币之迹",4月日本军政当局宣布停止发行新军票,"'中储券'之位置则蒸蒸日上"。不久汪伪政府设置伪全国商业统制总会,颁布公定价格,以抑制物价涨风,并对上海市场上棉纱布实行强制采购。步入1944年之后,日伪当局日益强化战时体制,"日本政府于3月再次确认坚持对华现行汇率,与此同时表明对中国通货政策的积极支持,带给中国财界非常好的影响"。② 然而,与其他日商纱厂类似,内外棉会社逐步丧失独立经营之权,其大部分工厂被日军指定为军需工厂。至1944年末时,内外棉几乎所有工厂都"倾注全力于军需生产",③该会社的经营受到当地日军的控制,会社从性质上则被彻底"国策化"。战争末期的内外棉在华各分厂生产诸条件逐步恶化,"尽管如此,仍全力增产战力资源",最终与日本军政当局一同接受战败的命运。④

其他上海日商纱厂的命运与内外棉会社相似,它们在上海物价膨胀中获取高额利润,但也困厄于日本军政当局严格统制。企业逐步丧失活性,销路日益狭窄,其商品虽受法币、"中储券"的跌落而价格暴涨,但企业无法避免最终沦为军需工厂的命运。

---

① 内外綿株式会社『営業報告書』(第百十一回)、1942年下期、第3頁。
② 内外綿株式会社『営業報告書』(第百十四回)、1944年上期、第3頁。
③ 内外綿株式会社『営業報告書』(第百十五回)、1944年下期、第3頁。
④ 内外綿株式会社『営業報告書』(第百十六回)、1945年下期、第2—3頁。

通过对以上 18 家日本在华企业战时经营状况的考察可以发现,日本对华货币政策对这些企业的生产、经营、收益等方面产生程度不一的影响。这 18 所会社作为不同行业的代表性企业,我们大致可以将这些企业的命运视为战时日本对华货币政策对不同日商行业所造成影响的缩影。

若按日本在华企业的经营内容来划分,这 18 所企业大致可分为三类:生产型企业(A 型企业)、公共事业型企业(B 型)、市场调控型企业(C 型企业)。

A 型企业包括:华北东亚烟草会社、华北烟草会社、华北车辆株式会社、日华兴业会社、华中蚕丝会社、上海油脂工业会社、华中水产会社、上海印刷会社、内外棉会社。

B 型企业包括:东亚电力兴业会社、华北交通会社、华北电信电话会社、华中水电会社、华中电力通信会社、上海三菱仓库会社、华中都市公共汽车有限公司。

C 型企业包括:华北煤炭销售有限公司、华北市场助成有限公司。

自 1939 年末起,所有 A 型企业普遍遇到因物价膨胀所导致的资材调入、原料采购困难等问题,然而国策会社如华北烟草会社、华中蚕丝会社等因得到日本军政当局的支持,货币变动引起的通货膨胀对其生产经营的影响有限。而日商经营会社,如内外棉、上海油脂工业、上海印刷等,货币变动、通货膨胀对之生产经营的影响则较大。

B 型企业绝大部分为国策会社,仅有的一家民营企业上海三菱仓库会社也与当地日军关系密切。这些企业同样面对因通货膨胀导致的资材调入困难等问题。因为涉及民生,通货膨胀对这些企业的经营产生极大影响。

仅有的两家C型企业是华北煤炭销售有限公司是国策会社与华北市场助成有限公司则是准国策会社。作为稳定市场价格的特殊企业,这两家企业是日本对华货币政策的重要协助者,通货膨胀引发的物资短缺对其经营同样产生极大影响。

可以看到,所有企业都遇到了资材调入受限、原料采购困难等问题,煤炭、水泥、纸张等原料短缺的问题尤其突出。因物价上涨,劳动力短缺或罢工问题使华北车辆、华北东亚烟草、华中电力通信等国策企业深感苦恼;但另一方面,内外棉等日商纱厂却因日本军政当局军票工作的深入,还不得不减少劳动力以限制产品流入大后方。为了尽可能多而快地掠夺华北、华中的资源,日本军政当局一味加强对资源开发型企业的投资或融资,忽视对产生效益较慢的基材生产型企业的扶植(华北沦陷区内的基材主要依赖从日本、伪满洲国进口)。资材调入困难问题,反映了日圆金融圈内物资生产的结构性矛盾。而劳动力短缺问题,从侧面说明日系货币或伪币购买力的低下。

应对以上问题的对策,也即日本在华企业因应通货膨胀之策略,大致有如下数种:

提高产品价格。如华北电力兴业(B)、华北东亚烟草(A)、华北烟草(A)、华北电信电话(B)、华中蚕丝(A)、华中水电(B)、华中都市公共汽车(B)等企业。

加强市场垄断。如华北电力兴业(B)、华北东亚烟草(A)、华北烟草(A)、华北市场助成公司(C)、华中水电(B)等企业。

采取重点主义。如华北车辆(A)、华北交通(B)、上海印刷(A)等企业。

加强经营管理的合理化。如华北车辆(A)、华北东亚烟草(A)、华北煤炭销售(C)、华中水产(A)、上海印刷(A)等企业。

节约经费。如华北车辆(A)、华北东亚烟草(A)、华北交通(B)、华中水电(B)等企业。

开发新产业、新业务。如日华兴业(C)、华中都市公共汽车(B)等企业。

可以发现,通过提高产品价格、加强市场垄断来应对通货膨胀的企业,无一例外都是国策会社或军需品生产企业。这些企业深受日本军政当局庇护,营业利润基本不受通货变动影响。此外,大多数的生产型企业都会通过加强经营管理、节约经费等策略来应对物价高企带来的支出膨胀,他们的做法可能来自日本军政当局的指令。另一方面,采取重点主义或开发新产业的企业不多,或因大多数日商企业的生产模式较为固定、不易变动之缘故。在战争末期,除华北车辆等少数企业外,大部分的企业的营业状况都保持良好,其股东仍获得5%以上的利润。

我们发现,战争后期的日本在华企业,无论何种类型之企业,都受到日本军政当局严格的统制。这对于企业而言,具有两重影响:一方面企业的自由经营的"活性"逐渐丧失、生产趋于一元化;另一方面,企业依附于统制经济之下,得以规避通货膨胀带来的收支危机,获取高额利润。这似乎能够说明,军国经济体系在侵蚀并统制日本在华资本经营方式的同时,也一定程度上维护了其背后财阀的利益。

结　语

　　从1878年日本第一银行在朝鲜开设分行，至1945年日本战败日圆金融圈解体，近代日本的对外金融扩张之路实质就是一部日圆的侵略史。在抗日战争时期，日圆及其"分身"军票与日本军政当局控制下的"满银券""联银券""蒙疆券""华兴券""中储券"等伪币等值联系或维持固定比值，形成了一个以日圆为中心的殖民地金融体系。维持日系货币与伪币的价值与流通，不仅是日本帝国具有强大经济实力的象征，也是其"开发"沦陷区内资源、掠取民间物资、实现"以战养战"的重要手段。战时中日两国围绕各自发行货币的汇兑价值与流通区域展开激烈的角逐，掀起了波澜壮阔而又波诡云谲的货币战争。

　　通过第一章对日圆金融圈之鸟瞰可见，日圆金融圈是具有鲜明日本特色的殖民地通货体制，从历史的轨迹来看，日本军政当局通过掌握傀儡银行之货币发行权，确立傀儡货币与日圆的价值联系，逐步将沦陷区纳入日圆金融圈内，成为普遍的规律；另一方面，作为货币战的策略，日本军政当局在傀儡银行开办条件尚未成熟、敌方货币势力仍旧强大的情况下，也会通过发行与日圆等值的军票，达到抑制、吸收、驱逐境内敌方货币的目的。

日圆金融圈的根本特征，在于日圆与傀儡货币形成固定的价值联系。伴随日圆金融圈确立与扩张而形成的区域货币固定价值联系制度，逐步实施于伪满、华北、华中、华南沦陷区、东南亚军政地区。对日本而言，这一制度具有两面性：一方面，区域内货币间的汇兑成本得以大大节约，从而使资本、物资、劳力在地域间的流动更为顺畅，有利于日本企业，尤其是国策会社对傀儡政权的大举投资，为日本获取沦陷区内丰富的物资。然而，另一方面，罔顾区域间的经济发展与物价水平原本存在的较大差异，固定价值联系制度在实施中就不可避免地产生结构性弊病。其另一个重要特征，在于通过对敌国货币势力之吸收、驱逐、排斥以达到垄断沦陷区内金融体系之目的。货币战是伴随日圆金融圈不断扩张的必然产物。货币战的本质，既是汇率比价之战，也是物资争夺之战。对日本军政当局而言，通过维持日系货币与傀儡货币之价值，获取尽可能多的物资，满足当地国策会社对资源"开发"投资与各地日军对当地物资"征发"的需要，是日本实现对沦陷区长效金融统制机制的基础。

　　第二章通过对"联银券"于华北沦陷区不同区域较为细致的考察，我们发现，"联银券"于平原地带流较易流通，在商业交易旺盛的地带（往往是县城或日军驻屯地）则极易流通。"联银券"的流通存在周期性特点，也即当棉花、小麦等物产上市之际，伴随华商与农民的频繁交易，其流通就会相对旺盛。若从其流通与物资关系的角度而言，"联银券"可谓"都市货币"或"集市货币"。另一方面，在华北沦陷区各县域内，大多可以看到国民政府所发行的法币，或中共抗日根据地（主要是晋冀鲁豫、晋察冀边区）所发行的边币流通。在流通区域上，法币具有伴随国民党军作战移动而流通的特点，而边币等在山岳地带相当活跃，从这一角度而言，法币、边币可谓"游击货币"或"山岳货币"。国民政府发行的法币与中共抗日根据地发现的边币形成货币"联盟",在华北沦陷区内的穷乡僻壤内逐步分解"联银券"的渗透,削弱"联银券"对当地物资的"征发"能力与通货信用,这一现象反映出日圆金融圈之影响力在基层末梢的疲弱与无力。

《马关条约》签订后,日本在中国沿海、沿江口岸置产兴业。以日商纱厂为先声的日资企业作为日本对华资本输出的主要形式,得以利用中国低廉的劳动力、丰富的物产资源与广阔的市场,为日本资本主义的发展获取了巨大的利益。全面抗战时期,在日本军政当局的庇护下,以国策会社为代表的日本在华企业极度扩张,"联银券"、"中储券"作为这些企业的"开发"资金而被大量增发,企业从中获取了庞大的利润;另一方面,为了维持日圆与伪币的价值与流通,日本军政当局设置多种秘密"资金",制定各种统制措施,日本在华企业手中的财力与物力成为日本军政当局进行货币战的"资源"。日本在华企业究竟在战时日本对华货币政策中扮演了怎样的角色?通过对第三、四、五、六四个章节的考察与讨论,我们有了较为清晰的答案。

战时环境下以华北开发会社为首的华北国策会社集团的主要任务在于掠取华北沦陷区内的资源。在日本军政当局的推动下,"联银券"逐步取代日圆成为华北开发会社对子会社投资、融资的"血液"。在两次"联银券"价值危机中,华北国策会社集团都成为日本军政当局的统制对象,其经营方针逐步集中于对军需资源的开发与对中国民间资本的利用。"联银券"的价值危机与日本军政当局对"联银券"的政策密切相关。作为日圆经济圈的一员,日本军政当局始终坚持"联银券"与日圆等值联系之政策,这既是为了确保日圆经济圈的稳定,也是为了维护国策会社股东的利益。"联银券"政策充分体现了日本军政当局与军人团体与财阀利益的一致性。① 伴随华北国策会社集团的扩张,日伪当局不断增发"联银券",导致华北物价恶性膨胀。华北国策会社集团可谓战时华北经济不断恶化的主要推手。此外,通过华北国策会社集团与当地银行的债务关系可见,华北国策会社集团也是利用"联银券"大量"征发"民间物资的操作者。"联银券"对于华北国策会社集团而言,并不仅是"开发"资源的"血液",也是其掠取民间物资的利器。

与华北国策会社集团的业务取向不同,华中国策会社更侧重于对公共事业的投资与经营。太平洋战争爆发之前,拥有大量法币的华中国策会社集团成为日本对华货币战的重要协助者,法币需给调节基金的设立与运作则是该角色的具体表现。如华中蚕丝会社等国策会社从中获取大量的日圆或外汇,而依附于这些会社的日本商人则从中获取大量采购、生产所需的法币,体现出企业对日本军政当局大力协助与极力确保自身利益的双重面相。华中国策会社集团内部在使用军票还是法币的问题上一直游移不定,对于"中储券"统一工作的协助起到的效果亦十分有限。该集团内部的通货流动情况与日本所处的战争局势密切相联,华中国策会社集团对各种货币之态度,实则反映法币经济、"华兴券"经济、军票经济与"中储券"经济在华中沦陷区内的张力与局限。

日本在华中沦陷区内开展的军票工作是战时日本对华货币政策的重要一环。通过解读在华日本纺织同业会未刊档案资料,军票工作的诸多内幕得以明朗。资料表明,上海日商纱厂集团于军

---

① 通过1943年度华北振兴会社经营文书可以发现,该会社的大股东都是军人组织或日本国内的大企业经营者,如军人后援会控63 212股、大日本制糖株式会社控46 000股,关东配电株式会社控20 800股等。参见北支那开发株式会社『营业报告书』(第七回),1943年度,三菱经济研究所藏。

票工作中扮演了隐秘的协助者角色。在与军票工作的结合中,纱厂内部的法币等货币资源为日本军政当局所设"伊资金"、"K 资金"、"C 资金"等账户征调,产品则沦为日军推行"军票经济圈"的工具。军票工作导致纱厂内部货币体系被"军票化",其经营自 1940 年 11 月起一蹶不振。日本在华中的军票工作折射出日本侵略集团内部各股势力的不同利益诉求与博弈关系,反映出日本发动的货币战对其在华民营企业造成不利影响。

通过对 18 家日本在华企业战时经营状况的考察,我们发现,它们普遍遭遇了因通货膨胀而导致的资材调入受限、原料采购困难、劳动力紧缺等问题。为了尽可能快而多地掠取沦陷区内的资源,日本军政当局一味加强对资源开发性企业的投资或融资,而忽视对产生效益较慢的基材生产型企业的扶持。这些问题既反映出日圆金融圈内物资生产的结构性矛盾,也从侧面说明了日系货币或伪币购买力的低下。为了应对通货膨胀,国策会社或军需品生产企业提高产品价格、加强市场垄断,大多数的生产型企业则通过加强内部管理、节约经费来控制支出。因大多数日本企业生产模式较为固定,采取多行业兼营或新产业开发的企业很少。战争后期,无论何种类型的企业都受到日本军政当局的严格统制。这对于企业而言具有两重影响:一方面企业自由经营的"活性"逐渐丧失,生产趋于一元化;另一方面,企业因依附于统制经济之下而得以规避通货膨胀带来的收支危机,仍获取高额的利润。

综合来看,日本在华企业既是日本对华货币政策的协助者,也是这一政策的受害者,充分体现货币战争的双刃剑性质。日本军政当局对于在华企业的统制,更多集中于业务而非利润。这似可说明,军国经济体系在侵蚀并控制日本在华资本的同时,一定程度上也维护企业背后投资者的利益。日商与军国主义之龃龉与合作，在日本在华企业与军政当局的货币博弈中充分体现。

最后，希望说明的是，本书属于以史学研究为主的跨学科、多视角综合性研究，因研究时间跨度较长，资料又相对分散，线索繁多，故而难度较大。尽管已经过若干年的研究，然而这本专著仍可谓于仓促间完成。不仅因为关于日本对华货币战的资料并非如想象中的丰富，尤其是相关日本军政人员日记、回忆录的阙如，使一些问题仍处于迷雾之中。留存迄今的战争时代日本在华企业的经营文书十分有限，其中一些历史的真相或许已被永远尘封。我们研究的最大收获在于通过考察战时环境下日本在华企业经营者在货币抉择上的复杂心态，揭示了日本对华货币战中一些不为人知的面相。

另一个遗憾，对于商会档案、华商企业董事会议录、时人杂记以及回忆录等中文史料，我们也未能充分地发掘与利用，这使我们对于货币战的研究仍显得过于单一化。例如，在战争后期日伪政权推行的"中储券"工作中，上海等地出现的恶性通货膨胀虽使底层民众饱受其苦，但也使一些华商巨头从中谋取了暴利，学界对此方面的研究仍相当有限。我们如何将日本军政当局对华货币政策的施行与企业、商会与民众的应对结合起来，考察货币战的双刃剑性质，尚有不小的研究空间。

附 录

资 料 1

译者按:《联银券对策关系缀 住谷悌史资料》(极密),原藏于日本防卫研究所图书馆,系 1940 年前后日本军政当局为抑制"联银券"急剧贬值、华北恶性通货膨胀而采取应对之策的极密文件,其中揭露了日本华北国策会社集团、民间团体如何参与华北货币战的诸多内幕,具有重要史料价值。

《华北政务委员会 1940 年度预算编成及实行指导相关文件》
(1940 年 5 月 18 日)

根据华北政务委员会 1940 年预算编制及指导,考虑到华北财政经济现况及对中央政府的调整关系,在留意以下事项的基础上,严格坚持健全财政主义的原则。

一、年度预算收入

(1) 作为 1940 年度预算财源的关税收入,为本年度的关税剩余金,已计入总额,鉴于本年度的各种形势,现已作为"中央政府"成立以来本年度的收入而全额计入。但考虑到收入将有部分会交付于"蒙古联合自治政府",应考虑将相当额度填入此部分。

（注）"中央政府"成立至今,关于关税剩余金的使用方法另行决定,应采取将其作为抵充1940年度预算财源的基本方针。

（2）关于盐税收入。本年度盐税收入所剩金额已计算在财政计划之内。"中央政府"的财政收入中应预先储备一部分资金,充作担保偿还外债的盐税支出。

以上储备金及方法另行决定。

二、年度预算支出

（1）过去隶属"临时政府"的在外公馆在中央政府成立后应移交"中央政府",相关经费自委员会预算经费中扣除,委员会只负担中央政府成立前的经费,并自预备费中筹措。

关于通商代表相关,除保留驻"满"通商代表办事处外,将来应指导在日鲜的各地区,每个地区大概设置一个委员会所属机关。

（2）除前项情形外,对于直属中央政府的预设机关（大学、法院、海关监督等）,委员会应全额负担其经费。

三、设想将明年关税收入剩余的五成及盐税收入剩余的三成将作为"中央政府"财源,本年度的预算实行自应延续对经费的极力削减策略,为适应明年的财政收支状况,从今年开始应指导对经费的极力压缩。

即使实行本年度预算的结果是年收仍有剩余,也不应使年度支出有新的超出,应部分充作一般投资的借款偿款。

1940年度"华北政务委员会"一般会计年度收支概算总表

（单位："银联券"元）

年度收入	17 400 000 000
年度支出	17 325 047 439
差额	74 952 561

1940年度"华北政务委员会"一般会计年度收入概算查定总表

(单位:"银联券"元)

事项	预算额	查定额	前年度实绩
统税收入	7 000 000 000	8 000 000 000	4 559 797 739
盐税收入	3 189 137 500	3 200 000 000	1 827 349 901
杂收入	433 842 757	700 000 000	397 180 743
关税剩余金计入		5 500 000 000	4 400 000 000
计	11 622 980 257	17 400 000 000	11 184 328 383

1940年度华北政务委员会岁出概算查定总表

(单位:"银联券"千元)

事项	预算额	查定额	前年度实绩
政费	46 165 675	38 808 968	30 763 034
内务费	1 002 547	925 262	1 559 873
财务费	13 988 062	12 592 841	3 288 670
治安费	46 985 456	39 743 871	15 058 208
教育费	17 098 576	8 179 831	6 019 457
司法司	2 702 145	2 702 145	2 298 716
事业费	18 450 280	8 298 243	3 934 115
建设费	50 000 000	37 070 000	35 899 858
补助费	18 929 310	18 929 310	18 195 590
预备费	6 000 000	6 000 000	0
会社投资及冀东政府债款关系	52 800 000	24 877 000	34 552 398
过年度支出	0	0	2 645 970
上期收入充当额	0	0	5 000
计	274 122 056	198 127 474	154 221 493
(注)(一)都市事业特别会计除外(二)不满一圆者在计算中舍弃			

治安费省市行政补助费及投资关系经费情况

(单位:"银联券"千元)

费用	1938年	%	1939年	%	1940年	%
治安费	8 932	16	38 426	24	65 063	32
省市政府	13 832	26	18 195	11	18 929	9
会社投资金			27 935	18	24 877	12
其他	30 178	57	69 665	45	89 258	45
总计	52 942	100	154 221	100	198 127	100

(注)1940年度依据预算案

1940年度支出概算查定及前年度实绩对照表(单位:"银联券"千元)

事项	预算额	查定额	前年度实绩	备考
政费				
行政委员会	630 000	315 000	630 000	
议政委员会	185 208	92 604	136 320	
司法委员会	271 200	135 600	232 800	
待卫处及卫队	139 188	139 188	118 200	
新民学院	271 312	271 312	485 913	
日华经济协议会	191 880	50 000	180 120	
邮政总局	644 133	385 000	384 927	
故宫博物院	154 680	104 670	104 859	
古物陈列所	63 336	63 336	68 054	
中央公务员惩戒委员会	16 800	13 200	12 900	
中央防疫委员会	750 776	45 500	702 000	
中国人医师养成费	337 360	100 000	0	
驻满通商代表处	91 137	52 964	55 679	
驻日本办事处	106 320	26 580	56 690	
驻横滨办事处	5 640	1 410	3 060	
驻神户办事处	33 440	8 360	16 761	

续表

事项	预算额	查定额	前年度实绩	备考
驻长崎侨务办事处	29 360	7 340	11 468	
驻朝鲜总分各馆	106 200	26 550		
驻京城总领事馆	48 480	12 120		
驻新义州总领事馆	20 398	5 099		
驻釜山领事馆	11 520	2 880	110 213	
驻元山副领事馆	14 760	3 690		
驻镇南浦办事处	6 600	1 650		
驻仁川办事处	5 494	1 373		
新民会	8 000 000	7 500 000	6 000 000	
物资调节委员会	12 000	12 000	5 483	
物资检查所	249 036	0	38 828	
联合委员会	72 000	0	73 432	
各会部长官公费	312 000	312 000	312 000	
政委顾参咨薪公费	348 210	348 120	335 586	
军事顾问办公费	30 600	30 600	67 400	
新闻检查所	12 000	12 000	12 000	
储材馆馆员津贴	157 200	157 200	52 970	
劳工协会补助金	874 214	0	0	
中央检阅所	366 186	0	0	
中华航空会社补助	2 200 000	2 200 000	0	
徐海地区航空设施费	700 000	0	0	
青岛飞行场设施费	1 500 000	700 000	0	
情报处	600 000	200 000	79 899	
华北中央通信社	722 936	0	0	
华北新闻合作社	150 000	0	0	
行政委员会印刷所	3 415 160	2 732 120	0	
肃正清乡工作费	19 000 000	19 000 000	19 000 000	
苏北地区经费垫付	3 335 000	3 335 000	0	
其他	0	0	1 476 072	
计	46 165 675	38 808 968	30 763 634	

续表

事项	预算额	查定额	前年度实绩	备考
内务费				
内政部	525 360	453 600	1 015 474	
华北救灾委员会	23 928	23 928	9 826	
振务委员会	33 408	33 408	71 280	
高等警官学院	324 000	324 000	324 000	
蒙藏事务处	9 240	8 700	8 640	
北京喇嘛寺整理委员会	4 188	3 912	3 782	
北京喇嘛寺三十二寺	40 116	36 000	36 000	
西藏前藏联络事务所	1 392	1 392	1 312	
西藏后藏联络事务所	1 392	1 392	1 200	
北京蒙藏学校	39 523	38 930	38 359	
其他	0	0	50 000	
计	1 002 547	925 262	1 559 873	
财务费				
财政部	1 592 560	1 522 000	1 604 274	
统税公署	4 827 602	4 327 602	0	
津海关监督公署	81 840	40 920	1 350	
东海关监督公署	35 112	17 556	0	
胶海关监督公署	41 388	20 694	195	
秦皇岛分署	11 340	5 670	0	
长芦盐务管理局	2 286 193	2 057 573	1 682 849	
同硝磺处	175 984	158 385		
山西盐务管理局	899 705	809 734	0	
山东盐务管理局	1 360 914	1 224 823	0	
河南盐务管理局	2 199 300	1 979 370	0	
青岛盐务管理局	476 124	428 511	0	
计	13 988 062	12 592 841	3 288 670	
治安费				
治安费	43 985 456	38 743 871	15 058 208	
华北交通会社警务机关整备补助费	3 000 000	1 000 000	0	
计	46 985 456	39 743 871	15 058 208	

续表

事项	预算额	查定额	前年度实绩	备考
教育费				
教育部	377 496	323 568	368 381	
北京大学总监督办公费	113 654	80 340	91 937	
北京大学图书馆	139 910	51 072	51 072	
理学院	1 158 521	350 578	275 193	
工学院	1 131 181	461 556	273 794	
农学院	1 572 960	855 660	572 597	
文学院	1 124 667	290 448	430 520	
医学院	1 396 664	784 612	495 612	
医学院附属医院	118 560	67 800	67 800	
法学院	196 800	0	0	
师范学院	2 528 140	718 972	460 440	
师范学院附属中学	194 844	128 592	93 592	
师范学院附属小学	53 913	44 440	37 459	
女子师范学院	2 437 086	898 594	421 889	
女子师范学院附属中学	108 586	90 924	77 525	
女子师范学院附属小学	63 761	53 260	36 860	
北京艺术专科学校	289 098	289 098	155 541	
外国语学校	321 209	226 695	99 568	
清华大学保管处	11 280	11 280	11 280	
历史博物馆	13 422	11 070	9 240	
中国词典编纂处	14 400	10 440	10 160	
直辖编审会	184 914	130 320	132 840	
中央编译馆	575 406	240 000	0	
师资讲习馆	96 876	88 860	56 860	
东亚文化协议会	150 000	145 000	108 804	

续表

事项	预算额	查定额	前年度实绩	备考
名誉教授那须博士	12 000	12 000	12 000	
名誉教授永井博士	16 920	16 920	14 050	
横滨日华公立小学	1 000	1 000	1 000	
中国教员日本留学视察费	113 000	55 100	0	
留日同学会补助费	43 000	0	0	
中小学教员暑期思想再教育讲习会	79 464	39 732	2 750	
手册发行费	4 800	4 800	0	
日语教授审议会	12 000	0	0	
佛教同愿会	85 440	59 500	0	
学生集体劳动队	10 000	10 000	0	
朝鲜各侨校补助费	19 200	19 200	16 200	
京市教育补助费	720 000	360 000	720 000	
天津市教育补助费	720 000	360 000	600 000	
气象台	888 400	888 400	165 730	
其他	0	0	148 760	
合计	17 098 576	8 179 831	6 019 457	
司法费				
司法部	474 120	472 120	441 511	
高等法院	156 000	156 000	115 200	
最高法院检察署	74 148	74 148	69 104	
司法官员养成所	108 765	108 765	59 498	
外寄人犯收容所	47 280	47 280	15 396	
各法院垫款	1 841 832	1 841 832	1 599 006	
合计	2 702 145	2 702 145	2 298 716	

续表

事项	预算额	查定额	前年度实绩	备考
实业部	577 920	519 120	502 655	
农事试验场	97 790	97 790	535 276	
中央农事试验场	7 918 370	4 000 000	959 467	
华北棉产改进会	3 997 572	1 650 000	1 141 333	
西山林场	6 932	6 503	4 332	
山东崮山林场	6 732	3 109	6 141	
天津商品检验局	196 560	196 560	135 311	
彰德商品检验局	21 600	21 600	0	
农振事务局	43 560	43 560	41 190	
摊还中日实业公司借款垫款	960 000	960 000	560 000	
凿井补助费	1 200 000	400 000	0	
绵羊改良增殖费	2 126 992	400 000	0	
马政费	1 296 200	0	0	
其他	0	0	48 408	
合计	18 450 280	8 298 243	3 934 115	
建设费				
建设总署	40 100 000	30 000 000	25 000 000	
京市筑路专款	1 500 000	300 000	1 500 000	
都城内外古迹整理经费	1 200 000	450 000	600 000	
军用土地收买费	7 200 000	6 320 000	4 333 158	
其他	0	0	4 466 700	
合计	50 000 000	3 070 000	35 899 858	

续表

事项	预算额	查定额	前年度实绩	备考
补助费				
妇女手工所	60 000	60 000	40 000	
京市警察津贴	399 096	399 096	266 064	
津市警察津贴	209 376	209 376	69 375	
北京市公署日军司令部租用附近房地租金	20 838	20 838	10 419	
各省补助费	12 240 000	12 240 000	14 478 000	
青岛特别市公署补助	6 000 000	6 000 000	0	
其他	0	0	3 331 731	
合计	18 929 310	18 929 310	18 195 590	
补助费				
预备金	6 000 000	6 000 000	0	
其他	0	0	7 768 368	
合计	221 322 056	173 250 474	124 786 493	
投资特别会计费	52 800 000	24 877 000	29 435 000	
总计	274 122 056	198 127 474	154 221 493	

1939年度华北各分局税收调查表 （单位："联银券"元）

分局	金额
天津	24 030 741
青岛	20 563 930
北京	4 669 295
济南	3 464 398
唐山	3 879 933
石家庄	472 221
太原	916 673
烟台	827 060
开封	598 616
合计	59 422 867

1939年度华北盐税收入额调查表　（单位："联银券"元）

分局	金额
长芦盐务管理局	23 792 954
山东盐务管理局	1 790 516
山西盐务管理局	1 604 974
青岛盐务局	1 198 839
河南盐务局	1 253 803
合计	29 641 086

1939年度华北海关收入调查表　（单位："联银券"元）

税种\海关	输出税	输入税	转口税	救济、收入附加税	吨税	合计
秦皇岛	1 750 373	3 717 480	50 584	547 274	287 660	6 353 372
北京	149 834	1 258 523	—	140 478	—	1 548 835
天津	4 133 156	54 089 684	1 647 706	5 825 762	349 824	66 046 131
龙口	10 601	515 613	160 699	52 836	10 093	749 843
烟台	105 027	2 430 055	730 496	256 782	41 643	3 564 003
威海卫	24 208	207 231	159 496	23 139	10 842	424 916
青岛	1 536 556	23 108 531	1 343 896	2 462 614	2 592	28 454 188
合计	7 709 755	85 327 118	4 092 876	9 308 884	702 654	107 141 288

备考
一、本表基于华中联络部报告进行了调整。
二、海关收入由出口税、进口税、转口税、救济收入/附加税等合计而来。

1939年度华北税收入与上年相比交表　（单位："联银券"元）

税目	1939年度	1938年度	增减额	备考
关税收入	10 816 821 031	7 339 359 033	3 477 461 998	
天津海关	6 679 385 569	5 599 412 669	1 079 972 900	
长城各卡	155 783 651	48 733 110	107 060 539	
秦皇岛分关	640 800 614	455 235 279	185 565 335	
烟台海关	357 566 958	261 616 381	95 950 577	
威海卫分关	42 673 415	40 326 016	2 347 399	
龙口分关	74 992 573	52 190 658	220 801 913	
青岛海关	2 865 618 251	881 854 918	1 983 763 433	
盐税收入	2 964 108 603	1 938 463 544	1 025 645 039	
长芦盐务管理局	2 379 295 436	1 854 990 421	324 304 915	
山东	179 051 571	27 332 503	151 719 066	
山西	160 497 445	20 714 288	139 783 157	
河南盐务局	125 380 285	0	125 380 285	
青岛	119 883 964	35 426 332	84 457 614	
统税收入	5 942 286 673	4 681 809 547	1 260 477 126	
天津分局	2 403 074 116	2 607 635 406	△204 561 290	
青岛分局	2 056 392 958	1 084 936 236	971 456 722	
北京分局	466 929 460	550 240 324	△83 510 864	
济南分局	346 439 844	146 240 190	200 199 654	
唐山分局	387 993 288	218 153 778	169 839 510	
石家庄分局	47 222 153	19 625 976	27 596 177	
太原分局	91 667 281	14 472 023	77 195 258	
烟台分局	82 705 963	24 477 130	58 228 833	
开封分局	59 861 610	16 028 484	43 833 126	1939年度为彰德分局数据

1940年度"华北政务委员会"一般会计年支出预算查定额中与日本方面要求相关的内容以及其他相关数据　（单位："银联券"元）

划分	预算额	查定额(A)	查定额中日本要求相关的数据(B)	以日方要求为标准的数额(C)	比例 A比B	比例 B比C
政务费	46 165 675	38 808 968	32 877 600	1 356 312	0.847	0.349
内务费	1 002 547	925 262	324 000	63 840	0.350	0.068
财务费	13 988 063	12 592 841	0	0	—	—
治安费	46 985 456	39 743 871	39 743 871	0	1.000	—
教育费	17 098 576	8 179 831	819 772	5 184 363	0.100	0.633
司法费	2 702 145	2 702 145	0	0	—	—
事业费	18 450 280	8 298 243	6 450 000	0	0.777	—
建设费	50 000 000	37 070 000	6 320 000	30 000 000	0.170	0.809
补助费	18 929 310	18 929 310	0	18 240 000	—	0.963
预备费	6 000 000	6 000 000	6 000 000	0	1.000	—
合计	221 322 056	174 240 474	92 525 243	54 844 515	0.534	0.316

备考
原案项目中赤字为本年度3月末追补部分或4月末追补部分

有关"联银券"增值对策的各方意见(1940年5月16日)

一、通过政治手段来使"联银券"增值的对策

原案项目	各方意见	各方意见
(1) 在华北政务委员会的政权统治下维持治安	A. 要在华北385县配置足够的兵力，至少需要再投入80个师团的兵力，即便只是打造45个模范地区，也需要配置至少10个师团的兵力，这就至少需要一年投入5亿日圆的经费，因此必须要改变现状	B. 有必要采取各种工作来彻底了解中国人的国民特点。在对华工作中完全采用日本式的工作方针是大错特错的。在日本本土所采取的经济统制政策已经失败了，在中国就更不可能将这种模式推进下去，因此极有必要改变目前偏重于统制经济的

续表

原案项目	各方意见	各方意见
	在华北治安军事费用负担巨大的局面,此外,华北保安队基本全是乌合之众,日军必须对这一武装进行充分的指导监督。	模式。现在华北地区物资匮乏,物价高涨,如此就无法维持人民生活的安定,不仅不能使当地民众安居乐业,反而会招致其对日本人的怨恨。不清除中国人心中的怀疑、恐惧、怨恨,则无法掌握人心,这也是治安工作上的要点,首先要树立民众对于货币的信心,其次要保证对于生活物资的补充,不先完成这两项任务,维持治安就是侈谈。即便可以维持一时一地的治安,但是如果货币缺乏安定性和持续性,那么物价高涨以及货币问题所造成的负面效应依旧无法得到解决。
(2) 使新国民政府承认"联银券" 应当使新"国民政府"确立新的中国货币根本性政策,并使其声明在华北政务委员会的政权统治范围内,只允许流通"联银券"。	这是理所当然的,但是要注意政策方面不要招来多余的麻烦。	
(3) 扩大"联银券"的流通地域	A. 一战期间,德国曾强制比利时使用德国马克,这说明通过强权来使货币流通的话,即便不需要向当地运送物资,也可以保证货币流通。我们也可以严惩不使用"联银券"的人,以此来达到维持治安的目的。 但是即便使用"联银券"来购买物品,有的老百姓也存在不吃敌人粮食的反抗思维,这也可能导致"联银券"难以流通。	B. 蒋介石政权曾放言称日本所占领的区域不过是点和线而已,但是"联银券"的流通区域却不能仅限于点和线,在推进治安工作的同时,应当扩大"联银券"的流通地域,希望相关工作以后可以得到充分展开。

续表

原案项目	各方意见	各方意见
	但是从中国人国民特点来看,其信奉个人主义,因此"宣抚"工作中应当注意因势利导。	
(4) 解决租界内的"联银券"流通问题	A. 现在中国正处于转换期,时局混乱,特别是政治问题被摆在了突出位置,相较于其他情况,货币问题最能体现出政治影响力,因此,此时尤其需要强化新政权及日本对于中国的政治、军事控制力。	B. 为防止"联银券"贬值,应当首先着手解决日英关系这一政治问题,如果陷入了老练狡猾的英国的陷阱,就会导致帝国对于东亚的千年计划化为泡影。
(5) 外国银行的协助 现在在天津地区,除了日本之外,还有11家英美法及其他国家的银行,北京有6家这样的银行,其经营范围甚广,其在中国金融市场的影响力,时至今日仍不可小觑,因此我们应当取得这些银行的协助,通过适当的政策来使这些银行也开始使用"联银券"进行交易。	新"中央政府"必然会采取亲英美的政策,在此前景下,日本必须尽早做出决断,如果在"联银券"的流通问题上可以完全取得英美银行的谅解,那实在是再好不过了。	
(6) 解决银元交易问题 有关租界内英法银行保管的银元转让问题,目前我方正在与其进行交涉,英法银行方面应当充分尊重日本在救济难民、"宣抚"等工作中的意志,并基于货币政策有效地使用其保管的银元。		

二、通货紧缩而使"联银券"升值问题对策

原案项目	各方意见	各方意见
(1) 防止"联银券"泛滥	如果从产业发展的必要性出发发行"联银券",那么可以保持正常的经济态势,因此应当在当地征发物资劳动力时以"联银券"支付。不仅如此,如果切断日本本土对华北的物资供应,那么"联银券"的发行数量就会增加,其价值也无法上升。	
(2) 对于储蓄"联银券"及买入公社债的奖励	中国人富有投机心理,嗜好赌博,以出卖劳动力所赚来的积蓄也会被他们一下子扔到上海的赛马场里,因此,发行彩票是吸引中国人使用"联银券"的最有效手段。	
(3) 对于合理消费的奖励	中国人即便进行以物易物的交易,也不会用价值不稳定的货币来进行买卖,日本人则会因为物价过高而导致无法进行建设性的消费,所以华北从外国进口的货物除了小麦基本上没有其它种类。 对于建设性消费进行奖励,包括开发产业、生产生活必需品所造成的消费、对于真正具有文化价值产品的消费、生产所需的消费、有助于健康的消费、真正可以提高生活质量的消费。 消耗性消费指的是非社会性、不健康的消费,或是对于有害副食品的消费等。	
(4) 有关国策会社的出资方法以及开放认购股票的问题	A. 需要想办法让国策会社安心出资,并且让其从事有利可图的事业。 B. 华北的中国民族资本基本已经不动产化,其流动资	

续表

原案项目	各方意见	各方意见
	金已经转移至南方地区,这批资金能否回流,要看中国人对日本人的信赖程度。即便想要动员地方资本,但是不提供6—7分的高额利息,这批资本是不会集中到银行里的。	
(5) 放出资金的限制及○○○○ 有关"联银"子银行及其他机构放出投机资金的问题,应当积极采取适当的管理措施,此外,银行之间的交易中,应当制定如(此处文字模糊——译者注)划券的信用证券来进行结算。	当前生活必需品价格高昂,商人的不当操作已经超过了限度,这是因为中国人囤积居奇的思想在作祟。 (一) 银行应当交易一定数量的粮食来作为担保物品。 (二) 为顾客着想,如果有商家囤积超过一定数量的粮食,则应当严惩不贷。 (三) 将已设定的此种一定限度的抵当权,于短时间内解除。	
(6) 限制日圆流入华北		
(7) 前往满洲的华北苦力的汇款制度	1939年度满洲所需苦力为90万人,预计实际人数可以达到140万人,这批苦力寄回华北的工资数量达到了一亿两三千万元	

三、通过对金融机构进行改革而使联银券升值的手段

原案项目	各方意见	各方意见
(1) 中国"联银"机构改革	A. 现在日本银行、正金银行、朝鲜银行、"满洲中央银行"、"满洲兴业银行"等五家银行正对"中国联银"进行事务性管控,除此之外,也有必要在"联银"管理层安插日本人。中国人会对日本官员产生反感,应避免在首脑层中安排日本人,而	B. 不仅是形式上的,更重要的是实现日本干部和工作人员与中国工作人员真正的平等,如果真想根除弊端,振兴事业,那么非要采取这种改革不可。

续表

原案项目	各方意见	各方意见
	且在这一问题上如果过于优柔寡断，最终可能会导致无从下手，因此有必要当机立断。	
（2）设立银行监察制度	A. "联银"虽然对于其分行可以做到监察管理，但是交通银行等大行则恐怕不愿处于"联银"的控制之下，特别是"联银"难以对租界内的银行进行管理，针对这一问题也需要考虑对策。	
（3）对于华北银号的利用与统制	A. 华北的银行除了日本方面的之外，全部处于休业状态，基本无法进行贷款业务，"联银"的贷出额也不过一二十万元，如今基本没人向银行方面借款。 基于上述状态，对于银号的利用就显得至关重要，除了外国商人和规模相对较大的公司之外，一般商人的商工金额基本都被银号所掌握，此外，如何利用当铺这一问题也是必须要考虑的。	
（4）对于投机利用"联银券"及扰乱金融市场行为的取缔	A. 如果在租界内从事上述活动，则我方无法进行监管	B. 在租界内扰乱金融市场的行为乃是反日经济恐怖活动，我们要求租界当局严加取缔也是理所应当的。
（5）采用存款制度	A. 华北地区将会分布大量的"联银"分行以及地方银行，为了巩固各个银行的基础，极有必要采取存款制度。此外，如果存款制度在面对通货紧缩时可以发挥作用的话，那可谓一石二鸟之计。	

续表

原案项目	各方意见	各方意见
（6）帮助地方银行的发展	A. "联银"支配下的银行越多，"联银"的金融管制能力就越强，这对于货币工作是极为有利的。而且地方资本如果可以参与银行业的话，则会进一步增强"联银"的威力。	

四、通过物资供应而使"联银券"升值的手段

原案项目	各方意见	各方意见
（1）暂缓日圆区域出口调整令	A. 目前正是日本国内物资不足之时，应当整备生产机构及配给机构，使物资出口成为可能。"联银券"的价值低下正是由于缺乏物质层面的支持，即便牺牲日本国内民众的生活需求，我们也要缓解向日圆区域的出口，除此之外别无他法。此外，日本国内的和平产业中还有部分产业可以进一步扩大生产规模，我们应对这一问题展开讨论，先从最具可能性的商品开始解决出口问题。	B. 一、全面废除对于日圆区域中不依赖进口原料而生产的物品的出口限制。其他 一、以6、7、8月的月平均额为依据 二、因此，对于不利的数据可以采取灵活方针，由过去半年或一年的平均额来确定依据 三、其他季节的商品采取该季节的平均价格 四、此外，考虑到日"满"华的经济关系越发紧密，对于现在所承认的数额，理应有所增加。 应当设立相关方法，保证每三个月或每半年逐渐增加出口量。 C. 一、设立对华出口商品生产黑名单。 二、建立对华出口商品公会。 三、设立原材料进口公会。
（2）确立合理、高效的物资动员计划	A. 华北的物资动员计划华北地区设有对于煤炭、铁、盐、棉花等物资的四年增产计划，日本国内及满洲地区的物资动员计划应避	

续表

原案项目	各方意见	各方意见
	免与华北地区重复，应当设立最高效的物资动员计划。 B. 讨论从第三国处进口不足物资的具体方法 比起促进华北的花生、鸡蛋、油脂、猪鬃、兽皮等物资的出口，应当适量进口机械、面粉等必需品。 C. 此时，应当了解日本生产力、进口能力以及国民生活水平的最低限度等数据，并以此为依据制定战时经济国策。如今日本正在中国进行大规模消耗战，"宣抚"工作还需消耗大量物资，此外还要对"满洲国"的学生提供学费，这在未来也是相当大的一笔支出。陆军为防备苏联进攻而强化在"满洲国"边境的军备，海军为防备美国进攻也在扩充军备。如此，我们是在不同阵线上全面推进五大消耗战，我们的物资和资金该从何而来？为解决这一问题，我们必须了解日本生产力等数据的极限，划定五大行动所占的比重，并以此确定国家的前进方向。	
(3) 整备物资的配给和收购机关	A. 从中国最深层的内地将物资运出来，这是物资配给的根本问题，收购土货时，应尽量以公正合理的价格收购。不应过分抑制日本产商品的价格，而是应当以时令价格出售，中国村镇制品在进行以物易物时也应该采取同样原则。	

续表

原案项目	各方意见	各方意见
(4) 设立物资供给补偿制度	(1) 设定信用额度 信用高的人可以在向政府及银行贷款时享受优惠。 可以延长还贷期限 可以为其提供票据贴现服务，也可为其降低日息。 (2) 提供货运优惠 保证信用高的人的货运优先权，为其特别削减运费及保险费。 (3) 商品廉价供给的补偿 对于特定物资因低价销售进行损失补偿 减免部分关税或租税	
(5) 生活必需品专卖相关的对策	A. 在租界内日本势力所不能触及的其他地方，交易过程中必须使用法币，其结果就会导致出现治安问题，本方案可以保证法币的流通地域不断扩大。 B. 专卖商品种类：盐、砂糖、石油、烟草、火柴、面粉等。	
(6) 设定指定交易商品	丝棉布、绢布、生丝、杂货、金属制品、桐油、米、小麦、茶叶等	
(7) 提高物流效率	铁路：如京包线、津浦线、京汉线、京山线、同蒲线、正太线、陇海线、胶济线等铁路需要进行改修，运输设施需要进行整备，对于运输系统也需要进行统制 港口：大沽、青岛、连云港、秦皇岛等港口设备需要进行改善，还应提高港口与腹地的铁路、道路、水运等交通机关的联络效率。 水运：白河、永定河、子牙河、滹沱河、马场河、北运河、南运河、小清河等水运线路需要利用起来。 道路：对于建设华北所需的各条道路进行建设修筑，并提高其运输效率。	

五、通过培养当地生产力而使"联银券"升值的手段

原案项目	各方意见	各方意见
（1）普通性物资增产计划	A. 棉花、羊毛、毛皮、棉线、布匹等物资的产量显著减少，1939重要农产品的种植面积相较于前年也减少了一到两成，特别是1939年的预计收获量比上年度可能减少五到六成。小麦和大豆的收成可能会减少到上一年的六成五，棉花会减少到四成，烟草会减少到四成七，玉米会减少到五成二。如果不对上述物资进行增产，那么华北地区的物资匮乏状态将更加严重。	B. 农业方面，对小麦、高粱、玉米、花生、烟草等生活资料需要想办法进行增产。工业方面，需要努力推进农业用具、农业机械、家庭用具、其它土货以及被服等物品的增产。
（2）重要物资的增产计划	需要对如煤炭、铁、棉花、食盐等物资制定合理化的生产力提升计划，努力发挥最高的生产效率。通过重点发展等手段，对于生产力提升计划进行充分检讨，通过日"满"华一体化来制定综合性计划，对资源进行最有效的开发，以此实现物资增产，在这方面，应当对日"满"华的产业分工进行适当划分，使其各自毫无保留的发挥特殊性，并且彼此之间可以充分进行互助协调。	
（3）设立华北治水计划 华北的治水计划对于振兴农村，物资增产和维护治安来说，是头等大事，因此应当在效果最显著的地点促进治水计划的实施，此外，华北耕作地带基本都缺乏灌溉用水，因此需要通过凿井来利用地下水。	日本对于天津水灾的及时处置，在政治层面上使中国人对日本人产生好印象，通过治水应当也可以提高中国人的购买力，并使其对日本产生谢意。在利用地下水方面，朝鲜的加藤平太郎在军粮城进行了产量达百万担的水田开发事业，如果可以在局部推行类似的事业，不仅所需经费较少，效果也是比较显著的。此外，还有必要考虑利用黄河水的计划以及水力发电计划	

续表

原案项目	各方意见	各方意见
(4) 原材料出口统制机关	A. 1939年,中国对日本的进口额虽然有所增加,但是出口却骤降到上一年的一半,贸易赤字也达到了上一年的几乎五倍,出口额仅为进口额的三成六。需要注意的是,农牧产品没有出现在天津、青岛等外贸口岸,反而不断集中到了中国内地,可以推测,正是因此造成了出口额的减少。因此,必须通过设立原料出口机关及其他类似设施,来实现对日出口的增加。	B. 除了特殊情况,统制机关应当设置在物资装卸交易斡旋所内,或是由斡旋所来兼任这一工作。

六、通过集中汇兑政策和贸易统制政策来使"联银券"升值

原案项目	各方意见	各方意见
(1) 强化集中汇兑政策	现在相关计划已经取得了较大进展,但是具体的实施方法还需要进行改善	
(2) 增加"联银"的汇兑扣除率		
(3) 限制向第三国订货	限制向第三国订货 订货应当在日"满"华三国综合计划之下进行统制管理,此外,对于选择哪个国家进行订货也需要多加考虑。	
(4) 日圆流通区域汇兑的均衡化	"关东州"向华北的出口数额大致相当于日本向"关东州"出口数额的一到两成,假定为一成五分的话,"关东州"1938年的入超为8 000万日圆,1939年为1.1亿日圆。如此一来,我们必须制定华北方面尽量向满洲地区出口棉花、煤炭的计划,此外,今后也必须调整华北地区与日本本土的转口贸易。	

续表

原案项目	各方意见	各方意见
(5) 对日存款和物资交换	A. 充当物资采购,在制度上并无束缚,因为对日圆区域出口进行限制,华北所使用物品不能以物来填补,因此自然而然地就汇集了对日存款。	B. 在超过一定限额的情况下,将超过的部分以某种百分比进行充当是比较妥当的。

七、通过整备华北财政来使联银券升值的对策

原案项目	各方意见	各方意见
(1) 确立健全的财政制度	虽然华北地区无法建立像日本这样的财政制度,但是其也曾长期实施总预算制度,因此我们也需要考虑更为彻底健全的财政制度。	
(2) 缩紧非必要支出	缩减政务费的关键在于缩减人工费 从目前的纸面计划上看,人工费居高不下,但是工作成绩却不堪入目,因此,不管花多少年的时间,都需要对人事问题进行整理解决,现今需要将蒙疆印刷会社等大公司的人员缩减到目前数额的三分之二。	
(3) 实施黄金收纳政策 为强化战时财政,应实施黄金收纳政策,将黄金、金器、金币、金块、金沙、金条等兑换为联银券时,应收取三分乃至五分的手续费,购入公债者收取六分的手续费,将联银券存入银行者除了固定利息之外,还可享受特殊利息。	日本已经实施了上述政策,现今蒋介石政权也在实施类似政策。 如果可以巧妙运用本政策,不仅可以增强"联银"的信用,在搜集中日合作资本以及开放认购军营工厂股权时都是极为便利的方法。	
(4) 确立租税制度	中国的租税制度为极端的地方分权制度,大部分的税收基本都被各省扣留,省税和各地方税的负担为中央税的数倍,	

续表

原案项目	各方意见	各方意见
	而且除了正常税种之外,还经常征收种种临时性、强制性税种,征税机关及征税方法也极端杂乱,甚至还有乡绅包办等承包制度,此外,还有营业过程中不当骗取税款以及收受贿赂等行为,有必要对税收问题进行彻底坚决的改革,这也是安抚民众工作中所要实现的最大目标,此外,也是充实华北政府财政收入的捷径。	
(5)开放由公有资产特别管理的工厂	军管理工厂应以中日合办的形式进行开放,这一过程中应注意不要让日本在过去所付出的牺牲化为徒劳	

八、对华北进行资金放出及调整所带来的"联银券"升值

原案项目	各方意见	各方意见
(1)对于日圆和"联银券"的等值联系制度的再检讨	A. 从日本进入日圆流通区域的物资价格较高,随着差额的不断累积,最终会导致价格崩溃。中国的村镇百姓精于算计,如果华北的物价过高的话,他们就会拿出土货进行贩卖,最终会用价格优势使高价日货无法出售。 B. 连锁制度并不会对日圆造成损害,华北可以视作"准日本",其关系和朝鲜与日本本土的关系一样,因此不应会有什么损失。 基本没有经华北地区前往第三国的人,因此也没有必要考虑"联银券"在汇兑上的问题,此外,统制经济对于物资和资金都有有效的管控,因此也没有必要担心。	

原案项目	各方意见	各方意见
	C. 从第三国出口到华北的物品只有小麦,由于统制经济也在发挥作用,因此汇兑造成的损失以及由此对国家所产生的不利因素基本不会构成问题。第三国运入租界的货物基本都在码头上受到了管控,因此其数额并不算庞大。简而言之,除了在物质层面进行支持以维持物价之外,别无他法。如果现在物价崩溃,华北开发会社等企业会受到巨大损失,国家也无法对其损失进行补偿。 如果不禁止法币交易的话,一旦民众以法币或外币进行交易,那就会对"联银券"造成事实上的损失,长此以往,就会对与"联银券"相连锁的日圆造成损失,因此对相关问题必须进行深入考虑。 D. 如果民众手头物资充分,那么物价自然也会下降,但是正因为物资不足,所以导致物价居高不下,这也是我们需要解决的紧急问题。 E. 用贬值的"联银券"来购买华北物资,并将其出口到日本的话,那就必须要用等额的日圆来进行结算,由华北物价极高,因此这最终将会对日本物价造成恶劣影响,因此从日本的物价问题考虑,"联银券"的升值问题是极为紧要的。此外,贬值的"联银券"会在华北向日本出口原材料及其他物资时造成阻碍,影响两国间的物资交流。因此,综合来看,"联银券"的升值问题是实现日"满"华经济一体化的紧要问题。	

九、法币的处理方案

原案项目	各方意见	各方意见
（1）法币处理对策	A. 通过强化新货币的流通性,以驱逐法币的形式,破坏蒋介石在民众心中的地位。但是如果不能实现新货币的升值和实物对于货币价值的支撑,则难以达成上述目的。 B. 法币为了维持现状而以寻求第三国的协助的名义,将其处于英国资本的支配之下,我们对于"联银券"则万万不能采取类似的方针。 C. 现在法币可谓是"劣币",目前的状况也可谓是"劣币驱逐良币"。 此前我们一直利用日圆对抗法币,这一思维存在误区,对抗法币难道不应该用中国的其他币种吗？正所谓以毒攻毒,除此之外别无他法。货币战争也是战争的一种形式,但是我们不应用日圆和法币来打国际货币战,而应该用中国的新纸币来和法币打中国国内的货币战争。	

第一,禁止天津租界内旧法币的流通相关具体事项(1940年6月18日)

一、公租、税捐、手续费的缴纳及银行其他一切交易的结算必须使用"联银券"。

（1）公租、税捐、手续费、电费、水费等以往以法币支付的项目今后应当规定以一定比例的"联银券"支付。

注:适当比例指的是在相关项目的等价范围内不会对经济造成妨害的比例。

（2）一直以"联银券"支付公租、税捐、手续费、电费、水费等项目的,如果出现溢价的情况,应立即取消溢价。

(3) 银行的汇兑买卖、借款存款、支付经费等一切交易行为都只能用"联银券"结算。

(4) 商社交易商品的购入及贩卖、支付经费等一切行为都只能用"联银券"结算。

(5) 兑换外国货币时,应参考"联银券"的法定汇价,并只能用"联银券"进行兑换。

注:外国在华北的外汇银行及商社采取法币与"联银券"等价兑换的过渡形式,要注意另行考虑。

二、法币币值的整理及法币的收购

(1) 旧法币的收购

在一个较短的时期内,应当用"联银券"以一定的比例对现在租界内流通及存在的旧法币进行收购。

注:收购的旧法币原则上应该限定为第三国人所持有,并要求该国官方提供相关证明。

(2) 旧法币币值的整理

(A) 禁止依据法币币值订立新的契约。

(B) 现有依据法币币值订制的借贷契约及存款契约以(1)为标准,按"联银券"币值进行改订。

(C) 上文(B)超过改订期限制后未能按照"联银券"币值进行改订者,一律按照(B)的比例,以更低的比率按照"联银券"币值进行改订。

三、在租界外如果还持有并使用旧法币,则一律按照同样的规则进行取缔。

四、为推进上述各项工作的实施,应采取必要的辅助措施(如发布法令)。

第二,有关对天津租界内的金融机关及商社进行检查及管控的具体事项

一、银行的检查及管控。

目标是对英法租界内的中国方面银行进行检查及管控,具体内容如下所示:

(一)经营内容上的检查

(1)检查资金、负债、亏损等内容及索要可以了解其他营业内容实况的各种统计表。

(2)对现金、旧货币、有价证券、债权证书及其他可以证明权利义务的文件进行检查及保管。

(3)扣押未发行的证券。

(4)检查各种账簿

(二)对事务处理工作进行监管

(1)对事务处理工作的监管

银行的货币金融相关业务应遵守"临时政府"的命令,并以此为依据,梳理对事务的管理工作。

(2)经营管理上的监管

贷款、汇兑操作、筹款及其他银行业务应全面处于"联银"的统制之下。

对于主要账目,应当向银行索要实际报表以备事后审查。

此外,重要交易应当在事前接受审查。

(3)为了提高监管的实效性,应向银行内派遣管理人

二、对于银号及钱庄的监管措施应参照上述内容。

三、对商社的监管措施大体应依据上述内容,特别是对于投机倒把、囤积居奇和转移并买卖物资等行为应强化统制工作。

第六项 国际收支事宜及贸易统制现状

3.（2）"……无汇兑"下面的"移入"改为"交易"，"不可能"改为"困难"，"联银"改为"联银券"。

（3）中插入"有关煤炭、食盐、药、烟草、生铁等物资，华北、华中方面已经达成了交易协定并进入实施阶段"。

第八项　对华北资金进行抑制而使联银券升值的手段

2."大体依据本方针"后面添加"对当地的资金计划进行调查，并努力实现当地与中央部门的联络"。

（2）"尚处于极不彻底的状况"改为"大致上正依据本方针开展实施"。

3.（2）"目前已设立事业资金精查委员会并在切实落实中"改为"设立事业审查委员会及资金调整委员会，正在不断实施调查中"。

第一项　充实政治力量的状况

4."日英两国基于良好意愿而不断展开交涉，但是迄今尚未得到妥善解决"改为"随着租界的撤除，租界内'联银券'的流通及维持'联银券'价值的相关交涉也在不断好转"。

6."虽然姑且解决，但是尚未达到'联银'所希望的解决程度"改为"依据对英协议，姑且有望解决相关问题"。

第二项　通货紧缩导致"联银券"升值问题的对策

3."对非必要的商品和从第三国进口的奢侈品等实施无汇兑进口许可制，限制其进口，目前已产生相当可观的效果。

7."流入华北的日圆……实在是遗憾"改为"对流入华北的日圆进行限制，金融机关禁止收授日圆，中央及"满洲国"方面目前正对相关问题进行联络，"满洲国"已经对旅行者持有的日圆进行了相当程度的限制，通过与日本进行合作，可以期待彻底禁止相关行为"。

第四项 通过供应物资实现"联银券"升值的状况

3.（2）当地方面

已经设立的内容改为"面粉、大米、杂粮、木材、铅块、水泥、砂糖、棉布、石油、橡胶制品、茶叶、肥皂、机械工具、啤酒、针织品、陶器、化妆品、珐琅器、瓜果蔬菜、帽子、电器、医学化工机械、自行车、涂料、面酱、电灯、合成染料、动物蜡、洋酒、纸、海产品、玻璃板、工业药品、医药品、草药、农药等"，(B)全部删除。

资料 2

译者按：大阪大学附属图书馆所藏日本在华纺织企业同业会档案《重慶經濟封鎖卜軍票經濟圈ノ確立、上海操短問題、○○少佐問題、埃及棉問題、在華紡績協力具体案》，包括了大量上海日商纱厂集团与日本军政当局、同业会大阪总部交涉往来的密电或报告，对于我们了解1940年之际华中沦陷区内的经济生态具有重要的史料价值。故而我们将此宗档案译介，以期反映一些历史的原貌。

（一）关于棉花运出许可处理之件

1940年9月2日

在华日本纺织同业会
上海支部

拜启。关于所陈首题之件，与军经理部上海派出所（本名为中国派遣军总司令部第七号上海派出所）小幡中尉之会面情形，已以8月9日所附敝信预先通知。按另附要领即日实施，如复件所陈，正式通知已于前日31日送达接收。同封送达之际，望熟读之后使棉花运出运入确无障碍。

另所附"棉花运出运入许可处置要领"，其中规定以上运出入许可申请仅限于日方纺织会社及日商棉花同业会会员。如已告知的，望能了解其意乃指华中棉花协会会员，即纱厂九社及棉花会社八社。

棉花运出入许可处理要领

（1940年8月24日，总军第七号上海派出所）

一、棉花之运入，以往乃针对我方占领地区内产品，且确实仅限于由日方纺织会社（含管理工厂）之采购，乃可对其进行许可审议。

二、为落实本要领之实施，运入许可申请仅限于受理日方纺织会社及日商棉花同业会会员之申请。

三、对于日方纺织会社采取如下措施。

1. 不得采购占领地区外产出（除从海外进口者）之棉花。

2. 占领地区内可供采购的产品，不得转售于日方纺织会社以外的企业。

3. 每月报告所有采购棉花之种类、数量、价额、采购方、转售方及消费状况。

四、日商棉花同业会会员（以下略称"同业会会员"）实行如下措施。

1. 不得处理占领地区外产出（除从海外进口者）的棉花。

2. 占领地区内可供采购之产品，仅限售于日方纺织会社。

3. 每月报告所有采购棉花之种类、数量、价额及交易对象。

五、对于同业会会员之外，有处理工作之实绩且确具资产信用的中日棉花商，日方纺织会社或同业会会员确需向其采购者，可采取以下措施后审议是否许可。

1. 对其运入许可申请书及其所附文件记载事项担保，使其提供相当于时价二成以上之保证金。

2. 运入许可申请书附加以下文件。

（1）关于记载在货场地、产地、品牌、数量及价格的日方纺织会社或同业会会员之在货证明书。

（2）日方纺织会社或同业会会员关于其乃并非占领地区外之产品及适合日方纺织生产所需的保证书。

（3）日方纺织会社或同业会会员发给之预购证。

六、占领地区外产出之棉花不得许可其运入内地，因此在申请运出许可之际，需明记棉花之品种及品牌，以便审查。

七、关于调办军方所需之棉花，则按其实情另行考虑处理方式。

（二）佐佐木委员来电

1940年9月8日下午7时

自佐佐木委员长来电（复写）全部暗号

参照5日敝电：

"基于我军作战上如下五个项目之主旨，管理棉花之运入、棉产品之运出。"

一、禁止物资从占领地区内向占领地区外运出。

二、禁止物资从占领地区外向占领地区内运入。然而物资动员计划上日本所需物资不受此限。

三、以打倒法币为目的，限制土产运出，亦限制利用民族资本。

四、谋求军票价值维持及流通地域之扩大。

五、日本人事业之进出，也仅限于允许日本国内必需品、当地军用品的制造。①

占领地区内生产的棉花，虽未限制应以军票采购，但是若棉产品不以军票售卖，则不许其向内地运出。

------

① 说明：有见解认为，纺织会社依靠外棉，与以中国土产为主要原料生产商品的企业不同，无需禁止其出口，但需其自制。

且为了不使棉花流向占领地区之外,应采取查定需求量并在该数量以内方许可运出的方针。

租界内棉产品不妨以法币售出。

关于我军之最高方针,尚未有机会了解相关责任者之说明或见解,预定11日与责任者会见。

根据6日、7日协议之结果:

虽然未能充分了解我军的最高方针,若当局的意图在于要求在华纺织企业全部关闭,则应直接按其要求处置,然而对上海市场之影响甚大,难以预想其结果将导致如何事态,故要与军方达成谅解,按如下顺序对纺织产业加以指导以达成目的。

一、先以五成减产为目标,停止夜班。

二、根据情势之如何,对委任工厂实施关闭。

由以上产生的各种问题,另与当局协议妥善处理。

另向兴亚院提出,了解军当局的意向,使意见一致。

从同兴鸟羽、内外胜田两人处详细听闻。

另参照29日发行中通特四五五号,堤(孝)

(三)关于重庆经济封锁与军票经济圈之确立

(抄)委员长、大阪本部、青岛、天津支部、北京派出所
1940年9月2日
上海委员各社
代表者阁下

在华日本纺织同业会
上海支部

拜启。关于陈者首提之件,另有来自中国通信社之中国特报的报道,乃如实反映了当地当局的意向。可以想见,另将于4日举办的兴亚院华中联络部经济第一局局长就任演讲会及恳谈会上,当局会向纺织企业征询与扩大减产问题相关与扩大减产相关问题的意向,故而同封送上,望预先一览。

1940年8月29日(周四)

中通特报 第四五五号　　　　　　　　　　　　中国通信社

今后当地经济应如何再组织?
——重庆经济封锁与军票经济圈之确立

一、军票工作告一段落,当地经济再组织将积极化

最近,可以看到军票行情呈现非常坚挺之动向,军票如此稳定的状态已持续半年以上。不言而喻,这可以证明,自去年12月当局推行军票一体化政策以来,以非常努力渐渐取得如此效果。可以说,大陆的军票工作由此更上一新台阶。

诚然,值得注意的现象是,在如上军票工作告一段落之同时,当地当局并不仅限于军票工作,而有欲使当地所有经济活动顺沿中日事变发展之方向,不断再组织之浓厚气象。事变发生以来,当地的经济统制亦与日本国内之战时经济体制对应,已步入相当之阶段。其具体表现者,以去年9月出口调整令为契机,就有从对日贸易部门统制及军票价值维持角度出台的资金、企业诸统制政策。

然而,当地除如上对日贸易及企业统制之外,其他部分依然残留旧有之自由主义经济机构。若稍溯过往,这些机构于事变方进行之际,已成为很大的障碍。

如今,中日事变长期化,已从彻底的武力战转向总体战,

经济实力之动员,其比重不断增加。伴随这一变化,我方已步入以国家权力不断加强统制经济之命运。此乃中日事变推进中最基本的阶段,与之对应,第二次近卫内阁乘时制定了国内新体制再组织之政策。值此当地军票工作渐入平稳轨道之际,顺应日本不断推进之必然态势,出现经济机构全面再组织之氛围,诚乃历史之必然。

听闻当地当局目前已积极制定"华中经济指导要领",明确当地经济机构全面再组织的基本指导方针。当然,我们尚未了解其中内容,然而其乃以上客观情势的产物,其基本方向是清楚明白的。

二、援蒋利敌物资的隔绝与军票经济圈的确立

不言而喻,当地经济统制的形式与内地存在若干差异。其差异点主要在于当地的经济机构具有处于敌地,也即占领地区内的所谓特殊性。换言之,当地经济与日本国内经济相比,其为战争目的所必须进行的动员则更为直接。

事变以来,当地经济在我军作战顺利推进之下,以军票价值维持工作为中心受到统制。而且今后对应现下出现之诸情势,为实现事变之目的,当地经济必将受到进一步的动员。若此,则当然应考虑如下三项。

1. 以封锁重庆经济为目的,隔绝援蒋利敌物资流入重庆内地。
2. 以摧毁法币为目的的贸易统制。
3. 确立作为当地经济动员基本手段的军票经济圈。

而且,如以上之第三项,乃是将以往军票价值维持工作进而飞跃至确立军票经济圈层面。第二、三项则将占领地区之经营问题进而转变为摧垮重庆、以使事变平息,直接动员当地经济层面。这些与以往的统制相比,显然包含了更积极的意图。

其结果,可以预想,当地经济将被进一步强化统制,可能不久之后将从自由主义的经济发展为全面的统制经济,可以推测,恐怕此处存在华中经济再组织之基本意图。

三、对援蒋利敌物资流入内地的强化管理

接下来稍微具体说明第三项。首先关于隔绝援蒋利敌物资流入重庆内地,如今更毋庸说明,事变以来,加强对重庆方面经济封锁乃我军作战执行的重要一翼。事变发生不久的第一次沿岸封锁,经历数次强化,去年6月封锁宁波、三都澳、福州、温州等,且通过与第三国的外交交涉隔绝缅甸、法属印度支那等地的对外援蒋渠道。如今对于重庆方面的经济封锁,已进入彻底执行的阶段。由此对重庆封锁在作战上的价值,比之以往更增重要性。对此万一当地经济机构不能为之动员,援蒋物资不断供给内地,则诚可谓圣战执行上的重大问题。

本年6月10日,陆海军公布实施内地交易新管理要项。关于本规则之内容,详细刊载于特报第四二一号,故而省略,由此当然要禁止武器、弹药等军需品,而且禁止汽车、橡胶靴、木材、水泥、汽油、盐等准军需品等运入非占领地区。其他棉纱布、香烟、毛织品、肥皂、砂糖等日用杂货物之运出,需其自证非援蒋利敌物资之后,方可发给许可。

当地当局按本规则,将极力限制物资从占领区向非占领区流出,由此期待援蒋利敌现象之消失。当局如此处理,乃因西南内地对于上海经济存在依存性的缘故。

西南内地作为抗战力的补给地,关于必须重视上海这一

点而言，勿庸详述，仅从事变前上海的工业生产额占全中国之五成即可了解。据中华工业总联合会发布的信息，去年从上海流入西南内地之工业产品达一亿八千万元。棉纱布、橡胶产品、药品、医用品占大部分，其中西南需要之六成棉纱布由上海供给。

如今与西南相同之沿岸主要渠道及经由第三国之渠道（缅甸、法属印度支那）皆受到全面封锁，仅剩所谓红色渠道及通过占领区的匪群渠道。关于后者，如上所述，由当地当局采取严格的运出入统制，为将重庆经济封锁成果彻底化，不仅要阻断援蒋渠道，而且必须对作为援蒋物资源头的上海的经济活动进行统制。此即今后必须将对当地企业的统制置于重点之根据。大体可预想到，作为援蒋利敌物资根据地上海的自由经济活动已被禁止，且某些企业仅以其援蒋利敌之行为，对于我军作战没有任何贡献，将受到适当之压制。所有企业的活动沿此政策之再组织，乃必然之举。当地经济界也要明确认识当下圣战之现实，有必要对此协助。

当然，只要生产之军需资材及准军需资材并不流入非占领地区，不如说，企业之生产仍值得奖励。即使作为若干利敌物资，其助敌程度较为微弱，比如一般消费物资从军票维持工作之角度，及作为对日出口物资之逆向采购，也会向非占领地区流出。考虑到此种情况，也应对各种企业加以统制。

四、以进攻法币为目标的贸易调整

继杜绝援蒋（政权）行为之后，通过对商人的组织动员开展摧毁法币的工作，这是我方对当地经济改造的主要方向。虽然这一工作以往即已开展，其指导工作作为今后对当地经济再组织的重要手段必然更为积极化，具体而言：

1. 通过进口第三国物资而使法币负担过重。
2. 改善向第三国出口物资的采购方法。
3. 积极奖励对日本出口。

首先,我方如大批进口第三国的物资,将使重庆政府失去大量外汇,促使法币的崩溃。显然,去年外棉的进口成为法币崩落的决定性因素,然而这些进口物资又会起到援蒋利敌的作用,故而必须防止其对重庆抗战力之补充,且军票价值维持工作必须回避进口上日圆售出法币买进的情况。

进口的物资一般都是消费性的物品,且大部分将在我占领区内被消耗。补贴商人进口的资金,最好利用当地资本或来自第三国的资本。然而如上原则在现实中必然具有相当的融通性。例如,在日圆售出法币买进的情况下,也应许可进口我军作战需要之物资。然而即使在利用当地资本的进口工作中,因仅限于在占领地区内的消费,结果导致对这些物资的需求减退,其进口自然出现减少之趋势。某种意义上说,目前我方对法币的攻击并不乐观。通过经济封锁,从限制物资流入的角度对重庆发动攻势,这两种方法在现实中也会存在矛盾。既然现在作战的重点是经济封锁,我们就要从这一角度考虑策略。

第二项所提到的要改善向第三国出口物资的采购办法,具体而言,就是要用军票采购中国的土产物资,且不要通过军票与法币直接兑换的形式,而要使军票滞留于市场之中并在市场中流通。这与下一章所提到的军票经济圈的确立问题具有重要关联性。以往,华中当局对第三国的物资出口使重庆方面获得大量外汇,而我方不过从中获得百分之几的手续费而已。故而,以往我方对这种出口行为并不积极支持,且有抑制的倾向。例如生丝,眼下日本以巨额资金对之采购,处于努力维持其价格的状态。对此,仅华中自由出口之生丝一项,就对我贸易政策产生重要障碍。产生如此问题,需使当地当局强化以往对于华中向第三国出口的政策。

然而在这一情况下若使用军票采购土产,且使之滞留于市场上,则通过出口所获外汇将完全为我方所得,由此军票产生贸易通货之功能,其利益巨大。然而就方法论而言,军票使用则比较容易实现,而其市场滞留则实际上较为困难,向第三国出口使用军票,方法上需采用渐进之策,故而暂从大局考虑,依然继续对之采取抑制之策。

继而作为第三项,奖励对日出口并不能直接攻击法币,然而消极地阻止市场对法币的支持,当然从如上目的出发,我方侧重考虑从华中进口主要资材。这是我日圆经济圈内贸易的重点,如今更无需说明。这一对日出口因当地日圆贬值而未能取得预期的效果,如今日圆经济圈贸易价格之调整由东亚进出口组合联合会认真执行,可以预想今后其之活跃。以此为机会,可使当地业者进入此领域。

从如上所述三个观点出发,从贸易层面今后应加强企业统制,伴随第一项对援蒋利敌企业之统制,此两大根本方策将成为当地经济重组重点内容。

五、军票流通面的扩充与军票经济圈的确立

最后还剩下军票经济圈确立这一重大课题。当地经济以占领地区为基础而形成,此外,在相当额度的军费为我军作战行动所使用的情况下,作为区域通货的军票当然具有重要功能。最近,随着军票价值工作告一段落,我方下一步将着力于确立军票经济圈。以往部分人所谓的法币利用论等,此际可以抛弃，而向军票流通面扩充工作迈进。从此意义而言，此前所谓利用民族资本的论调，从其援蒋利敌之性质及军票扩充工作层面，也必须加以适当纠正。必须指出，利用民族资本，使之全部服务于华中经济建设，乃非常错误之举。对此姑且不论，作为军票经济圈确立的具体方策，也可指出以下三项观点。

1. 使军票作为消费部门的主要支付手段。
2. 使军票作为生产部门的主要支付手段。
3. 赋予军票国际性通货（贸易通货）之功能。

这些都是将军票扩充为一般性通货流通的理论方法。以往军票工作主要将主力倾注于消费部门的流通。即通过将日圆系物资仅以军票销售，谋求军票在市场的滞留。然而相较法币在国内的流通面主要集中于生产领域，军票则仅限于消费领域。这一点使其在货币战中的抗战力受到弱化，且其未被赋予贸易通货之功能，也日益成为对其不利之条件。

作为扩大流通面的策略，渗透进生产部门与获得贸易通货的功能实属必要。现对这两点具体论述。

首先，关于第一项军票成为消费部门的主要支付手段，至少在日圆系物资的情况下，必须在消费层面全面贯彻。即使军票流通于日圆系物资的消费最终阶段。换言之，即从日本商人向华人批发，进而交至一般消费者手中之间的所有阶段，都使用军票。而且这一方法不仅对于日圆系物资，且有必要扩充至法币消费物资层面。目前第三国进口物资中获利较多者，以军票销售的形式，在进口层面成立进口资金储备池，通过军票销售谋求回避日圆价格波动。

关于第二项军票渗入生产部门，作为首要手段，要使军票能够完全用于采购当地的生产原料。进而日人企业原则上提供以军票资金经营。如此则军票得以渗入生产层面,军票的通货功能得以进一步强化。军票渗入生产层面,在军票流通面扩大中扮演决定性的角色。华北"联银券"与法币正在斗争中,法币在顽强地抵抗,实际上主要在匪患地带为主的农村地盘,棉花、皮革及其他重要生产原料之支付手段仍使用法币。

关于第三项获得贸易通货之功能,在前章已有详述,此处省略。要使军票能够采购向第三国出口的物资。军票若能成功步入贸易通货的功能阶段,可谓军票经济圈之确立已稍稍完成。如此,军票将成为华中占领区的主要通货,通过扩大军票的流通面以及在市场上的流通数额。为了维持军票的价值,削减从日本进口物资数量,这对于满足我军的作战需要乃至对于日本维持战时经济也具有重要的价值。

六、利润统制乃至军票贬值问题

通过以上内容可见,我方必须对华中经济进行深入改造。在当下实行经济统制的机构中,陆海军当局负责进出口方面,大藏省财务官事务所负责管制企业方面。兴亚院、领事馆应紧密协作,从管制资金角度开展工作。

最后,关于利润统制与军票贬值问题,一言以概之,当地的利润统制与国内的情况稍有差异。目前,存在通过利用汇率差异获利的状况,这使得日贸易商获得不当利润。我方对其实施管制时,并不会采取与日本国内一样的政策,如调控价格、采取低物价等,而是从回收军票的角度出发,鼓励他们对商品制定较高的价格。这样做的主要目的在于储备大量资金,为对日出口提供补助。这样有助于日圆经济圈物资的顺畅流通,这一点与国内的利润统制在目的、内容上存在差异。

因此，当地的利润统制，也很难说乃所谓的"利润统制"。可以认为，将来日本国内不会实行如此的利润统制，即不会采用对于当地企业限制其利润率的方法，而从以往限制贷款、日圆售出法币买进之许可制等政策来谋求资金的周转化，并通过这些手段继续维持军票价值及对企业的统制。基于从当地经济的国际性、特殊性及军票回收政策的角度来看，这些乃是必然的归结措施。然而，将来也可能以实名公债强制摊派的形式来进行统制。

此外，军票的贬值即军票与国内日圆等价联系的脱离，作为军票经济圈确立的一大着眼点，在华中经济再组织之时，要极力避免军票价值之动摇。如此使军票贬值之方针并不令人乐观。进而军票贬值问题与"联银券"比值问题乃属同一性质。当然进行贬值之情况，乃必须军票与"联银券"同时进行。若考虑这些情况，将来法币崩溃或因其他理由可能导致军票大幅贬值，暂且仅限于现状，军票贬值问题勿需过多关注。

（四）扩大减产问题

抄—大阪本部、青岛、天津分部、北京派出所、上海会员
1940年9月8日
辰第49号

在华日本纺织同业会
理事堤孝

伴随欧洲战局之变化与对各主要援蒋渠道之坚决禁绝，华中（主要是三角地带）迎来经济重组之态势。当地当局首先从6月10日起，将物资的运入运出许可制度移管于总军经理部上海派出所，

从军票工作的角度而言,需要在管理方法上实施变更。

然而伴随世界情势之变化与日本国内新体制的进展,处理中日事变已提上日程。鉴于应对下一次世界大战的准备工作日益紧迫,从以维持既往军票价值为目的的各项工作出发,需要坚决加强经济战,以配合武力战,现实中需谋求对重庆的经济封锁与军票经济圈的确立。

为了实现这一目的,其要点如下。

(一) 对敌封锁

1. 禁止从占领地区内向占领地区外运出物资。

2. 禁止从占领地区外向占领地区内运入物资。

(二) 通货问题

3. 以攻击法币为目的,抑制出口,利用民族资本,由其目的之如何而决定。

4. 谋求军票价值维持及流通地域的扩大。

(三) 企业限制

5. 日本人事业之进入中国,仅限于生产国内必需品、当地军用品方得许可。

根据以上原则,坚持对华中经济活动的再认识与再组织,关于棉业:

一、棉花

关于原棉,自9月1日以后另添加的规定:

1. 仅限于处理占领地区内生产的棉花,对于能够采购者实行限制,因此外棉从"攻击法币"之角度处于限制之外。

2. 棉花需要内地原产地证明,要求证明并非敌方物资。作为方法,要求内地棉花所在地的当地机构(军队或特务机关等)加以审查,颁给其证书(当地证明带有"PASS"的棉花可以安全采购)。

3. 允许运入棉花者限于日本纺织企业（包括其委任工厂）及日本棉花同业会八家棉花商（东棉、日棉、江商、伊藤、阿部市、三菱、吉田、瀛华）。

4. 除以上之外者虽不被禁止交易，但被要求提供给军方一笔大额的保证金。

5. 对于产于占领地外的棉花的交易，要求明示其责任，谋求对投机活动的彻底管理。

6. 以上交易之棉花，尤其在占领地区内生产的棉花，其售卖对象仅限于日本纺织，日本纺织虽然也认可纱厂内部相互之间的转卖，但不允许向外出售（不良产品在不得已的情况下可降价处理）。

7. 纱厂需明示所采购棉花的品种名、数量等必要事项，其运入许可证、原产地证明与提交的棉花样品将被逐一审核，名实不副者将受到调查。

8. 纱厂及棉花商的许可申请书由在华纺织企业同业会向军方履行手续后方可获得。

按以上程序：（一）判断棉花是否为敌地物资；（二）判断是否来自占领地区，在实际处理上乃极重大的问题。对此以当局之见解，业者间应迅速协商之后，暂且以棉花种类界定，应区别并非为地方物资后方可申请（例如，宁波棉、通州美种棉乃敌性棉花）。

而对于棉花之采购，现今并不限制以军票形式购入。若将来在可能以军票于原产地购入之情况下，在上海也可使纱厂以军票采购棉花。

此外，租界内如以往般允许采购产于占领地区的棉花，但禁止采购产于非占领地区的棉花，纱厂对此要充分加以注意。

二、产品

对向上海以外地区运出的产品，按另外规定实行如下限制：

1. 日系工厂之产品。

2. 以军票买卖者。

3. 查定各地之不同需要,在其范围内允许运出。

4. 对产品之判断,先使业者组织协议会鉴定,再寻求军方之认定。

以上协会将以五大洋行组织为中心组织起来,业者们推选阿部市为干事长。原则上也允许地方上的销售组织参与。

将按不同商品组织不同的协会。如果将销售杂货的交易与销售棉产品的交易均交由同一组织进行管理并确立销售计划,必将产生诸多问题。

对于纺织品,配给于内地的棉产品,在洋行方面要求以军票支付的情况下,必须要求以军票销售。当然如往常一般,以法币销售的形式也无妨。

如以上所述,按原棉与产品之限制规定,当然会产生各种问题,伴随此限制规定实施之效果,考虑对在华纺织企业生产及运营上的影响,我与兴亚院华中联络部经济第一局局长岛田主计大佐(关于伊资金问题)就将来纺织企业的运营深入交谈并交换意见。原希望于4日召集各社代表,但以该局长之情况变更为5日下午3时。大体如前所述,该局长传达了军方当局的意向,然其兴亚院官员的身份突兀地表明军方当局的意志,实非其任务,他不过此刻传达军方有如此动向,希望引起注意。故而我方应预先设计对策,与南京方面责任者进行面谈。若纺织企业能提出方案,该局长可充当中介之劳,若此际犹豫不决,则担心有军方不测之怒。

在会谈中,姑且由敝人详细说明目前纺织之现状(此会议岛田局长、金次事务官、大康纱厂胜田氏、同兴纱厂鸟羽氏、公大纱厂山田氏、内外棉纱厂胜田氏、日华纱厂友永氏、上海纱厂野田氏、东华纱厂石田氏、丰田纱厂三好氏、裕丰纱厂菱田氏、堤孝等人参加）。在这次会议中，金次事务官向局长提议，应从善意的立场上提醒纺织企业，日本当局已有改造华中经济的意向，故而在华纺织企业也应采取对策。若不能尽早制定，必将承受难以预料的损失。

6日同业会举办关于本件之协商会议，欲要充分了解军方当局之真正意志，先需与上海军经理派出所所长平井主计中佐及小幡中尉面会，暂求其对此件说明。7日与小幡中尉（平井中佐当日因去南京出差，故不参加）会见，接受其详细之说明（前段之说明，乃基于岛田局长、小幡中尉之说明而记述）。

此外以上会见结束后，同业会再次协商，进而制定如下方针：

一、前提

虽未充分彻底咀嚼军方当局之意图，但朦胧之间能够把握大体轮廓，纺织企业应自发对生产运营进行一定程度的减产措施。

二、虽然全体休业能够满足军方主旨，然而对于上海市场一般工商业界波及之影响甚大。

三、将现有减产的基础上进一步扩大减产，首先以五成减产为目标（夜班完全休停）。

四、随着事态之推移，若需进一步减产，则坚决要求军管工厂全体休业。

五、随以上减产程度而产生的问题，需另行讨论善处。

六、关于实施减产，在技术层面需另行协商。

将以上方案向委员长报告之同时，9日由理事向兴亚院岛田局长提出，委托其向军方代为斡旋。减产将导致如下问题。

1. 伊资金问题
2. 向陆海军缴纳碎棉的问题
3. 工人清退问题

4. 外棉采购处理问题（及印棉装载量问题）

5. 棉产品向海外出口问题

6. 中英工厂产品对策问题

7. 军管理工厂的返还问题

8. 在华纱厂内部的统制问题（同业会改组强化）

由此产生的大小问题，在实施减产之际，在技术层面还包括：

1. 是否决定减产？

2. 监督方法为何？

3. 按产量进行减产，还是按设备运转台数？

4. 是否对产品进行统制？

5. 如何调整与从日本国内进口作为军票交换物资的棉产品的关系？

这些问题需要慎重讨论，问题十分复杂，需要妥善处理。

11日平井中佐、新城大佐从南京来沪，故有机会与会员一同面谈。

关于本件，7日与小幡中尉会见，他不过例行公事，可以感到，因事态变化，情势进展，故有意不断采取严格管理之措施。小幡原本供职于兴业银行神户分行，从应征者的立场，了解经济界的情况。因此层关系，军首脑部门之间极力顺应当前事态，执行相关事务。若与如新城平井直接面谈，则我方之态度与对策，即使难以决断，从四周情势所见，恐怕也会寻求委员长的承诺，故而应尽量预先寻求贵处妥善处置的承诺。

此外，关于本件，我们于兴亚院会议上听取了6日从东京归来的同兴纱厂鸟羽氏的所见所闻。另也烦请听取9日返回东京的内外棉纱厂胜田氏的意见。

此外，还请参照中国通信特报第455号（8月28日发行）。

追记

一、关于棉产品出口

为了让通货工作取得成效,一般采取抑制土产出口的方针,特别是对于非占领地区内生产的土产,绝对禁止其流出。而关于棉产品之出口,原料棉花大部分依赖外棉,尚未至抑制其出口。然而鉴于与日本国内产品之关系,也有见解认为应采取限制生产形式。

如华中蚕丝会社,其生丝出口目前被命禁止,听闻其眼下正为此考虑秋蚕采购问题。

(五) 关于纱厂减产之件

17日上海分部来电(至急暗号)

"13日、14日、16日会议之结果,关于废止夜班方案,经过诸多部门专门讨论,从目前情势判断,以普遍社会易于理解的形式采取废除夜班之决定,如下方案望贵处承诺之后,作为条件由岛田局长向大藏省提出,若获得同意后委托其向军方斡旋"。

1. 本工厂、委任经营工厂从10月1日起全部以五成减产、产量半减为目标。

2. 从10月28日起废除夜班,增加停运织机数。除周日之外,周六需全部停工。

3. 考虑到职工清理乃社会问题,各社需一同慎重处理。

4. 提出中止伊资金,只要在充裕的情况下就再次投入。保证日后必定能够以法币返还。

5. 在尽可能满足日军需要的情况下,减少交付的碎棉数量。

6. 自明日起直接实行扩大减产事项。

请承诺以上诸条,并请理解,关于报纸发表,为与当局不产生矛盾,至最后方可决定。

(六) 致上海支部电

1940年9月18日致上海支部电

ウナ电(暗号)

关于16日贵电,本日委员会慎重协商之结果,赞成贵处减产方案,但贵处此刻提出方案中第四、第五项,则恐被视作交换条件,而使本会之诚意受疑,故并非上策,应该撤回。

本部。

(七) 伴随纺织减产工人清理、金融问题及其它特需考虑申请之件

1940年9月18日

兴亚院华中联络部

津田长官阁下

在华日本纺织同业会
理事堤孝

谨启。陈者,由现今另附之纲要,关于希望减产五成之件,伴随如此减产,不得已工人将被大量清理,当然必须讲求慎重妥当之处置。眼下普遍物价高昂、生活困难之际,于万一之情况下,望于当局指示下获得援助后得以妥善处理。此外,金融问题、对于中外纱厂之处置等,也烦请特别加以考虑。

附：

减产实施纲要

1940年9月18日

在华日本纺织同业会

上海支部

第一、方针

鉴于在华日人周围之情势，按如下要领进行减产。

第二、要领

一、减产目标

1. 作为首要目标，在华日本纺织同业会上海支部加盟会社各自所有工厂及获得运营许可的军管理工厂，其运营自10月1日起减少五成，生产减半。

2. 顺应将来周围情势，在有必要扩大减产的情况下，考虑进一步扩大减产。

二、减产方法

1. 从10月1日起以减产五成、生产半减为目标，从9月17日起开始着手其准备工作。

2. 通过从10月1日以后增加休息日、精纺纱锭停机等手段，实施五成减产。另成立专门委员会，作为长期对策，开始研究合理的减产方法（比如将夜班全部废止，专营昼班等）。

三、工人清理

1. 考虑到社会问题，各社需一致慎重处理。

2. 由各社人事股组成的东部纺织互杨会、西部纺织绿星会，制定关于公休日、过剩公休、解雇时之补贴等具体方案。

(八) 大阪总部致青岛、天津支部、北京派出所电

1940年9月20日

青岛支部、天津支部、北京派出所均鉴

大阪本部

关于上海支部减产扩大问题,从堤理事报告中已知。然而唯恐本件对于华北纺织产生重要影响,因此将本部、上海支部间电文照抄及上海分部关于减产扩大问题之报告各一份先呈送各位。

(九) 关于减产扩大问题

1940年9月20日

上海支部堤理事阁下

佐佐木委员长

据9月8日贵书(12日寄到)、9月9日贵电及9月16日贵电及最近回国的鸟羽、胜田两位的说明,大体了解贵支部所欲执行的本次扩大减产至五成之问题。

正如我方会员所了解的,兴亚院方面已知悉军方的意向,他们的意见即在华纺织企业不得不限制生产来满足军方的要求,故而上海支部做出"将以往减产三成扩大至五成"的决定。

然而勿庸多言,减产五成对于工厂经营者而言乃相当重大之问题,正如贵信所言,当然会导致工厂管理、财政等方面出现诸多问题,可以推知,其妥善处理必须花费诸多苦心。

然而诸如16日贵电中之第四项(伊资金)及第五项(碎棉问题),虽然乃必然碰撞之问题,然而如今将之直接提出,唯恐本会本

欲协助军部方针之态度，乃被误解为动机不纯，故18日如本部发电所示，即如此问题视今后之实际情况，遇到阻力时再行交涉不迟。

然而昨夜堀内公使欢送会上，各社代表汇合之后，根据寄至各社之报告，贵地会员各位关于实行减产之方法、意见乃至方针仍各有议论，故将一同协议之结果今晨如下发电于各位：

> 为使各位了解减产形式，故标榜减产五成，以停止夜班、生产半减为目标而推进。此际种种技术上的工作唯恐招致世人之误解，故望极力回避（委员长）。

在实际管理工厂之时，虽然可考虑采用诸多手段方法，然而原本本次扩大减产，并非单单发端于纺织自身的利害问题，乃事关大局、顺应国策的一种"姿态"，且作为对于军方所企图的政策之实践，不如以如下电文般采取使任何人都易于明了之方法，乃此际最为必要之态度，坚信此际应极力回避玩弄各种技巧。

如上为大阪本部所坚信者，希望贵处得以妥善处理之。

（十）致上海支部电（至急暗号）

1940年9月25日

昨日附关于减产实施方法之贵电，本人委员会协商之结果，赞成贵处方案。详情可向今日归任之立川氏咨询。

附：

遂纺织界一齐跃起，为军票工作而协助
今日坚决将棉纱布以军票价格向市场放出

在沪各纺织工厂已进行长期减产，而且滞货也日渐积累增加,一周增加滞货约三千捆(根据八月中旬之调查)。然而如此状况下,华人企业、欧美企业,除浦东之伦昌牌棉布工厂之外,几乎一律都坚持将减产率提高至50%。不仅因日商纱厂被禁止向重庆方面输出棉产品而导致自身滞货增加,且日本在华纺织企业基于某个重大决定,坚决执行五成减产计划。

一直以来,纺织企业为当地日本商权中最为强大者。根据其生产机构之特殊性,乃是对于军票工作最值依赖的协助力量。从此角度可见,如物资动员计划中煤炭之配给方面,特别是销售于纺织企业时,当地当局乃是以外国煤炭之市价对待。如此处理方式必然使纺织企业利弊参半(?)。然而本次坚决禁止物资向非占领区内流出,将以往沉着应对之纺织企业的优势粉碎。以本次提高减产率为契机,迄今的繁盛景象一去不返,而要对军票工作进行积极协助。

所谓纺织企业对军票工作的积极协助,即考虑到当地纺织业的特殊性,多年当局坚决要求执行的将尚未触及的棉纱布通过军票形式向市场放出之策略。虽说市况不佳,纺织企业的产量若以军票来表示,乃是其他日圆系物资远远不及的庞大金额。故而万一全面执行这一策略,"军票经济圈"之成立将不仅仅为一理想耳。总之,纺织企业以军票的形式将产品向市场售出,必然可见乃是对军票工作添加千钧之力。然从迄今之所见这一策略,一般人大概都会指出不可能以军票销售吧。而且将从法币物价转向军票物价之际,中外纺织将采取如何态度? 对之应对之道又如何? 因尚存各种疑问,故而对此无法直接相信吧。既然难以对之相信,则关于这一巨大变动,我们向在华纺织企业的堤孝氏咨询了各种情况,其所言如下。

军票销售为可能,在华纺织企业堤氏强调决心

前日军票达到73日圆高涨之际,纺织企业并未对当局的市场操作有所协助。如世人所想,这是否关系到纺织之名誉问题,本人对此一概不了解。然而最近若不通过军票形式,则无法售出一切棉纱布,乃是事实。恐怕此际,中外之人并不会追从之,如果坚决执行,则必须有所心理准备,当月恐怕只能卖出一千俵左右。然而若采取不以军票结算就不向市场放出之态度,则中外商人也就没有可供采购之产品而不得不软化服从吧。

纺织企业与西南、西北内地之间的物资交流问题的确令人头痛。然而停止以军票形式销售货物,例如即使减产50%,滞货累积仍将继续。为了贯彻圣战必须采取付出一切牺牲,只能专心将迄今业者认为不可能之军票销售变为可能。

目前还不能明言,已至能够转换成军票形式销售之时期。而中外之人将采取如何之动向?产生何种问题?当我军在策略上采取从管理资敌行为转换为严格审批运入内地之许可等之际,压倒我方之好戏并不会上演。本次纺织界之反动,不如说相反以此为契机,将迄今视为不可能之策略,逐渐使其成为可能。

(十一)关于减产实施方法之协议

1940年9月24日
上海会员各社
代表者阁下

在华日本纺织同业会
上海支部

拜启。关于陈者首题之件,今日举办之地三十六回会议席上

协议之结果,按另件之与协议相关者,贵社过去一年(去年9月至今年8月)每月棉纱产量(本工厂与委任工厂分别),请另纸列出后,将之回寄我方。

附:

减产实施方法协议

1940年9月23日

在华日本纺织同业会

上海支部

为了将产量减半,通过协议,将本工厂与委任工厂按如下方法实施。

一、10月1日以后

1. 增加休息日

周六周日两日昼夜班均休　减产率23%

2. 精纺纱锭停机(实装枚数之35%)　减产率27%

合计　减产率50%

二、12月1日以后

夜班废止,专营昼班。

然11月中旬再行商议。

三、报告产量

各社将去年9月至今年8月十二个月间每月售出棉纱、原产棉纱之平均半额向同业会报告。

(十二)致佐佐木委员长电

1940年9月24日下午2时

大阪本部

致佐佐木委员长电(全部暗号)

本院20日附贵信已阅。在昨日会谈上,决定减产方法如下。

一、为实现产量减半之目标,自10月1日后增加休息日(周六周日昼夜班全停)及停机37%,仅生产以往一年间每月平均产量之半额(不分支数,按总额计算)。

二、12月以后周日全部停业、废止夜班,11月中旬再行商议。夜班废除需要清理大量职工,清理期间以两个月为充裕,采取并不急切的处理方针,本日召开东部、西部人事股会议。敬请了解。

堤(孝)。

(十三) 关于与军当局之会谈(报告)

辰第五四号
1940年9月24日
佐佐木委员长阁下

在华日本纺织同业会
堤孝

昨日23日(周一)下午三时减产会议结束后,与陆军省军务局景山主计中佐①、上海军票物资组合小堀主计中尉于俱乐部会谈,出席者如下:

胜田(大康)、江岛(同兴)、山田(公大)、荒川(内外)、友永(日华)、野田(上纺)、檀(东华)、三好(丰田)、若尾(裕丰),景山少佐乃军务局负责贸易、金融、工业方面的主任。他首先提出:

一、说明军务局中分担的事项。

---

① 根据下文史料,此处应为景山少佐。"中佐"恐为笔误。

二、今日希望听取当地纺织业者毫无保留的意见。虽然被告知希望了解我方意见,然而我们也表达了今日聚会于此希望了解日本当局意向的态度。

三、再次希望我方能够开口以便于展开进一步的会谈。于是我尝试打开话题,问及日本当局对于在华纺织企业之存在究竟作如何考虑,目前听闻有宁可将在华纺织企业全面取缔之说法,如今战时状态下在华纺织企业需要对此问题作认真思考等。

四、如伊资金,现在不如说已无用,相反军方不得不勉强发行大量军票,虽然对于当地日军而言颇为有利,但从日本总体立场而言又该如何看待?于是双方以此问题为中心彼此交换了意见,主要涉及:

1. 因为1圆的通货获得了相当于4圆的价值,故而考虑将其差额的3圆作为国债并作捐款处理。

2. 希望将来在华纺织企业也能如同日本国内企业般交税。

五、需要控制对海外的出口。

这一点若从日本军政当局看,原棉费用与出口产品的差额乃利润与工资。在日本则国家可以获益。当在华纺织企业出口时,仅仅企业其自身获利。工资流入中国,即加强了蒋介石政权的法币。而且在华纺织企业之产品挤占了日本国内纺织产品的海外市场。

对之,我们认为,若我方产品不出口,则中英商人纱厂的产品也会出口,而对方回复,此亦无可奈何之事。

六、现在,日本国内存在大量难以向海外出售的棉产品,由此失去一些利润,然而目前还没有对之获利的方法。

七、然而在华纺织企业的产品一旦流向市场,就自然会流向敌地。眼下正在考虑如何对之完全防止,然而若要完全防止流出,则除将在华纺织企业生产停工之外别无他法。而将在华纺织企业停工,将日本国内的产品运往中国,则结果大同小异。对此虽未能听到明确的意见,然而在华纺织企业的问题乃战时非常时期的产物。国内产品在日本遭遇困境,此乃现实的问题。从此角度考虑,可以推知,与其将在华纺织企业视为问题,不如将滞库棉布与军票回收作为主要问题。

八、下一个问题,即在华纺织企业的产品在运出之际,如何不流入敌方地区的问题。大批量的流入或许能够防止,而分散性地流入该如何处置?此乃重大问题。即便是所谓的大批量,现在限于香港、仰光,通过第三国的活动也无法防止流入。而分散性流入则出乎意外之多,故而需要采取方法进行限制。迄今十万俵中,约有五万俵需要如此处理。现在的流入方式极为隐秘,需要业者立即采取对策。

九、如伊资金,若允许将军票圆与日本金圆等价向国内汇款,令人感到意外的是,这仅仅是在华纺织企业与军方之间的问题。当然其中另有理由,也有其必要性。然而不为今日之时代所允许,在华纺织企业需要对之加以思考,故而稍稍给予好意之忠告。

十、我们作为派出者,大体了解景山所指出的要点,因事关重大,景山提出希望一定与大阪的主脑们商谈。该氏近期将回国,顺便访问大阪。

十一、事态终归为事态,因不能充分传达意思,与景山氏以白纸形式万事预先听取其意见。

(十四) 关于景山中佐之事项

1940 年 9 月 27 日

发电致上海支部

景山少佐有重要事项需要恳谈,请尽快通知各社。

委员长。

(十五) 关于再次与○○少佐之会谈①

辰第五八号
1940年10月6日
抄—上海各社
佐佐木委员长

在华日本纺织同业会
理事堤孝

拜启。陈者关于昨5日首题之件,进行如下会谈。

委员会社友永(日华)、檀(东华)、若尾(裕丰)

委员长会社胜田、荒川(内外棉)

如9月28日所附(辰第五七号)所提到的,上海方面一切交由大阪方面决断。在正式提出之前,也请贵方参考我方之考虑。我方以委员会社为中心,交换意见,其提交报告内容如下。立川、胜田两氏从国内归来,黑田氏8日乘坐大洋丸前往大阪,其期望出席此次会议,亦可直接听取黑田氏关于我方之意向。

第一方案 对于今后投入之伊资金。

1. 如大康、内外棉于国内缴纳税金之会社,以伊资金之半买进国债。

2. 并不在国内缴纳税金之会社,将伊资金之四分之一买进国债,伊资金之四分之一作为捐款(各社都将伊资金视为收入)。

大康纱厂一年伊资金为2 920 000元

内外棉纱厂一年伊资金 为8 400 000元

---

① 此处○○,应为"景山"。

其一半为 5 660 000 元,用以买进国债

其他七家会社一年伊资金 24 680 000 元

四分之一为 6 170 000 元买进国债

四分之一为 6 170 000 元作为捐款

合计　　国债(0.7 圆)8 281 000 圆

　　　　捐款(0.7 圆)4 319 000 圆

合计　 12 600 000 圆

第二方案　全部捐款

上海方面将军票 1 000 万圆通过当局机构作为捐款,但月支付 100 万圆,共支付 10 个月。

本方案之重点在于使当地陆海军及其他相关当局了解我方之立场,将捐款用途及其他名义完全交由当局处理。

按此层意义,需要考虑一千万圆是否适当,及此方法是否能够实现我方之目标。

第三方案

1. 以伊资金买进国债,比如每月定额为 100 万圆。

2. 将伊资金之余额按各社之立场加以考量,适当作为捐款(以国内缴纳多额之会社与并非如此之会社区分)。

第四方案

以伊资金之半额买进国债(若为半额,则将军票视为汇价 6 便士处理)。

(根据法币的对外价值与对军票的行情,考虑买进国债的份额)

要言之,若通过与○○少佐之谈话来判断,考虑内地各方面之情况,非常有必要采取一些行动,尽快将合适意见统一。然而目前并不能征询到东京中央的真正意向,此最为遗憾。若委员长采取何种方法能够了解之,我们自身也易于发现适合有效之方法。有

意见认为,委员长前往东京大藏省,征询其意向,也不失为一策略。

当地大藏省当局委婉地从小生处寻求意见,究竟如何则预定明日相商,一有所了解即告知。

此外有意见认为,第二方案及第四方案需要再作考虑。

以上罗列特别委员会之意见,以供委员长参考。另以上各方案于下回例会(9日)披露之后,若有其他方案,再行告知。

此外,关于设立调整费方案,内地汇款以外币形式方案等,也进行过讨论,主要将重点置于是否有助于当地工作,又是否还有其他方法可供考虑者,各社内部也有疑问。此诚复杂问题也。

(十六) 致上海支部电文

1940年10月7日

虽然并无来自景山氏的任何讯息,我处已召开两三次委员会,此外本日也于特别委员会上进行种种协商。首先贵地出现此种话题,难以判明其氛围,故而处于难以制定对策之状态。因此待阁下来大阪时详细相询,期盼阁下尽快回国。

委员长。

附:

1940年10月10日　上海支部来电(暗号)

7日附贵电所见,本日会议之结果,景山氏谈话之真意,暂时难以判断,故而通过与兴亚院岛田局长之斡旋,拜会南京总军,兼报告减产状况,征询军方意向,决定与委员会社代表同伴10月12日出发,当然尚无法期待能否充分征询,首先敝人东上,也请贵方极力打听中央当局意向。

堤(孝)。

（十七）关于在华纱厂的立场

1940年10月14日　上海支部来电，附《在华纱厂的立场》。①

某在华纱厂要人对军方挑衅论的意见：

一、在华纺织企业存在可否论

二、伊资金无用论

1. 所谓"一元"等于"四元"之说

2. 难道不应将内地汇款的1/4保留于社内，3/4充作购买公债？

3. 在最近的将来与日本国内一样缴税。

三、海外出口不可论

1. 在日本，出口价格与原棉费用相减之差额，剩余即工资与利润。

2. 然而在华纺织企业的情况，仅剩余利润，工资则流入中方。

3. 在华纺织企业产品挤压了日本内地纺织品的海外市场，强化了法币、援助了蒋政权之说。

4. 日本内地存在难以通过出口牟利的棉产品滞货，如今无法将之卖出获得资金，故只好向中国出口以充作回收军票的物资，故应减少在华纺织企业的生产。

5. 即使在华纺织企业休业，只要英、华人纺织继续生产，其休业便无意义。

6. 即使在华纺织企业休业，将日本货出口至中国，结果也无太大的差异。

---

① 该文作者不明，疑为日本在华纺织企业联合会理事村山高。

一、在华纱厂应否存在论

要否定在华纺织企业的存在,大概有这些理由:

(1) 在华纺织企业在当地消耗了大量棉花,从而使日本内地获得棉花日益困难。

(2) 如某要人所言,在华纺织企业产品流入敌地(非占领区域)是不被允许的。

从当地收购棉花也罢,产品流入敌地也好,都不过是一时现象,只要自身采取适当的对策处理之,未必能成为彻底否定在华纺织企业存在的因素。在这里我想不厌其烦地陈述在华纺织企业的功绩:

在华纺织企业乃我方在政治、经济上利益扩张的根基。不言而喻,在华纺织企业渴望的是经济上的扩张,从伊始便并无政治上发展的意图,然具体探讨近十数年来的发展史,在与第三国的对抗上,经济权益也可视为政治权益,如何使我日本获得有有力的发言权,单从这点来看,在华纺织企业即不能袖手旁观以充矜持,然今以一时之现象云其存在价值,在华纺织企业的立场恰如一家庭中不仅已丧失活动能力且每日白食的老人,在节约粮食的时节,或者对其存在抱以非议。在华纺织企业使用华人职工,故只要在华纺织企业发展,日本的纺织劳动者则会丧失工作,此说暂且听来十分合理,连一些相当有见识者,也易陷入此谬见。仅从劳动者的角度来看,只要在华纺织企业发展扩张,的确日本的劳动者将失去工作机会。然而上海支部会员会社雇佣的劳工约 6 万人,若以其支付工资为每月平均 16 元(法币)来算,每月领取 96 万元,一年即为 1 152 万元。工人一月收入 16 元乃可支持一家平均四口人 20% 的生活费用。(如今乃非常状态下,生活费约增加一倍)。

上海侨居的日本人,事变前据说达 3 万人,即使说他们直接或间接依存于在华纺织企业,也非过言。曾经在1925年"五卅事件"之际,上海在华纺织企业不得已全部关闭半载,当时虹口这边的日本人商业街为此已受很大打击,都渴望工厂迅速复工,这些足为在华日侨依存于在华纺织企业的明证。

不用说,在华同胞绝非依靠每月16元程度的收入才得以生活的阶层,在华纺织企业在中国的扩张,或许对于日本内地纺织工人而言夺取了其就业的机会,却可谓给予了其他阶层得以生活的道路。要言之,虽夺走了甲的岗位,却给了乙、丙充分的工作机会。如此现象在青岛、天津也是如此,若从这些城市中撤去在华纺织企业,则日本人还能留下怎样的痕迹呢?

主要来说,在华纺织企业不仅是日本人发展的根基,其虽未给予(本国)纺织劳工岗位,却使多数的同胞能够安居乐业,正可谓起到一石二鸟的效果。

长年拮据经营而带来今天的强大兴盛,若我们日本人全无扩张,今日的中国纺织界将是何等景象?恐怕且不论华人,其他国人也接踵而侵入中国乎?今日日本人纺织与外人纺织的地位或将颠倒。

如此想来,我在华纺织企业的功绩实乃伟大,相信此未必为自夸自赞。

二、伊资金无用论

因伊资金现已无必要,故可立即废止。(伊资金)不需要无限期存在下去,作为在华纺织企业仅仅是出于协助军方计,目前为止已忍受了相当的牺牲,故也有这样想法。

若废除之,则以四便士、三便士半之货币(法币)换得一先令二便士的日圆,而谋取不当利益之说自可不攻自破。原本不是存在在华纺织企业的全部利益来自伊资金账户的误解吗?以一个月三百万元法币获取军票计算,按照昨日的行情不过为210万元,一年也不过2520万元,若其中四分之三为不当所得,则也不过为1890万元。

上海支部会员的全部投资额纱锭一枚为150元(固定资产和流动资产),总共折算约2亿元,1890万元对于2亿而言,不到10%。故而称在华纺织企业的利益,全部来自伊资金之说甚为牵强附会。

三、汇款的3/4作为接受公债之说难以成立

只要伊资金存在,在华纺织企业即可从其B账户中取得军票,并向日本汇款,此汇款的3/4若是充当购买公债,则假定1000万元汇款,其中3/4即750万元应作为购买公债的资金。然而这一设想基本不可能实现。理由如下:

1. 汇款中的九成,都有相当重要之用途,绝非游资。提出3/4收购公债说的人认为,利润即剩余资本＝无所用途的游资。

2. 虽然的确存在利润,但需要征收法人税。

3. 对于法人需缴纳很高的法人税(若利益达900万元,则法人税即达423万元),若支付3/4购买公债,则无法支付该税与股东红利。①

对超过这一范围的要求,实行则极为勉强。在华纺织企业在无论怎样的情况下都愿与军方合作,身殉国策,决无丝毫吝惜,然对于单单一时付出之贡献与长期付出之贡献,自身(与当局)存在着不同的方法与手段来实现之,即便是在华纺织企业也希望当局认同其"生存之路"。

四、出口不可论

上海支部在华纺织企业100万枚纱锭所生产的产品中,究竟

---

① 注:作者提出一妥协方案,即将取出法人税后的利润再去除股东红利与各项经费,最后所有剩余全部购买公债。

有多少比例的产品是用来出口呢？大概还不到一半。即便退一步而言，达到一半也不过65万枚纱锭的产量而已。

若视日本国内纱厂1 200万枚中的半数600万枚用以制造出口品的话，65万枚不过为其十分之一而已。相对一百俵的产量，不过居十俵或十一俵而已。所谓"荒废"之说，是否过于夸张？

从过去的例子来看，在华纺织企业产品以输入中国内地为宗旨，事实上内地也因棉产品不足而极易消化这些产品，故向海外出口的极少，偶尔也有出口的话，也是因为排斥日货，在内地需求完全杜绝时，不得已而为之，决非是为了获得利益，而偏好出口之途。

如今海外市场日本产品不振之原因，难道不正是因为其是日本品而被拒之门外吗？在华纺织企业中有的是在本国有母公司的子公司，即便表面上在上海有母公司的，也绝非第三国资本，正是因为"日本制造"难以出口，所以"中国制造"的日本产品才受到欢迎，不如说奖励其进一步出口不是更好？结果当然是为母国获得更多的外汇。

对于断定在华纺织企业的存在乃强化法币之说，我完全不能同意。……从在华纺织企业的立场来看，在华纺织企业的确获得了外汇，二亿元中有几个百分点作为工资以法币支付，因而二亿元的利润中，即使仅仅减去工资，作为支付给华人的法币在外资金，也绝没有剩余。换言之，作为日本企业，在华纺织企业仍将二亿元的在外资金全部留在了日本人的手中。总之，虽然在华纺织企业拥有二亿元的外汇，其中的若干需直接取出换成法币而消费掉，这即便是强化了法币，也并非是援蒋行为。

五、在华纺织企业能助打倒蒋政权一臂之力

笔者曾说明过支付于中国工人的工资为年额1 152万元，其中月额为96万元。若换一个视角来调查一下中国的外棉进口量：

昭和十四年(1939年)1月至12月　中国进口的外棉　约400万担

昭和十五年(1940年)1月至7月　约280万担

合计19个月的进口量　680万担

若一担200元平均来算,达13.6亿元。原本这相当于13.6亿元法币的原棉也并非仅仅由在华纺织企业所消费,但可以说大部分是由在华纺织企业所消费的。假如说消费了八成,即10.8余亿元的话,仅这一项,在华纺织企业即消耗了蒋介石政权在国统区以外的大量资金。如以支付给中国人工资1 152万元为"罪",而对打倒蒋介石政权有所帮助的消耗其在外法币十亿余法币为"功"的话,其"功"当然不言而喻,这是具有重要意义的。

六、在日本通过黄金采购来的棉产品出现滞货,如今更无将之换成黄金的手段

中国人对"日本制造"敬而远之,而"中国制造"或许能够出口,此乃诚然不幸之事态,故除将日本棉产品带至中国充作军票回收物资外别无他法,故要求在华纺织企业减产。

但在华纺织企业对于究竟是何品种货物造成了滞货,尚一无所知,故难以对此加以讨论。原本很多产品针对第三国出口而非中国。各国因风俗、兴趣不同,需求各异。去年以来,喧哗一时涌向中国市场的棉制品尚未售出,结果大量滞留在中国,可谓殷鉴不远。

中国人的嗜好、兴趣,除中国人外,在华纺织企业最有心得,故能生产出适合中国市场的产品,即使确信最能辨识中国人嗜好、兴趣而生产的在华纺织企业,如今其产品也难以售出。所谓被抵制的日货,其实是从日本进口来的棉产品,原本就并非面向中国人,且其作为日货受到抵制,谁又能预料?日货出口至中国同样也会

成为援蒋行为,因为这些物资同样也会流入非占领区(这谁也不能保证)。

在华纺织企业只要事关国策,无论如何都会顺从,半歇业也好,全歇业也罢,皆可遵命。乘着日本人的疲敝,中国人与外国人的事业却得以发展,那么苦心经营至今的日本人的地盘就会被彻底颠覆,这正是吾辈恐惧之所在。另外,从日本运来之货物,在运费及其他各项费用上,不言而喻,也将比原价来得高。

七、在华纺织企业的将来会因通货不稳而内藏危机

如今在华中方面,军票和法币作为通货共同流通,但这两种通货因没有长期性,若时机来临,均会面临被新通货所替换之命运,此乃常识。法币昨日在三便士半上下,而军票大约在五便士左右,将来新通货出现的话,这两种通货与之兑换价值如何落定,尚是问题所在。

在华纺织企业各社手中拥有的原棉及产品,至今主要以法币交易,故将军票暂行搁置。法币对新通货的兑换存在市场走高走低之情况,从而导致各种利害,且最近产品因滞货出现未曾有之膨胀,故兑换之,必然出现难以想象的庞大金额。

从常识来看,这也不过是明面上的损失,也非可以期待的利润,因通货不稳定而导致的危机,也即指此。

虽然也有人理解,在华纺织企业自这次事变发生以来牟取了巨额利润,他们并未考虑通货不稳定的情况。即便今日清算一切,解散在华纺织企业,只要事变没有结束,不安始终是不安,它仍旧会持续下去。所谓"赚钱"、"赚钱"的喧哗,越至最后关头,其结果只能越出乎意料。在华纺织企业只要以博取利润为方针,就极可能看到飞至而来的悲剧。

要言之,威胁终究是威胁,决定在华纺织企业命运最后的日子

不也渐渐临近了吗?

(十八)关于减工问题

会员第一八六号

1940 年 10 月 19 日

在华日本纺织同业会
大阪本部

会员各位

拜启。从上海分部发来"减工问题"如下之电报,请阅览。本日例会协议如下。

  1. 东部各社自 11 月 4 日起仅实行昼班。

  2. 迄今因增加停机,变更为六昼夜运转。

  3. 西部各会社目前六昼夜运转。

关于废除夜班则另行商议。尽可能一起废除夜班,有特殊情况则另行决定。

(十九)关于影山少佐之问题

辰第六二号

1940 年 10 月 17 日

在华日本纺织同业会
理事堤孝

前件拜启,与相马财务官面谈,征询关于本件非公开的意见,了解该氏之意向,报告如下。

  1. 影山少佐的意见是否为军方全部之意见?

军中一部分人有如此之氛围，然而并未形成所谓之意见。此外，影山氏的意见恐怕反映了军部一部分人的态度，但应看作这是他个人的意见吧？尤其是关于伊资金，他的意见完全与当地军部的意见不同。

2. 军票汇款

如军票与日银券等价汇款，仅限于军人与在华纱厂之说实在可笑，实际上完全无此差别，乃以外币为本位汇款的例子还有很多。作为原则，军票之圆与日银券之圆原本等值，如果加以取缔，而将之视为纱厂利用外币本位进行汇款而彻底实施之，则就将考虑产生新的问题。其中之一，即日本政府将下定决心将军票与日银券等值脱离。

3. 伊资金

所谓伊资金作为协助军票工作之工具，诚然相当不错。随着金额不断增加，军部认为纱厂每月应稳定提供300万元之巨额款项。实际上非常困难。对此军人并不明白，时不时要求每月增加至500万、1 000万，如现在之300万元，大藏省方面已经满足而一部分军人仍报以恶言。尽管伊资金设立当时，军方的意向不过为每月100万元左右，即使有的军人认为的要求300万元也无法实现。如今提出特别伊资金1 000万元的融通方案。这1 000万元正是考虑了这一部分军人的意向，当然是为了能够缓和几分他们的态度。

4. 课税问题

这在军人中是相当强烈的意见。有人认为，纱厂利用战争取得暴利，且向非占领地区出售产品而赚大钱，故而此际必须对之加以重税。令人震惊的是，数日前南京总军参谋古谷中佐来访，商量以在华纺织企业为中心，上海商社能否每年缴纳1亿圆的税金。

考虑仅在华纺织企业每年缴纳1000万圆。如内外棉、大康等还在日本纳税,三井及其他主要商社也在国内纳税,故预先说明即使考虑在上海收税,也不会有如军方所设想的那般巨额。

5. 相马氏的意见(个人意见)

在华纺织企业通过伊资金有效地协助军票工作,如何处理取得的军票,本身是第二层面的问题。重要的是尽可能地利用伊资金协助军方,因此需要将赚取的资金全部投入伊资金,然而也有将资本投资于其他方面,或增加资本的意见,这甚为遗憾。若有如此资金,则通过伊资金协助军方,次而将之作为捐款亦不错。主要是资金若充裕,就希望将之尽可能多地投入公债。在华纺织企业根本不需要对军中一部分人的意见感到忧虑,只要认为自己所做之事于国有利即可。所谓税金一事实际并非如此简单,外币本位也同样如此。考虑此中情况,在华纺织企业其自身应为国尽力,因军票贬值、汇兑贬值,其税金负担比之国内纱厂要轻,基此事实,应做进一步考虑。是否能将多余的资金投入公债?因为既有负担税金的会社,也有不负担者,我们则设定调整费,一俟按怎样比例分担为宜。

此外,若前往南京征询,则可能招致尴尬之结果。

(二十)关于相马财务官的意见

1940年10月23日

本社董事

内外棉株式会社上海分店

在本日同业会理例会上,关于与○○少佐的会面问题,堤氏作了大致如下的报告。

堤氏前日拜访当地财务官相马书记官,向其说明了之前与

○○少佐的会谈之概要,对之寻求相马的意见,相马对此则回答如下:

1. ○○少佐的意见应该是其个人意见吧。并不能说代表了○部当局之意见。

2. 纱厂通过伊资金为军票工作作出贡献,而所谓的"伊资金",乃是用于法币在必要的时候换成军票,从而充分实现其任务。而由此产生的军票的去向,或采购公债,或以外汇本位汇款,无需说明。

3. 允许军票与日圆等价汇款,仅仅限于军人与纱厂,此并非事实。不如原则上认为,允许以等值方式汇款,仅是特殊情况。所谓将之以外币本位,或将之全部以外币本位处理,因为与军票的价值维持有着密切联系,绝非简单可以解决的问题。

4. 有人认为在华企业应与国内企业同样纳税,虽然有一定道理,但这并非仅是上海的问题,而且这在法制上也并非容易解决的问题。因此,若纱厂只要做自身认为当做之事,就无需对某某之所言而一一喧哗骚动。

因此,仅限于本日例会,出席者对于先前心存芥蒂的○○少佐问题暂时得以解消。之前堤氏已将此事向本部报告,同业会方面并未将之文字发表,故而不知究竟为何内容,在本部的感受大体如下。

然而,我参加本日例会时听到了如上堤氏的报告,则呆然不知所言。我在本日例会开始之2小时前与相马氏曾有面谈,告知其内外棉会社在国内所负担税金的大致情况,也谈到○○少佐之事。

我所听闻相马氏关于○○少佐的意见与堤氏既述之报告大体相似,其次如下所述:

如今事态并不简单,如○○少佐所言,不能将事情顺利推进。然而说起在华纺织企业对于战时国家经济之贡献,如今伊资金之程度是否充分,则完全是另一问题。如○○少佐所言之意思,期待在华纺织企业对国家战时经济的贡献,乃是军民各方面的常识。提到○○少佐的意见果真是否代表○部,如今尚需进一步确认这样的话,本身说明纺织业者并没有觉醒于时代。若真正对时代有所认识,就不会对以上之事要求确认,而使自发对于国家制定服务方案,向当局提出。若在华纺织企业并不改变今日之状态,以如何之形式服务于国家,吾亦有腹案。然而隐约了解到,同业会已成立特别委员研究此问题,故而吾拭目以待。

堤氏的报告中完全没有此后的部分,这是否弄错了?或者该氏认为"若○○少佐的意见并非○部正式的意见,故而无需谈及此问题",是有意识地作了以上报告,且不论其当否,若该氏对于财务官似乎述说了反对○○少佐意见之意见而过于感激(财务官对于○○少佐之意见并未表示赞同,以我看来也存在理由,无论如何此事乃财务官负责之事项,局外之人不应将此已经研究之事恰似新发现般述说),若该氏因其自身之癖好将问题的关键掩盖,则实在是贻误同仁。

但是,我和财务官的对话不过是私人性质,堤氏的报告可能是正确的。然而从常识来看,这也过于美好了。我将此问题老调重提,希望各位了解以上之信息,希望审议堤氏之报告,以确认其无误。故而暂时提出本报告。

(二十一)关于在华纺织企业协助具体方案的代表会议

1940年11月2日

在华日本纺织同业会

上海分部

日期:1940年11月1日下午2:00—4:00

地点:同业会事务所

出席者:13名

胜田(大康)、立川(同兴)、山田(公大)、胜田、荒川(内外)、森本、安川(日华)、黑田、野田(上海)、檀(东华)、三好(丰田)、菱田(裕丰)、堤(同业会)

姑且仅将提案内容急送,详细情况日后以信件汇报。

第一案

每月军票150万圆作为税金,各社按纱锭比例分担。各社自由将之用于捐款或用以采购国债,然而需从税金负担额中扣除。

理　由

纱厂评价不佳者未必需要介怀。不如说,我们纱厂对此等问题需抱有自己的信念。但是利用低汇率汇款来获取利益,或于此非常时期若不支付税金而获取利益,无论如何都令人不快。且无论国内外识者皆非难在华纱厂的话,相信在华纱厂对此无论何时都会感到羞愧。

故而在问题解决之际,如果不触及这两点的话,问题仍旧得不到解决。然而汇款得益与税金两者不可分割,具有相连的性质。故而将两者一并解决,提出以上方案,然而150万圆是否适当,尚可再做讨论。

第二案

强化纺织同业会各会社资金的管理,将多余的资金全部交由国家使用。

理　由

无论称为捐款或是税金,或以往之伊资金,无非都是将多余资金之一部分供国家使用。此际若进一步摆出将全部多余资金交由国家使用的态度,就能解决所有问题。尤其日本国内经济统制的发展趋势,好像今后分红后的剩余利润将全部作为税金及国债处理。即资本一圆也不许增加,换言之,今后只要资本有所剩余,就将全部采购国债,这已形成趋势。我们在外企业有必要准备与国内的趋势保持步调一致,相反这对会社而言反而更为安全。无论如何,纱厂的业绩因各种环境的变化,最近急剧下降。当局想方设法对会社进行榨取,各社或对之欺瞒,或逃避后隐藏利润,但只要说到纱厂,就被认为是赚钱的工具。只要有这种认识,将来纱厂就会面临被榨干的危险。因此纱厂将全部利润公开,仅仅保留必要的资金,表现出能将全部利润贡献于华中财政之态度。而且在具体实施时,可通过赋予同业会充分调查各家企业的存款及资本运用的权力,再与企业相互协商来确定。

第三案

设立与伊资金并行的另一资金(暂称"乙资金")。

1. 每月投入一定金额(法币)。

2. 本资金的使用方式完全交由财务官。

3. 以国债形式返还。

4. 在纱厂遇到金融危机需要资金借入的情况下,在财务官认为无妨的范围内,接受本资金的融通,及在财务官的许可下,以本资金为担保从银行借入资金。

5. 期间姑且连续,本资金仅与上海分部关联。

理　由

1. 伊资金完全由军方使用,财务官在金融工作上不能使用之。故而本资金与伊资金暂且平行,充作财务官的金融工作资金。

2. 不言而喻,金额当然多多益善。然而如以往继续投入伊资金的话,将多余的金额每月提供于本资金就相当困难。故而本资金的金额定为某个数额,由大阪方面协商决定。暂且预定每月150万元或200万元,在投入之际,将一年划分为四期,各社所持份额以四期为基准,暂且约定投入三个月的分担额来加以融通。

3. 在决定分摊比例时,可如伊资金般操作,按支部会费、纱锭的比例,或按在日本国内纳税的企业与非在日本国内纳税的企业区别对待,制定某种新的方案。

4. 财务官对于纱厂按各自打算将多余资金投入纱厂以外的事业感到遗憾,故而有人认为,应尽可能地将各方面的这类资金统一起来汇集于财务官处,使之服务于国家乃至军方。以此目的,故而考虑提供本资金,姑且作为捐款,或是作为一定数额的公债,以此思路为基础,选择更有效的方法。故而设立这一特别资金,将使用方式交由财务官。

5. 可以预见,对本资金的投入已颇为困难,纱厂手中不能毫无资金留存。虽然他人认为纱厂手中的资金充裕,但实际上纱厂对本资金的投入很难实现。投入暂且投入,必要的时候接受返还,即预先打开一条渠道,可以从本资金借入。若无法连续按约定对之投入,或因各种原因而投入困难,希望财务官也能够充分了解此情形,按我方的希望得到借款。

当然现下从银行借入资金的话,以50万元为限度。希望财务官允许银行给予超过以上限额的贷款。财务官是否认可这一点则另当别论。

6. 公债按本资金的投入与财务官使用上的情况,在适当的时候改为国债,最后全部以国债形式返还(如果以现金返还,也可以)。

7. 期间之设定,尽可能合理。此亦无奈之举。

各会社的赞否情况

第一方案　内外棉

第二方案　内外(内外比起第一方案,更倾向于第二方案)

第三方案　大康、同兴、日华、上纺、东华、裕丰

但是,大康只是在决定分担额之际,要以考虑税金的情况为条件才赞成。

公大、丰田对各方案都持保留态度。

第三方案(由菱田带回之方案)

在华纺织企业上海支部对国策协助方案

相马财务官的提倡如下所示:

1. 除以往每月投入伊资金的300万元之外,为满足国家政策的需要,另向每月财务官提供法币200万元。

2. 本资金在财务官每次接受时可暂且兑换成军票而作为存款。

3. 在事变结束后可以国债或军票返还。

对以上方案表示赞同的会社有上海纺、日华、裕丰、东华、大康、同兴等六家会社,但公大、丰田二家会社持保留态度,关于希望之条件则内外棉主张第二方案。

(二十二)关于日商纱厂协助方案之件

1940年11月4日

佐佐木委员长阁下

在华日本纺织同业会

理事堤孝

拜启陈者,目前之问题在于在华纺织企业对于邦国之协助具体方案,经11月1日会谈、慎重商议,得到三个成案。作为2日附件现行送达。

此外，裕丰菱田、同兴立川两位在参加以上会议之后，于3日乘坐神户丸回京，详细情况可向两位咨询。在以上会议之前，各社必须提出一个方案，其内容如下，以供参考。

A案

一、与伊资金及其他资金暂无任何关系，以日圆1 000万圆采购公债，例如每月100万圆，以10个月为期限。

二、全体在华纺织企业包括在华北的纱厂都对以上方案加以考虑。

三、各社接受的分担比例通过协商决定。不要勉强以纱锭比率来决定。

四、在上海的纱厂则从伊资金B账户中分配此项费用。

B案

一、将日圆1 000万圆在某个期间内作"特殊保留"之用。

二、将此资金购买公债。

三、但不可直接或分步购买公债，而是交由财务官使用于必要之方面。

四、当然，最后通过公债返还，若从时间上而言，可将此资金贷于财务官。

五、然而若手头困难时，则可从财务官处将此资金临时贷于纱厂。

六、希望财务官斡旋，将此资金作为担保，可从银行处借款。

七、此案仅限于上海，而华北另当别论。

C案

一、成立与伊资金平行之另一以500万日圆为限度之资金。

二、将之与伊资金（B账户）中的500万日圆合计，共1 000万日圆为限度，征购公债。

三、公债购入之情况完全交由财务官处理。

四、此为仅限上海分部之工作。

D案

一、不论是否以公债之名，对于国民乃是理所当然之义务。对于采购公债当然并无反对，若考虑将来，此际是否需要以此令他人一目了然之形式？

二、因此，可否兴建建筑（如捐献建设军人会馆、民团厅舍之资金）？

三、向当地军部捐款。

四、公债等问题日后再做考虑？

五、预先准备今后必要时需提供之资金。

E案

一、给予军部的捐款乃至建筑物的捐建，现在并非时机。作为个人自发的捐款捐赠则随意。

二、采购公债虽是日本国民之义务，在华纺织企业并非必须全体协同购入。在上海的纱厂可向同业会提出今后每次发行所应征购的份额。

三、军部、财务官对于纱厂的要求基本上是一致的，即敦促纱厂减产，结果即所谓"上海纱厂的游资集中于一处，以利用之满足国家之需要"，故此际应顺应此种意向，在上海的纺织会社协力筹出此资金，以供当局使用。其筹出方法如下：

1. 此资金暂称"Z资金"。

2. Z资金的第一次目标为1 000万日圆，从11月起至明年3月为止，每月投入军票200万圆。

3. 每月的投入方法以伊资金为标准。

4. 以明年3月为止将负担的金额全部投入，每月的投入额则可增减。

5. 当局在利用 Z 资金剩余的情况下，纱厂可借入其中一部分用于营业，但预计也能获得当局的谅解。

F 案

每月将军票 150 万圆作为税金，各社按纱锭比例分担。是否将之购买国债按各社之自由，但可从税金负担额中扣除。

H 案

设立与伊资金并行之另一资金。

1. 每月将一定金额（法币）投入其中。

2. 本资金的运用交由财务官。

3. 以公债形式返还。

4. 纱厂方面需要资金之情况下，由财务官在无妨碍之范围内反向贷出，或者获得财务官之许可，以本资金担保从银行处借款。

5. 仅限于上海分部，期间尽可能连续。

如上之八项方案，经过协商得出结果：

将 F 案（第一案）、G 案（第二案）、H 案（第三案）等三项方案向委员长提出，大阪将进一步协商研究，以求意见一致。

对于相马财务官提倡方案的希望条件

1. 本资金用于金融用途，当自有资金陷入困难之时，希望财务官能为纱厂从银行及他处借入资金而执适当斡旋之劳。

2. 本资金未必以国债形式返还。（此外大康纱厂有如下附加条件）

3. 希望充分考虑在国内缴纳国税会社的情况。

相马方案赞成者协商之结果

1. 相马方案经华中军经理部及兴亚院第一局协商了解为前提。

2. 本资金的缴纳比例按各社纱锭比例分担。

3. 具体详细的条件与财务官折冲沟通。

4. 关于本资金的使用情况,于一定期限内通知同业会。

5. 本资金的提供完全以在华纺织企业上海分部的名义。

6. 本资金达到一定额度时希望将其一部分以国债形式返还。

(二十三) 送呈关于工资军票支付问题的会议报告之件

1940年11月8日

上海会员各社

代表者　阁下

在华日本纺织同业会

拜启陈者,本月4日举办之关于工资军票支付问题的会议报告以供参考。

关于工资军票支付问题的会议

时间:1940年11月4日(周一)下午1:30—3:00(上海时间)

地点:日本俱乐部二楼

出席者:19名

互杨会:伊藤(大康)、山崎、明里(同兴二)、池尻(公大一)、竹内(上海)、大畑、井上(东华)、木村(丰田—纬通)、池田(裕丰)

绿星会:河渊(同兴一)、中村(公大三)、酒井(公大四)、镰田(内外)、吉富(日华)、足立(东华—鼎鑫)、松本(丰田)

同业会:堤、村井

主要报告及协议事项

一、关于工资军票支付

首先由堤理事报告如下此事。

关于工资军票支付，已预先委托东部互杨会、西部绿星会制定具体方案，29日在拜访南京军当局之际，本问题为其所催促。我回答道，目前工资的三成左右以军票支付，现仍在研究具体方案。最近已到实施之时机，然而若军票直接兑换成法币，这就与协助我军的主旨背离，结果丧失以军票支付工资的意义。为了体现使用军票100%的效果，有必要考虑用军票采购必要的物资，如大米等。我需要说明的是，目前仍有相当的困难。然而军方认为，目前军队对大米多有囤积，可按需要以市场价格为标准，或以适当的价格（比市价几分低廉）供给。故军方再次提出要求，希望酌情处理。

今年春，以部分工资使用军票支付为条件而获得了军米。尽管如此，仍受到若不以军票支付工资，即心怀不端之责难。我方说明，当时部分工资以军票支付，在小额纸币的调入、军票价值维持工作上都存在各种困难，故而不能立即实施。在还没有具体方案之前，（若贸然实施）将立即导致工人所需白米的短缺，作为紧急应对之策，首先应供给军米。很明确，我方毫无欺瞒军当局之意图。

于此报告之后，经过种种协商，军当局认为，工银军票支付问题与工人所需白米之提供具有关联性。双方一致认为，此际应考虑其他方案。于是关于军票支付决定如下，向代表者会议提出。

1. 工资三成左右以军票支付。
2. 准备可供以军票采购的物资，或使之可兑换法币。

3. 汇率按横滨正金银行之汇率,采用离工资支付日最近日之汇率。

4. 自11月16日以后之支付开始实施。

5. 11月15日各社一齐公表。

在向军方陈情之前,暂且在工资所支付军票额的范围内,通过互杨会、绿星会向同业会提出各社所希望白米之数量。

二、关于夜班废止实施之情况

关于本件各社之报告,从本日(11月4日)停止夜班的工厂如下所示:

大康　本工厂、恒丰工厂

同兴　第一工厂、第二工厂、大丰工厂

公大　第一工厂、第二工厂

内外　第二工厂(与纺织共同)、第三、四、五、六、八工厂、苏纶工厂

日华　曹家渡工厂、喜和工厂、恒大工厂(8月10日)

上海　本工厂、申新第六

东华　本工厂、仁德

丰田　纬通工厂、嘉丰工厂(10月1日)

裕丰　本工厂、申新五、上海印染

三、10月末工人状态报告之件

按照所定格式之报告,特别附记工人的转职状态。兴亚院华中联络部政务局暗中派遣华人密探调查失业工人的行踪。

四、11月11日休业之件

为了祝贺皇纪2600年,10月31日举办第四十三次代表大会,在会上决定于11月11日休业。虽可以日后之假日替

换,然而互杨会、绿星会认为,目前可将11月11日作为特别假日,而不必将之与星期日替换,并将此意见向代表大会提出。

五、杂件

与上海中华水陆杠驳有限公司交换关于失业工人转职情况的情报。

(二十四) 关于吕资金

1940年12月7日
上海分部
堤理事　阁下

大阪总部

本日首先电报联络。经本日委员会慎重审议之结果,认为应对部分内容进行修改。修改内容另附纸,请妥善处理。详情将由立川告知。

吕资金设定方案

与伊资金并行,为了能够更好体现协助国策之主旨,按如下要领设置吕资金。

一、在华纺织企业上海分部各社(共九社)提供法币1 000万元,每月法币200万元,共5个月筹出。

二、本资金在财务官与军方及兴亚院协商之后,主要运用于汇兑平衡资金。

三、本金每月分三次(逢七之日)分批支付,视其情况替换成军票。在本资金1 000万元支付完毕之时,关于最后清算之方式,由财务官与在华纺织之间协商解决。

四、纱厂方面在资金出现困难之时,可从本资金中寻求融通,或通过财务官斡旋从银行处获得特别的融资。

五、本资金的筹措按分部会费纱锭比例进行。

了解事项

1. 在本资金达到 1 000 万元时,开始协商最后的处理方案。比如一部分作为国债,一部分于限定某个期限内由财务官使用,或在清算之后再行清账。

2. 获取本资金每月运用状况的报告。

3. 在将本资金转用为汇兑平衡资金以外用途时,应预先与纱厂方面协商。

对于修改的说明

吕资金设定方案本部修改案

第一条 如原文。

第二条 如11月28日所附原文修改。

其理由在于12月2日贵案"完全交由当局处理",而当局的意图尚不明了,其责任也无法明确。故而有意见认为,可将之用途改为"主要作为汇兑平衡资金"。

第三条 有意见认为,最后的处理方案为"当局与纱厂"之间,应如28日所附原案修改为"财务官与纱厂"之间,可将我方的交涉对象彻底确定为财务官,以明确其责任。

第四条 如原文。

第五条 如原文。

(此外,原案第六条已在修改案之文首明示,故而自然删除)

了解事项

1. 12月2日所附原案之第1项,在修改案的第三条中明示替换成军票,故而"无需如伊资金般返还"这层意思在修改案的第 1 项文中已明了,无需特别说明,故而删除。故将原案第 2 项作为修改案的第 1 项。

2. 将原文第 3 项补入第 2 项。

3. 本文第 2 条主要明确作为平衡资金使用之主旨,而将 11 月 28 日所附原案之第 3 项转记于此,尽可能回避"平衡资金以外之使用"的说法,在不得已的情况下应预先协商。因此 12 月 2 日所附第 2 项之"作为固定资金使用",也不宜使用。此外,尽管要有"损益均由纱厂承担"的心理准备,然而在产生利益的情况下日商纱厂丝毫没有此私意,故而本文亦将之删除,于此特记。

(二十五) 关于作为协助方案的特别资金

1940 年 12 月 2 日
佐佐木委员长阁下

在华日本纺织同业会
理事堤孝

关于 11 月 28 日所附特别资金设定方案,本日与相马再度协商。结果如下所示,本件抵达之后,请以电报确认。在得到确认之后,财务官将正式与军方及兴亚院协商决定本件。

1940 年 12 月 2 日

特别资金(设定方案)

与伊资金并行,为了能够更好体现协助国策之主旨,按如下要领提供资金。

一、在华纺织企业上海分部各社(共九社)于 1940 年 12

以后每月提供法币 200 万元，共计提供 5 个月（总计 1 000 万元）。

二、本资金的运用完全交由当局处理。

三、本金每月分三次（逢七之日）支付，当本资金 1 000 万元支付完毕之时，最后清算之方式由当局与在华纺织企业之间协商解决。

四、纱厂方面在资金出现不足之时可从本资金中寻求融通，或通过财务官斡旋从银行处获得特别融资。

五、本资金的筹措按分部会费纱锭比例进行。

六、本资金称为"吕资金"。

了解事项

1. 本资金在支付时可以换算成军票，而无需如伊资金般返还。

2. 本资金完全交由当局保管运用，其运用之损益完全由纱厂负担。在本资金达到 1 000 万元时，开始协商最后的处理方案。比如一部分作为国债，一部分于限定某个期限内分担使用，也可考虑投入新的资金中，但本资金将暂时被清算。

3. 获得本资金每月运用状况的报告。

4. 在将本资金作为固定资金使用的情况下，应预先与纱厂方面协商。

参考文献

一、中文文献

1. 著作

国民出版社编:《中日货币战》,金华:国民出版社,1939年。

马寅初:《中日货币战》,重庆:独立出版社,1939年。

华而实:《五年来的中日货币战争》,叶县:三一出版社,1942年。

吉林省金融研究所编:《伪满洲中央银行史料》,长春:吉林人民出版社,1984年。

中国近代经济史丛书编委会编:《中国近代经济史研究资料》(10),上海:上海社会科学院出版社,1990年。

重庆市档案馆、重庆市人民银行金融研究所编:《四联总处史料》(上),北京:档案出版社,1993年。

戴建兵:《金钱与抗日战争:抗战时期的货币》,桂林:广西师范大学出版社,1995年。

"冈崎嘉平太传"刊行会编:《信为经,爱为纬——冈崎嘉平太传》,吕永和等译,北京:中国社会科学出版社,1995年。

中国银行行史编辑委员会编:《中国银行行史(1912—1949年)》,北京:中国金融出版社,1995年。

中国抗日战争史学会、中国人民抗日战争纪念馆:《日本对华北经济的掠夺与统制》,北京:北京出版社,1995年。

林美莉:《抗战时期的货币战争》,台北:台湾师范大学历史研究所,1996年。

居之芬:《日本在华北经济统制掠夺史》,天津:天津古籍出版社,1997年。

浅田乔二等著、袁愈佺译:《1937—1945日本在中国沦陷区的经济掠夺》,上海:复旦大学出版社,1997年。

蔡德金编注:《周佛海日记全编》,北京:中国文联出版社,2003年。

中央档案馆等编:《华北经济掠夺》,北京:中华书局,2004年。

黄美真主编:《日伪对华中沦陷区经济的掠夺与统制》,北京:社会科学文献出版社,2005年。

曲振涛、张新知:《外国货币侵华与掠夺史论1845—1949》,北京:中国财政经济出版社,2007年。

朱佩禧:《寄生与共生:汪伪中央储备银行研究》,上海:复旦大学出版社,2009年。

鲁道夫·希法亭著、李琼译:《金融资本》,北京:华夏出版社,2013年。

上海市档案馆编:《日本侵略上海史料汇编》(下),上海:上海人民出版社,2015年。

戴建兵:《金钱与抗日战争:隐藏在硝烟背后的货币之战》,北京:人民文学出版社,2017年。

阿瑟·N·杨格:《抗战外援:1937—1945年的外国援助与中日货币战》,李雯雯译,成都:四川人民出版社,2019年。

特种经济调查处编:《伪中储券之分析》(油印本),[出版地不详],1941年,上海图书馆藏,无页码。

2. 论文

曾凌:《中华人民共和国的货币制度的优越性》,《中国金融》1955年第5期。

陈建智:《抗日战争时期国民政府对日伪的货币金融战》,《近代史研究》

1987年第2期。

魏宏运:《论晋察冀抗日根据地货币的统一》,《近代史研究》1987年第2期。

赵学禹:《抗日战争时期日寇的货币侵略》,《武汉大学学报》(社会科学版)1989年第2期。

柴田善雅:《日本帝国主义在中国占领地的金融活动》,单冠初译,《党史研究与教学》1989年第2期。

张利民:《日本华北开发会社资金透析》,《抗日战争研究》1994年第1期。

石磊:《抗战初期的中日货币战》,《档案与史学》1995年第4期。

郭静洲:《华北、华中地区的中日货币战》,《东南文化》1995年第3期。

黎霞:《抗战期间日军在华推行军票史》,《上海金融》1996年第1期。

冯都、王家红:《抗战时期中日的金融争夺战》,《江西社会科学》1996年第2期。

陆伟:《日本在上海和华中地区的货币金融侵略政策》,《党史研究与教学》1998年第4期。

陆伟:《"军配组合"与战时日本在华中的物资统制》,《党史研究与教学》1999年第4期。

曹大臣:《论日本侵华时期的军票政策》,《江海学刊》2001年第6期。

张根福:《汪伪战时体制下的金融统制》,《山东大学学报》(哲学社会科学版)2003年第3期。

齐春风:《抗战时期大后方与沦陷区间的法币流动》,《近代史研究》2003年第5期。

郑海呐:《抗战时期"中国联合准备银行"对华北的金融统制》,《历史教学》2004年第3期。

梁晨:《日本侵华战争中的货币战》,《东岳论丛》2004年第6期。

林晓光、孙辉:《日本军票史考略》,《抗日战争研究》2005年第4期。

王翔:《日本侵占海南期间推行"军票"的过程及其后果》,《抗日战争研究》2007年第1期。

齐春风:《抗战时期大后方与沦陷区间的经济关系》,《中国经济史研究》2008年第4期。

戴建兵、申玉山:《日本对华经济战中被忽视的一面——日本在华公债政策研究(1931—1945)》,《抗日战争研究》2009年第2期。

姚会元:《探研日本侵华战争中的货币战》,《福建论坛》(人文社科版)2015年第9期。

刘凤华:《全面抗战初期日本的华北货币政策——以京津地区为中心》,《兰州学刊》2011年第2期。

付丽颖、孙汉杰:《日圆扩张与伪满货币制度的建立》,《外国问题研究》2012年第3期。

董爱玲:《汪伪中央储备银行成立原因探析——兼论日本占领华中初期的通货政策》,《求索》2012年第8期。

王萌:《从上海日商纱厂考察战时日本在华中的军票工作》,《历史研究》2013年第6期。

刘凤华:《战时日本在华银行特殊会社和团体的融资——以横滨正金银行北京支行为例》,《东北亚学刊》2014年第4期。

郭思齐:《伪中央储备银行货币发行述论》,《中北大学学报》(社会科学版)2017年第5期。

王万光、刘俊:《战时日本军票的发行、流通及其影响》,《贵州社会科学》2017年第8期。

宋佩玉:《清理与统制:太平洋战争爆发后上海日资银行功能的转向》,《晋阳学刊》2018年第2期。

燕红忠:《外国金融资本与地方金融势力的兴起——以奉天官银号的设立为中心》,《中国经济史研究》2018年第3期。

燕红忠:《日本不同殖民集团对我国东北货币本位政策之争(1906—1933)》,《历史研究》2018年第5期。

王萌:《战中之战:中日学界关于抗战时期中日货币战研究评述》,《日本侵华南京大屠杀研究》2018年第4期。

王萌:《华中国策会社集团与战时日本对华中通货政策》,《日本侵华南京大屠杀研究》2019年第1期。

3. 报纸杂志

《大公报》

《申报》

《战时日本》

《进修》

《广东省银行季刊》

《经济丛报》

《译丛月刊》

4. 中文档案

(1) 上海档案馆藏

《上海市银行商业同业公会关于本市日本当局宣布军票对"法币"买卖价格均以伪中储券为限后、本市银钱业等二十二个同业公会为市场商情混乱电汪伪政府财政、实业部等机关的反映及其批复》

《上海市银行商业同业公会1939年1月—12月通函》

《中国银行总处关于敌寇与汪伪发行军用票及伪造法币强迫使用情报的通函》

二、日文文献

1. 著作

朝鮮銀行「金カ銀カ」、ソウル:朝鮮銀行、1917年。

朝鮮銀行「満州ノ通貨ニ関スル意見」、ソウル:朝鮮銀行、1918年。

南満州鉄道株式会社調査部「北支那通貨金融調査資料(金融事情)」,大連:南満州鉄道株式会社、1937年。

南満州鉄道調査部「北支那通貨金融方策」(「支那・立案調査書類」第三編第一巻其一)、大連:南満州鉄道調査部,1937年。

元木光之「内外綿株式会社五十年史」、大阪：内外綿株式会社、1937年。

中外産業調査会編「財閥三菱の新研究」、東京：中外産業調査会、1937年。

東亜研究所「北支ニ於ケル通貨・金融ノ調査」（1939年上半期）、東京：東亜研究所、1939年。

電気新報社編「北・中支電気事業便覧」（昭和14年）、東京：電気新報社、1939年。

吉田政治「最近の支那通貨事情」、東京：東洋経済出版部、1939年。

今村忠男「支那新通貨工作論」、東京：商工行政社、1939年。

朝日新聞社東亜問題調査会編「朝日東亜リポート」（第6輯）、東京：朝日新聞社、1939年。

兵庫県興亜貿易協会「支那の経済事情」、神戸：兵庫県興亜貿易協会、1940年。

対満支問題研究所「北支開発企業の現勢」、東京：対満支時局史編纂所、1940年。

小島昌太郎「支那に於ける特殊通貨の研究——匯劃制度の研究」、東京：千倉書房、1940年。

野田経済研究所「戦時下の国策会社」、東京：野田経済研究所、1940年。

中支那振興株式会社「中支那振興会社並関係会社事業概況」、上海：中支那振興株式会社、1940年。

大日本紡績連合会「東亜共栄圏と繊維産業」、大阪：文理書院、1941年。

今村忠男「軍票論」、東京：商工行政社、1941年。

日本銀行編「今後ニ於ケル中支通貨政策ノ方向私見」、東京：日本銀行、1941年。

東亜研究所「日本の対支投資」、東京：東亜研究所、1942年。

日本学術振興会編「支那の通貨と貿易」、東京：有斐閣、1942年。

杉村広蔵「支那・上海経済的諸相」、東京：岩波書店、1942年。

野村宣「法幣の壊滅」、大阪：朝日新聞社、1942年。

斎藤栄三郎「大東亜共栄圏の通貨工作」、東京：光文堂、1942年。

"中央儲備銀行"駐東京弁事處「中央儲備銀行概要」、東京："中央儲備銀行"駐東京弁事處、1942年。

宮下忠雄「支那戦時通貨問題一斑」、東京：日本評論社、1943年。

華中蚕糸股份有限公司編「華中蚕糸股份有限公司沿革史」、上海：華中蚕糸股份有限公司、1944年。

中国経済文化研究会「北中支インフレーションとその対策」、東京：中国経済文化研究会、1944年。

中国連合準備銀行顧問室「中国連合準備銀行五年史」、北京：中国連合準備銀行、1944年。

除野信道「支那事変軍票論」、東京：日本評論社、1945年。

飯島幡司「日本紡績史」、大阪：創元社、1949年。

児玉謙次「中国回想録」、東京：日本週報社、1952年。

大蔵省「昭和財政史Ⅳ　臨時軍事費」、東京：東洋経済新報社、1955年。

在華日本紡績同業会編「船津辰一郎」、東京：東方研究会、1958年。

青木一男「聖山随想」、東京：日本経済新聞社、1959年。

桑野仁「戦時通貨工作史論」、東京：法政大学出版局、1965年。

臼井勝美「日中戦争」、東京：中央公論社、1967年。

清水善俊「支那事変軍票史」、「日本金融史資料・昭和篇」第29巻、東京：大蔵省印刷局、1971年。

勝田龍夫「中国借款と勝田主計」、東京：ダイヤモンド社、1972年。

岡田酉次「日中戦争裏方記」、東京：東洋経済新報社、1974年。

日本防衛省戦史部「戦史叢書　支那事変陸軍作戦(1)」、東京：朝雲新聞社、1975年。

大蔵省「昭和財政史・資料」(第17巻)、東京：東洋経済新報社、1981年。

槐樹会編「北支那開発株式会社之回顧」、東京：槐樹会刊行会、1981年。

高村直助「近代日本綿業と中国」、東京：東京大学出版会、1982年。

多田井喜生編「続・現代史資料11　占領地通貨工作」、東京：みすず書房、1983年。

中村隆英「戦時日本の華北支配」、東京：山川出版社、1983年。

山本四郎「寺内正毅関係文書」（首相以前）、東京：同朋舎、1984年。

波形昭一「日本植民地金融政策史の研究」、東京：早稲田大学出版部、1985年。

小学館編「日本大百科全書」第九巻、東京：小学館、1986年。

中村隆英「昭和経済史」、東京：岩波書店、1986年。

朝鮮銀行研究会編「朝鮮銀行史」、東京：東洋経済新報社、1987年。

島崎久弥「円の侵略史」、東京：日本経済評論社、1989年。

岩武照彦「近代中国通貨統一史――十五年戦争期における通貨闘争」、東京：みすず書房、1990年。

金子文夫「近代日本における対満州投資の研究」、東京：近藤出版社、1991年。

小林英夫「日本軍政下のアジア――「大東亜共栄圏」と軍票」、東京：岩波書店、1993年。

中村政則等「戦時華中の物資動員と軍票」、東京：多賀出版、1994年。

安富歩『「満州国」の金融』、東京：創文社、1997年。

柴田善雅「占領地通貨金融政策の展開」、東京：日本経済評論社、1999年。

大竹慎一「日中通貨戦史：旧植民地通貨金融研究」、東京：フォレスト出版、2000年。

波形昭一等監修、満州中央銀行編「満州中央銀行十年史」、東京：ゆまに書房、2001年。

柴田善雅「戦時日本の特別会計」、東京：日本経済評論社、2002年。

柴田善雅「中国占領地日系企業の活動」、東京：日本経済評論社、2008年。

2. 论文

原朗「『大東亜共栄圏』の形成と崩壊」、「土地制度史学」第71号、1976年

4月。

大竹慎一「上海悪性インフレと物資流通」、「アジア研究」第26巻第1号、1979年4月。

松浦正孝「日中戦争収拾構想と華中通貨工作——昭和初期における外交と経済」、「国際政治」1991年巻第97号。

酒井晃「日中戦争における法幣偽造工作の形成と崩壊——登戸研究所第三科を中心に」、「駿台史學」第141号、2011年3月。

樽本照雄「商務印書館の日本人投資者」、「清末小説」第29号、2012年1月。

高綱博文「中支那振興株式会社概要及び研究成果・課題」、「人文学研究所報」、第58号、2017年9月。

3. 档案

（1）日本国立公文書館藏

「公文雑纂・昭和十三年・第二ノ三巻・内閣二ノ三・第三委員会」

「自昭和十三年至昭和十四年・上海駐在官報告綴（附上海銀相場報告）」

（2）日本外務省外交史料館藏

「内閣第三委員会関係一件」

「本邦会社関係雑件/北支開発及中支復興株式会社/関係会社関係」

「本邦会社関係雑件/北支開発及中支復興株式会社/経伺通牒関係」

「本邦会社関係雑件/北支開発及中支復興株式会社/会社ニ対スル認可指令関係」

「各国ニ於ケル農産物関係雑件/煙草ノ部/中国ノ部/東亜煙草株式会社関係」

「本邦会社関係雑件/東亜公益助成株式会社」

「本邦会社関係雑件/北支開発及中支復興株式会社/関係会社関係/華中水電股份有限公司関係」

「本邦会社関係雑件　第十二巻」

（3）日本防衛省防衛研究所藏

「聯銀券対策関係綴　住谷悌史資料」

「金融事情綴　自第 41 号至第 57 号　住谷悌史資料」

「円対策関係書類綴　住谷悌史資料」

「連銀券、軍票関係文書綴」

「昭和 13 年「陸支密大日記」」

「治安工作経験蒐録　昭和 14 年 6 月　中旬」

「連銀券の流通状況調査　昭和 15 年 11 月 20 日」

「支那通貨制度調査秘密委員会報告書　昭和 15 年 12 月」

「昭和 15 年　『陸支密大日記　第 37 号　2/2』」「大東亜戦争中期以降対支重要決定綴　昭和 17 年 12 月―20 年 3 月」

「陸支受大日記(普)別冊　昭和 16 年 1 月―5 月　(昭和 16 年 1 月 27 日東京参謀長会議に際し　北支方面軍状況報告)」

「中支に於ける皇軍租界進駐以後の金融施策概況(第 5 編)　昭和 18 年 3 月」

「南方作戦に於ける占領地統治　要綱案　昭和 16.3 末日」

「南方軍政関係資料(陸軍省関係)」

「大東亜建設基本方策(大東亜建設審議会答申)　昭和 17 年 7 月」

「対支経済関係書類綴　昭和 19 年 3 月―20 年 7 月」

「戦時及戦後に於ける本邦の貨幣制度及為替政策の研究」

(4) 三菱経済研究所蔵

北支那開発株式会社「営業報告書」、各期。

中支那振興株式会社「営業報告書」、各期。

華北東亜煙草株式会社「営業報告書」、各期。

北支煙草株式会社「営業報告書」、各期。

東亜電力興業株式会社「営業報告書」、各期。

華北交通株式会社「営業報告書」、各期。

華北車輛株式会社「決算報告書」、各期。

華北電信電話株式会社「定時株主総会報告書」、各期。

華北石炭販売股份有限公司「事業報告書」、各期。

華北市場助成股份有限公司「営業報告書」、各期。

日華興業株式会社「営業報告書」、各期。

華中蚕糸株式会社「営業報告書」、各期。

華中水電株式会社「営業報告書」、各期。

華中水産股份有限公司「決算報告書」、各期。

華中電気通信株式会社「営業報告書」、各期。

上海三菱倉庫株式会社「営業報告書」、各期。

上海印刷株式会社「営業報告書」、各期。

上海油脂工業株式会社「決算報告書」、各期。

華中都市公共汽車股份有限公司「営業報告書」、各期。

(5) 神戸大学経済経営研究所蔵

内外綿株式会社「営業報告書」、各期。

(6) 大阪大学附属図書館蔵

「上海会議録」

「在華紡績同業会通牒綴(上海)」

「重慶経済封鎖ト軍票経済圏ノ確立、上海操短問題、〇〇少佐問題、埃及棉問題、在華紡績協力具体案」

4. 报刊杂志

「東京朝日新聞」

「大阪毎日新聞」

「大阪朝日新聞」

「日本工業新聞」

「南京日本商工会議所所報」

「上海日本商工会議所年報」

「大日本紡績連合会月報」

「中支那経済年報」

三、英文文献

Sun-Hsin Chou: *The Chinese Inflation*, *1937—1949*. New York: Columbia University Press, 1963.

Arthur N. Young: *China's Wartime Finance and Inflation*, *1937—1949*. Cambridge: Massachusetts, 1965.

名词索引

A

安富步 26
安田储蓄银行 176,179

B

八路军 91,102,110,111,113,115,117,118,125,259
白木屋 10
板垣征四郎 30
币制改革 8,9,11,30,32—34,55,56,63,77,136,214,241,277,297
边币 7,12,15,19,41,77,81,82,86,88,97—102,107,108,115,117—122,127,136,144,147—150,304,305
边业银行 24,30
丙资金 53,220,227

波形昭一 29,31
波资金 53
不动储蓄银行 176,177,179

C

C资金 53,220,228—233,241,307
察南自治政府 36,103
柴田善雅 14,15,28,29,37,42,59,69,74,76,152,211,223,240,242
钞票 25,28,76,137,139,145,146,243
朝鲜银行 4,15,23,24,26—29,32,35,36,38,40,46,49,53,59,160,169,172,175—179
除野信道 10
川陕工农银行 136
磁县煤矿股份有限公司 155

名词索引

D

大阪储蓄银行　176,177,179
大连重要物产交易所　15,28
大青山煤炭株式会社　155
大上海瓦斯株式会社　185,200
大同公社　103
大同煤矿株式会社　154
大丸　10
大汶口煤矿股份有限公司　155
大竹慎一　12,23,227
岛崎久弥　13,26,36,45,56,63
德王　36
堤孝　236
东华纱厂　220
东三省官银号　24,29,30,34
东亚电力兴业株式会社　255
东亚海运株式会社　187,204,205
东洋化学工业株式会社　157
都市货币　148,304

E

儿岛俊郎　13
儿玉谦次　33,184,192

F

法币　1,2,6—9,11,12,15,16,19,
　　20,25,26,32,34—36,38—42,
　　45—50,53—69,73,76,77,79,
　　81—89,91—103,106—137,139,
　　140,142,143,147—150,160—
　　162,187—193,195,198—202,
　　208—210,213—223,225—232,
　　234,235,237—244,246,248,272,
　　274—277,279,283—286,288,
　　291—294,296—299,304—307
非治安地区　101,118,120,121,
　　127
丰田纱厂　230
奉天官银号　3,25
奉天商业银行　24
奉天兴业总银行　24

G

冈崎嘉平太　61,69
冈田酉次　33
高村直助　13,55,210,211,214,
　　215,221
高桥龟吉　42,164
高桥是清　29
公共事业型企业　159,187,202,
　　300
古海忠之　84,161
古厩忠夫　13
关东都督府　28
关东军　29—31,33,34,36

关东厅　28,29

关东州　25,26,28,43

官庄矿业股份有限公司　156

国策会社　4,10,15,18—20,36,
　40,43,54,61,64,67,74,78,80,
　84,150—152,159—175,177—
　190,192—199,202—206,208,
　209,252,256,258,262,264,267,
　268,271,274,281,282,285,287,
　292,293,297,300—302,304—
　307

国民革命军　32

国统区　6,115,128,130,131,133,
　233—235,291

H

汉口宣抚用物资配给组合　55

毫券　55,56

何梅协定　34

河北省银行　4,34,35,37—39,41,
　77,83,97,98

河南农工券　107

贺屋兴宣　68,151

黑龙江弘信公司　24

黑龙江省官帖　24

横滨正金银行　4,5,12,15,20,
　24—29,33,38,40,44,50,53,55,
　57,59,68,69,79,169,172,175—
　179,191,220,232

横滨正金银行券　24

华北白钨矿业股份有限公司　156

华北采金股份有限公司　156

华北产金株式会社　156

华北车辆株式会社　153,261,262,
　300

华北氮肥股份有限公司　157

华北电力株式会社　43

华北电线株式会社　158

华北电信电话股份有限公司　154

华北电业股份有限公司　154,257,
　258

华北东亚烟草株式会社　248,250—
　252

华北矾土矿业股份有限公司　156

华北公库　34

华北国策会社集团　18,19,40,43,
　150—152,159—162,164,165,
　167,168,171—175,177,180,181,
　187,193,252,256,258,262,305,
　306

华北化学产品统制协会　158

华北交通株式会社　43,152,258,
　260—262

华北经济开发方针　151

华北开发债券　173,174,178,179

华北开发株式会社　15,19,21,40,

150,151,159,173—175

华北开发株式会社法　151,173

华北沦陷区　9,19,20,38—44,46,49,62,63,77,78,81—86,88,94,96,135,137,138,141,147—152,159—162,168,173,180,181,213,248,249,255,256,258,262,263,265,266,271—274,301,304,305

华北煤炭贩卖股份有限公司　156

华北棉花株式会社　158

华北轻金属股份有限公司　157

华北市场助成有限公司　266,300,301

华北纤维股份有限公司　158,178

华北烟草株式会社　249,252,255

华北盐业股份有限公司　156

华北政务委员会　37,62,85,152,170,269

华北制铁株式会社　157

华北驻屯军　33—35,81

华南沦陷区　10,55—57,62—64,73,75,77,304

华兴券　2,7,16,57—61,64,132,188,190,191,209,217,242,274,276,279,298,303,306

华兴商业银行　2,6,53,57—59,61,77,189—191,217,222,239,298

华中蚕丝株式会社　61,186,190,201,204,205,274

华中电气通信株式会社　185,205

华中都市公共汽车株式会社　185,205

华中国策会社集团　18—20,182—184,187—190,192,193,195,196,198,199,202,203,205,208,209,285,306

华中火柴股份有限公司　186

华中经济开发基本纲要　183

华中军票交换用物资配给组合　6,55

华中矿业株式会社　185,199,204,205

华中沦陷区　5,6,10—12,14,16,19—21,45—47,49,50,54—58,64,68,69,77,132,133,135,169,181—183,186,187,192,194—196,198,203,208—210,212,213,215,217,222,223,227,233—235,238—240,247,248,271—274,277,278,280,281,283,286,287,294,295,306

华中棉纱布销售协议会　235

华中派遣军特务部　183

华中水产株式会社　185,199,200,204,205,283

华中水电株式会社　185,199,204,
　　205,280
华中铁路株式会社　186,201
华中盐业株式会社　186,189,201,
　　204,205
华中运输株式会社　187,203,205
华中振兴株式会社　15,20,182,
　　186,187,189,194,203,205—207,
　　296
华中振兴株式会社法　184
淮南煤矿株式会社　186,201,204
汇兑集中制　9,19,41,42,271
汇划　11
汇申　25,42
货币本位制　15,29,30
货币战　1—20,35,40,41,49,58,
　　60,70,73,77—79,81,82,87,88,
　　91,93,96,99,100,102,104,106,
　　107,123,127,131,136,138,141,
　　143,144,148—150,182,187,
　　190—192,199,208,210,212,213,
　　217,219,222,234,241—244,247,
　　274,287,292,293,303—308

J

吉林省官帖　24
吉林省官银钱号　24
吉田政治　11,59

济南银行　176,177,179
冀东防共自治政府　34,35,96
冀东券　32
冀东银行　35,37—39,77,83,93,
　　97
冀南银行券　98,101,137,143
甲地域　71
甲午战争　10,17,44,247
交通银行　24,38,39
焦作煤矿矿业所　158
金票　26
进出口关联制　42
晋北政府　36
晋察冀边区银行　101,117—119,
　　136
晋察冀边区政府　88
晋察铁路券　107
经济封锁月报　100
经济智库　9,16
井陉煤矿　43,154
九一八事变　9,14,15,23,29,34,
　　183
久保亨　13
酒井晃　15
旧法币使用禁止办法　68
军票　2,5—14,16,20,24—26,41,
　　43—50,53—64,66—68,71—78,
　　84,85,95,131—135,168,172,

189,191—213,215—229,231—244,246,272,274,276—279,284,286,289,291,293,295,297—299,301,303,306,307

军票价值平衡资金 53,191,220,227

军票交换所 54,57,132

军票经济圈 20,233,234,237,238,241,243,307

军票一体化政策 56,202

K

K资金 53,220,224,226—228,241,307

开发粮谷组合 158,159,178

孔祥熙 34,123

L

李滋·罗斯 32

连云港港湾局 153

联银券 2,7—9,12,16,19,35,37—44,46,50,60,62,63,75—79,81—91,93—137,140—144,147—150,160—162,164—172,174—181,190,213,242,248—250,253,254,256,257,263,264,273,303—306

联银券流通状况调查 19,88,96,128

铃木商店 28

菱华仓库 288

柳泉煤矿股份有限公司 155

龙烟铁矿株式会社 156

卢布 24

鲁大矿业股份有限公司 155

鲁东作战 127

吕资金 220,227,232

M

马关条约 305

马寅初 2,219

马占山 29

满铁附属地 26,28

满银券 14,23,31,32,36,37,39,41,60,63,76,77,79,97,122,303

满洲兴业银行 32

满洲中央银行 14,23,25,31,32,36,76,97

蒙古军政府 36

蒙古联盟自治政府 36

蒙疆电业株式会社 154

蒙疆矿产销售股份有限公司 156

蒙疆联合委员会 36

蒙疆汽车股份有限公司 153

蒙疆券 2,32,36,37,41,60,63,76,77,86,88,97,101—103,117,

118,122,242,303

蒙疆银行 2,36,76,103

蒙疆运输股份有限公司 153

棉纱棉布强制收购令 278

民生银行券 123

闽浙赣工农银行 136

N

南发券 39,46,75,76,78

南方经济对策纲要 72

南方开发金库 9,44,74—77

南满洲铁道株式会社 11,26,152,183,255,258

内外棉纱厂 220,230,231,242

P

平市官钱局券 123

Q

青岛埠头株式会社 154

青岛交通株式会社 153

青岛实业银行 177,179

青岛兴发股份有限公司 153

青岛制铁株式会社 157

青木一男 6,12,62

清水善俊 10,46,48,49,60,189,191,193,195,196,210—213,217,220—222,224—226,228,233

全国商业统制总会 294,299

R

日本钢管株式会社金岭镇矿业所 158

日本军国主义 1,9,84

日本劝业银行 179

日本兴业银行 38,59

日币价值维持工作 219

日华兴业株式会社 271

日商纱厂 15,18,20,53,67,194,210—212,214—217,219—233,235—244,274,280,289,292,298,299,301,305,306

日苏中立条约 277

日圆集团 38,181,217,242,243

日圆金融圈 13,16—19,22—24,26,28,29,31,32,36,37,41—44,46,49,55,58,69,70,73,75—79,165,171,172,272,301,303—305,307

S

三井物产 28

三菱商事 28

桑野仁 12,61,63,136,191,210,228

山东电化株式会社 157

山东矿业株式会社 155

山东煤矿产销股份有限公司 155

山东盐业株式会社 157

山西产业株式会社 158

山西煤炭股份有限公司 155

山西票 102—104,107—120,122

山县伊三郎 29

上党券 107,113—115,119,137,138

上海恒产株式会社 185,200,203,205

上海内河轮船株式会社 185

上海三菱仓库株式会社 288

上海纱厂 220

上海印刷株式会社 290—292

上海油脂工业株式会社 293

上海租界 237,277,280,286

申报 49,218

生产型企业 159,187,202,300—302,307

石景山制铁矿业所 157

石原莞尔 30

适应主义 24,63,71,202

首藤正寿 30

寺内正毅 27

淞沪会战 45,183,211,213,214

T

T资金 53

台湾银行 23,57,59

台银券 7

太行区的经济建设 137

塘沽新港港湾局 152

特别日圆 44,69,70,73,75,79,272

天津交通股份有限公司 153

天津舢船运输株式会社 154

天津银行 176,177,179

调整费制度 43,69

通货膨胀 4,12,14,16,19,32,37,44,57,68,69,74—76,78—80,84—86,103,110,123,128,130,135,149,167,243,254,258,272,274,278,290,295,297,300—302,307,308

同化主义 24,63

W

外汇平准基金 216

汪时璟 161,171

汪伪政权 5,64,77,130,135,278,288,294,295

伪满洲国 23,183,259,261—263,301

翁文灏 123

五卅运动 211,242

武汉会战 47

物资动员计划　16,172,200,253,
　　271,281

X

西南战争　44

西乡票　44

席德懋　34

鲜银券　7,26—28,31,35,36

相马敏夫　12,20,192,194,212,
　　217,218,220,222,225,229—232

湘赣工农银行　136

小岛昌太郎　11

小林英夫　13,45,55,74,75,82,
　　141,211,219

小洋票　3

新四军　130—132

新泰煤矿矿业所　158

兴亚院　6,12,37,43,60,62,64,
　　67,194—196,198,238,254,257,
　　261,265,267

兴亚院华北联络部　85,163,253,
　　267

兴亚院华中联络部　60,186,188,
　　189,197

宣抚工作　84,89,248

宣抚用品　46

旭华矿业股份有限公司　155

Y

岩武照彦　14,35,210

伊集院彦吉　29

伊资金　20,219—224,226,228—
　　233,241,307

乙资金　50,53,191,220,227

银本位货币　23,25

永利化学工业股份有限公司　157

油房业　28

油谷恭一　187

游击货币　149,305

原朗　12

Z

曾凌　144,147

斋藤荣三郎　8

战时体制　5,152,214,275,299

振兴采购组合　187

振兴住宅组合　186,197,203

整理旧法币条例　67

治安地区　100,118,120,121

治安工作　40,41,87—94,103—
　　106,109,112,117,124,254

治安工作经验蒐录　19,88

治安势力圈　110,113,115,118

中储券　2,6—8,12,16,57,61,
　　63—71,75—77,86,135,136,141,

168,172,174,192,194—199,
203—209,212,223,227,228,234,
239,243,244,274,276—279,282,
284,286,289,292,294,298,299,
303,305,306,308

中村政则 13

中国联合准备银行 2,4,9,12,19,
38,43,44,63,77,79,81—83,85,
86,93,97,98,123,130,136,150,
160—163,166,169,171—180,
248,298

中国通货制度调查秘密委员会
166

中国银行 24,38,39,98,217,238,
298

中华航空株式会社 204,205

中华轮船株式会社 186,203

中华民国临时政府 19,38,39,62,
83,150,248

中华民国维新政府 57,59

中兴煤矿 43,154

中央储备银行 2,5,6,9,61—69,
76,194,198,243,298

准治安地区 100,118

佐佐木谦一郎 74